Annual Report on China's Government Budget Reform and Development (2022)

中国政府预算改革发展年度报告 2022

樊丽明　主编

对口支援：横向转移支付

石绍宾　王加华　等著

中国财经出版传媒集团
中国财政经济出版社

图书在版编目（CIP）数据

聚焦对口支援：横向转移支付 / 石绍宾等著. -- 北京：中国财政经济出版社，2023.7

（中国政府预算改革发展年度报告.2022）

ISBN 978-7-5223-2357-2

Ⅰ.①聚⋯ Ⅱ.①石⋯ Ⅲ.①扶贫－经济援助－财政转移支付－研究－中国 Ⅳ.①F812.45

中国国家版本馆CIP数据核字（2023）第123000号

责任编辑：闫 娟　　　　　责任印制：刘春年
封面设计：陈宇琰　　　　　责任校对：胡永立

聚焦对口支援：横向转移支付
JUJIAO DUIKOU ZHIYUAN：HENGXIANG ZHUANYI ZHIFU

中国财政经济出版社 出版

URL：http：//www.cfeph.cn
E-mail：cfeph@cfeph.cn

（版权所有　翻印必究）

社址：北京市海淀区阜成路甲28号　邮政编码：100142
营销中心电话：010-88191522
天猫网店：中国财政经济出版社旗舰店
网址：https：//zgczjjcbs.tmall.com

北京虎彩文化传播有限公司印装　各地新华书店经销
成品尺寸：185mm×260mm　16开　25印张　540 000字
2023年8月第1版　2023年8月北京第1次印刷
定价：98.00元
ISBN 978-7-5223-2357-2

（图书出现印装问题，本社负责调换，电话：010-88190548）
本社图书质量投诉电话：010-88190744
打击盗版举报热线：010-88191661　QQ：2242791300

目　录

上篇　2021年宏观经济运行与预算执行情况

第一章　2021年宏观经济运行基本情况　3
- 第一节　宏观经济运行的国际环境分析　3
- 第二节　2021年国内宏观经济运行情况分析　18
- 第三节　2021年宏观经济运行政策分析　31
- 第四节　高质量发展下宏观经济发展趋势分析　42

第二章　2021年政府预算收支状况分析　46
- 第一节　2021年中央和地方一般公共预算收支情况　46
- 第二节　2021年中央和地方政府性基金预算收支情况　56
- 第三节　2021年中央和地方国有资本经营预算收支情况　68
- 第四节　2021年中央和地方社会保险基金预算收支情况　77
- 第五节　2021年中央和地方四本预算之间的资金划转情况　83

第三章　近期政府预算改革重点问题　87
- 第一节　进一步推进省以下财政体制改革　87
- 第二节　组合式税费支持政策　98
- 第三节　加强地方债监管　110

下篇　聚焦中国对口支援横向转移支付

第四章　对口支援横向转移支付的基本理论　129
- 第一节　对口支援横向转移支付的概念界说　130
- 第二节　对口支援横向转移支付的机制定位　136
- 第三节　对口支援横向转移支付的形态模式　142
- 第四节　对口支援横向转移支付的作用效应　148

第五章	**中国对口支援的制度与文化基础**	**154**
第一节	对口支援的制度基础	155
第二节	对口支援的历史文化基础	173
第六章	**中国对口支援的实践发展**	**188**
第一节	中国对口支援的初步探索期（1949—1978年）	188
第二节	中国对口支援的制度确立期（1979—1990年）	191
第三节	中国对口支援的巩固拓展期（1991—2011年）	195
第四节	中国对口支援全面深化期（2012年至今）	201
第五节	中国对口支援的趋势特征	209
第七章	**中国对口支援案例分析（Ⅰ）**	**214**
第一节	对口援藏	214
第二节	对口援疆	224
第三节	闽宁模式	233
第八章	**中国对口支援案例分析（Ⅱ）**	**243**
第一节	汶川地震灾后重建	243
第二节	武汉抗击新冠疫情	252
第三节	郑州防汛抗洪抢险救灾	269
第九章	**中德横向转移支付模式比较**	**279**
第一节	德国横向转移支付制度	279
第二节	中德横向转移支付模式比较	288
第十章	**中国对口支援横向转移支付制度的改革完善**	**294**
第一节	完善对口支援横向转移支付的法律法规体系	294
第二节	充实拓展对口支援的主体内容形式	298
第三节	完善对口支援的组织保障机制	306
附录		**312**
参考文献		**381**
后记		**392**

2021年宏观经济运行与预算执行情况

第一章
2021年宏观经济运行基本情况

第一节 宏观经济运行的国际环境分析

一、世界经济缓慢复苏，态势持续分化

（一）总体分析

2021年新冠疫情多轮反复、持续蔓延，但新冠疫苗陆续问世并快速推进，电子产品等需求市场快速增长，驱动全球经济从疫情带来的衰退中出现复苏。其中，上半年复苏步伐较快，下半年德尔塔变异毒株蔓延，复苏势头有所放缓。一方面，全球经济继续复苏。IMF《世界经济展望报告》显示，2021年全年世界GDP增速为6.0%。其中，发达经济体GDP增速为5.2%，新兴市场和发展中经济体GDP增速为6.6%（见图1-1）。另一方面，由于疫苗供应和财政货币政策支持方面的差异，各国经济复苏步伐不一。截至2021年12月15日，全球有56.4%的人口已经接种至少一针疫苗，全球共接种疫苗85.5亿剂，每天新增接种疫苗3700万剂，但疫苗接种率国家分化严重，低收入国家只有7.3%的人口接种至少一针，大大低于高收入国家的75%以上，且主要集中在非洲地区。基于此，发达经济体继续提供大规模财政支持，并已宣布在2021年及之后年份实施规模达4.6万亿美元的疫情相关措施。另一方面，新兴市场和发展中经济体的大多数措施已于2020年到期，正准备重建财政缓冲。一些新兴市场经济体，如巴西、匈牙利、墨西哥、俄罗斯和土耳其，还开始提高货币政策利率以防范价格上行压力。而大宗商品出口国则受益于高于预期的大宗商品价格。

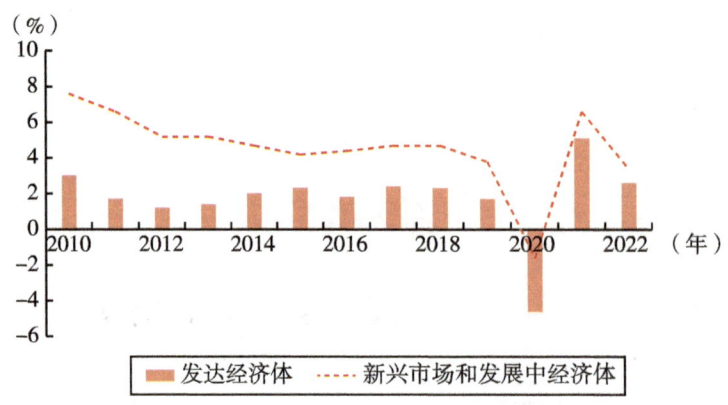

图 1-1　2010—2021 年全球经济增长

数据来源：World Bank 和 IMF。

（二）分经济体分析

得益于疫苗的快速接种和较大力度的政策刺激，主要发达经济体的私人消费支出回升较快，支撑经济复苏。美国疫情以来陆续推出规模 10 万亿美元的多轮财政支持计划，刺激 2021 年 GDP 增速升至 5.7%，经济总量已达 2019 年疫情前水平，是整个发达经济体中表现较为突出的国家。相对于美国，整个欧元区的经济增长节奏稍慢。受疫情影响，欧洲经济在 2021 年一季度延续了之前的低迷走势，GDP 出现了环比和同比"双降"现象。得益于欧洲央行和英国央行采取量化宽松政策，并加快疫苗接种进程，尤其是二季度"禁足令"逐步解封和欧洲杯的顺利举办，欧洲需求大幅回升，二季度经济强势复苏。下半年受供应链危机、能源价格攀升和疫情复燃影响，经济增长势头再次下降。欧元区 19 个国家 2021 年 GDP 增长幅度为 5.2%；英国 GDP 增速也升至 7.4%（见图 1-2）。

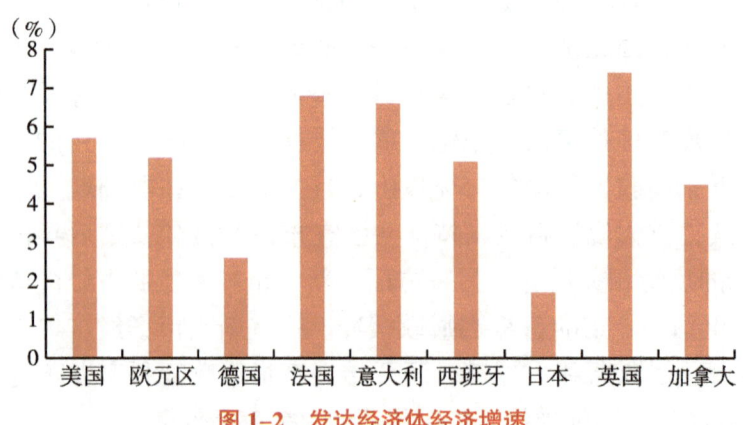

图 1-2　发达经济体经济增速

数据来源：IMF《世界经济展望》，2022 年 10 月。

新兴和发展中经济体受制于疫苗接种缓慢、政策支持力度等，经济复苏缓慢。新兴市场国家中，俄罗斯全年经济增幅达到4.7%，印度全年GDP增长8.7%，巴西经济取得了同比增长超4.6%的年度成绩，南非也一改阴霾实现4.9%的年度正增长（见图1-3）。亚太地区经济体发展有喜有忧。日本受新冠疫情影响严重，前三季度绝大多数月份处于紧急状态之中，原本被寄予厚望的奥运经济效应并未充分发挥，11月30日又因为奥密克戎毒株宣布封国，2021年整体经济形势较差，GDP增速仅为1.7%。韩国疫情控制总体得当，经济总体向好，内生动力较强，2021年7月正式被联合国认定为"发达国家"。澳大利亚2021年前三季度实际GDP同比增长4.8%，得益于大宗商品价格飙升，实现了巨额贸易顺差，澳元大幅升值。越南政府坚持严格的防疫措施，疫情控制较好，上半年经济保持平稳较快发展；受东南亚大规模变异疫情暴发的冲击，越南经济在三季度按下暂停键，四季度封锁解除后得到复苏。

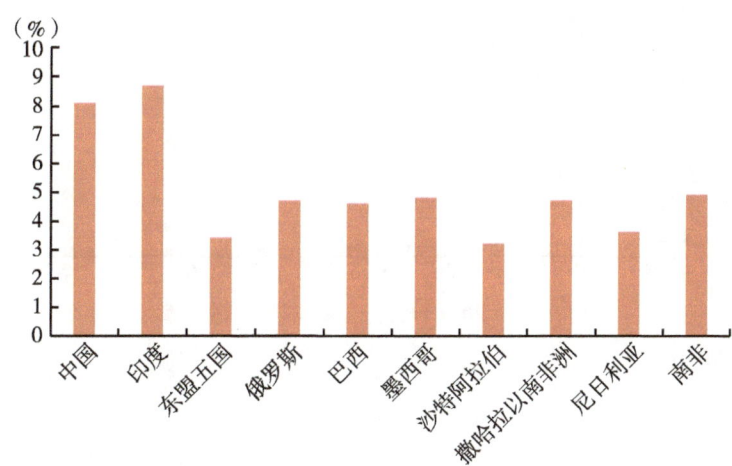

图1-3　新兴市场和发展中经济体经济增速

数据来源：IMF《世界经济展望》，2022年10月。

二、通胀持续高企，货币政策收紧

供应链紊乱和能源价格飙升，推动发达经济体和新兴经济体的通胀水平急剧上升。除了大宗商品集体大涨外，联合国粮农组织的最新数据显示，2021年全球食品价格上涨了40%，与此同时，许多国家的房价在过去一年直线飙升并取得10年来的最大涨幅，全球平均房价年度同比上涨超过了9%。IMF数据显示，2021年全球整体的通胀率达到4.8%，成为自2007年以来最高的一次，其中有80多个国家和地区的通胀率创下近5年新高。

除中国CPI出现温和上涨之外，过去一年新兴市场国家物价水平呈现出整体大幅上扬态势，涨幅不仅超过发达经济体，而且不少国家发生恶性通胀的风险。据美国劳工部数据显示，2021年11月美国CPI同比上涨6.8%，成为自1991年初以来通胀率超过5%持续时间最长的一次。美联储高度关注的美国核心PCE物价指数同比上升4.7%，创1983年11月以来最高水平，远高于美联储2%目标。欧元区调和CPI与核心CPI在2021年11月同比增速分别达到4.9%和2.6%，为25年来的最大涨幅。英国CPI与核心CPI同比增速分别达到5.1%和4%，创近30年新高。日本2021年11月CPI同比上涨0.5%，创下近两年的最大涨幅。同期，韩国CPI同比上涨3.7%，为过去10年来的最大同比涨幅。巴西、俄罗斯和印度CPI同比分别增长8.3%、6.7%和4.9%（见图1-4、图1-5）。

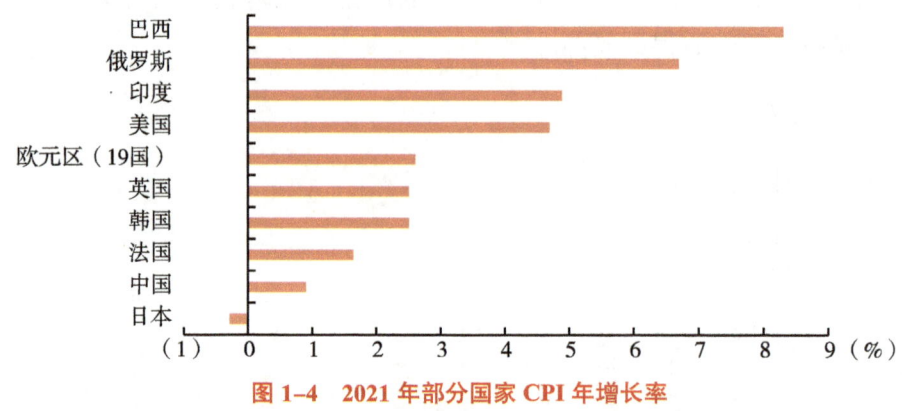

图1-4　2021年部分国家CPI年增长率

数据来源：OECD。

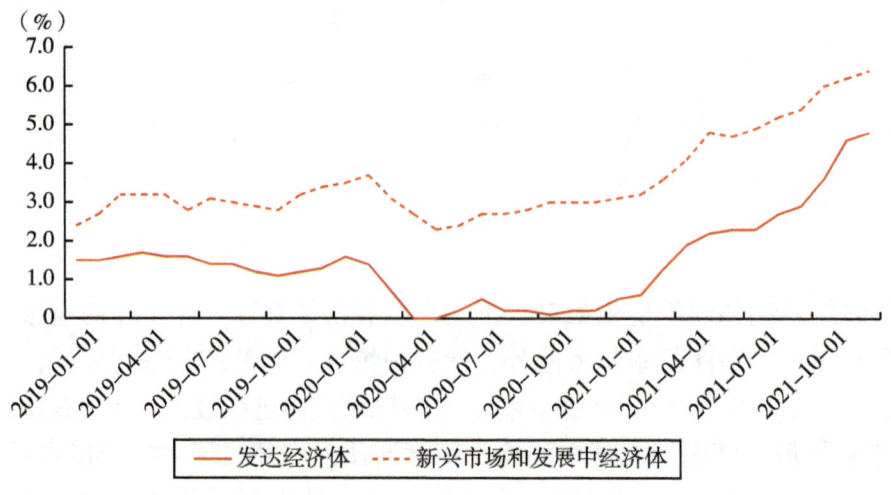

图1-5　各经济体每月消费物价指数同比通胀

数据来源：OECD。

为应对高通胀的压力，新兴经济体率先进入加息周期。美联储宣布从2021年11月启动"缩债"计划。欧洲央行自2021年第四季度起放缓总额1.85万亿欧元、每月购买200亿欧元的紧急抗疫购债计划（PEPP）的速度，并到2022年3月底完全结束净购买。英国央行2021年12月启动加息，基准利率从0.10%上调至0.25%，成为发达经济体首个加息央行。墨西哥央行在过去一年中完成了3年来的首次加息，智利央行将利率一次性上调75个基点至1.5%，巴西和俄罗斯央行自2021年3月至今均分别连续7次加息至9.25%和8.50%。韩国央行已于8月提升基准利率，为疫情期间首个加息的亚洲国家。

三、积极财政政策大行其道

2021年是经济格局复杂的一年，为此，积极的财政政策依然是各国应对复杂经济形势的共同选择。美国国会通过了总统拜登高达3.5万亿美元的预算框架，开启了拜登推行大规模经济刺激与社会发展计划的大门。其中"经济救助计划"的资金支出1.9万亿美元，"基础设施建设法案"投资支出1.2万亿美元，"家庭就业与气候支出计划"支出总金额1.8万亿美元。欧盟委员会提出规模为5400亿欧元的经济救助计划和投资额高达1.8万亿欧元的"欧盟下一代"全面复苏计划，并通过了法国提交的30亿欧元援助受疫情影响企业的计划。与此同时，英国政府从年度预算中划出50亿英镑帮助受疫情封锁重创的旅游及家具类等企业；日本政府从2021年度预算中划出5万亿日元作为"地方创生临时交付金"特项发放给各都道府县，为帮扶商家提供支持，同时日本推出了个人所得税、资产税、法人税、消费税、国际税等多个税种的税收优惠政策，2021年减税规模达到500亿—600亿日元。

新兴市场国家中，印度2021年财年预算总支出35万亿卢比，财政赤字占GDP比例提高至9.5%；俄罗斯2021年用于提高社会保障支出、延长延期纳税、低息贷款、商业赠款等方面的公共财政支出增加许多，全年俄罗斯财政支出超过24万亿卢布；巴西2021年用于应对疫情的预算支出不受公共支出上限和赤字目标的限制，财政预算赤字高达2470亿雷亚尔。

四、大宗商品价格上涨，引发"能源危机"

2021年大宗商品价格持续较快上涨。一方面，新冠疫情防控紧张局面逐渐缓解、全球制造业回暖和美元持续宽松导致需求回升；另一方面，全球海运运力不足和减排政策导致供给减少，国际大宗商品价格持续上涨，全年出现了30%

以上的上扬，多个大宗商品价格创下近年来新高。截至12月底，全球大宗商品价格指数较1月初上涨39%，其中，能源、金属和农业价格分别上涨77%、18%和15%左右。12月，国家发展改革委价格监测中心编制的中价国际大宗商品价格指数、路透商品研究局编制的CRB指数同比分别上涨28.4%、45%。具体来看，2021年豆油和煤炭价格上涨最剧烈，涨幅近80%，玉米和原油价格次之，涨幅超过60%，铁矿石、铜的价格分别上涨46%和50%，期间创出历史新高，大豆、小麦和棉花价格涨幅较小，分别为29%、20%和19%。

（一）石油、天然气、煤炭

2021年是近年来国际原油价格上涨幅度最大的一年，最高价出现在11月中旬，国际原油价格突破80美元/桶。11月中下旬开始，新冠变异毒株奥密克戎出现，多国重新实施强制措施，经济活动受限，加上美国联合印度、日本、英国释放原油库存缓解通胀压力，油价大幅回落至70美元左右。12月国际原油进入调整，到12月31日，国际原油价格依然保持在高位，纽约WTI原油期货价格为71美元/桶，伦敦布伦特原油期货价格为74美元/桶。与年初相比，涨幅分别为49%和45%。与此同时，世界石油需求量比2020年上升555万桶/日，恢复至9735万桶/日，达到疫情前96%的水平；全球石油供应量比2020年上升150万桶/日，达到9530万桶/日；全球石油供需平衡由2020年供应严重过剩200万桶/日转变为供应短缺205万桶/日，国际油价同比大幅回升（见图1-6）。

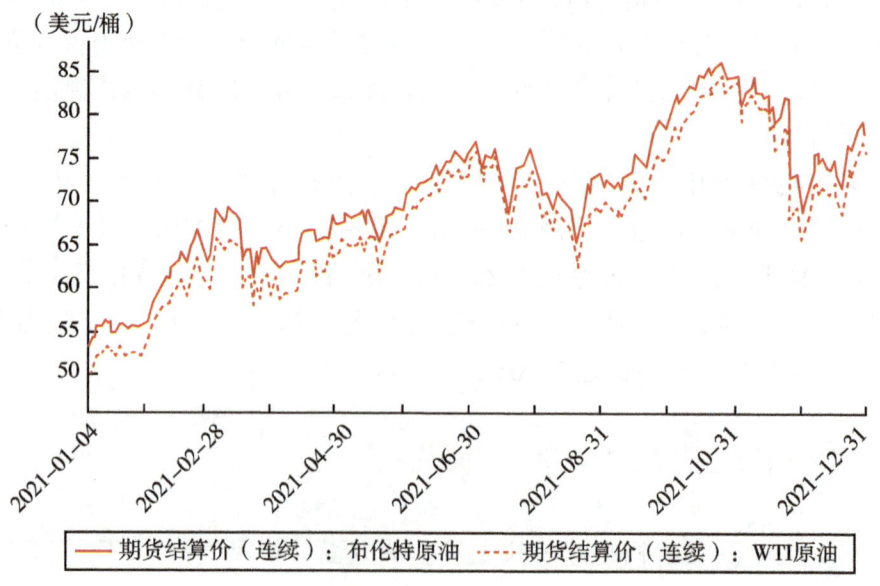

图1-6 原油价格

数据来源：OECD。

原油价格的上涨带动天然气价格上涨。据国际能源署（IEA）的数据，2021年全年全球天然气供需缺口达60亿立方米，而欧洲又由于受到极端天气和风力不足的影响，对天然气需求迅猛增长，二者叠加形成了价格最重要的扬升基础。除了需求拉动价格上涨外，因为俄罗斯与乌克兰的关系恶化，德国对"北溪-2号"的认证程序被迫停止，该条通道悉数关闭。西向天然气流量压减之下，本已受强大需求拉动飞升的欧洲天然气价格更如同坐上火箭，不断地刷新历史最高，由此在欧洲引发了少有的能源危机（见图1-7）。

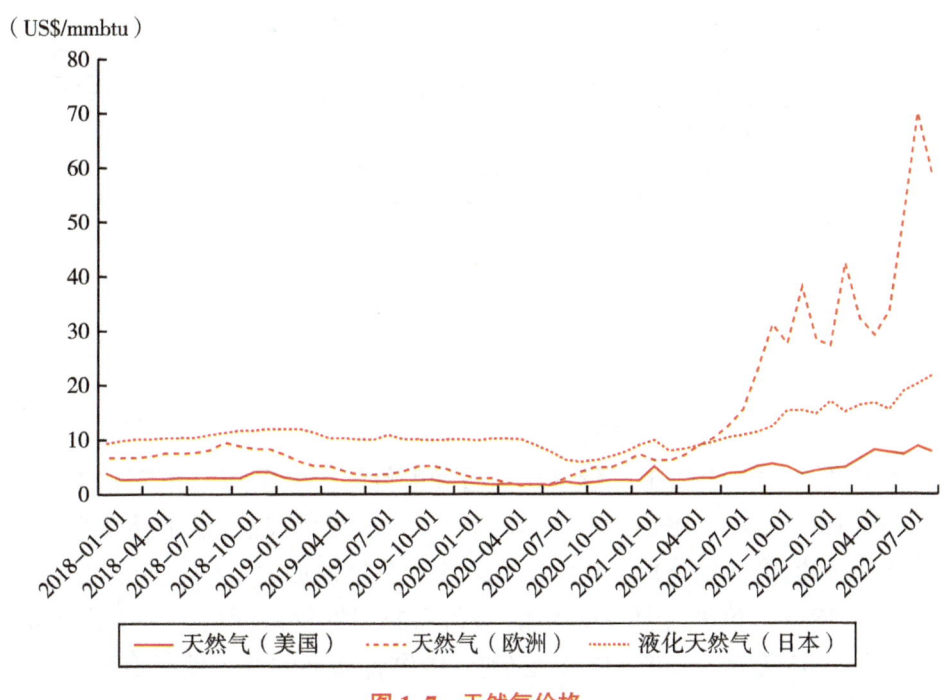

图1-7 天然气价格

数据来源：OECD。

煤炭价格涨幅创出新高。1—5月，受巴基斯坦和印度煤需求增加影响，国际煤炭价格开始上涨；6—8月，受到前期煤炭价格持续上涨的影响，发电企业为应对后续可能出现的煤炭供应紧张形势和社会用电量增加的情况，开始有计划地进行煤炭储存，进一步加速了国际煤炭价格的上涨。此后，受到中国对煤炭市场加强监管及国际煤炭市场需求增加不如预期的影响，国际煤炭价格快速下滑，但从全年看，煤炭价格的涨幅依然惊人。全年南非煤炭和澳大利亚纽卡斯尔煤炭的出口离岸价分别同比上涨67.25%和104.46%，达到142.5美元/吨和169.7美元/吨。细分来看，全年焦炭与焦煤价格分别上涨4.62%和36.05%，动力煤最后一季度价格连续回调，但全年仍有涨幅（见图1-8）。

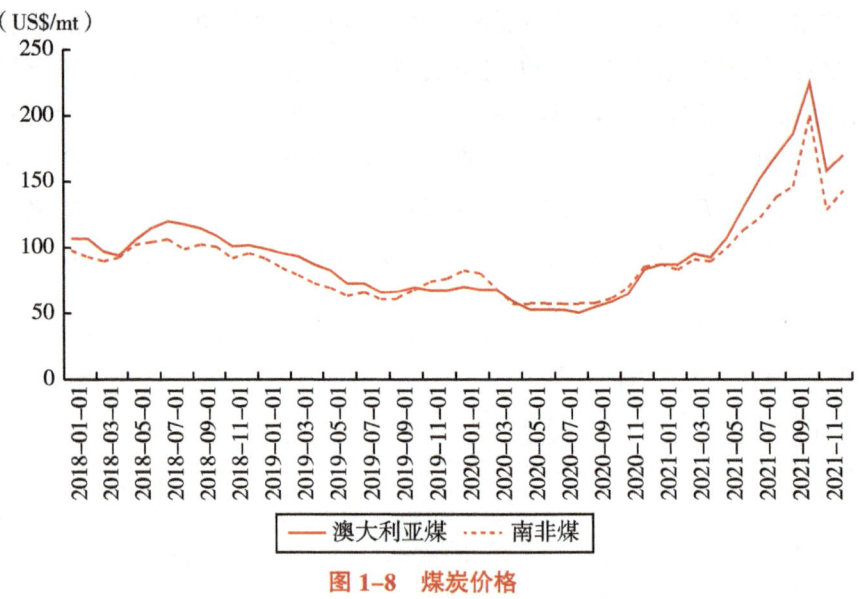

图1-8 煤炭价格

数据来源：OECD。

（二）铁矿石、铜和稀有金属

2021年1—5月，得益于中国迅速从疫情冲击中走出来，钢厂补库增加、有色金属供应开始跟不上需求，带动铁矿石和铜价的快速上涨，到5月12日，国际铁矿石和铜价已经分别涨至234美元/吨和10446美元/吨，创下历史新高。6月国际铁矿石和铜价开始下跌。8月开始，铁矿石价格加速下跌，铜价格仍维持在高位运行。12月，伦敦金属交易所的铝和铜的期货价格同比分别上涨了42%和50%，达到2645美元/吨和9510美元/吨，中国青岛港的普氏铁矿石到岸价为108美元/吨，同比上涨47%（见图1-9、图1-10）。

图1-9 铁矿石价格

数据来源：OECD。

图 1-10 铝（左）和铜（右）价格

数据来源：OECD。

稀有金属价格涨幅惊人。钴作为锂电池的重要材料获得了非比寻常的商业牵引力，全球最大期货和期权交易所芝加哥商品交易所（CME）在推出了钴金属期货的基础上，2021年又推出了氢氧化锂期货，更强化了市场对钴的重视程度。过去一年钴价3年来首次站上30美元/磅的价位，全年涨幅也高达37%（见图1-11）。

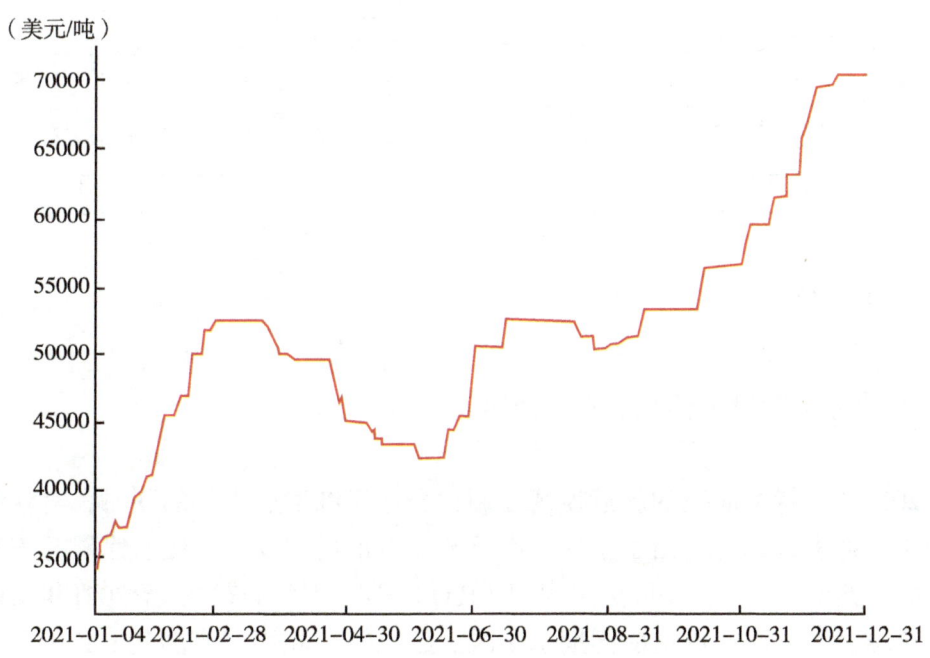

图 1-11 LME 3 个月钴 2021 年期货结算价

数据来源：Wind 数据库。

（三）国际农产品

2021年，受恶劣气候影响，全球农产品库存降至近年来最低，直接导致国际农产品价格上涨。除美国糙米和泰国大米价格略有下跌外，全年芝加哥交易所的小麦、大豆、玉米期货价格同比分别上涨28%、45%和61%，豆油价格同比上涨86%，洲际交易所白糖、棉花价格同比也分别上涨了38%和46%；豆粕价格上涨20%。受疫情冲击，全球多个农产品出口国在年初采取了出口限制措施，加剧了市场恐慌，加之披露出来的农产品库存降至近年来最低水平，市场紧张气氛加剧，直接推动国际农产品价格的上涨。玉米、大豆的价格先后攀升至9年来的新高。总体看来，农产品价格在2021年出现了较大涨幅（见图1-12）。

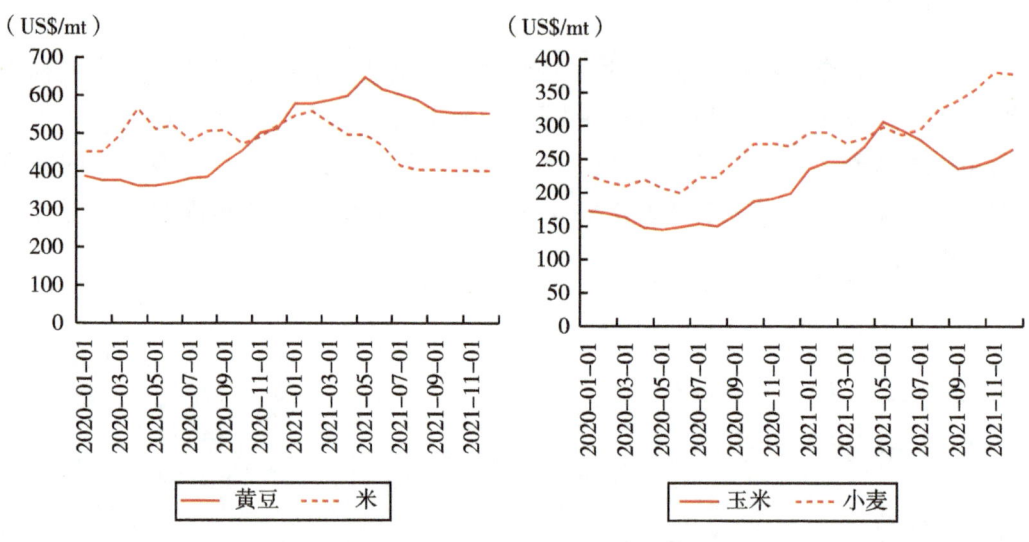

图1-12　2021年主要农产品价格

数据来源：OECD。

五、劳动力市场复苏落后，就业市场未达预期

2021年，持续演变的新冠疫情在制约全球经济发展步伐的同时，给就业市场产生的冲击也远远超出了预期，而且劳动力市场的复苏进度始终落后于经济增长的复苏节奏。根据国际劳工组织（ILO）发布的最新报告，至2021年第四季度，全球工作时间比疫情前同期水平减少了4.3%，相当于有多达1.25亿个全职工作岗位蒸发消失，在此基础上，ILO指出，2021年全球失业人数将达到2亿，比前一年增加了0.1亿（见图1-13）。

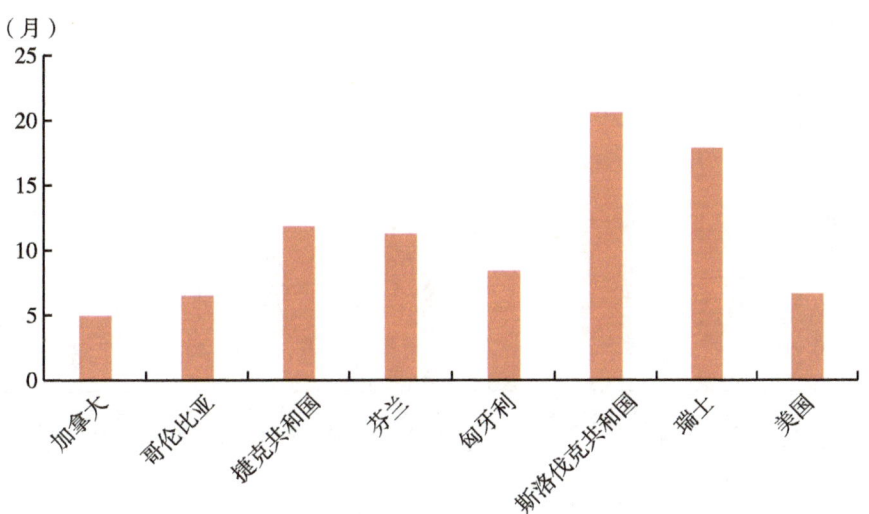

图 1-13　部分国家 2021 年年平均失业时间

数据来源：OECD。

发达国家和发展中国家中，人们的就业状况分化严重。据 ILO 的统计报告，至 2021 年第四季度，中高收入国家的总工作时间相对于 2019 年第四季度减少了 3.6%，同时低收入国家和中低收入国家分别减少了 5.7% 和 7.3%，发达国家和发展中国家之间的劳动生产率差距进一步扩大，创下 2005 年以来的新纪录。新兴市场和发展中经济体劳动力市场受到疫情的打击更大，劳动者就业难度更高（见图 1-14、图 1-15）。

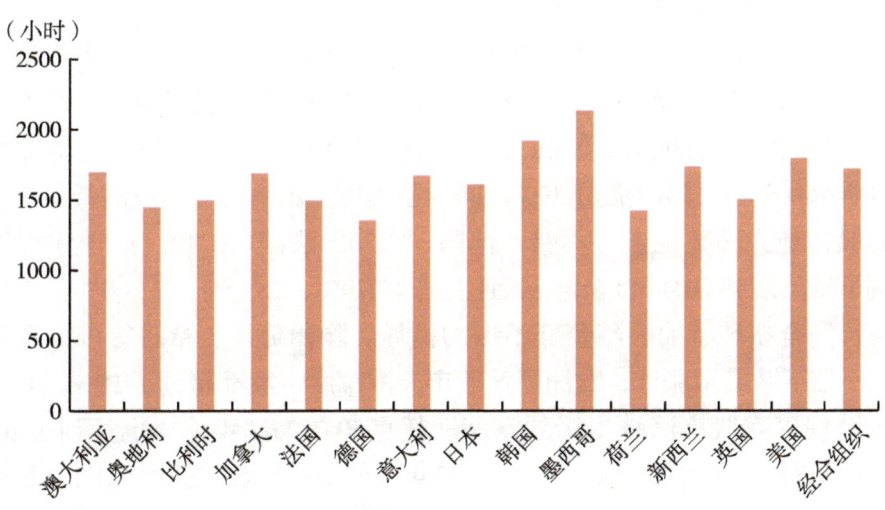

图 1-14　部分国家 2021 年工人平均实际工作时间

数据来源：OECD。

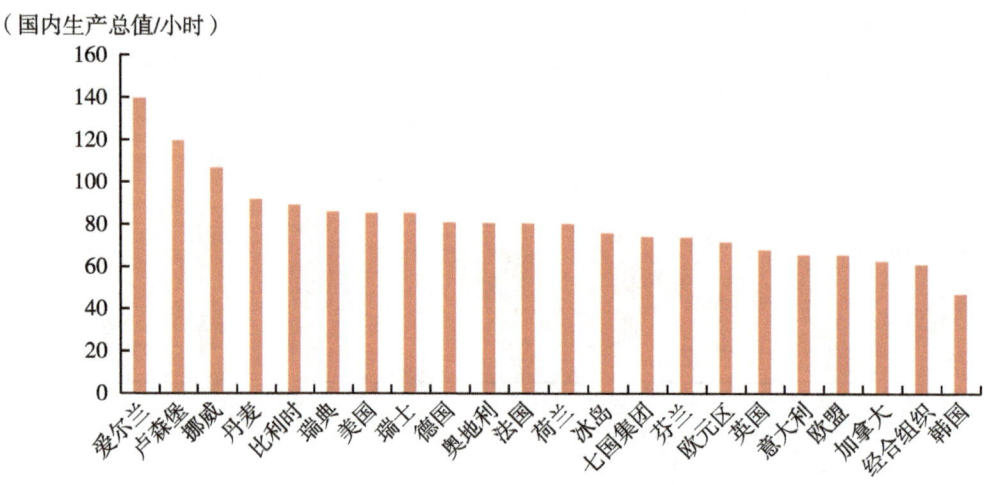

图 1–15 部分国家 2021 年劳动生产率

数据来源：OECD。

六、汇率市场仍深受强势美元影响，股票市场两极分化严重

进入 2021 年后，美联储在货币政策上一直表现出"鸽"派姿态，全年美元上涨 6.34%。就非美发达经济体货币而言，2021 年，除加元兑美元微涨 0.72% 外，其余所有主权货币兑美元均呈下跌趋势。其中，日元全年跌幅超过 11.42%，表现最差。新兴市场国家中，土耳其里拉货币单月狂贬 20% 以上，连续数月大幅收阴，汇率不断创出最低历史纪录。

各个国家股票市场表现大不相同。发达经济体股票市场集体表现出色。美股市场上，标准普尔 500 指数在历史上首次突破 4000 点，道琼斯指数过去一年 12 个月中有 8 个月的时间出现上涨，最终全年大幅上扬 18.73% 并抵达历史最高位置，纳斯达克全年大幅收涨 21.39%，同样创出历史新高。在美股的带动下，欧洲国家的股市绝大多数也走势不错，德国 DAX30、法国 CAC40、富时意大利 MIB、比利时 BFS、瑞典 OMXSPI 全年分别上涨 15.79%、28.85%、23.00%、19.02% 和 29.07%，完全扭转了前一年萎靡不振的格局。除葡萄牙、希腊等极少数国家股市出现小幅下跌或微涨外，欧洲国家股市上涨幅度一般都超过了 10%。其中，反映整个欧洲国家股市涨跌指标的欧洲斯托克 50 在 2021 年涨幅也达到了 20.99%。此外，日经 225 全年涨幅 4.91%，为过去 3 年来的最高位置；韩国 KOSPI3.63% 的年度涨幅也创出了历史新高。新兴市场国家股票市场分化特征明显，其中以越南股市和土耳其股市最具代表性。越南股市在 2021 年狂飙 35.73%；土耳其伊斯坦布尔 100 指数先后 6 次触发熔断机制，成为 2021 年全球唯一一个股市发生熔断的国家。

七、国际贸易恢复稳定性增长，贸易区域化增强

（一）全球商品贸易复苏由强转弱，服务贸易复苏力度较弱

得益于大宗商品价格上涨、疫情限制的取消以及经济刺激计划带来的需求强劲复苏，全球贸易在2021年的四季度持续增长，全年贸易增长保持强劲，货物贸易表现尤为亮眼。据联合国贸发会议的《全球贸易更新》（2022年2月）统计，2021年全球贸易额创下历史最高纪录，达到约28.5万亿美元，与2020年相比增长约25%，与疫情前的2019年相比增长了近13%。2021年上半年需求激增，全球商品贸易强劲复苏，特别是与第二季度许多国家出现同比创历史纪录的经济大幅增长相比，全球贸易在当季跳涨22.0%，为历史最好水平；下半年以来，受新一轮疫情暴发影响，海运市场出现混乱，全球商品贸易受到巨大冲击，复苏大幅放缓。在经历了增长相对缓慢的第三季度后，贸易增长在2021年第四季度再次回升，贸易额相比第三季度增长了约3%。

具体来看，货物贸易和服务贸易也遵循上述增长趋势。上半年增长强劲，下半年，尤其是第四季度，商品和服务贸易继续保持积极增长。其中，货物贸易第四季度增长近2000亿美元，达到约5.8万亿美元，创下新纪录。同期，服务贸易增加了约500亿美元，达到约1.6万亿美元，略高于大流行前的水平。同比而言，货物贸易和服务贸易分别增长约27%和17%，货物贸易表现优于服务贸易。

（二）总体年度贸易增长强劲，全球贸易发展不平衡

由于各国防疫政策以及民众对待疫情态度的差异化，导致了疫情控制与蔓延的差异化，最终导致各国生产恢复的不同步。欧美等国感染人数不断飙升，生产恢复进度始终缓慢，自身产品供给不足，对进口需求较大，由此导致中国等亚洲国家出口的迅猛放量，但同时也加剧了全球物流运输的紧张度。

分主要经济体来看，一些主要贸易经济体的进出口趋势进一步说明后两个季度的贸易增长模式。一方面，区域间的贸易复苏存在较大差异，中东、南美和非洲的出口复苏最为缓慢，同期中东、非洲等地的进口复苏最慢；亚洲的出口实现两位数增长，而所有其他地区的增长则非常温和，中东与非洲国家增速不到2.09%，同时亚洲年度进口比2019年增长9.4%，而最不发达国家的进口则下降1.6%。2021年第四季度，所有主要经济体的货物贸易无论是进口还是出口都远高于2019年疫情暴发前的水平。负季度环比率表明，2021年第四季度，一些主要经济体的积极出口趋势发生了逆转。而这一时期中国、美国和大韩民国的出口

增长仍然强劲;相反,进口趋势继续积极。另一方面,2021年货物贸易额达到约22万亿美元的创纪录水平,但全球旅游和休闲、留学与商务交流等受到疫情压制出现负增长,全年服务贸易额仅为6万亿美元,仍低于新冠疫情前的水平,表明服务贸易的复苏显著慢于货物贸易的复苏。2021年第三季度,大多数主要经济体的服务贸易仍大大低于2019年疫情前的平均水平,第三季度除日本外,所有主要经济体的服务贸易都出现了大幅复苏。四季度全球贸易增长加快,货物贸易保持强劲,服务贸易也恢复到疫情暴发前水平(见图1-16、图1-17)。

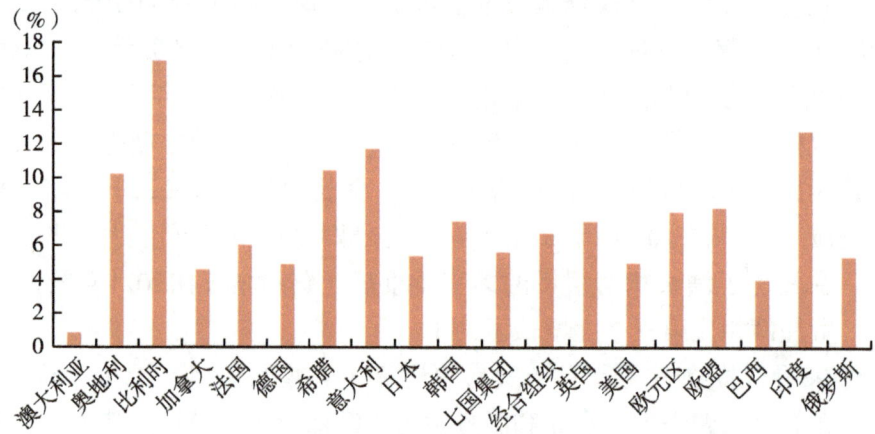

图1-16 部分国家2021年货物出口同比增长

数据来源:OECD。

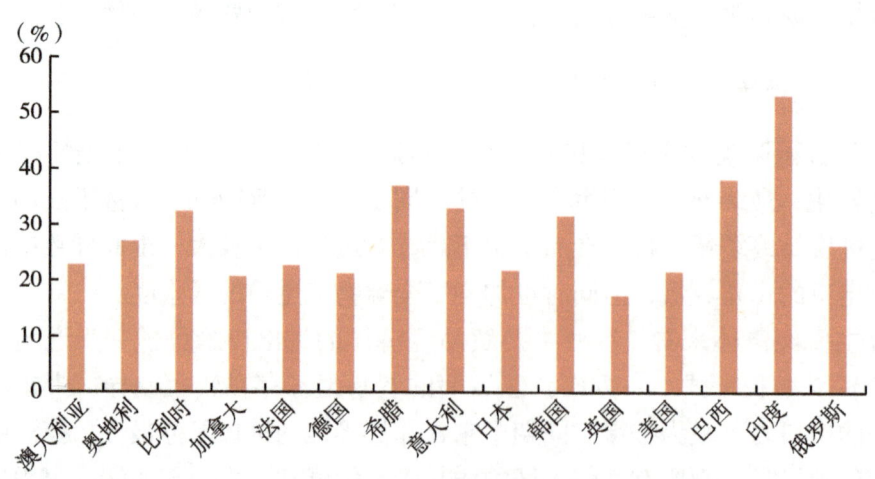

图1-17 部分国家2021年货物进口同比增长

数据来源:OECD。

分区域来看,2021年第四季度,发展中国家的贸易表现好于发达国家。2021年,第四季度发展中国家的出口比2020年第四季度高出约30%,而发达国家仅为15%。

此外，第四季度发展中国家（南南）之间的贸易增长超过全球贸易平均水平，同比增长约32%。四季度除欧洲、北美和东亚的贸易增长速度较低外，所有地理区域的贸易增长率均保持强劲。随着商品价格上涨，商品出口地区的出口增长总体上更加强劲。分经济部门来看，除运输设备外，2021年第四季度，所有经济部门的贸易额均同比大幅增长。其中，能源、金属和化学品的贸易增长均高于平均水平；由于全球半导体缺乏，通信设备、道路车辆和精密仪器的贸易增长也放缓。

（三）区域贸易合作积极成果显著

美国取消了对进口欧洲钢铁和铝产品征收的惩罚性关税，结束了长达3年的美欧贸易争端。此外，美国和欧盟还同意暂时停止关于空中客车和波音的飞机补贴争议，并将彼此向对方115亿美元出口商品征收关税的暂停期延长5年。与此同时，中国宣布进一步扩大同中国建交的最不发达国家享受进口零关税待遇产品的范围，对原产于最不发达国家98%的税目产品提供适用税率为零的特惠待遇。不仅如此，中国还积极申请加入《全面与跨太平洋伙伴关系协定》（CPTPP）和《数字经济伙伴关系协定》（DEPA），并与东盟、新西兰等经济体签署了自由贸易协定升级议定书。另外，非洲自由贸易区也在2021年正式启动，澳大利亚与英国达成了自由贸易协定，这也是英国脱离欧盟后的首个贸易协定。

八、产业链重构或将重塑国际分工格局

受益于不断减少的贸易成本和总体稳定的国际秩序，许多产品的生产环节遍布全球多个区域，这种高度分工的生产模式加深了全球各经济体之间的联系，推动经济全球化。然而，受相关因素影响，近年来全球产业链的发展呈现出明显的重构趋势。首先，受新冠疫情影响，人员隔离、物资跨地区流动受限等导致企业开工不足，各国采取的关闭边境、停航停运等措施大幅提高了贸易成本，降低了产业链的运行效率，由此，冲击了全球产业链的稳定运行，造成局部断裂，最终对世界经济造成冲击。其次，在大国竞争的背景之下，以美国为代表的西方国家力图重构全球产业链并掌握主导权。为了应对产业空心化、减少对"中国制造"的依赖，美国采取多项措施引导制造业回流，加之疫情冲击，全球产业链重构的步伐或将加快。2022年，许多国家和跨国公司对产业链的配置将从之前的注重效率转向兼顾效率和安全的原则上来。同时，区域分工也将逐渐替代全球分工。RCEP、CPTPP、欧日EPA、美墨加协定USMCA等大型区域贸易协定（GDP全球占比分别为32%、13%、28%、28%）的启动会进一步强化区域化分工格局。全球产业链的重构以及区域化、多中心化的全球分工格局将逐渐形成，并对世界经济产生深远影响。

第二节 2021年国内宏观经济运行情况分析

一、经济增长再上新台阶，产业结构进一步转型升级

（一）GDP运行分析

2021年，尽管外部环境严峻复杂，内部经济发展面临需求收缩、供给冲击、预期转弱三重压力，我国经济长期向好的基本面没有改变。从央行全面降准、地方政府专项债加速发行等一系列政策的推出，可以看出"稳字当头、稳中求进"仍然是我国经济工作的主基调。

2015—2019年，中国经济始终保持整体稳定，长期向好的态势没有变。2019年，中国GDP跃升至986515亿元，经济增长率达到6.1%。2019年GDP增长的主要原因是政府增加对基础设施、高科技和新兴产业等领域的投资，加大减税降费力度、加强市场监管和扩大财政支出等。此外，消费需求也得到了提振，成为新的增长点。2020年中国GDP达到1013567亿元。在新冠疫情的影响之下，中国经济增长放缓。政府采取了一系列措施，包括降息、减税和提高财政支出等，以帮助经济复苏。2021年中国GDP达到1149237亿元，比上年增长8.1%，虽然疫情仍然肆虐，但是经济增速仍保持较高的良好局面（见图1-18）。这主要受益于基础设施和制造业的投资和出口的强劲回升。此外，消费也在逐渐改善，政府也寻求进一步扩大财政支出，以刺激经济增长。

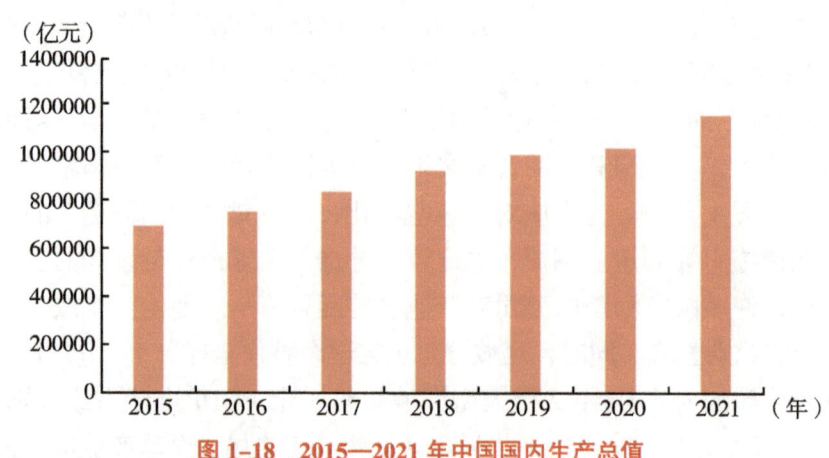

图1-18　2015—2021年中国国内生产总值

数据来源：国家统计局。

（二）产业结构持续优化，发展新动能不断增强

党的十八大以来，我国始终坚持以供给侧结构性改革为主线，构建现代化经济体系，不断推进产业结构的优化与升级。自2013年来，第三产业超过第二产业，成为第一大产业，同时第三产业增加值与第二产业增加值之差额逐年增加，第三产业重点领域蓬勃发展，转型升级成效显著，有力支撑国民经济持续健康发展。究其原因，第一，随着中国经济由传统工业经济向现代服务业经济的转型，政府加强了对服务业发展的支持，致力于提高服务业的质量和水平，鼓励企业加大对服务业的投资，不断开拓新经济领域，如数字经济、文化产业、金融服务等。这使得服务业的发展速度明显快于第二产业，最终导致了第三产业GDP超过第二产业GDP。第二，2013年以前，中国的工业化发展过程中，制造业作为支撑经济的主导产业一直发挥着重要的作用。然而，在新的经济形势下，政府加大了对制造业转型升级和绿色产业的支持，以实现产业结构的升级和优化。同时，由于环保政策的加强和成本上升等因素，一部分制造业的劳动密集型产业转移至境外，从而导致了第二产业的增速下降，与此同时，服务业的优势在逐渐突显。综上所述，第三产业超过第二产业GDP的原因在于经济结构的调整和优化、产业结构的升级和转型，这是中国经济发展的必然趋势。同时，政府对服务业的重视以及服务业本身的努力也为推动第三产业的发展作出了巨大贡献。

2021年中国第一产业增加值为83086亿元，第二产业增加值为450904亿元，第三产业增加值为609680亿元，这表明第三产业在中国经济中继续占据着主导地位（见图1-19）。随着中国经济不断发展，服务业的地位不断提升，已成为经济增长的重要驱动力。因此，政府需要进一步加大对服务业的投入和支持，鼓励企业加大对服务业的投资、创新和开发。

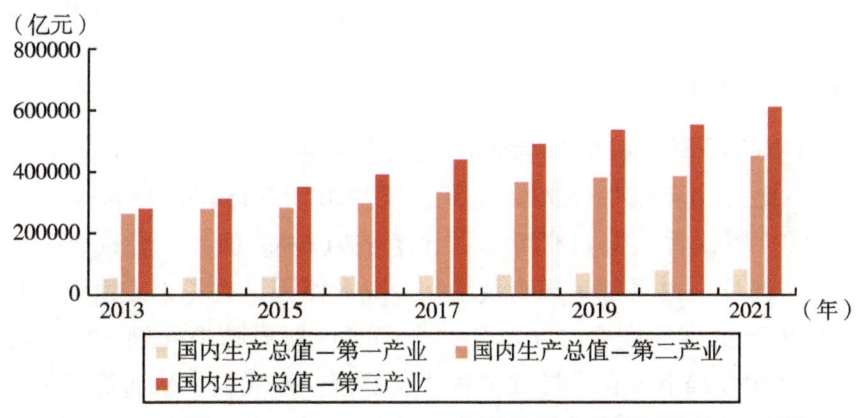

图1-19　2013—2021年三大产业国内生产总值

数据来源：CSMAR数据库。

二、消费总体逐步复苏，疫情之下消费潜力有待进一步释放

（一）社会消费品零售总额增速

2021年1—2月的社会消费品零售总额增长率为34.3%，3月份为34.2%，4月份为17.7%，社会消费品零售总额增长率自3月开始逐月下降。其原因可能包括：第一，贸易环境的变化。2021年1—3月是中国出口旺季，疫情抑制了其他国家的生产，使得中国出口有显著增长，这可能导致消费者有更多的资金用于购买国内的消费品。在此之后，其他国家的生产逐步恢复，竞争加剧，中国的出口也可能受到压力，导致了社会消费品零售总额增长率的下降。第二，政府财政和货币政策的变化。由于2020年中国经济下行，政府采取了一系列刺激措施以刺激经济增长，导致了1—3月社会消费品零售总额增长率的上升。2021年政府为避免通货膨胀进行经济政策的调整，导致社会消费品零售总额增长率增速放缓（见图1-20）。

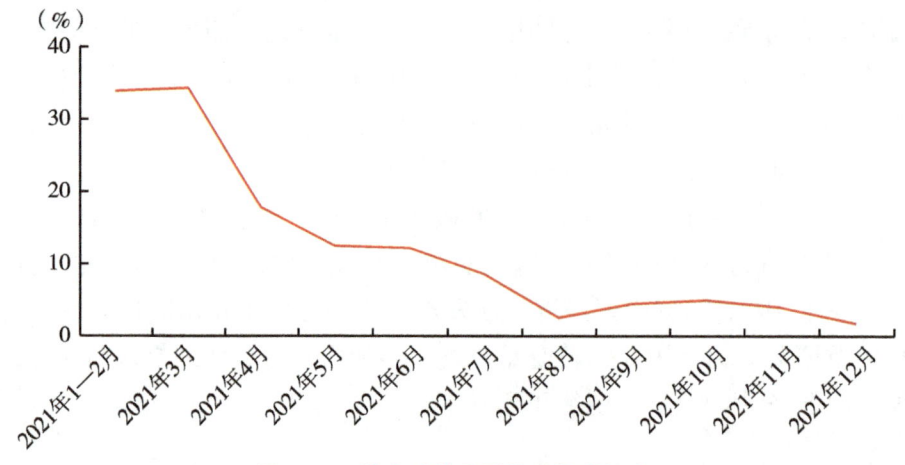

图1-20　社会消费品零售总额增长率

数据来源：CSMAR数据库。

社会消费品零售总额可分为餐饮收入和零售收入。2021年全年餐饮收入46895亿元，比2020年增加了7368亿元，餐饮市场总体保持稳定恢复。2021年3月，全国实现餐饮收入3511亿元，同比增长91.6%。但是，餐饮收入增长率在之后的8月、11月、12月都呈现为负增长。究其原因，首先，疫情仍然是影响中国餐饮市场发展的主要因素。2021年，全国各地新冠肺炎病例多发，消费者选择减少线上外卖和线下堂食，导致了餐饮店的营业额减少，从而降低了餐饮收入增长率。其次，年末国内外通货膨胀压力增加，以及房地产等多个行业的股市震荡，消费者提高了个人储蓄，减少了包括餐饮消费在内的一些不必要的开支。最

后，虽然疫情在政府控制之下逐渐稳定，消费者信心有所恢复，但由于受到全球贸易形势、国际关系和政策环境的影响，消费市场还没有完全恢复到疫情前的水平。因此，餐饮收入的增速依然面临一些压力，需要各方采取措施以恢复消费市场的健康增长。

2021年商品零售393928亿元，比上年增长11.8%。从图1-21中可看出，2021年商品零售增长逐渐放缓。首先，疫情导致消费需求和产品供应减少；其次，我国经济进入高质量发展阶段，增长速度逐渐放缓，导致消费市场扩大速度减慢；再次，我国目前居民消费需求已经基本得到满足，消费水平无需再高速增长；最后经济下滑也是原因之一。

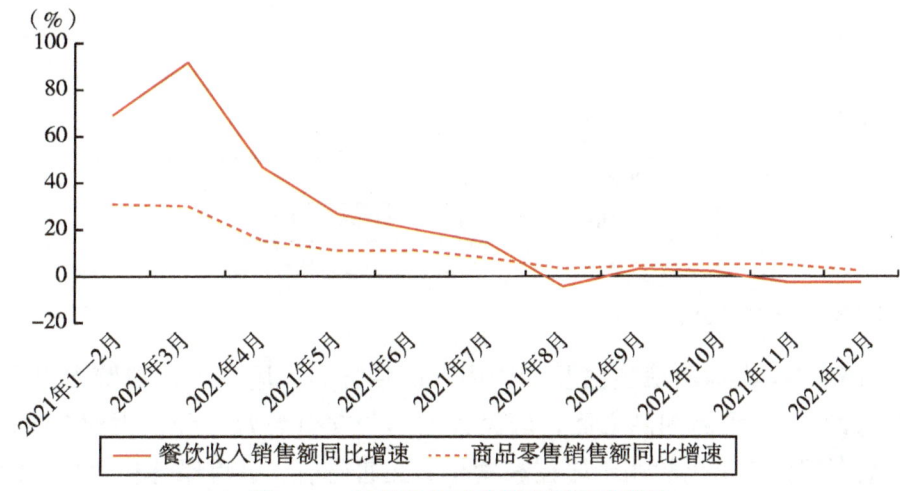

图1-21 按销售类型分销售额同比增速

数据来源：CSMAR数据库。

（二）居民消费支出与恩格尔系数

2021年全年全国居民人均消费支出24100元，比上年增长13.6%，扣除价格因素，实际增长12.6%。其中，人均服务性消费支出10645元，比上年增长17.8%，占居民人均消费支出的比重为44.2%。从常住地来看，城镇居民人均消费支出30307元，增长12.2%；农村居民人均消费支出15916元，增长16.1%。

2021年全国居民恩格尔系数为29.8%，其中城镇为28.6%，农村为32.7%。恩格尔系数是食品支出总额占个人消费支出总额的比重。根据图1-22，农村居民的恩格尔系数明显高于城镇，因为城市能够享受到更好、更丰富的食品和服务，而农村地区食品消费主要以粮油为主，比较单一。此外，农村居民通常收入较少，粮食占支出的比重较大，也是农村居民的恩格尔系数高于城镇的重要因素之一。

得益于城镇化和农村低收入人群帮扶机制等，人民收入水平、生活水平不断提高,尤其是农村贫困人口逐渐减少,农村居民和城镇居民恩格尔系数在2020年之前一直保持逐年下降,其原因在于改革开放产生的新机遇。然而在疫情暴发之后,2020年农村和城镇居民恩格尔系数转为上升。到了2021年,二者都在一定程度上有所恢复,但是恢复到2019年水平仍需一段时间。

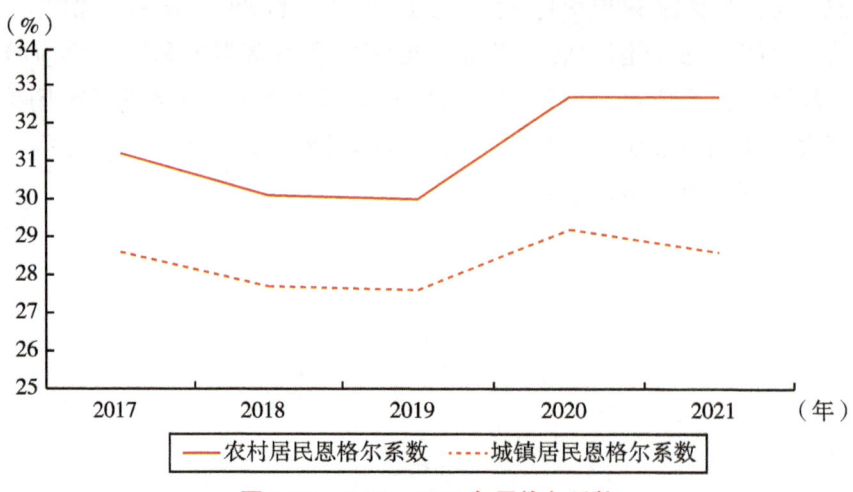

图 1-22　2017—2021 年恩格尔系数

数据来源:CSMAR 数据库。

2021年居民人均消费支出及构成中,居住方面,居民人均消费支出为5641元,占比23.4%。食品烟酒方面,居民人均消费支出为7178元,占比29.8%,说明居民绝大部分支出仍然用于居住和食品。交通通信、医疗保健和教育文化娱乐的消费支出也占了居民人均消费支出及构成中的很大一部分,在疫情时代,医疗保健方面的消费支出与教育文化娱乐的支出几乎持平,说明居民更加注重自身健康保护(见图1-23)。

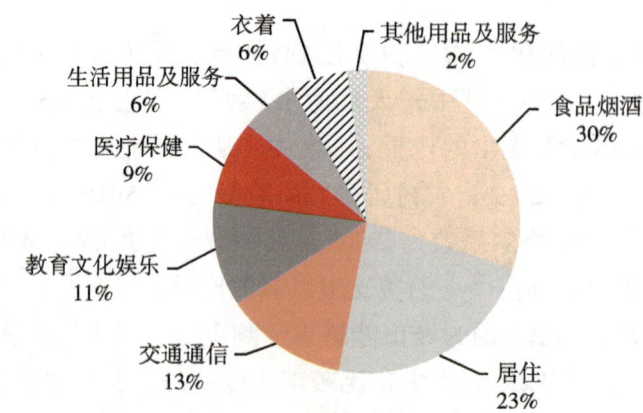

图 1-23　2021 年居民人均消费支出及构成

数据来源:国家统计局。

三、固定资产投资延续恢复态势，复苏进度相对偏慢

2021年1—12月，全国固定资产投资（不含农户）544547亿元，比上年增长4.9%。首先，2021年1—2月的固定资产投资增长率为35%，我们可以看到这是疫情后全国经济逐步恢复的结果。随着疫情控制措施逐渐放松，中国经济逐渐回暖，从而带动了企业的固定资产投资。然而，由于全球疫情的不确定性及持续影响，自2021年3月以来，固定资产投资增速开始呈下降趋势。其中，3—5月的增速下降最为明显，其原因与国际和国内有关（见图1-24）。在国内方面，一些地区实施疫情防控措施增加了企业的运营成本，同时，由于去年经济复苏过程中不少企业释放了过剩产能，在供需持续调整的情况下企业对于新增固定资产的需求减少，对投资增长带来了一定的压力。另外，国际市场的不确定性也很大程度上影响了固定资产投资。近期全球资本市场低迷，加上中美贸易紧张关系，以及部分国家经济体现出韧性不足等，都不利于我国经济发展。然而，尽管出现了一些困难挑战，我国经济复苏的基本面依然未变，收缩的资本和信贷政策有望促进固定资产投资的加速回升。

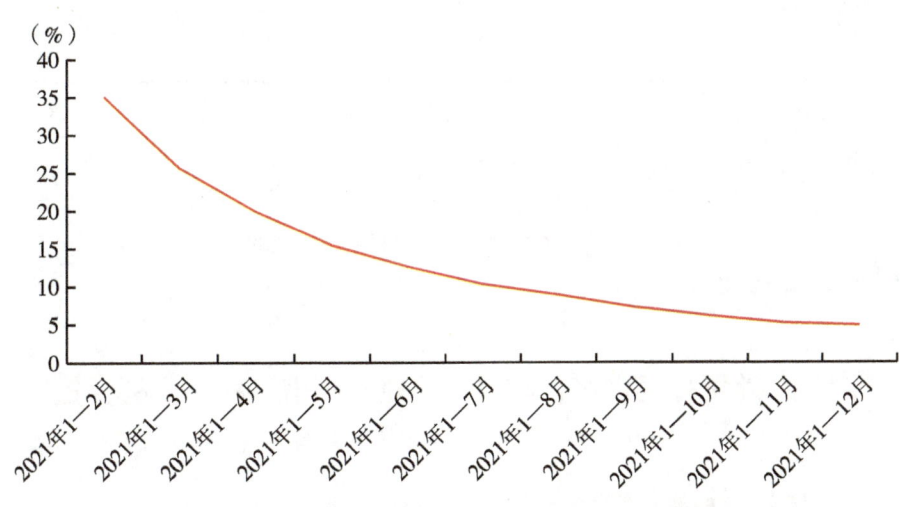

图1-24　固定资产投资（不含农户）累计同比增速

数据来源：CSMAR数据库。

房地产开发投资占全社会固定资产投资的比重维持在20%以上，即全国每年固定资产投资上花费的资金中，五分之一的资金进入了房地产业。2021年房地产开发投资占固定资产投资的27.1%，比上年减少8%，全国房地产开发投资147602亿元，仍保持平稳增长态势，比上年增长4.4%。

2021年1—2月的房地产开发投资累计同比增长率高达38.3%，但从3月开始逐步下降，4—6月的同比增长率依次为21.6%、18.3%、15%、12.7%，直至12月下降至4.4%。下降的原因可能与政府的房地产调控政策如房企正式开始执行"三道红线"，以及经济复苏压力有关，导致开发商的投资计划暂时延缓。由于疫情的影响和经济形势的不确定性，市民对房地产市场和未来经济的信心可能下降，这也影响了对房地产的投资需求。2021年12月，房地产开发投资的同比增长率为4.4%，说明房地产市场的增长一直在放缓（见图1-25）。因此，政府对房地产市场的调控需要保持连续性稳定性，增强调控政策的协调性精准性，维护房地产市场稳健发展。

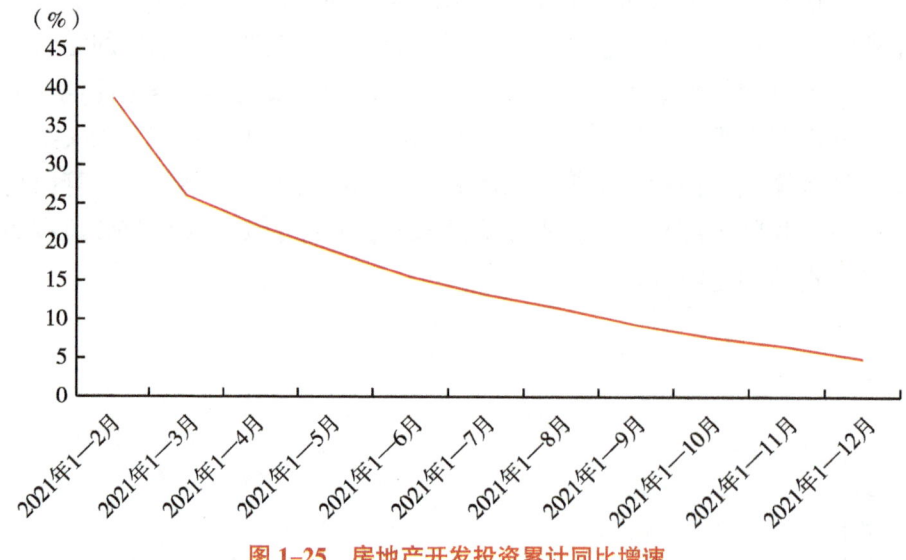

图 1-25　房地产开发投资累计同比增速

数据来源：CSMAR 数据库。

四、"十四五"外贸开局良好，高质量共建"一带一路"成绩斐然

（一）中国进出口总体情况分析

2016—2018年货物进出口金额逐年上涨，2019年货物进出口金额为45778.91亿美元，与2018年的46224.44亿美元相比，有所下降。其下降原因主要是全球经济下滑，许多经济体增长放缓，影响了中外贸易往来。其次，中美贸易摩擦对中国的进出口带来了负面影响。最后，2019年底暴发了COVID-19疫情。这场全球疫情对全球经济以及贸易产生了巨大的冲击，也使中国进出口受到了严重影响。

2021年度我国进出口规模再迈新台阶，第一次突破6万亿美元的关口。同时，我国出口33635.02亿美元，同比增长29.9%；进口26867.93亿美元，同比增长30.1%，贸易差额为6767.27亿美元。中国2021年货物进出口金额为60502.95亿美元，比2020年的46559.13亿美元有了显著的增长（见图1-26）。这一显著增长得益于：第一，全球新冠疫情逐渐得到控制，全球主要经济体的经济逐渐复苏，为中国货物进出口创造了更好的外部环境。第二，中国在疫情期间实施了一系列政策措施，包括加大进口、扩大内需等，有效地促进了进出口贸易的增长。与此同时，中国积极推进新一轮开放和改革，降低外商投资准入门槛，拓展了进口渠道，促进了多国之间贸易往来的增长。第三，中国参与全球贸易规则改革，加强国际合作，推动建立更加开放、平等、合作、共赢的国际贸易体制，使中国的进出口贸易得到了更好的保障。第四，国家投资推动的新基建建设和消费的增长，增加了对外贸易的需求。总体而言，2021年中国货物进出口金额的提高是多方面因素综合作用的结果。随着中国经济水平的继续向好，中国的进出口贸易往来有望继续保持增长势头。

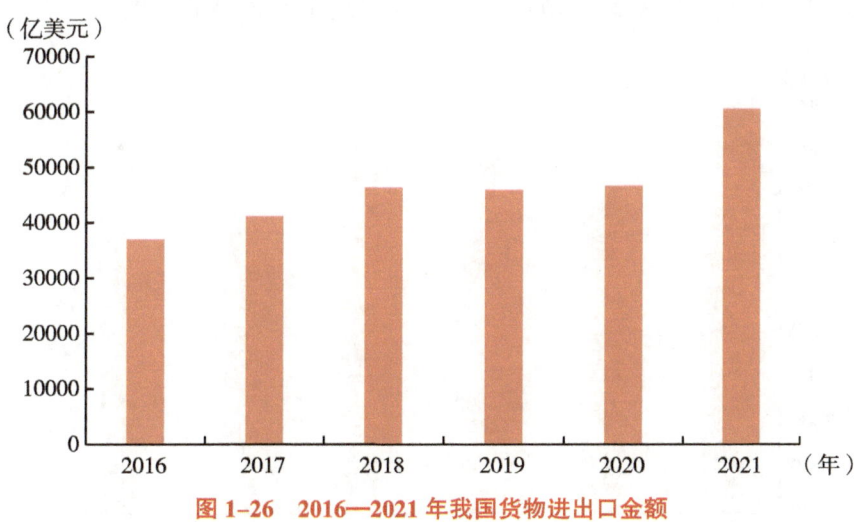

图1-26　2016—2021年我国货物进出口金额

数据来源：中华人民共和国海关总署。

2021年我国全年服务贸易持续快速增长，进出口总额达52982.7亿元人民币，同比增长16.1%。首先，从图1-27中可以看到，中国服务贸易进出口额从2016年的6616亿美元到2021年的8218亿美元，期间出现了一些波动。2016—2018年，中国服务贸易进出口额经历了一个稳步增长的过程。其中，中国积极扩大服务业对外开放是一个重要因素。在全球经济放缓的背景下，服务业成为中国经济复苏的一个重要支柱。同时，随着国际服务贸易规则的逐步完善，对中国服务贸易进出口的需求也逐步增加。然而，从 2019 年开始，中国服务贸易进出口开始呈现下降趋势。这主要是由于全球贸易环境变化和中美贸易摩擦的影响。在此期间，不少国家采取了保护主义政策，限制了中国的服务贸易进出口，同时，由于疫情的影响，国际服务贸易的需求也有所下降。2020 年，受新冠疫情影响，全球服务贸易下降明显，中国的服务贸易也受到了一定程度的打击。许多国家实行了封锁措施，限制了人员流动和国际贸易，这导致了许多行业的服务需求减少，对于服务贸易进出口带来了巨大压力。

从 2021 年开始，随着疫情逐步得到控制和全球贸易环境的改善，中国服务贸易进出口开始逐步恢复。尽管服务贸易进出口面临着一定的压力和挑战，但中国仍积极促进国际贸易的繁荣和发展。在 2021 年的中国国际服务贸易交易会全球服务贸易峰会上，习近平主席指出，中国将提高开放水平，在全国推进实施跨境服务贸易负面清单，探索建设国家服务贸易创新发展示范区；扩大合作空间，加大对共建"一带一路"国家服务业发展的支持，同世界共享中国技术发展成果；加强服务领域规则建设，支持北京等地开展国际高水平自由贸易协定规则对接先行先试，打造数字贸易示范区等举措以促进服务贸易的发展。

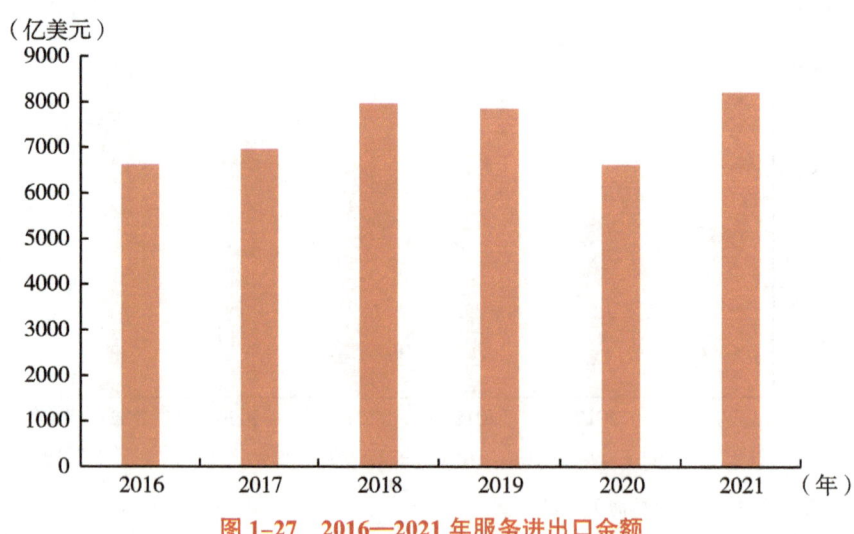

图 1-27　2016—2021 年服务进出口金额

数据来源：中华人民共和国商务部。

（二）中国与"一带一路"沿线国家贸易情况分析

2021 年，我国对"一带一路"沿线国家进出口迈过 11 万亿元人民币的大台阶，达到了 11.6 万亿元，同比增长 23.6%，占我国外贸进出口总值的 29.7%。其中，出口 6.59 万亿元，增长 21.5%；进口 5.01 万亿元，增长 26.4%。我国前五大贸易伙伴依次为东盟、欧盟、美国、日本和韩国，对其进出口额分别为5.67万亿元、5.35万亿元、4.88万亿元、2.4万亿元和2.34万亿元，分别增长了19.7%、19.1%、20.2%、9.4%和18.4%。其中，东盟成为中国长达13年之久的最大贸易伙伴，并且连续两年成为中国第一大贸易伙伴，在世界百年未有之大变局中，东盟与中国的交流、合作进一步加深。2021年，中国与东盟货物贸易额达8782亿美元，同比增长28.1%。其中，中国对东盟出口4836.9亿美元，同比增长26.1%；对东盟进口3945.1亿美元，同比增长30.8%。

中国与东盟的贸易密切指标自2015年以来开始逐年上涨（见图1-28）。贸易密切指标反映了中国与东盟之间贸易关系的紧密程度，体现的是双边经济往来的繁荣程度和产业链的嵌入程度，由贸易结合度、贸易依赖度和行业内贸易密切度三个二级指标合成，其值越高代表双边贸易关系越紧密。对于贸易密切指标上涨的原因，有以下几个方面：第一，中国和东盟双方之间贸易额不断增长。自由贸易协定的签署和落实，以及各项减少贸易壁垒的举措，推动了中国和东盟之间的贸易往来，使贸易额逐渐上升，从而增加了贸易密切的程度。第二，贸易链和产业链的深度融合。除了贸易额增加外，中国和东盟之间的贸易也进一步深化了贸易链和产业链的融合，实现了更广泛、更深入的合作。在2021年，密切贸易指标出现了下降。主要是由于2020年新冠疫情的暴发，极大地冲击了全球经济，许多国家实行了管制措施，本来就已受到疫情影响的贸易也因此受到了更严格的限制。所以，中国和东盟之间的贸易也受到一定影响，导致了指标的下滑。但是未来中国和东盟国家将会继续深入探索和拓展贸易合作，在投资、经济、技术等领域展开更深层次合作，为双方带来更为可持续、稳定的合作关系。

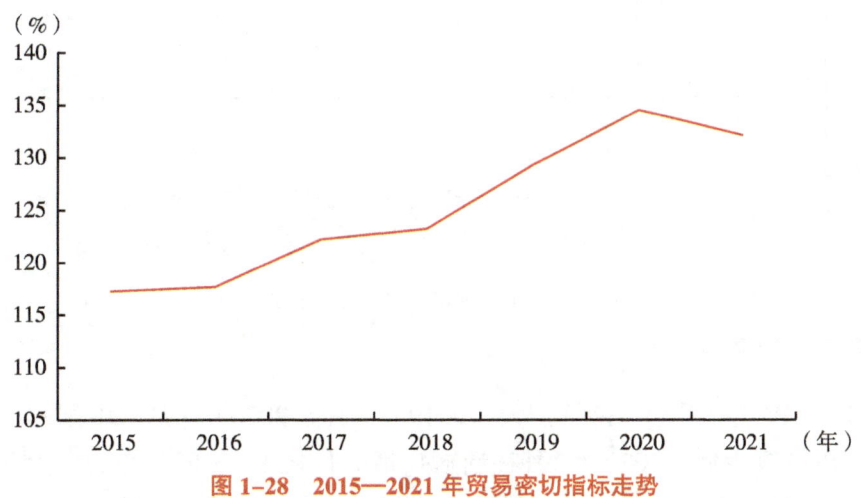

图1-28　2015—2021年贸易密切指标走势

数据来源：中国海关总署。

五、总体物价水平整体处于有序上涨趋势

2021年全国居民消费价格（CPI）比2020年上涨0.9%。2021年12月，全国居民消费价格同比上涨1.5%。2021年中国的CPI在1月和2月分别为–0.3%和–0.2%（见图1–29）。随着经济的恢复，CPI开始逐步上升，在3月达到0.4%，并持续增长，到了6月达到1.1%。但从8月开始，CPI开始下降，降至0.8%，7月的CPI为0.7%，低于前一个月。然而，10月CPI达到1.5%，之后在11月再次上升至2.3%。最后，12月CPI又回落至1.5%。总体而言，2021年中国CPI由于受全球产能紧缩、能源价格上涨、食品价格等多种因素影响，波动较大。尽管如此，2021年中国采取了多项措施稳定市场与物价，如综合运用有序释放现金产能、扩大物资投放及合理预期引导以应对煤炭等能源原材料价格的显著波动。随着疫苗接种率上升和对全球供应链限制的放宽，CPI也在逐渐回归正常，并保持平稳增长的趋势。

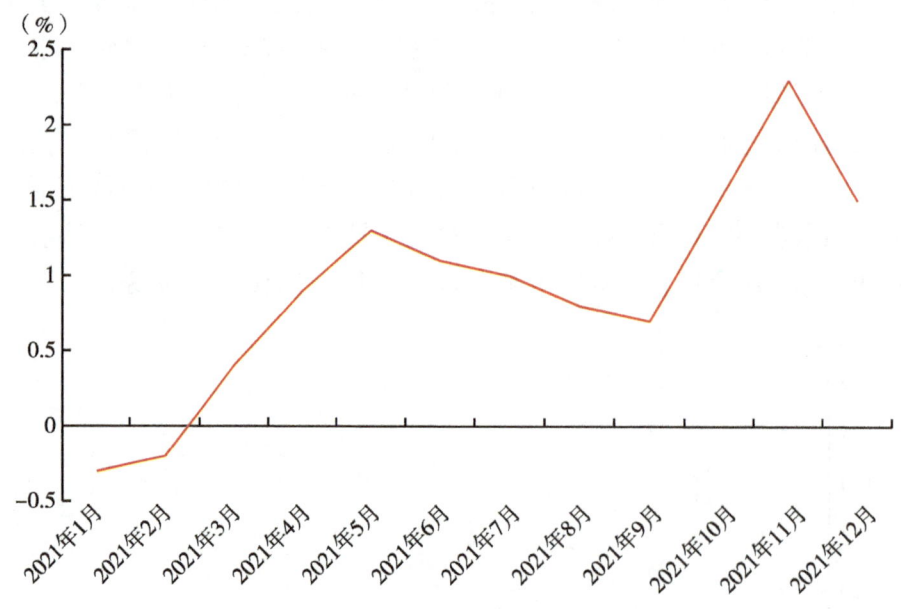

图1–29　全国居民消费价格同比增速

数据来源：CSMAR数据库。

PPI与CPI"剪刀差"持续扩大。2019年6月至2020年1月，中国的CPI不断增加但PPI持续走低。2020年2月在新冠疫情时代之下，CPI和PPI增速都开始下降。直到2020年6月，疫情对全球造成广泛深远影响之下，国际航运价格以及石油等大宗商品价格上涨，因此PPI开始大幅度上涨，但是CPI增速仍然在下跌。

2021年1月开始，PPI一直保持上涨的趋势，然而CPI增速一直为负，始终处于低于1%的水平，然而PPI持续飙升，在2021年1月超过CPI从而形成剪刀差。在2021年10月，PPI同比变动13.5%，成为本年度变动最高值，然而CPI仍然处于低位。该剪刀差已经形成了一年之久，自6月份开始之后的每个月都在扩大，到2021年10月时，剪刀差达到了12%，说明生产者价格与消费者价格之间仍然存在很大的差距（见图1-30）。如果剪刀差继续增大，将会导致社会不公现象，不利于社会的和谐稳定和经济的持续发展。

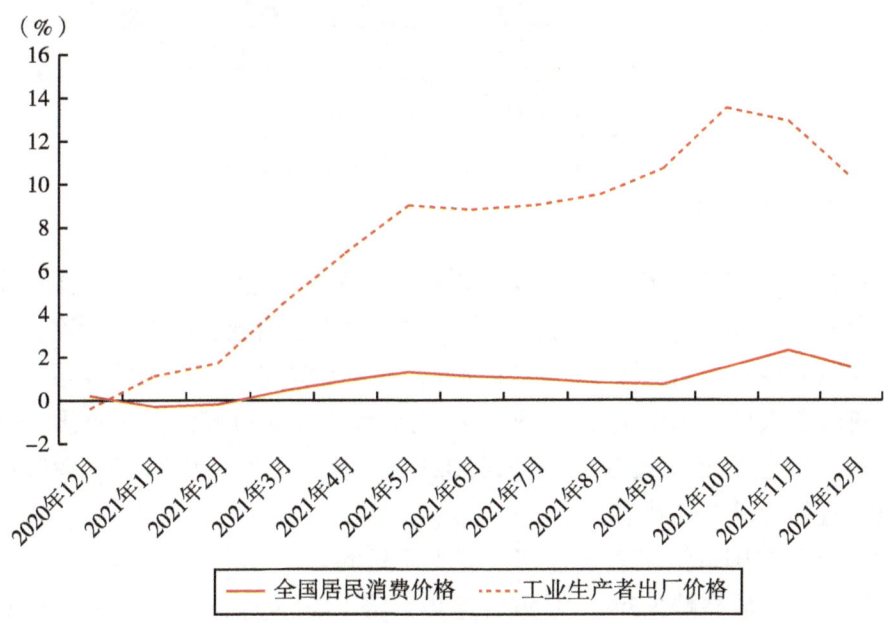

图1-30　全国居民消费价格与工业生产者出厂价格同比增速

数据来源：CSMAR数据库。

六、就业形势基本稳定，居民收入持续增加

在疫情影响之下，我国采取一系列措施促进国民经济的恢复，促进了居民收入稳步增长。2021年全国居民人均可支配收入中位数29975元，比上年增长8.8%。由此可见，随着经济恢复，增长率逐渐恢复到了疫情前水平。受疫情影响，2020年居民人均可支配收入中位数为27540元，比2019年仅增长3.8%。然而在此之前的2016—2019年，人均可支配收入中位数增长率都保持在7%—8%的水平（见图1-31）。居民人均可支配中位数的变化与经济环境息息相关，在恢复经济的同时，还需要更全面的社会保障政策支持。

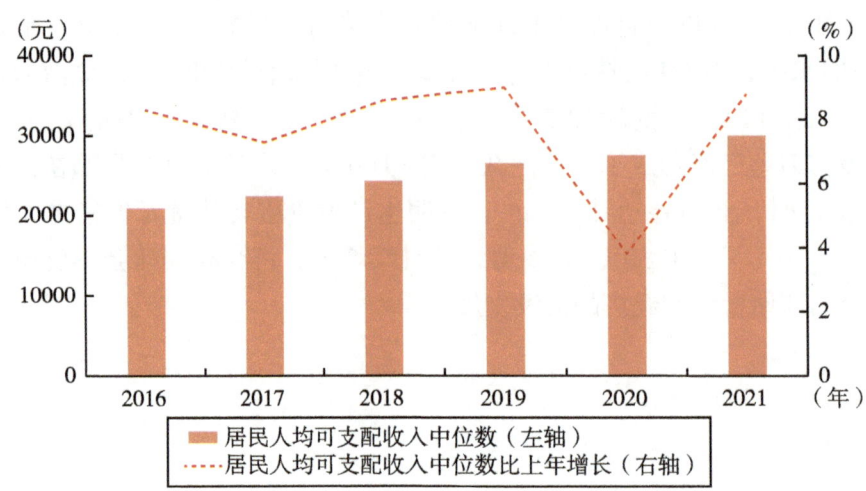

图1-31 2016—2021年居民人均可支配收入中位数

数据来源：国家统计局。

就业是民生之本。2021年，城镇调查失业率和就业形势保持总体稳定，随着国民经济持续恢复，就业优先政策力度的加大，全国城镇调查失业率低于预期目标。2021年我国就业人员共74652万人，从城乡来看，城镇就业人员46773万人，乡村就业人员27878万人。从三大产业来看，自2011年起第三产业的就业人数超过第一产业的就业人数，一直到2021年，在三大产业中第三产业吸纳的就业人员一直处于最多的状态。

2021年，中国城镇调查失业率表现出明显的波动。1—2月失业率相对较高，2月达到2021年最高峰5.5%，但随后逐步下降。4—8月，失业率维持在5.0%—5.1%的区间。8月和9月，失业率降至4.9%。自9月以来，失业率在4.9%—5.1%波动（见图1-32）。自11月开始，教育和农业等行业离职人数增加，原因包括"双减"政策的实施、疫情、天气变冷等。另一方面，交通运输、批发零售、商务服务和居民服务等行业的就业人员增加，所以失业率略微上升。12月，城镇调查失业率为5.1%，比11月上升0.1个百分点。

2021年，尽管中国国民经济逐渐恢复，发展动力不断增强，市场主体活跃度高，为就业形势的总体稳定提供了支撑，但我国的就业形势仍面临各种挑战和压力。当前，我国的经济下行压力加大。需求收缩、供给冲击、预期转弱三重压力，都会对我国就业形势的整体稳定产生影响。我们应该继续强化就业优先政策，全力推进减负稳岗、扩就业等措施的落实落细，加大高校毕业生等重点群体的就业帮扶力度，进一步加强职业技能培训，促进创业带动就业，确保就业形势的总体稳定。同时，疫情下出现的各种新型就业形式以及新职业，将会成为新的发展方向。为此，我们需要加强对劳动者的职业技能培训和职业发展辅导，鼓励广大劳动者拓展新的职业发展方向，从而创造更多的就业机会和发展机会，引领我国劳动力市场朝着更加多元化、高质量的方向发展。

图1-32　2021年各月城镇调查失业率

数据来源：国家统计局。

第三节　2021年宏观经济运行政策分析

一、减税降费政策分析

面对纷繁复杂的国际环境和疫情反复交织的严峻形势，我国经济社会发展面临着巨大的风险和挑战，经济下行压力不断加大。因此，为了做好"六稳""六保"的基本工作，我国政府实行提质增效、更可持续的积极财政政策，不断优化落实减税降费等纾困政策，打好"减税降费+缓税缓费"组合拳，有效助力经济增长，稳定宏观经济大盘，增强企业发展后劲。

2021年我国继续坚持普惠性减税与结构性减税并举的政策举措，着眼"放水养鱼"、增强发展后劲，不断提高减税降费的精准度，进一步减轻企业负担，提振市场主体信心。2021年更大程度上加大减税降费力度，新增减税降费1.1万亿元，实现了"放水养鱼""水多鱼多"的良性循环。

（一）政策举措

一是加强对小微企业税收优惠的支持力度。小微企业在延续以前年度普惠性减税的同时，进一步加大税收减免力度，更凸显减税降费的精准度，将减税降费政策落实落细。小微企业和个体工商户年应税销售额不足100万元的部分，减半征收所得税。自2021年4月1日至2022年12月31日，将小规模纳税人的增值税起征点由月销售额10万元提高到15万元。此外，对小微企业的税收支持辅之以缓税缓费政策。对制造业中小微企业实行阶段性税收缓缴措施，在一定程度上减轻企业负担，有力促进中小微企业和个体工商户发展。小微企业存量留抵税额6月底前一次性全部退还，增量留抵税额足额退还，减轻小微企业资金压力，激发活力。

二是持续加大对先进制造业和研发企业的税收优惠支持力度。制造业企业研发费用加计扣除比例由75%提高至100%是2021年结构性减税的重头戏。改革研发费用加计扣除清缴核算方式，企业可以选择在预缴时提前享受税收优惠政策。此外，完善增值税留抵退税政策，放宽留抵退税条件，扩大了增值税留抵退税政策的适用范围，将运输设备、电器机械、仪器仪表、医药、化学纤维等制造业企业纳入先进制造业企业增值税留抵退税政策范围下，有利于增加企业的现金流，减轻企业资金压力。此轮减税降费政策注重对创新的引导和激励，对促进经济结构转型和经济高质量发展有着重要作用。

三是改善民生税收优惠政策有的放矢。为减轻住房租赁企业和租房人的负担，从2021年10月1日起，住房租赁企业中的增值税一般纳税人和小规模纳税人向个人出租住房取得的全部出租收入，可以选择适用简易计税方法，按照5%的征收率减按1.5%计算缴纳增值税，或适用一般计税方法计算缴纳增值税；对企事业单位、社会团体以及其他组织向个人、专业化规模化住房租赁企业出租住房的，减按4%的税率征收房产税[①]。加强对小微企业及个体工商户的税收支持，努力做到保就业、保民生，对于促进社会稳定有特殊作用。

四是整治涉企违规收费加大减费力度。整治涉企违规收费是减轻企业负担的一大重要举措。聚焦中介机构、行业商会、交通物流以及水电物流公用事业等重点领域，集中力量加强涉企违规收费监管。继续清理各种收费基金，相继取消港口建设费、普通护照加注收费。增强对各类违规涉企收费的整治力度，严控非税收入不合理增长，防止采取打折扣、搞变通方式侵蚀减税降费红利，真正做到减税降费助企纾困政策落到实处。

（二）政策实施效果

2021年减税降费政策成效明显。总体来看，减税降费规模相较以前年度有

[①] 《财政部 税务总局 住房城乡建设部关于完善住房租赁有关税收政策的公告》（财政部 税务总局 住房城乡建设部公告2021年第24号）

所下降，主要聚焦中小微企业、科技创新和实体经济，体现出政策的结构性和精准性，有效提高企业研发创新能力，缓解企业经营压力，提高企业获得感。

第一，2021年全年新增减税降费约1.1万亿元，总体减税规模较大，政策红利持续释放，有效减轻市场主体负担，稳定市场主体预期，提振市场主体信心，推动国民经济稳定发展。同时，减税降费政策的实施尤其是留抵退税政策的推行使得我国宏观税负水平呈现出下降态势，由2012年的18.68%下降至15.2%左右，但仍保持在合理稳定的区间。

第二，中小微企业市场活力恢复。2021年支持小微企业发展税收优惠政策新增减税2951亿元，全国小微企业每百元销售收入纳税同比下降12.4%[①]。为制造业中小微企业办理缓缴税费2162亿元，为煤电和供热企业办理"减、退、缓"税271亿元。此外，新办涉税市场主体约1300万户，市场主体总量达1.54亿户，其中，个体工商户已超过1.03亿户，年均增长10.9%。2021年全国中国中小微企业信心指数大致在53%左右（见图1-33），可以看出我国中小微企业市场主体信心得以提振，市场活力逐步恢复。

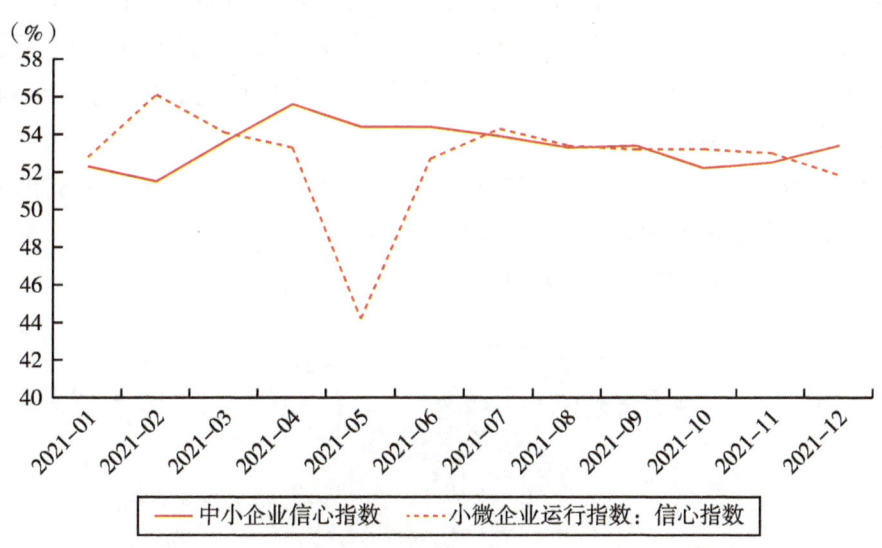

图1-33　2021年中小微企业信心指数

数据来源：Wind数据库。

第三，增值税留抵退税政策落实落细。2021年办理制造业增值税留抵退税1322亿元，惠及3.1万户企业。实施企业购买不超过500万元的设备器具一次性企业所得税税前扣除政策，新增减税781亿元，进一步缓解了制造业企业的资金压力。

---

① 2021年新增减税降费约1.1万亿［EB/OL］.http：//www.gov.cn/xinwen/2022-1/27/content_5670654.htm.

第四，制造业企业研发创新力度加大。两度升级研发费用加计扣除政策，全国32万户企业提前享受减免税额3333亿元。全国重点税源制造业企业研发投入同比增长22.6%，企业研发创新投入持续加大。

二、重大财政支出政策分析

（一）预算支出政策

2021年，全国一般公共预算支出246322亿元，同比增长0.3%。其中，中央一般公共预算本级支出35050亿元，同比下降0.1%；地方一般公共预算支出211272亿元，同比增长0.3%。

从占比上看，教育、社保就业和农林水支出约占财政支出的五成。2021年财政支出占比前五的领域分别为教育、社保和就业、农林水、城乡社区和卫生健康支出，分别占比21.7%、19.53%、12.77%、11.22%和11.08%（见图1-34）。与2020年相比，科学技术支出同比增长7.2%，这表明我国加大科技创新重点领域投入，培育壮大创新动能，聚焦高质量发展。此外，在新冠疫情的冲击下，虽然卫生健康支出相较2020年下降0.1%，但其总体支出规模仍然较大，全年累计支出19205亿元（见图1-35）。

从中央和地方来看，地方财政支出增速缓慢，2021年中央财政支出略少于2020年。1—12月中央和地方财政支出累计同比分别为-0.1%和0.3%，地方财政支出增速较去年下降3%（见图1-36）。

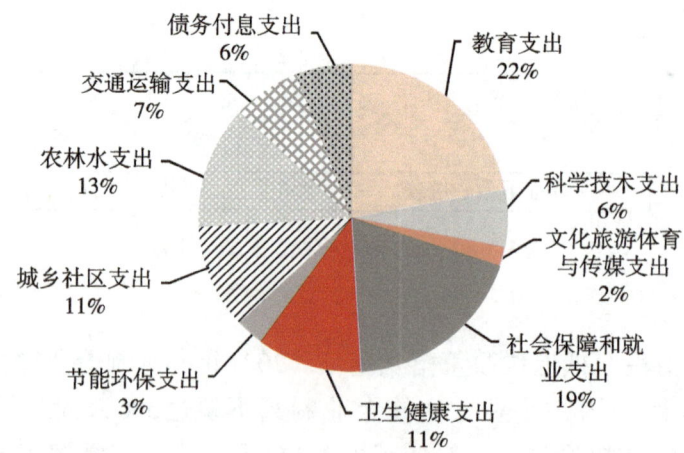

图1-34　2021年财政一般公共预算主要支出科目占比

数据来源：财政部网站。

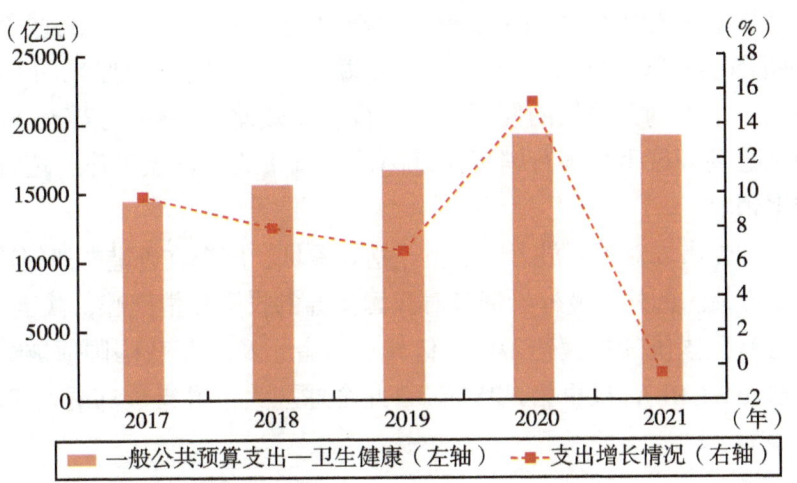

图1-35 2017—2021年一般公共预算支出—卫生与健康支出与增长情况

数据来源：中经网产业数据库。

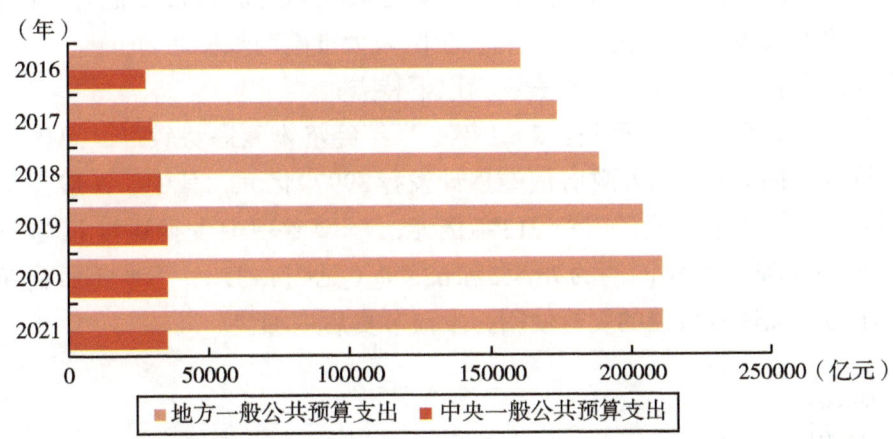

图1-36 2017—2021年中央与地方一般公共预算支出情况

数据来源：中经网产业数据库。

（二）债务支出政策

1. 国债

2021年中央财政发行国债6.79万亿元，其中记账式国债发行6.49万亿元、储蓄国债发行3068亿元。

全年国债发行主要表现为以下特点：

第一，适度压缩国债规模。2021年发行国债6.79万亿元，相较去年国债发行7.09万亿元，总量上有所下降，并且不再继续发行抗疫特别国债，合理控制全年发债规模。

第二，国债发行媒介和购买渠道获得新改进。2021年4月，财政部、人民银行推出储蓄国债"随到随买"试点，将储蓄国债发行时间由原来的10天延长至全月，提高了个人购买国债的便利性。工行、邮政储蓄银行、招行、江苏银行四家银行积极稳妥开展手机银行销售储蓄国债（电子式）试点工作，拓宽了国债购买群体和渠道。

第三，国债市场对外开放力度加大。指导深圳、广东在香港、澳门首次发行离岸人民币地方债。此外，境外投资者对我国债券的投资热情高涨，截至2021年末，境外机构持有我国国债规模达2.45万亿元。再者，2021年我国国债被纳入富时世界国债指数（WGBI），权重为5.25%。自此全球三大债券指数都纳入我国国债。

2. 地方债

2021年我国共发行地方政府债券74898亿元，规模较去年有所扩大。其中一般债券发行25669亿元，较去年增长11.45%，专项债券发行49229亿元，较去年增长18.9%。新增债券、再融资债券分别发行43709亿元、31189亿元。12月末，地方政府债务余额304700亿元，控制在全国人大批准的限额之内。

全年地方政府债券发行主要表现为以下特点：

第一，发行节奏前低后高。2021年上半年经济恢复态势较好，总体债券发行节奏较缓。前7个月地方政府债券累计发行39979亿元，其中，一般债累计发行18583亿元，专项债累计发行21396亿元，新增专项债发行进度仅为35.7%，远低于2019年和2020年同期的78.5%和62.9%（见图1-37）。下半年面临新的经济下行压力，加快专项债的发行使用，发债节奏后期加快。

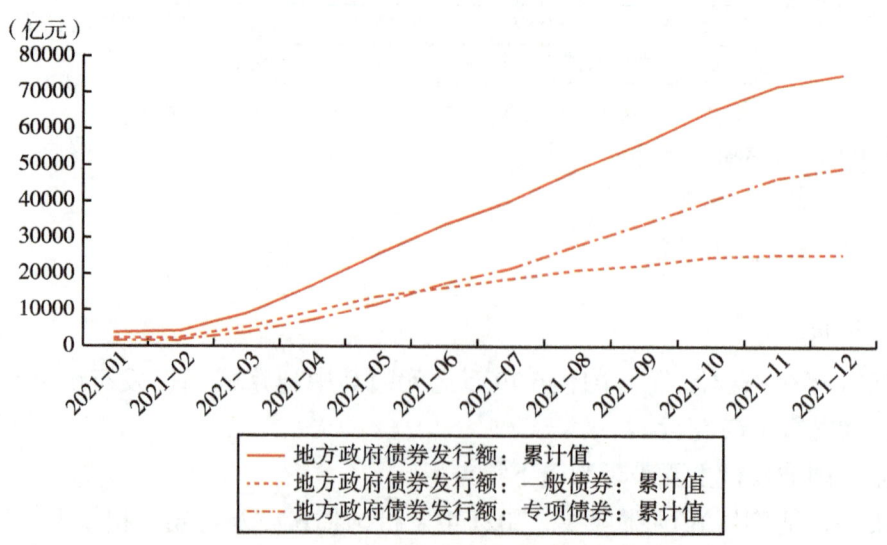

图 1-37　2021 年地方政府债券累计发行情况

数据来源：Wind 数据库。

第二，平均发行期限延长。2021年地方政府债券平均发行期限为11.9年，其中一般债券为7.7年，专项债券为14.2年。与2020年相差不大，但相较于2019年则有所拉长。2019年地方政府债券平均发行期限为10.3年，其中一般债券为12.1年，专项债券为9年。

第三，平均发行利率下降。2021年地方政府债券平均发行利率为3.36%，其中一般债券3.26%，专项债券3.41%。相较于2020年的3.6%和2019年的3.47%有所下降，一定程度上有利于减轻政府财政负担。

第四，资金使用向重点领域倾斜。从资金使用情况来看，新增专项债向民生领域倾斜。其中，保障性安居工程、市政和产业园区基础设施、交通基础设施、社会事业等领域新增专项债资金投入规模较大，能够有效发挥专项债资金的杠杆作用，切实保障重大民生，实现经济高质量发展（见图1-38）。

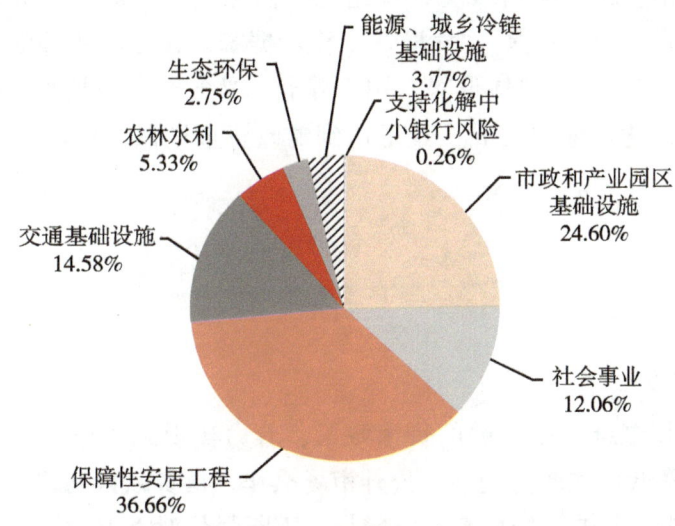

图1-38　2021年地方政府专项债资金使用情况

数据来源：Wind数据库。

（三）转移支付政策

1. 中央对地方转移支付

中央政府加大对地方转移支付力度，促使财力不断下沉。2021年中央对地方转移支付合计82152.34亿元，其中，一般性转移支付74799.29亿元，同比增长7.8%，专项转移支付7353.05亿元。

2. 常态化实施财政资金直达机制

面对疫情冲击和严峻的经济形势，2020年设立财政资金直达机制，确保财政资金由省级直达市县基层,减少中间环节,达到惠民利民的效果。

2021年将财政资金直达机制列为常态化机制,保持"中央切块、省级细化、备案同意、快速直达"流程基本不变,在优化支出结构的同时,将财政资金精准投放到最需要的地方,提高财政资金的使用效率和使用精准度,真正做到解民生之所困。相较去年的直达机制,2021年财政资金直达机制有些变化:第一,财政直达资金使用存量资金,资金下达总量约2.8万亿元。第二,在资金分配上,根据地方实际情况兼顾省级需要,向基层进行倾斜,做到因地制宜,体现出政策的灵活性和精准性。第三,省级下达资金预算时间有所延长,工作更加细化。第四,常态化财政资金直达机制的建立要依靠各级部门相互协调,注重发挥各方作用。第五,对财政资金的下达和使用全程进行监管。这样一来,常态化资金直达机制能够使资金分配更加科学、工作机制逐步健全、各方职责更为清晰、资金监管更为严格。2021年财政资金直达机制初见成效。常态化机制主要向民生领域倾斜,主要用于"六保""六稳"工作。据统计,在就业补助等方面资金使用超110亿元,稳定就业总体形势。用于养老、义务教育和基本医疗等民生方面的支出,约占直达资金的七成,真正达到财政资金助民利民的效果,兜牢民生底线。

三、货币金融政策

(一)政策举措

2021年央行继续实施稳健的货币政策,着力实现总量稳、结构优的较好组合。综合利用降低存款准备金率、公开市场操作、再贷款再贴现、中期借贷便利(MLF)等方式,促进信贷总量稳定增长,不断强化对重点领域的扶持力度,降低企业融资成本,保持宏观经济大盘稳定,为经济高质量发展创造良好的货币金融环境。

1. 发挥货币政策工具的总量功能

两次降低金融机构存款准备金率,保持流动性合理充裕。2021年央行分两次降低金融机构人民币存款准备金率0.5个百分点,金融机构平均存款准备金率降为8.4%。同时对部分金融机构进行普惠金融定向降准考核来实行最优惠的存款准备金率,提供了2万亿元长期流动性。此项举措加强了跨周期的调节作用,优化金融机构的资金结构,提升金融服务实体经济能力。再者,利用贷款市场报价利率(LPR)公开市场操作,推进企业融资成本稳步下降。金融机构提高报价质量运用LPR定价,1年期LPR报价下调,对降低企业融资成本、稳定市场主体预期有重要作用。此外，支农支小再贷款利率降低0.25个百分点，对农业企业、小微企业融资有普惠性作用，降低小微企业的融资成本，进而增强对小微企业的扶持力度，促进小微企业市场活力迸发。

2. 突出货币政策工具的结构功能

运用再贴现再贷款等方式，精准扶持中小微企业发展。2021年我国继续实施中小微企业融资担保降费财政奖补政策[①]，加大对中小微企业的普惠金融支持力度。加大对创业担保贷款贴息力度，扩大申请范围，降低申请条件，提高贷款上线，有效缓解了中小微企业融资难问题，实现更充分就业。此外，继续实施两项直达工具，普惠小微企业信用贷款支持工具切实减轻融资负担，普惠小微企业贷款延期支持工具暂时缓解还贷压力[②]。再者，中央安排奖补资金培育一批"专精特新"中小企业[③]，增强中小企业创新活力，助力实体经济发展。

加大对国家重点关注的碳减排工作的支持，利用碳减排支持工具和支持煤炭清洁高效利用专项再贷款两个工具先贷后借，支持煤炭清洁高效利用的七个领域，促进我国经济绿色持续发展，为实现"碳达峰碳中和"注入力量。

（二）政策实施效果

1. 货币供应量和社会融资规模变化

2021年实行稳健的货币政策，广义货币供应量（M2）余额为238.3万亿元，同比增长9%。狭义货币供应量（M1）余额为64.74万亿元，同比增长3.5%。2021年每月货币供给量如图1-39所示，每月的基础货币量和M2基本保持不变，货币乘数波动发挥主要作用，为货币政策未来留有扩大货币供给的空间和机会。

2017—2021年社会融资规模总体呈现逐年递增的趋势，2021年有所回落，约为313407亿元。社会融资规模存量为3141163亿元，同比增长10.3%，增速比2020年低3%。2021年社会融资规模存量增速与M2增速差呈现缩小态势，11月两者增速差有所回升（见图1-40、图1-41、图1-42）。

---

① 《财政部工业和信息化部关于继续实施小微企业融资担保业务降费奖补政策的通知》（财建〔2021〕106号）。
② 《中国人民银行银保监会财政部发展改革委工业和信息化部关于进一步延长普惠小微企业贷款延期还本付息政策和信用贷款支持政策实施期限有关事宜的通知》（银发〔2021〕81号）。
③ 《关于支持"专精特新"中小企业高质量发展的通知》（财建〔2021〕2号）。

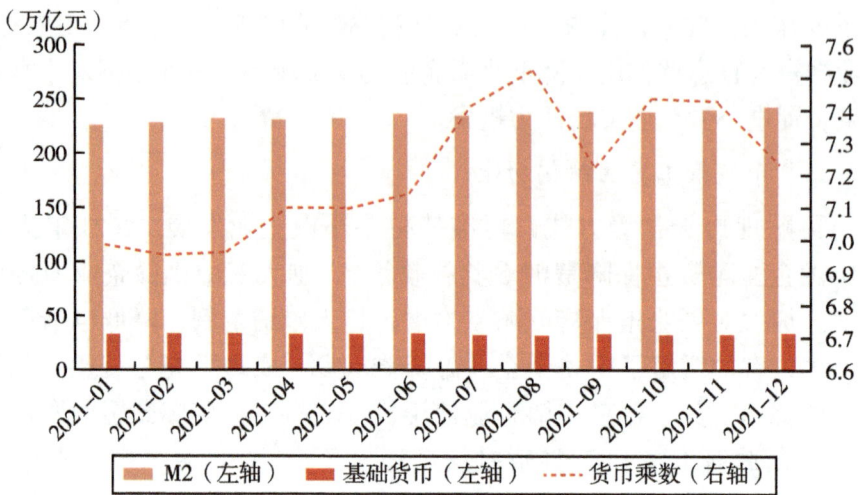

图 1-39 2021年货币供应量情况

数据来源：Wind数据库。

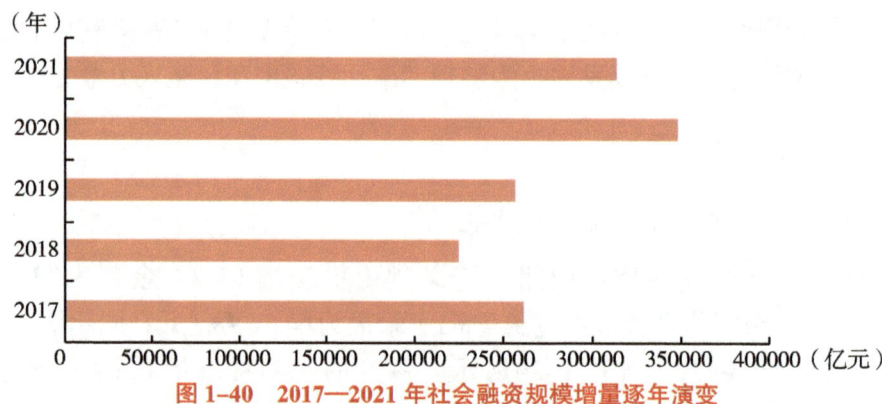

图 1-40 2017—2021年社会融资规模增量逐年演变

数据来源：中经网产业数据库。

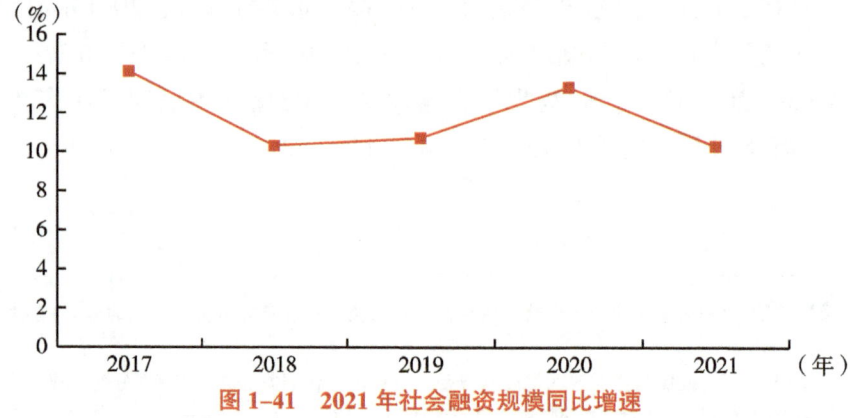

图 1-41 2021年社会融资规模同比增速

数据来源：中经网产业数据库。

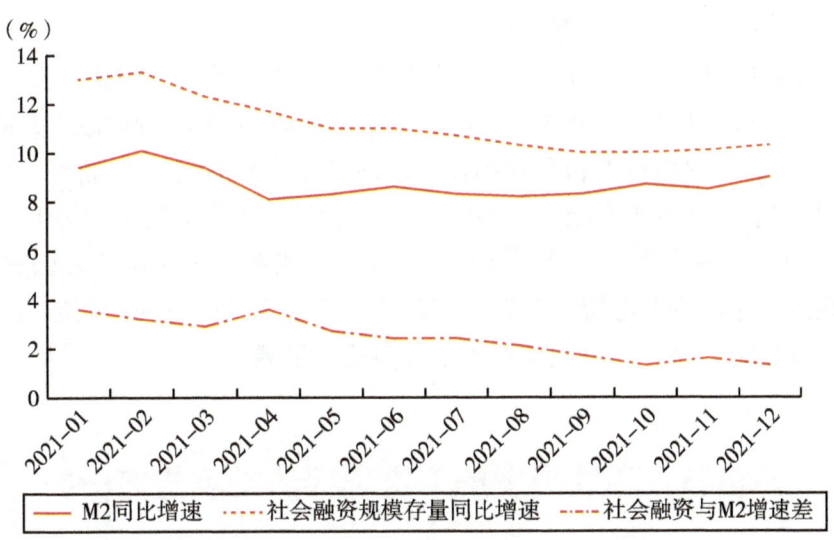

图 1-42　2021 年社会融资规模与 M2 增速差

数据来源：中经网产业数据库。

2. 金融机构新增贷款总量稳定增长

2021年金融机构新增人民币贷款199500亿元，同比增加3150亿元。与2020年相比较，短期贷款及票据融资减少7621亿元，中长期贷款增加5600亿元，居民户新增贷款增加500亿元；企（事）业单位新增贷款减少1500亿元（见图1-43）。

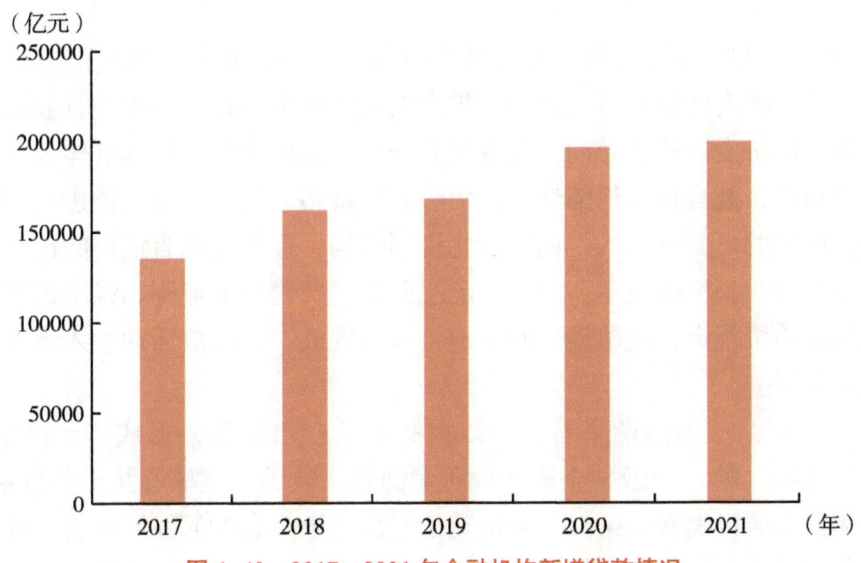

图 1-43　2017—2021 年金融机构新增贷款情况

数据来源：Wind 数据库。

3. 重点领域信贷投放支持力度加大

截至2021年底，普惠小微贷款经营主体达4456万户，相比去年新增经营主体1128万户，同比增长38%。普惠小微企业贷款余额192300亿元，同比增长23.7%。此外，中央财政拨付创业担保贷款贴息和奖补资金63.36亿元，同比增长65.9%。再则在中央财政的支持和引导下，培育国家级专精特新"小巨人"企业4762家，提升了中小企业公共服务水平。这些举措降低了小微企业的融资成本，有效地缓解了小微企业融资难问题，同时激发了中小微企业的创新活力，助力实体经济持续稳定发展，促进我国经济平稳高质量发展。

第四节　高质量发展下宏观经济发展趋势分析

一、高水平对外开放加速构建双循环新发展格局

（一）畅通国内大循环

当前我国正处于百年未有之大变局，逆全球化趋势的加强以及新冠疫情的冲击使得我国对外出口阻力加大，因此，要畅通国内大循环，扩大内需形成强大的国内市场，从而推动我国经济回归正轨。在内循环方面，可以从供需两端同时发力。

一方面，从需求端来看，形成强大的国内市场需要刺激居民消费，增强居民消费能力，提高消费意愿。第一，扩大消费最根本的就是要促进就业提高收入水平。坚持经济发展就业导向，促进更充分就业，扩大中等收入群体规模，改善收入分配格局，健全社会保障体系，促进共同富裕。第二，深入推进减税降费政策，提高居民的可支配收入，同时优化税制结构，逐步提高直接税的比重，以此促进消费减少交易税收成本。第三，动态调整消费税征税范围和税率，有序取消部分限制性消费规定，规范地方政府消费券的发放，为经济活动注入活力，加快经济恢复发展。

另一方面，从供给端来看，可以提高产品产出质量，形成多元供给体系，改善消费环境。第一，激励企业进行研发创新，鼓励关键核心技术的自主创新，从供给端提振居民消费。第二，营造宽松开放、激励有效的发展环境，减少市场准入的负面清单，强化市场规则，建立竞争有序的统一大市场。第三，建立适应消费升级和产业转型的多元供给体系，大力发展数字经济，建立完善物流体系，

从而形成满足人们需求的供给平台。

（二）促进国内国际双循环

进出口业务是外循环的主体。推动国内国际双循环要推动更高水平的对外开放，深度融入全球经济。第一要坚持引进来和走出去相结合，加强与"一带一路"沿线国家合作，充分发挥自由贸易试验区的作用，不断开拓新市场。第二，政府提供政策支持，降低出口企业负担，帮助企业提高应对风险的能力。第三，企业要提高产品质量和附加值，打造中国品牌，提高出口企业的议价能力，形成自己独有的国际竞争力。第四，完善整体营商环境，打造自由贸易试验区等高质量的国内国际双循环平台载体，从而增强我国市场对外资的吸引力。同时加强知识产权保护，构建多元化商事争议解决机制，建设公平、诚信、公正的市场环境。

二、数字经济助推产业高质量发展

2017年政府工作报告中首次提出数字经济，而后政府每年都对发展数字经济提出了具体要求，从加强新一代人工智能研发应用到构建全国一体化大数据中心体系。通过深入实施数字经济发展战略，加快数字技术与经济社会各行各业的深度融合，推动数字经济蓬勃发展。2021年我国数字经济规模已达45.5万亿元，占GDP比重为39.8%，有力支撑了现代化经济体系的构建和经济社会的高质量发展。数字经济和信息化发展战略已然成为我国当下的重大决策部署。把握和利用好数字经济发展的机遇，充分发挥数字经济在引领产业发展、全面推进乡村振兴、促进区域协调发展、构建高水平社会主义市场经济体制和推进高水平对外开放方面的作用，可以有效缓解"双循环"过程中的"痛点"和"堵点"，助力实现经济高质量发展。

三、"碳达峰碳中和"助力经济社会绿色转型

2020年10月，党的十九届五中全会提出了到2035年基本实现社会主义现代化的远景目标，并提出到2035年广泛形成绿色生产生活方式，碳排放达峰后稳中有降，生态环境根本好转以及基本实现美丽中国的建设目标。2021年3月召开的中央财经委员会第九次会议聚焦碳中和，提出要把"碳达峰碳中和"纳入生态文明建设整体布局。会议同时指出，"十四五"是碳达峰的关键期、窗口期，"完善有利于绿色低碳发展的财税、价格、金融、土地、政府采购等政策，加快推进

碳排放权交易，积极发展绿色金融"，被列入要重点做好的工作之中。2021年10月，国务院印发的《2030年前碳达峰行动方案》对我国未来10年的碳达峰行动进行了总体规划，构建了经济社会各个领域全面、细致且量化的行动方案和工作目标，具有重要的指引作用。实现"碳达峰碳中和"是一场广泛而深刻的经济社会系统性变革，需要我们为之不断努力。

四、共同富裕开启全面小康新起点

2021年既是中国共产党建党100周年，也是我国全面建成小康社会、历史性地解决了绝对贫困问题的一年，更是"两个一百年"历史交汇的起点。我们现在已经到了扎实推动共同富裕的历史阶段。

2021年8月17日，习近平总书记主持召开中央财经委员会第十次会议，在研究扎实促进共同富裕问题时强调，共同富裕是社会主义的本质要求，是中国式现代化的重要特征，要坚持以人民为中心的发展思想，在高质量发展中促进共同富裕。高质量发展是以人民为中心的发展。习近平总书记的讲话，使得共同富裕的内涵界定更加清晰，提出了促进共同富裕的基本要求、努力方向和实践路径，开辟了中国特色社会主义政治经济学新境界，是新时代促进共同富裕的根本遵循。马克思主义哲学告诉我们，前进性是事物发展的总体趋势，曲折性是事物发展的路径，事物的发展只能是螺旋式的上升、波浪式的前进。所以，我们虽然有了一定的物质基础，但是也要认识到扎实推动共同富裕的曲折性、长期性。既要勇敢不惧困难，也要久久为功，在把握新发展阶段、贯彻新发展理念、构建新发展格局和推动高质量发展中加快促进共同富裕。首先，高质量发展必须坚持以人民为中心。因为人是社会生产、消费、创新的主体，同时人是最具活力的生产要素。中国共产党始终坚持实现好、维护好、发展好最广大人民根本利益，紧紧抓住人民最关心最直接最现实的利益问题，而我国待发现经济的增长点和待发掘的新动力往往蕴藏在其中，蕴藏在人力资本质量提高的过程中。其次，保持宏观经济稳定，目前我国经济下行压力较大，稳定宏观经济大盘，使经济在潜在增长率范围的合理区间运行，是高质量发展的重要条件。灵活使用跨周期和逆周期政策，短期内应以防范经济波动过度，防止经济快速下滑，稳定经济增长为目的，可以考虑采取一定的逆周期政策，长期应该将二者结合，综合考虑平抑经济波动和促进中长期经济增长的问题。最后，正确把握经济增长与收入分配的关系，优化收入分配结构，将我国经济增长方式朝着益贫式增长和包容性增长的目标转变，坚持按劳分配为主体、多种分配方式并存，构建初次分配、再分配、第三次分配协调配套的制度体系。努力提高居民收入在国民收入分配中的比重，提高劳动报酬在初次分配中的比重。坚持多劳多得，鼓励勤劳致富，促进机会公平，增加低收入者收入，扩大中等收入群体。完善按要素分配政策制度，探索多种渠道增加中低收入群众要素收入，多渠道增加城乡居民财产性收入。加大税收、社会保障、转移支付等的调节力度。完善个人所得税制度，规范收入分配秩序，规范财富积累机制，保护合法收入，调节过高收入，取缔非法收入。

第二章
2021年政府预算收支状况分析

第一节 2021年中央和地方一般公共预算收支情况

一、2021年中央一般公共预算收支情况

（一）2021年中央一般公共预算收入情况分析

2021年中央一般公共预算收入91470.41亿元，为预算数的102.3%。与2020年相比，增长10.5%。2021年，中央从稳定调节基金、政府性基金预算及国有资本经营预算向一般公共预算调入1935亿元，2021年中央一般公共预算收入总量达93405.41亿元。

2021年，我国经济持续稳定恢复，"十四五"实现了良好开局。从中央一般公共预算收入情况看，2019—2020年的下降趋势转为上升趋势。其中，税收收入88946.40亿元，上升11.7%；非税收入2524.01亿元，下降19.3%，非税收入中的国有资源（非税收入的大幅度资产）有偿使用收入达873.19亿元，占非税收入的35%。从税收收入来看，2021年税收收入的构成如图2-1所示。其中，主体是国内增值税、企业所得税和国内消费税，三税在税收收入总额中占比分别达到35.7%、29.9%、15.6%。具体而言，国内增值税与2020年相比，增长12个百分点，完成预算的100.5%。2021年国内消费税与2020年相比，增长15.4个百分点，完成预算的104.3%。企业所得税与2020年相比，增长14.4个百分点，完成预算的103.8%。与2020年相比，个人所得税增长21个百分点，在中央税收收入中占比9.44%。2021年中央税收收入中，车辆购置税存在小幅下降，下降幅度为0.3个百分点，在中央税收收入中占比

为3.96%；关税相比2020年有所增长，增长幅度为9.4%，在中央税收收入中占比3.15%。

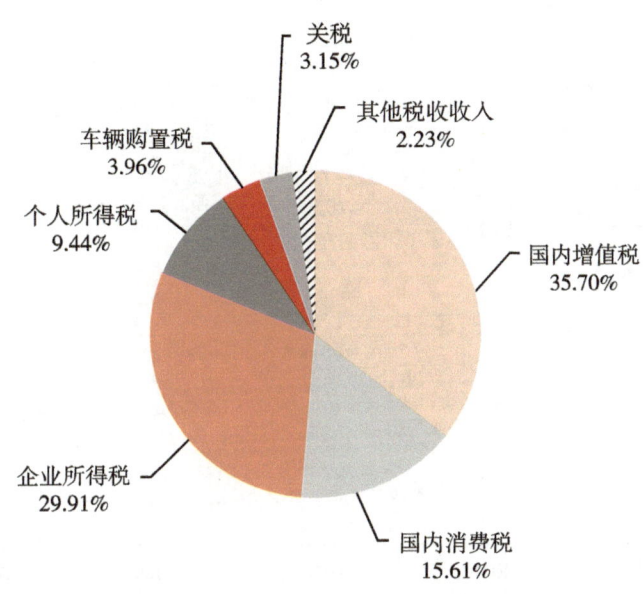

图2-1 2021年中央税收收入构成情况

数据来源：财政部预算司官网。

债务收入方面，2021年中央财政发行国债68683.96亿元，其中内债67922.28亿元，外债761.68亿元。发行的内债包括储蓄国债3068.19亿元、记账式国债64854.09亿元。发行的国债主要用于弥补中央财政赤字和国债的到期还本，2021年内债的还本数额为44568.88亿元，内债的付息数额为5821.89亿元。我国国债实施余额限额管理制度，2021年全国人大批准的国债余额限额为240508.35亿元，2021年年末实际的国债余额为232697.29亿元，数额控制在限额规定之内。

（二）2021年中央一般公共预算支出情况分析

2021年，中央一般公共预算支出为117202.3亿元，加上使用以前年度结转资金667.01亿元，2021年，中央一般公共预算实际支出总量为117869.31亿元。2021年中央本级一般公共预算支出35049.96亿元，与2020年相比减少0.13%，完成预算的100.1%。图2-2为2017—2021年中央一般公共预算支出规模变化情况，从图中可以看出，2017—2021年中央一般公共预算支出规模分别为9.49万亿元、10.29万亿元、10.95万亿元、11.83万亿元、11.72万亿元，支出规模在2017—2020年逐年增长，2021年略有下降，并在2018年突破10万亿元，2021年支出规模达到2017年规模的1.23倍，2017—2021年中央一般公共预算支出平均增长率为5.49%。

图2-2　2017—2021年中央一般公共预算支出规模情况

数据来源：财政部预算司官网。

从中央一般公共预算支出的结构来看，中央对地方的转移支付是中央一般公共预算支出的主要组成部分。2021年中央对地方的转移支付为82152.34亿元，加上使用以前年度结转资金289.02亿元，2021年中央对地方转移支付实际支出为82441.36亿元。从中央对地方转移支付的构成来看，一般性转移支付是主体，占比91.05%，专项转移支付仅占8.95%。2021年中央对地方专项转移支付减少5.3%，主要用于重大传染病防控经费、大气污染防治资金、农村综合改革转移支付、土地指标跨省域调剂收入安排的支出、东北振兴专项转移支付等项目。

2021年中央一般公共预算本级支出35049.96亿元，中央一般公共预算本级支出构成项目中，国防安全作为中央政府的单一事权，2021年中央国防支出13557.58亿元，完成预算的100%，在中央本级支出中的占比为38.68%；外交支出490.96亿元，完成预算的97.4%，在中央本级支出中的占比为1.40%；公共安全支出1890.05亿元，完成预算的102.1%，在中央本级支出中的占比为5.39%；一般公共服务支出1572.70亿元，完成预算的107.0%，在中央本级支出中的占比为4.49%。关系民生的支出项目中，教育支出1690.35亿元，完成预算的101.6%，在中央本级支出中的占比为4.82%；科学技术支出3205.53亿元，完成预算的99.3%，在中央本级支出中的占比为9.15%；社会保障和就业支出887.29亿元，完成预算的92.0%，在中央本级支出中的占比为2.53%；交通运输支出821.64亿元，完成预算的112.1%，在中央本级支出中的占比为2.34%。债务付息支出5867.69亿元，完成预算的97.8%，在中央本级支出中的占比为16.74%；粮油物资储备支出1112.49亿元，完成预算的90.8%，在中央本级支出中的占比为3.17%；金融支出、住房保障支出、农林水支出和灾害防治及应急管理支出规模分别为618.58亿元、633.42亿元、498.91亿元、426.99亿元，分别完成预算的96.4%、101.0%、122.4%、106.2%，在中央本级支出中的占比分别为1.76%、1.81%、1.42%、1.22%。图2-3为2021年中央一般公共预算本级支出构成情况。

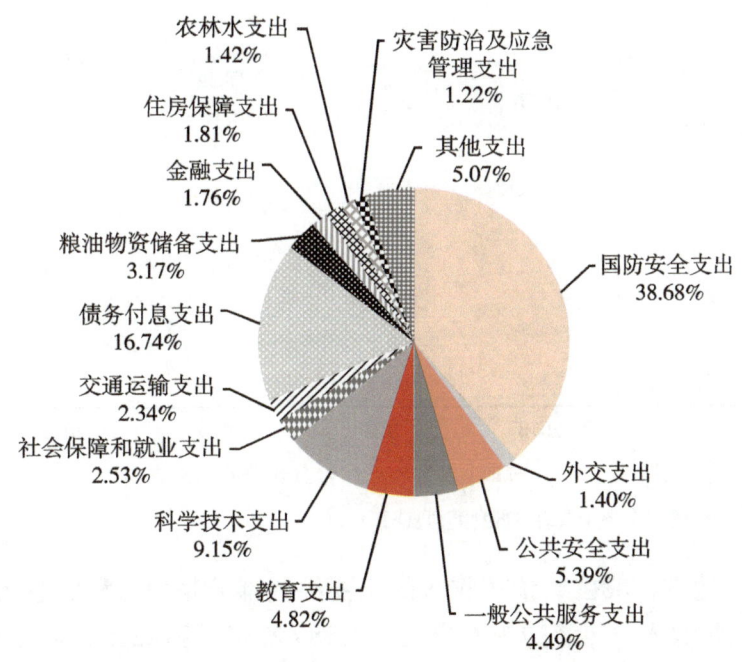

图2-3　2021年中央一般公共预算本级支出构成情况

数据来源：财政部预算司官网。

二、2021年地方一般公共预算收支情况

（一）2021年地方一般公共预算收入情况分析

2021年，地方一般公共预算收入193236.57亿元，为预算数的100.9%。与2020年相比，增长5.4%。其中，地方本级一般公共预算收入为111084.23亿元，

中央对地方的转移支付82152.34亿元,加上从预算稳定调节基金调入及使用结转结余的资金9186.47亿元,2021年,地方一般公共预算收入总量为202423.04亿元。图2-4是2017—2021年地方一般公共预算收入规模变化情况,可以看出,2017—2021年地方一般公共预算收入规模分别为15.65万亿元、16.76万亿元、17.54万亿元、18.34万亿元、19.32万亿元,2021年地方一般公共预算收入规模为2017年规模的1.23倍,2017—2021年地方一般公共预算收入年平均增长率为5.41%。

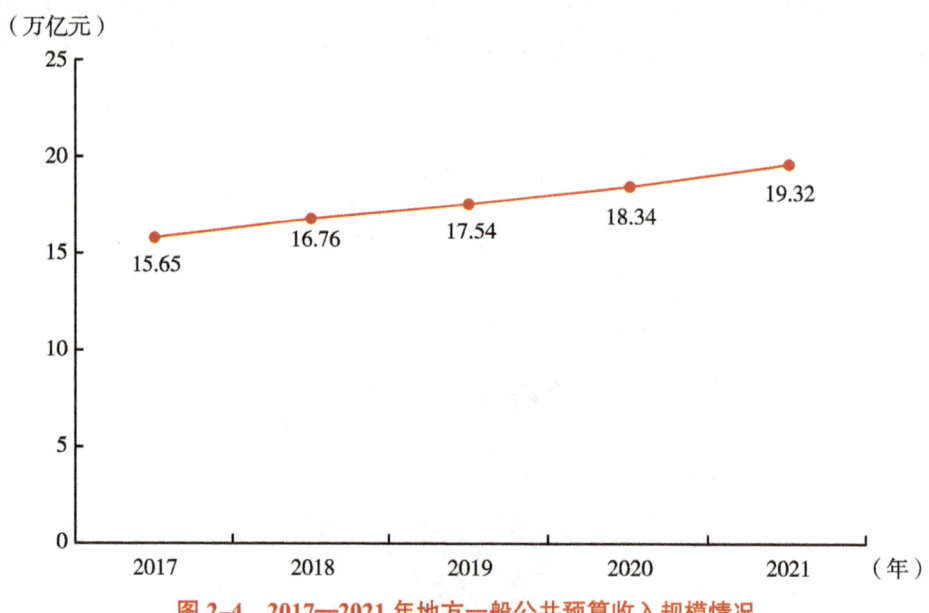

图 2-4 2017—2021 年地方一般公共预算收入规模情况

数据来源:《中国财政年鉴》及财政部预算司官网。

2021年,地方一般公共预算收入的主要组成部分是地方税收收入和中央对地方的转移支付收入,二者的规模分别为83789.27亿元和82152.34亿元,在地方一般公共预算收入中的占比分别为43.36%和42.51%;2021年地方实现非税收入27294.96亿元,在地方一般公共预算收入中占比为14.13%。

税收收入作为地方一般公共预算本级收入的重要组成部分,2021年地方税收收入构成如图2-5所示,其中,国内增值税和企业所得税是两项重要收入来源,2021年,地方国内增值税收入为31766.55亿元,完成预算的100.2%,在地方税收收入中占比37.91%,与2020年相比,国内增值税收入增长11.7%;地方企业所得税实现收入15437.04亿元,完成预算的106.2%,与2020年相比,地方企业所得税收入增长17.2%,在地方税收收入中占比18.42%;个人所得税实现收入5596.69亿元,完成预算的106.2%,收入规模与2020年相比增长21个百分点,在地方税收收入中占比为6.68%。土地增值税和契税是地方税主要税种，2021年二者的收入规模分别为6896.02亿元和7427.49亿元，分别完成预算的98.5%和97.6%，与2020年相比，收入水平分别增长6.6%和5.2%，在地方税收收入中占比分别为8.23%和8.86%。2021年地方税收收入中城市维护建设税、房产税和城镇土地使用税分别实现收入5005.03亿元、3277.64亿元和2126.28亿元，在地方税收收入中占比分别为5.97%、3.91%和2.54%。

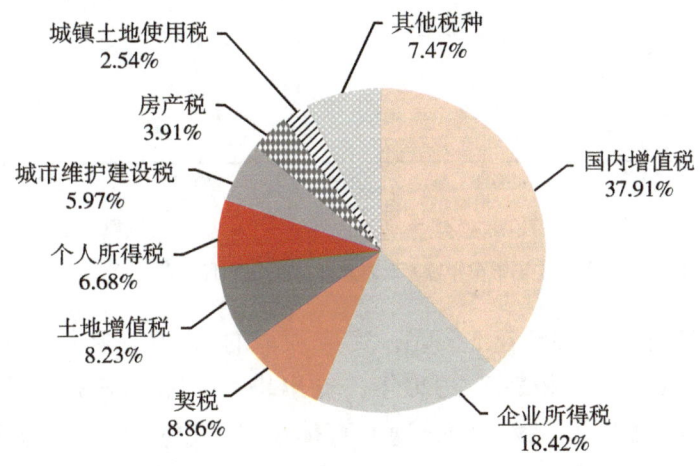

图 2-5　2021 年地方税收收入构成情况

数据来源：财政部预算司官网。

债务收入方面，2021年，地方政府一般债券发行额为25669.18亿元，一般债务还本额15487.24亿元，付息支出4542.26亿元。截至2021年末，全国地方政府债务余额304700.49亿元，包括一般债务余额137706.81亿元、专项债务余额166993.68亿元，控制在全国人大批准的债务余额限额332774.3亿元之内。

（二）2021年地方一般公共预算支出情况分析

2021年地方一般公共预算支出为210623.04亿元，为预算数的98.1%。与2020年相比，地方一般公共预算支出规模增长0.0%。图2-6统计了2017—2021年地方一般公共预算支出规模的变化情况，图中显示出2017—2021年地方一般公共预算支出规模分别为17.32万亿元、18.82万亿元、20.37万亿元、21.06万亿元、21.06万亿元，2021年地方一般公共预算支出规模为2017年支出规模的1.22倍，2017—2021地方一般公共预算支出年均增长率达到5.07%。

2021年，地方一般公共预算支出中，教育支出、社会保障和就业支出、农林水支出和城乡社区支出是支出规模占比位于前四位的支出项目。具体而言，

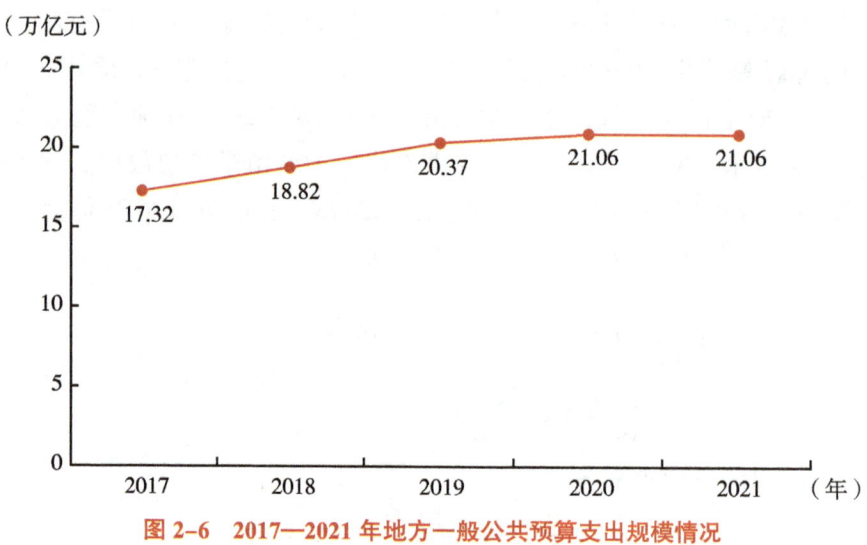

图 2-6　2017—2021 年地方一般公共预算支出规模情况

数据来源：2017—2019 年《中国财政年鉴》及财政部预算司统计数据。

2021 年，地方教育支出 35778.5 亿元，完成预算的 97.9%，在地方一般公共预算支出中占比为 16.99%，相较于 2020 年，支出增长 3.1%。普通教育是财政教育支出中的主要组成部分，我国的普通教育体系是"以县为主"的教育体系，教育支出责任主要落在地方政府身上，因此，教育支出在地方支出构成中所占比重较高。2021 年，地方一般公共预算支出中占比第二位的是社会保障和就业支出，数额为 32900.97 亿元，完成预算的 98.3%，在支出总额中占比为 15.62%，与 2020 年相比，支出增长 4.0%。2021 年，地方农林水支出和城乡社区支出的规模分别为 21535.59 亿元、19366.72 亿元，两项支出在支出总额中占比分别为 10.22% 和 9.19%。从上述的统计数据可以看出，2021 年，地方一般公共预算支出情况与我国重视发展教育事业、脱贫攻坚、乡村振兴等重大政策的落实是契合的。同时，民生性支出项目中，节能环保支出为 5251.36 亿元，与上年相比，支出水平下降 12.3%，在地方一般公共预算支出中占比为 2.49%；科学技术支出 6464.24 亿元，增长 11.4 个百分点，在地方一般公共预算支出中占比为 3.07%；卫生健康支出 18919.17 亿元，与上年相比，增长 0.2%，在地方一般公共预算支出中占比 8.98%；交通运输支出实现 10599.04 亿元，下降 3.9 个百分点，在地方一般公共预算支出中占比为 5.03%；此外，增长较快的支出项目包括债务付息支出 4579.56 亿元，增长 7.2 个百分点，在地方一般公共预算支出中占比为 2.17%；一般公共服务支出 18307.54 亿元，增长 0.9 个百分点，在地方一般公共预算支出中占比 8.69%；公共安全支出 11891.1 亿元，下降 1.1%，在地方一般公共预算支出中占比为 5.65%。2021 年地方一般公共预算支出构成情况如图 2-7 所示。

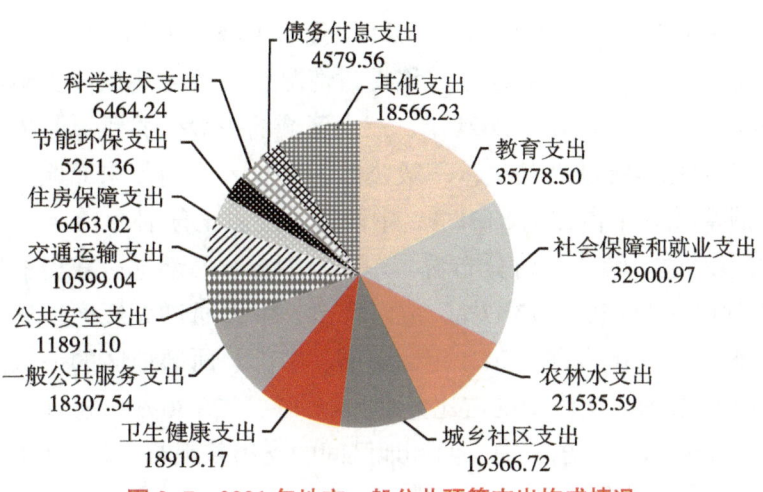

图 2-7 2021 年地方一般公共预算支出构成情况

数据来源：财政部预算司官网。

三、2021 年一般公共预算收支情况差异分析

（一）2021 年中央与地方一般公共预算收支情况差异分析

从 2021 年中央与地方本级一般公共预算收入构成来看，税收收入作为主要组成部分，国内增值税是中央和地方的主要税收来源。中央与地方的国内增值税收入在税收收入总额中的占比分别为 35.7% 和 37.91%。从中央与地方一般公共预算支出构成来看，由于中央地方提供公共服务的职能不同，因此，资金投向不同。中央一般公共预算支出中超过一半的资金被用于对地方的转移支付，中央本级支出项目中国防支出占比最高，达到 38.68%；地方一般公共预算支出中，资金主要用于更为具体的民生事务，如 2021 年地方一般公共预算支出中占比最大的前四项的支出，教育、社会保障及就业、城乡社区支出、农林水支出，占地方一般公共预算支出的比重高达 52.02%。

在我国中央与地方存在较多的共同事权，这导致中央与地方之间存在较多的财政资金往来，主要是中央对地方的税收返还及转移支付。2021 年，中央对地方的转移支付为 82152.34 亿元，在地方一般公共预算收入中占比 42.51%，其中，一般性转移支付 74799.29 亿元，主要用在共同财政事权上；专项转移支付 7353.05 亿元，主要用于大气、水污染防治、农村综合改革、自然灾害防治等项目。

（二）2021 年一般公共预算收支情况区域差异分析

2021 年，地方一般公共预算收支情况在规模上仍呈现出较大的区域差异性。

图 2-8、图 2-9 和图 2-10 分别统计了 2021 年我国东部、中部、西部[①]地区一般公共预算本级收入情况、中央对地方转移支付情况和一般公共预算支出情况的占比差异。从统计情况可以看出，2021 年，三大区域的一般公共预算收入支出情况表现出东多西少的总体特征。其中，一般公共预算收入方面，东部地区的收入在地方一般公共预算收入中占比为 62.18%；中西部地区占比分别为 13.00% 和 24.83%[②]。从 2021 年中央对地方转移支付分布看，东部、中部、西部地区获得的转移支付占比分别为 23.50%、34.03%、42.47%。可以看出，中央通过大规模转移支付对地区间财力进行调节。支出方面，2021 年，东部、中部、西部地区的一般公共预算支出在地方一般公共预算支出中的占比分别为 45.70%、25.76%、28.54%。可以看出，经过转移支付的调解后，东、中、西部地区间的支出差距有了较大程度的缩小。

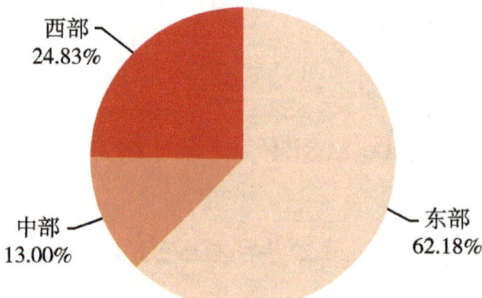

图 2-8　2021 年东中西部地区一般公共预算本级收入占比情况

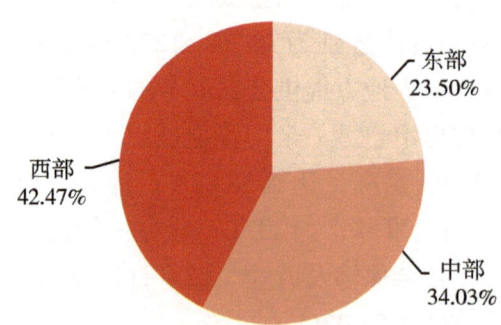

图 2-9　2021 年东中西部地区中央对地方转移支付收入占比情况

---

① 三大地带划分标准参照国家统计局标准，其中东部地区包含：北京、天津、河北、辽宁、上海、江苏、浙江、福建、山东、广东、海南 11 个地区；中部地区包含：山西、吉林、黑龙江、安徽、江西、河南、湖北、湖南 8 个地区；西部地区包含：内蒙古、广西、重庆、四川、贵州、云南、陕西、甘肃、青海、宁夏、新疆、西藏 12 个地区。

② 东部、中部和西部各地区一般公共预算收支规模及占比根据各省、市、自治区的国有资本经营预算收支决算数计算得出。各地区一般公共预算收支决算数据来源于各省、市、自治区财政厅（局）或人民政府官网。大部分地区采用全省、市、自治区一般公共预算收支的决算数据，江西省由于缺少全省的一般公共预算收支决算数据，故采用全省的一般公共预算执行情况数据替代。

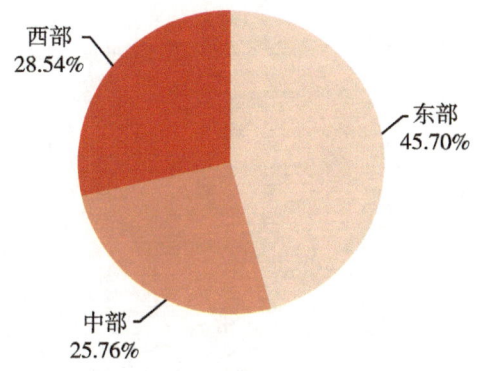

图 2-10 2021年东中西部地区一般公共预算支出占比情况

数据来源：财政部预算司官网及各省财政厅官网数据整理获得。

从2021年各省级行政区人均一般公共预算收支情况看，各省级行政区之间存在明显差异。收入方面，除去西藏、青海由于人口原因出现的人均财政收入的高值外，人均财政收入较高的地区主要分布在东部地区，即上海、北京、天津等地，人均财政收入最低的地区为广西壮族自治区；支出方面，人均财政支出的高位值分布情况与人均财政收入情况相似，除去西藏、青海地区外，人均财政支出最高的地区依然是上海、北京、天津等地，人均财政支出最低的地区为河南省。图2-11、图2-12分别为各省级行政区人均财政收入和支出的情况。

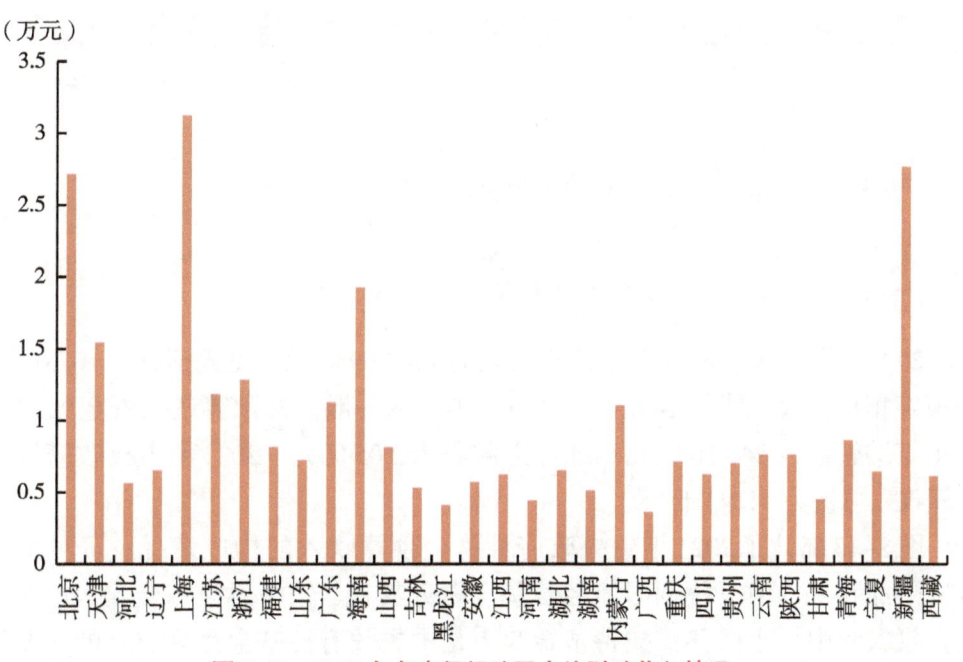

图 2-11 2021年各省级行政区人均财政收入情况

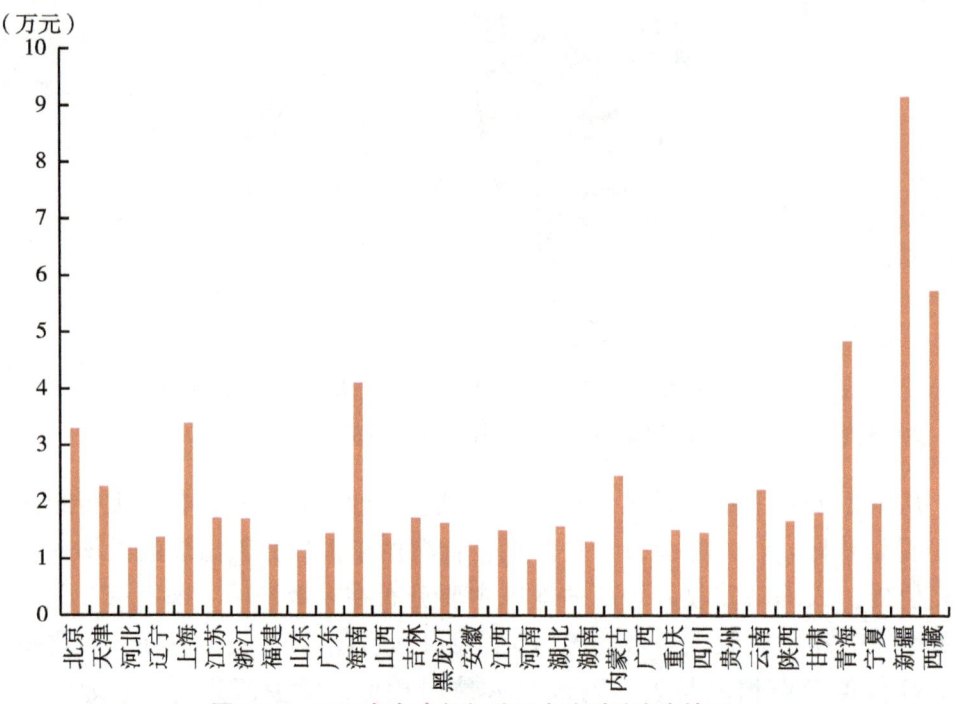

图 2-12 2021 年各省级行政区人均财政支出情况

数据来源：各省财政厅官网数据整理获得。

第二节   2021 年中央和地方政府性基金预算收支情况

一、2021 年中央政府性基金预算收支情况

（一）2021 年中央政府性基金预算收入情况分析

2021年，中央政府性基金预算收入为4087.69亿元，完成预算的107.0%，与2020年相比，收入增长14.8个百分点。加上从一般公共预算调入资金90亿元和2020年结转收入240.16亿元和地方上解收入2.05亿元，2021年中央政府性基金预算收入总量为4419.9亿元。

图2-13统计了2021年中央政府性基金预算收入的构成情况。可再生能源电价附加收入、中央特别国债经营基金财务收入、铁路建设基金收入、彩票公益金收入和中央水库移民扶持基金收入是中央政府性基金预算收入的主要组成部分。具体而言，2021年，中央可再生能源电价附加收入963.58亿元，完成预

算的109.3%，收入与2020年相比增长8.0%，在中央政府性基金预算收入中占比23.57%；中央特别国债经营基金收入634.34亿元，完成预算的100.4%，与2020年相比，收入水平增长0.2个百分点，在中央政府性基金预算收入中占比达到15.52%；中央铁路建设基金收入567.45亿元，与2020年相比增长5.9个百分点，完成预算的110.4%，在中央政府性基金预算收入中占比为13.88%；中央彩票公益金收入521.17亿元，完成预算的133.5%，收入规模与2020年相比增长8.4个百分点，在中央政府性基金预算收入中占比为12.75%；中央水库移民扶持基金收入324.83亿元，完成预算的109.1%，与2020年相比增长12.3个百分点，在中央政府性基金预算收入中占比为7.95%。2021年中央政府性基金预算收入中抗疫特别国债财务基金收入、民航发展基金收入、中央农网还贷资金收入和国家重大水利工程建设基金收入分别为272.35亿元、264.65亿元、210.35亿元和125.26亿元，在中央政府性基金预算收入中的占比分别为6.65%、6.47%、5.15%和3.06%。

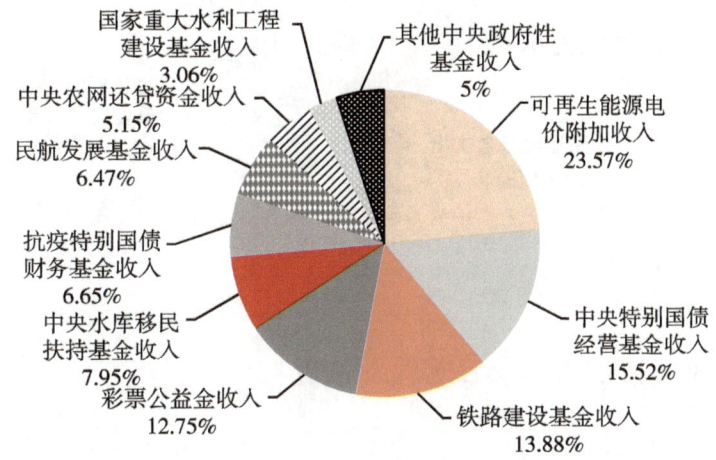

图 2-13 2021年中央政府性基金预算收入构成情况

数据来源：财政部预算司官网。

（二）2021年中央政府性基金预算支出情况分析

2021年，中央政府性基金预算支出为4003.31亿元，完成预算的98.6%。其中，中央本级支出为3201.02亿元，完成预算的79.96%，在中央政府性基金预算支出中占比74.5%；中央对地方的转移支付为802.29亿元，完成预算的109.3%，在中央政府性基金预算支出中占比20.04%。

2021年中央政府性基金预算本级支出中，可再生能源电价附加收入安排的支出、中央特别国债经营基金财务支出、铁路建设基金支出、彩票公益金安排的支出是四项主要支出。具体来看，2021年中央可再生能源电价附加收入安排的支出为835.45亿元，完成预算的99.9%，在中央本级支出中占比达到26.10%，支出相比2029年下降0.4个百分点；中央特别国债经营基金支出632.92亿元，完成预算的100%，在中央本级支出中占比为19.77%，规模与2018年相当；中央铁路建设基金支出为536.45亿元，完成预算的100%，在中央本级支出中占比16.76%，相比2018年支出规模增长4.5个百分点；中央彩票公益金安排的支出为353.56亿元，完成预算的73.6%，规模占比为11.05%，与上一年相比，支出规模增长125.7个百分点。图2-14统计了2021年中央政府性基金预算本级支出的构成情况。

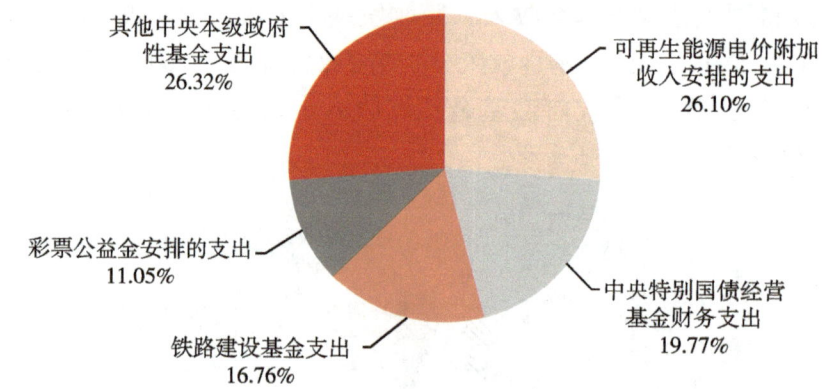

图 2-14 2021 年中央政府性基金预算本级支出构成情况

数据来源：财政部预算司官网。

二、2021年地方政府性基金预算收支情况

（一）2021年地方政府性基金预算收入情况分析

2021年，地方政府性基金预算收入为94738.77亿元，完成预算的103.9%，与2020年相比，收入规模缩减3.0%。2021年，地方政府性基金预算收入中本级收入为93936.48亿元，在地方政府性基金预算收入中占比为99.15%；中央对地方的转移支付为802.29亿元，在地方政府性基金预算收入中占比为0.85%。加上2021年地方专项债务收入36500亿元，2021年地方政府性基金预算收入总量为131238.77亿元。

图2-15是2021年地方本级政府性基金预算收入的构成情况。从图中的构成情况来看，国有土地使用权出让金收入是主要组成部分，2021年实现收入84897.67亿元，完成预算的103.4%，在地方政府性基金预算本级收入中占比为

90.38%，与2020年相比，收入规模增长3.4%。其他地方政府性基金预算收入占地方本级政府性基金预算收入的9.62%。

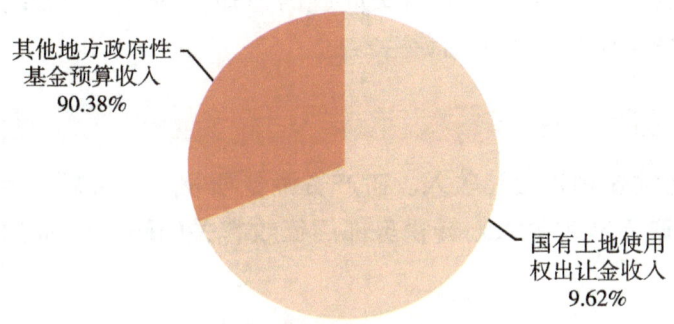

图2-15　2021年地方政府性基金预算本级收入构成情况

数据来源：财政部预算司官网。

2021年，地方政府专项债券发行额为49229.13亿元，专项债务还本额为11452.82亿元。2021年年末地方政府专项债务实际余额为166993.68亿元，地方政府专项债务的余额限额为181685.08亿元，实际余额控制在限额之内。

（二）2021年地方政府性基金预算支出情况分析

2021年，地方政府性基金预算支出为110188.88亿元，完成预算的86.1%，与2020年相比，支出规模下降4.5个百分点。上解中央支出为2.05亿元，地方政府性基金预算总支出规模为110190.93亿元。2021年，地方政府性基金预算支出由19项构成，其中，国有土地使用权出让金安排的支出是最主要项目，该项目支出金额为76101.05亿元，在地方政府性基金预算支出中占比达69.06%。其他地方政府性基金支出项目总额在地方政府性基金预算支出中占比为30.94%。图2-16为2021年地方政府性基金预算支出构成情况。

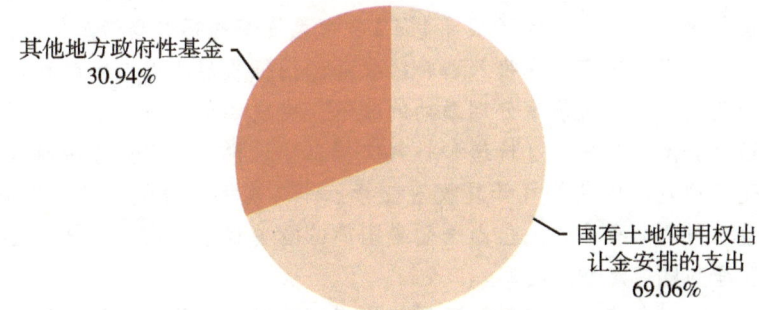

图2-16　2021年地方政府性基金预算支出构成情况

数据来源：财政部预算司官网。

2021年5月，财政部同自然资源部、税务总局、人民银行出台《关于将国有土地使用权出让收入、矿产资源专项收入、海域使用金、无居民海岛使用金四项政府非税收入划转税务部门征收有关问题的通知》（财综〔2021〕19号），对部分政府性基金政策做出调整（见专栏2-1）。

◇ **专栏 2-1**

《关于将国有土地使用权出让收入、矿产资源专项收入、海域使用金、无居民海岛使用金四项政府非税收入划转税务部门征收有关问题的通知》（财综〔2021〕19号）

各省、自治区、直辖市、计划单列市财政厅（局）、自然资源厅（局），新疆生产建设兵团财政局、自然资源局，国家税务总局各省、自治区、直辖市、计划单列市税务局，中国人民银行上海总部，各分行、营业管理部，各省会（首府）城市中心支行，各副省级城市中心支行：

为贯彻落实党中央、国务院关于政府非税收入征管职责划转税务部门的有关部署和要求，决定将国有土地使用权出让收入、矿产资源专项收入、海域使用金、无居民海岛使用金四项政府非税收入统一划转税务部门征收。现就平稳有序推进划转工作有关事项通知如下：

一、将由自然资源部门负责征收的国有土地使用权出让收入、矿产资源专项收入、海域使用金、无居民海岛使用金四项政府非税收入（以下简称四项政府非税收入），全部划转给税务部门负责征收。自然资源部（本级）按照规定负责征收的矿产资源专项收入、海域使用金、无居民海岛使用金，同步划转税务部门征收。

二、先试点后推开。自2021年7月1日起，选择在河北、内蒙古、上海、浙江、安徽、青岛、云南省（自治区、直辖市、计划单列市）以省（区、市）为单位开展征管职责划转试点，探索完善征缴流程、职责分工等，为全面推开划转工作积累经验。暂未开展征管划转试点地区要积极做好四项政府非税收入征收划转准备工作，自2022年1月1日起全面实施征管划转工作。

三、四项政府非税收入划转给税务部门征收后，以前年度和今后形成的应缴未缴收入以及按规定分期缴纳的收入，由税务部门负责征缴入库，有关部门应当配合做好相关信息传递和材料交接工作。税务部门应当按照国库集中收缴制度等规定，依法依规开展收入征管工作，确保非税收入及时足额缴入国库。已缴入财政非税专户，但尚未划缴国库的有关资金，由财政部门按非税收入收缴管理制度规定缴入国库。

四、税务部门按照属地原则征收四项政府非税收入。具体征收机关由国家税务总局有关省（自治区、直辖市、计划单列市）税务局按照"便民、高效"原则确定。原由自然资源部（本级）负责征收的矿产资源专项收入、海域使用金、无居民海岛使用金等非税收入，征管职责划转后的具体工作由国家税务总局北京市税务局承担。

五、税务部门应当商财政、自然资源、人民银行等部门逐项确定职责划转后的征缴流程，实现办事缴费"一门、一站、一次"办理，不断提高征管效率，降低征管成本。具体征缴流程可参照本通知附件流程图并结合当地实际研究确定。涉及经费划转的，方案按程序报批。

六、税务部门征收四项政府非税收入应当使用财政部统一监（印）制的非税收入票据，按照税务部门全国统一信息化方式规范管理。

七、资金入库后需要办理退库的，应当按照财政部门有关退库管理规定办理。其中，因缴费人误缴、税务部门误收需要退库的，由缴费人向税务部门申请办理，税务部门经严格审核并商有关财政、自然资源部门复核同意后，按规定办理退付手续；其他情形需要退库的，由缴费人向财政部门和自然资源部门申请办理。人民银行国库管理部门按规定办理退付手续。

八、除本通知规定外，四项政府非税收入的征收范围、对象、标准、减免、分成、使用、管理等政策，继续按照现行规定执行。

九、自然资源部门与使用权人签订出让、划拨等合同后，应当及时向税务部门和财政部门传递相关信息，确保征管信息实时共享。税务部门应会同财政、自然资源、人民银行等部门做好业务衔接和信息互联互通工作，并将计征、缴款等明细信息通过互联互通系统传递给财政、自然资源、人民银行等相关部门，确保征管信息实时共享，账目清晰无误。同时，向财政部门报送征收情况，并附文字说明材料。

各级财政、自然资源、税务、人民银行等部门要把思想认识统一到中央决策部署上来，切实提高政治站位，强化部门协作配合，形成非税收入征管职责划转协同共治合力。各地在征管职责划转试点工作中若遇到重大问题，应当及时向税务总局报告，税务总局应当会同财政部、自然资源部、人民银行等有关部门根据试点情况，研究完善具体征缴流程，指导各地做好划转工作；涉及地方跨部门协调难点问题，应当及时向同级政府报告，请地方政府及时协调解决和处理，确保划转工作顺利进行。

财政部 自然资源部 税务总局 人民银行
2021 年 5 月 21 日

三、2021 年政府性基金预算收支情况差异性分析

（一）2021 年中央地方政府性基金预算收支情况差异分析

2021 年，中央与地方的政府性基金收入来源和支出投向都存在较大差异。

2021年，中央政府性基金预算收入中占比最高的是可再生能源电价附加收入，金额为963.58亿元，在中央政府性基金预算收入中占比为23.57%；地方政府性基金预算收入中占比最高的是国有土地使用权出让金，金额为84897.67亿元，在地方本级政府性基金预算收入中占比为90.38%；2021年中央本级政府性基金预算支出中占比最高的是可再生能源电价附加收入安排的支出，支出金额为835.45亿元，在中央本级政府性基金预算支出中占比达26.1%；地方政府性基金预算支出中占比最高的项目是国有土地使用权出让金收入安排的支出，金额为76101.05亿元，在地方政府性基金预算支出中的占比达69.06%。

（二）2021年政府性基金预算收支情况区域差异分析

2021年，东部地区、中部地区和西部地区在政府性基金预算收入（不含专项债券收入）上存在较大差异，这种差异整体表现为东部地区政府性基金预算收入最多，中部地区次之，西部地区最少。从地区分布来看，东、中、西部地区的占比分别为59.1%、22.1%和18.8%[①]。尽管西部地区获得的中央转移支付占比为47.84%，中部和东部地区占比分别为27.9%和24.26%，但由于政府性基金转移支付规模的限制，并没有显著改变三地区之间存在的原有收入差异。支出方面，东部、中部和西部的占比分别为55.3%、23.7%和21.0%，同样呈现出东多西少的特点。图2-17、图2-18和图2-19分别统计了2021年东部、中部、西部地区政府性基金预算收入、转移支付收入和政府性基金预算支出的差异情况。

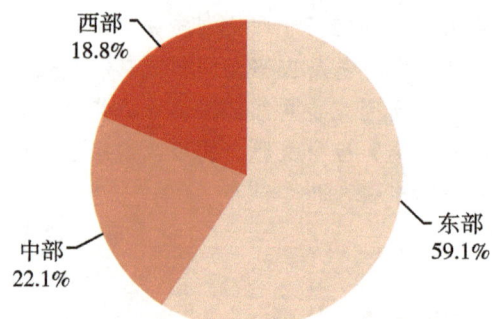

图2-17　2021年东中西部地区政府性基金预算收入占比情况

---

① 东部、中部和西部各地区政府性基金预算收支规模及占比根据各省、市、自治区的政府性基金预算收支决算数计算得出。各地区政府性基金预算收支决算数据来源于各省、市、自治区财政厅（局）或人民政府官网。大部分地区采用全省、市、自治区政府性基金预算收支的决算数据，江西省由于缺少全省的政府性基金预算收支决算数据，故采用全省的政府性基金预算执行情况数据替代。

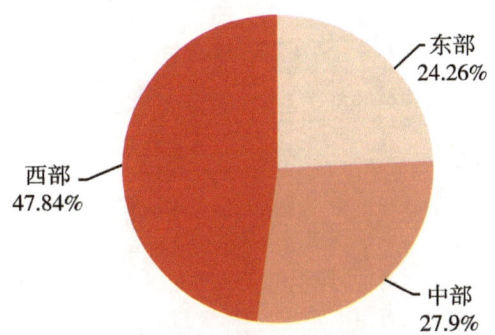

图 2-18　2021 年中央对东中西部地区政府性基金预算转移支付收入占比情况

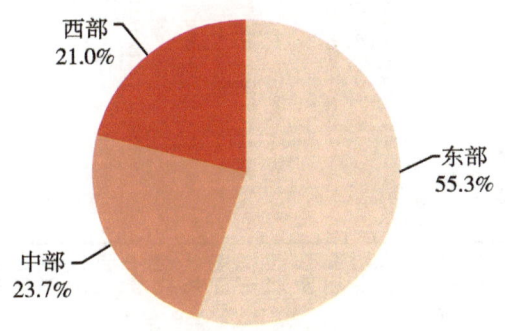

图 2-19　2021 年东中西部地区政府性基金预算支出占比情况

数据来源：财政部预算司官网及各省财政厅官网数据整理获得。

地方政府性基金预算收入的主要支柱是国有土地出让收入。根据中国指数研究院发布的《2021年中国300城市土地市场交易情报》，以住宅用地出让金为例，全国排名前20的城市中，东部地区的城市有15个，其中，上海市以2824.9亿元的总量位居榜首，上海市、杭州市、北京市、南京市、广州市位列前五。中西部地区只有武汉市、成都市、重庆市、西安市和长沙市进入前20位。数据表明，东部地区的土地出让收入在规模上远超中西部地区。从城市土地出让金的交易数据来看，2021年，城市土地出让金呈现出一二线城市土地供求同比上升，出让金总额上升；三四线城市土地供应缩减，出让金下降。

按照专项债券计入政府性基金预算的规定，图2-20统计了2021年年末各省级行政区政府专项债务余额的情况。可以看出，东部各省级行政区的专项债务余额总量达到83251.21亿元，占地方专项债务余额总量的49.85%；中西部地区的专项债务余额总量分别为40799.44亿元、42943.03亿元，占比分别为24.43%和25.72%。专项债务余额规模排名前三的地区是广东省、山东省和江苏省，余额分别为13431.08亿元、12625.68亿元和11796.25亿元。青海省、宁夏回族自治区和西藏自治区专项债务余额规模排名后三位，余额分别为633.30亿元、502.69亿元和155.00亿元。

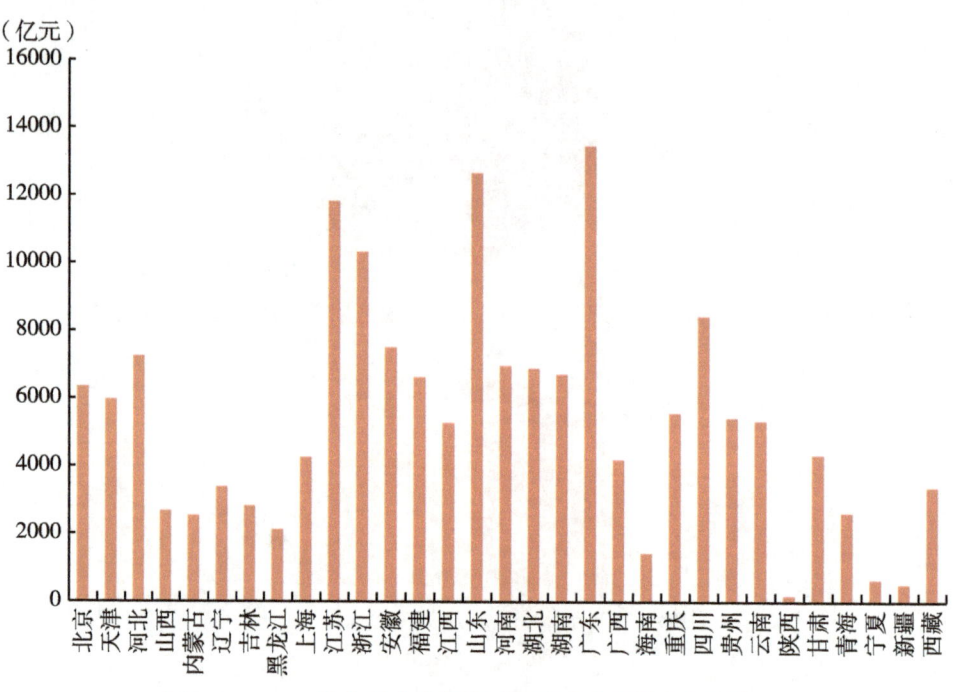

图2-20 2021年年末各省级行政区政府专项债务余额情况

数据来源：财政部预算司官网。

专项债券一方面作为地方政府的主要融资手段，承担着为地方经济社会建设筹集资金的任务；另一方面，发行专项债券给地方政府带来的风险不容忽视。2021年，在持续推进减税降费政策的大背景下，地方政府财政收支压力加大，专项债券的发行规模扩张。为进一步使用好专项债券，发挥专项债券的作用，防范政府债务风险，2021年9月，《关于印发〈地方政府专项债券用途调整操作指引〉的通知》发布（见专栏2-2）。

◇ **专栏2-2**

关于印发《地方政府专项债券用途调整操作指引》的通知（财预〔2021〕110号）

各省、自治区、直辖市、计划单列市财政厅（局），新疆生产建设兵团财政局：

为贯彻落实党中央、国务院决策部署，进一步规范和加强地方政府专项债券管理，提高专项债券资金使用绩效，防范化解地方政府债务风险，根据《中华人民共和国预算法》及其实施条例、《国务院关于加强地方政府性债务管理的意见》（国发〔2014〕43号）、《中共中央办公厅 国务院办公厅关于做好地方政府专项债券发行及项目配套融资工作的通知》、《财政部关于印发〈地方政府专项债务预算管理办法〉的通知》（财预〔2016〕155号）、《财政部关于加快地方政府专项债券发行使用有关工作的通知》(财预〔2020〕94号)、《财政部关于印发〈财政总预算会计制度〉的通知》(财库〔2015〕192号)等法律和政策规定,我们制定了《地方政府专项债券用途调整操作指引》。现予印发,请参照执行。

特此通知。

财政部
2021年9月8日

第一章　总则

第一条　为规范和加强地方政府专项债券(以下简称专项债券)管理,提高专项债券资金使用绩效,防范地方政府债务风险,根据《中华人民共和国预算法》及其实施条例、《国务院关于加强地方政府性债务管理的意见》(国发〔2014〕43号)、《中共中央办公厅 国务院办公厅关于做好地方政府专项债券发行及项目配套融资工作的通知》、《财政部关于印发〈地方政府专项债务预算管理办法〉的通知》(财预〔2016〕155号)、《财政部关于加快地方政府专项债券发行使用有关工作的通知》(财预〔2020〕94号)、《财政部关于印发〈财政总预算会计制度〉的通知》(财库〔2015〕192号)等法律法规和制度规定,制定本指引。

第二条　专项债券用途调整,属于财政预算管理范畴,主要是对新增专项债券资金已安排的项目,因债券项目实施条件变化等原因导致专项债券资金无法及时有效使用,需要调整至其他项目产生的专项债券资金用途变动。

第三条　专项债券资金使用,坚持以不调整为常态、调整为例外。专项债券一经发行,应当严格按照发行信息公开文件约定的项目用途使用债券资金,各地确因特殊情况需要调整的,应当严格履行规定程序,严禁擅自随意调整专项债券用途,严禁先挪用、后调整等行为。

第四条　专项债券用途调整,由省级政府统筹安排,省级财政部门组织省以下各级财政部门具体实施。

第二章　项目调整条件

第五条　专项债券资金已安排的项目,可以申请调整的具体情形包括:

(一)项目实施过程中发生重大变化,确无专项债券资金需求或需求少于预期的;

(二)项目竣工后,专项债券资金发生结余的;

(三)财政、审计等发现专项债券使用存在违规问题,按照监督检查意见或审计等意见确需调整的;

(四)其他需要调整的。

第六条　专项债券用途调整,应符合以下原则:

(一)调整安排的项目必须经审核把关具备发行和使用条件。项目属于有一定收益的公益性项目,且预期收益与融资规模自求平衡。项目前期准备充分、可尽早形成实物工作量。项目周期应当与申请调整的债券剩余期限相匹配。

（二）调整安排的专项债券资金，优先支持党中央、国务院明确的重点领域符合条件的重大项目。

（三）调整安排的专项债券资金，优先选择与原已安排的项目属于相同类型和领域的项目。确需改变项目类型的，应当进行必要的解释说明。

（四）调整安排的专项债券资金，严禁用于置换存量债务，严禁用于楼堂馆所、形象工程和政绩工程以及非公益性资本支出项目，依法不得用于经常性支出。

第七条 调整安排的专项债券资金，优先用于本级政府符合条件的项目，确无符合条件项目的，省级财政部门可以收回专项债券资金和对应的专项债务限额统筹安排。

第三章 项目调整程序

第八条 省级财政部门原则上每年9月底前可集中组织实施1到2次项目调整工作。地方各级财政部门会同有关部门组织梳理本级政府专项债券项目实施情况，确需调整专项债券用途的，要客观评估拟调整项目预期收益和资产价值，编制拟调整项目融资平衡方案、财务评估报告书、法律意见书，经同级政府同意后，及时报送省级财政部门。

拟调整项目融资平衡方案应当准确反映项目基本情况、前期手续、投融资规模、收益来源、建设周期、分年度投资计划、原债券期限内预期收益与融资平衡情况、原已安排的项目调整原因、潜在风险评估、主管部门责任、调整后债券本息偿还安排等。

第九条 省级财政部门负责汇总各地调整申请，统筹研究提出包括专项债务限额和专项债券项目在内的调整方案，于10月底前按程序报省级政府批准后，报财政部备案。

第四章 项目调整执行管理

第十条 按照预算法等法律法规规定，规范专项债券项目调整涉及的预算调整和调剂管理。省级政府批准后，对专项债券用途调整涉及增加或减少预算总支出、调减预算安排的专项债券重点支出数额、增加举借债务数额的，地方财政部门应当编制预算调整方案按程序提请同级人大常委会审议；其他预算调剂事项，地方财政部门应当按程序办理。

第十一条 按照《财政总预算会计制度》规定，规范专项债券项目调整涉及的预算执行管理。对专项债券用途调整，地方各级财政部门应按有关规定及时对原项目对应的预算科目收入、支出进行调减，对调整安排的项目对应的预算科目收入、支出进行调增。原项目调减的金额应等于调整安排的项目调增的金额。涉及跨地区专项债券调整的，要对专项债券的债务（转贷）收入、债务（转贷）支出等预算科目进行相应调整。涉及跨年度专项债券调整的，要按照收付实现制核算要求，在当年预算收支中对相关预算科目进行调整。

第十二条 省级财政部门在地区间调整债券资金用途时,应与相关地区重新签署转贷协议或通过预算指标文件明确调整事宜。

第五章 信息公开

第十三条 专项债券用途调整,省级财政部门要按以下原则及时进行信息公开:

(一)专项债券用途调整,不改变原专项债券注册信息,包括债券发行量、期限、代码、名称、利率、兑付安排等。

(二)专项债券用途调整,要发布调整公告,重点说明调整事项已经省级政府批准,一并公开本地区经济社会发展指标、地方政府性基金预算情况、专项债务情况等。

(三)专项债券用途调整,要公布项目调整信息,包括调整前原已安排的项目名称、调整金额,以及调整后项目概况、分年度投资计划、项目资金来源、预期收益和融资平衡方案、潜在风险评估、主管部门责任、第三方评估信息(包括财务评估报告书、法律意见书、信用评级报告等)等。

(四)其他按规定需要公开的信息。

第十四条 省级财政部门应当于省级政府批准后(涉及预算调整的按程序报省级人大或其常委会批准后)的10个工作日内,在全国统一的地方政府债务信息公开平台(www.celma.org.cn),以及省级政府或财政部门门户网站、发行登记托管机构门户网站等公开相关预算调整和项目调整信息。

市县级财政部门应当在省级政府、市县人大或其常委会批准后的10个工作日内,在本级政府或财政部门门户网站公开本地区专项债券用途调整相关信息。

第六章 监督管理

第十五条 地方各级财政部门应当按照预算管理一体化要求,通过信息管理系统全过程登记专项债券用途调整情况,督促相关部门和项目单位及时规范使用债券资金,提高使用绩效。

第十六条 财政部各地监管局依法对专项债券用途调整实施监督,确保发挥债券资金使用效益。

第十七条 专项债券资金已安排的项目调整规模大、频次多的地区或部门,省级财政部门可适当扣减下一年度新增专项债券额度,引导各地区、各部门提升专项债券项目储备和安排的精准性、规范性。

第十八条 各地不得违规调整专项债券用途,严禁假借专项债券用途名义挪用、套取专项债券资金。对违反法律法规和政策规定的,依法依规追究相关责任单位和责任人的责任。

第七章 附则

第十九条 本指引自印发之日起施行。

第三节 2021年中央和地方国有资本经营预算收支情况

一、2021年中央国有资本经营预算收支情况

（一）2021年中央国有资本经营预算收入情况分析

2021年中央国有资本经营预算收入为2007.16亿元，为预算的114.6%。与2020年相比，收入规模增长12.4个百分点。加上上年结转收入413.14亿元，2021年中央国有资本经营预算收入总量为2420.3亿元。

2021年，中央国有资本经营预算收入的组成项目有利润收入、股利、股息收入、产权转让收入、清算收入和其他国有资本经营预算收入。其中，利润收入是中央国有资本经营预算收入的主要组成部分，2021年，中央国有资本经营预算收入中利润收入为1528.05亿元，占中央国有资本经营预算收入的76.13%。股利、股息收入是中央国有资本经营预算收入的另一主要来源，2021年中央国有资本经营预算收入中股利、股息收入为471.44亿元，在中央国有资本经营预算收入中的占比达到23.49%。2021年中央国有资本经营预算收入中其他收入总额为7.67亿元，在中央国有资本经营预算收入中占比为0.38%。图2-21为2021年中央国有资本经营预算收入构成情况。

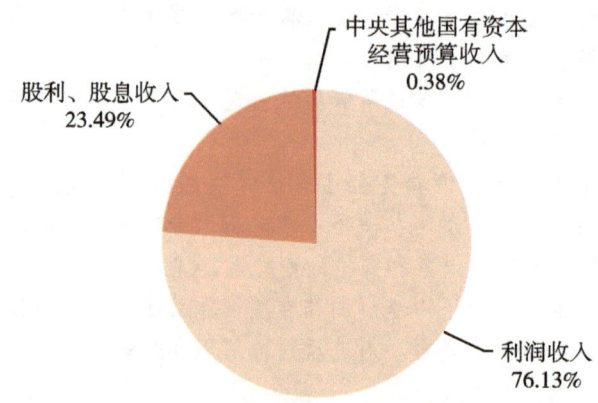

图2-21 2021年中央国有资本经营预算收入构成情况

数据来源：财政部预算司官网。

从中央国有资本经营预算收入中的利润收入项目构成情况看，一方面，国

有全资企业税后利润的收取比例主要分为五类执行：第一类为烟草企业，收取比例25%，2021年上交收入531.66亿元，为预算的106.3%，在整个利润收入中占比34.79%；第二类为石油石化、电力、电信、煤炭等资源型企业，收取比例20%，2021年上交收入526.31亿元，为预算的133.2%，在整个利润收入中占比34.46%；第三类为钢铁、运输、电子、贸易、施工等一般竞争型企业，收取比例15%，2021年上交收入342.17亿元，为预算的120.3%，在整个利润收入中占比22.39%；第四类为军工企业、转制科研院所、中国邮政集团有限公司、中国国家铁路集团有限公司、中央文化企业、中央部门所属企业，收取比例10%，2021年上交收入105.65亿元，为预算的107.5%，在整个利润收入中占比6.9%；第五类为政策性企业，为中国储备粮管理集团有限公司，免交当年应交利润。符合小型微型企业规定标准的国有独资企业，应交利润不足10万元的，比照第五类政策性企业免交当年应交利润。另外，金融企业利润收入和新疆生产建设兵团所属企业利润收入22.26亿元，在整个利润收入中占比1.46%（见图2-22）。

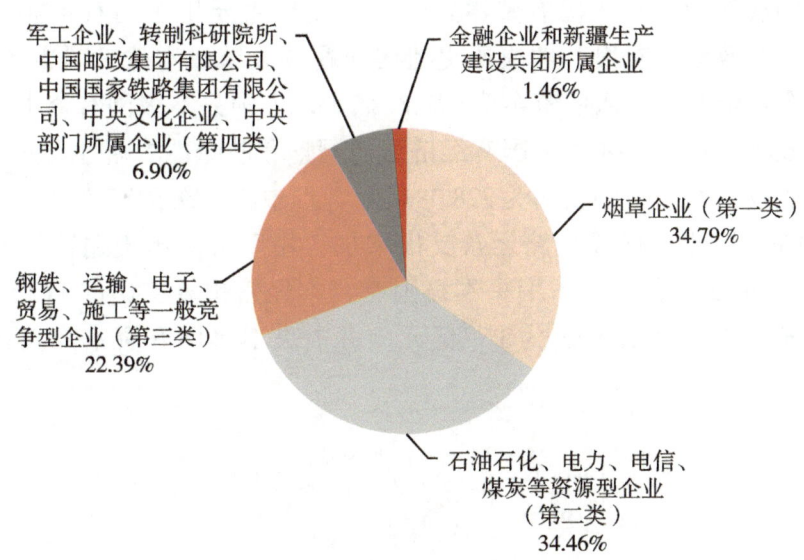

图 2-22 2021 年中央国有资本经营预算利润收入构成情况

数据来源：财政部预算司官网。

另一方面，烟草企业利润收入、电力企业利润收入、电信企业利润收入、石油石化企业利润收入这四项利润收入在利润收入中的总占比为66.1%，成为2021年中央国有资本经营预算利润收入的主要项目。除上述烟草企业外，电力企业利润收入为167.90亿元，比2020年增长24.2%，完成预算的179.4%，在整个利润收入中占比10.99%；电信企业利润收入为160.81亿元，比2020年增长

6.3%，完成预算的117.7%，在整个利润收入中占比10.52%；石油石化企业利润收入为149.69亿元，比2020年下降4.5%，完成预算的123.6%，在整个利润收入中占比9.8%。

（二）2021年中央国有资本经营预算支出情况分析

2021年，中央国有资本经营预算支出1077.8亿元，为预算的91.3%，主要是根据改革进展情况，对部分中央企业的注资预算未执行。与2020年相比，支出增加了14.8%。其中，中央本级国有资本经营预算支出为936.99亿元，较2020年增加了7.25%，完成预算的86.8%，在中央国有资本经营预算支出中占比86.94%；中央对地方的转移支付为140.81亿元，完成预算的138.7%，规模为2020年的215.4%，在中央国有资本经营预算支出中的占比为13.06%。2021年，中央国有资本经营预算调出资金984亿元，中央国有资本经营预算结转下年支出358.5亿元。

图2-23统计了2021年中央本级国有资本经营预算支出构成情况。从图中可看出，2021年中央本级国有资本经营预算支出主要用于国有企业资本金注入、国有企业政策性补贴、解决历史遗留问题及改革成本这三项事务。其中，用于国有企业资本金注入的资金为671.71亿元，占中央本级国有资本经营预算支出的71.69%，资金主要用于国有经济结构调整和前瞻性战略性产业发展；用于国有企业政策性补贴的支出为228.08亿元，占中央本级国有资本经营预算支出的24.34%，主要是保障铁路运营支出增加；用于解决历史遗留问题及改革成本的支出为33.83亿元，占中央本级国有资本经营预算支出的3.61%。此外，其他国有资本经营预算支出为3.37亿元，占中央本级国有资本经营预算支出的0.36%。

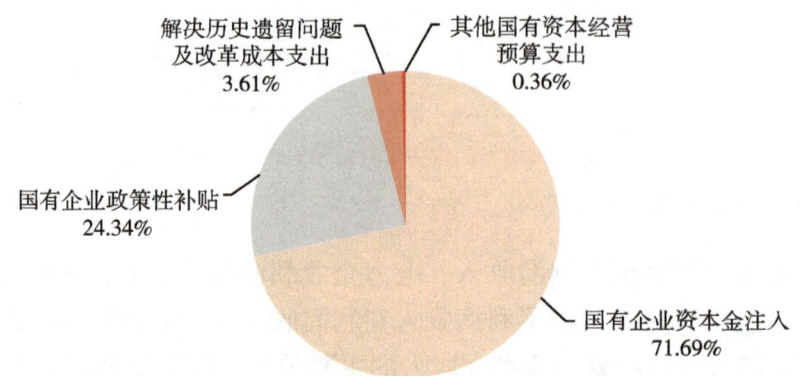

图2-23　2021年中央本级国有资本经营预算支出构成情况

数据来源：财政部预算司官网。

二、2021年地方国有资本经营预算收支情况

（一）2021年地方国有资本经营预算收入情况分析

2021年，地方国有资本经营预算收入3304.08亿元，完成预算的148.4%，与2020年相比，收入规模增长8.2%。其中，地方本级国有资本经营预算收入为3163.27亿元，完成预算的148.8%，占地方国有资本经营预算收入的95.74%，与2020年相比，地方本级国有资本经营预算收入增长5.8%。中央对地方的转移支付收入为140.81亿元，占地方国有资本经营预算收入的4.26%。

2021年，地方国有资本经营预算本级收入由五项构成，其中，利润收入1547.20亿元，完成预算144.7%，在地方国有资本经营预算本级收入中的比重占到48.91%。2021年的利润收入水平是2020年水平的93.7%；产权转让收入485.33亿元，完成预算的78.6%，在地方国有资本经营预算本级收入中占比为15.34%。股利、股息收入、清算收入和其他国有资本经营预算收入金额分别为356.13亿元、10.16亿元和764.45亿元，在地方国有资本经营预算本级收入中占比分别为11.26%、0.32%和24.17%。2021年地方国有资本经营预算本级收入构成情况如图2-24所示。

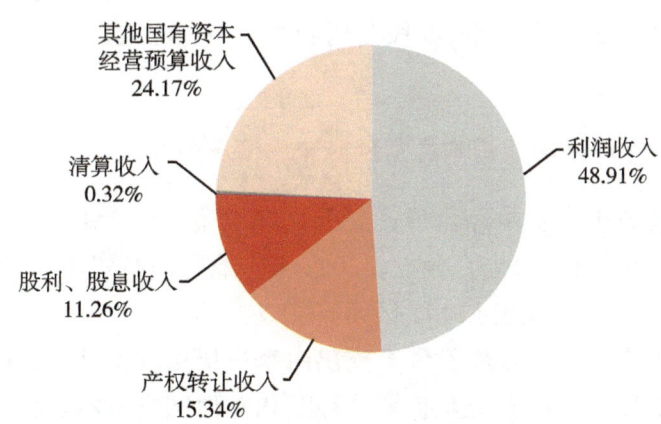

图2-24　2021年地方国有资本经营预算本级收入构成情况

数据来源：财政部预算司官网。

与中央国有资本经营预算中的利润收入来源不同，2021年，地方利润收入主要源于其他国有资本经营预算企业利润收入、投资服务企业利润收入和纺织轻工企业利润收入，三项收入分别为701.67亿元、272.82亿元和128.35亿元，在利润收入总额中的占比分别为45.35%、17.63%、8.3%。机械企业利润收入和石油

石化企业利润收入分别为56.91亿元和50.75亿元，在利润收入总额中占比分别为3.68%和3.28%。其他利润收入在利润总额中占比为21.76%。2021年地方国有资本经营预算中利润收入构成情况如图2-25所示。

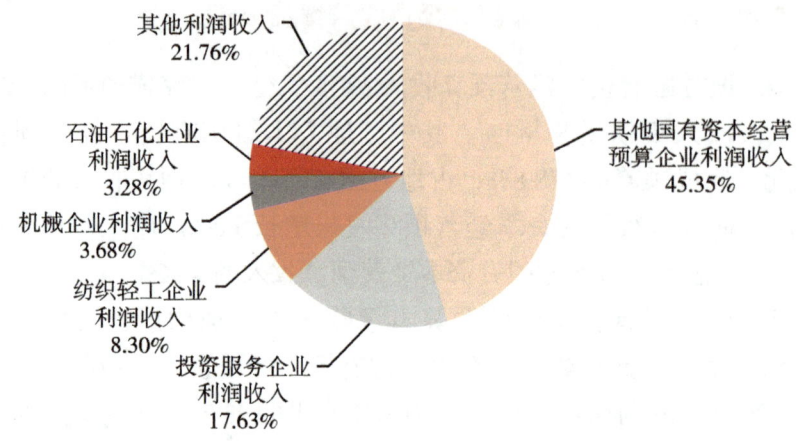

图2-25　2021年地方国有资本经营预算中利润收入构成情况

数据来源：财政部预算司官网。

地方产权转让收入主要来源于国有股权、股份转让收入，2021年地方国有股权、股份转让收入256.74亿元，占地方产权转让收入的52.9%。股利、股息收入主要来源于国有控股公司股利、股息收入，2021年地方实现国有控股公司股利、股息收入165.92亿元，国有控股公司股利、股息收入占股利、股息总收入的46.59%。

（二）2021年地方国有资本经营预算支出情况分析

2021年，地方国有资本经营预算支出1685.11亿元，完成预算的107.4%，与2020年相比，支出增长0.2个百分点。2021年，地方国有资本经营预算调出资金1488.84亿元，结转下年支出130.13亿元。

2021年，地方国有资本经营预算支出由解决历史遗留问题及改革成本支出、国有企业资本金注入、国有企业政策性补贴和其他国有资本经营预算支出组成。其中，占比最高的支出项目是国有企业资本金注入，在地方国有资本经营预算支出中占比达到68.07%，金额为1147.02亿元，完成预算的163.6%，与2020年相比，支出金额增长21.3个百分点。该项目主要用于国有经济结构调整、金融企业资本性支出、公益设施投资、支持科技进步等事项。地方国有资本经营预算支出中用于解决历史遗留问题及改革的成本支出为153.74亿元，占比9.12%，主要用于"三供一业"移交补助支出、国有企业改革成本支出、国有企业退休人员社会化管理补助支出等事务。国有企业政策性补贴支出的规模为73.42亿元,在地方国有资本经营预算支出中的占比为4.36%。其他国有资本经营预算支出为310.93亿元,在地方国有资本经营预算支出中的占比为18.45%。图2-26为2021年地方国有资本经营预算支出的构成情况。

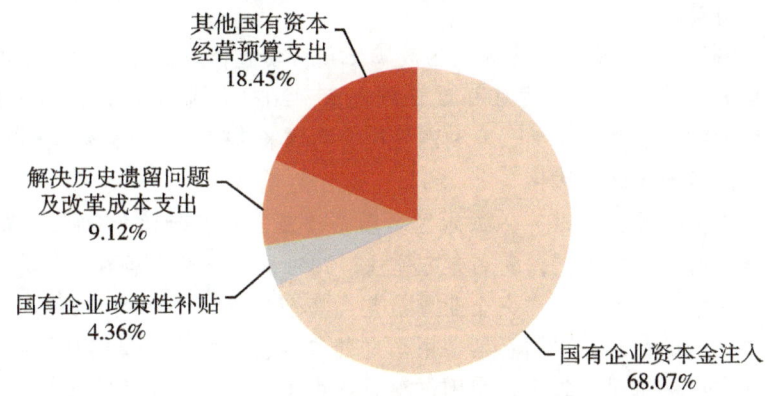

图 2-26 2021年地方国有资本经营预算支出的构成情况

数据来源:财政部预算司官网。

◇ 专栏2-3

国企改革全面发力多点突破

"十四五"开局之年,国企改革发展捷报频传,中央企业效益增长创历史最好水平。2021年前11个月,央企实现利润总额2.3万亿元、净利润1.75万亿元。

"国企改革三年行动目标70%的预定任务顺利完成,改革为企业高质量发展提供了强劲动力。"国务院国资委党委书记、主任郝鹏表示,按照中央经济工作会议要求,2022年国企改革三年行动任务必须全面完成。

质量效益不断提升

南方电网董事长孟振平表示,截至2021年11月底,南方电网改革三年行动总体任务完成率为88%,取得了总体进度、重点任务"双超前"的良好进展。

深入实施国企改革三年行动,有力提升了南方电网发展质量效益。截至11月底,公司营业收入同比增长15.1%,净利润同比增长24.4%。

中国化学工程集团有限公司的最新数据显示,通过倒排工期、挂图作战、逐项推进,公司改革三年行动128项改革任务已完成92项,其他36项按计划推进,总体任务量完成率91.4%。

2021年以来,中国化学工程集团有限公司共完成8户企业混改,其中,华陆公司释放30%股权引入行业龙头万华化学，强强联合快速形成产业链优势互补；桂林公司控股并购重组上海华谊装备公司，共同打造化工智能装备研究平台、机制灵活运作高效市场主体和高端装备制造产业基地。

2021年是国企改革三年行动的攻坚之年、关键之年，中央企业、地方国企争作改革先锋，按下"快进键"，跑出"加速度"，形成了全面发力、多点突破的良好局面。

"截至10月底，山东省国企改革三年行动整体任务完成占比达85%。"山东省国资委党委书记、主任张斌日前表示。2021年前10个月，山东省属企业实现营业收入、利润总额、净利润同比分别增长22.9%、43.8%、46.6%。

国有资本结构优化

当前，国企改革步入深水区。国企改革三年行动作为国企改革"1+N"政策体系的具体施工图，受到各方关注，70%量化指标背后有哪些进展成效？

从年初到年末，中央企业重组整合高潮迭起，令全球业界瞩目，也牵动了资本市场的神经。中国星网、中国电气装备、中国物流集团挂牌成立，中化集团和中国化工联合重组，中国电科重组中国普天，鞍钢重组本钢，国家管网资产重组顺利完成，稀土、煤炭等专业化整合深入实施，物流大数据平台、海工装备创新平台加快落地。

从中央企业负责人会议公布的国企改革主要进展看，2021年，中国特色现代企业制度和国资监管体制向更加成熟迈出了实质性步伐，企业市场化经营机制改革向更大范围、更深层次破冰破局，战略性重组、专业化整合、战略性新兴产业布局有力推动国有资本结构优化提升。

着力推进中国特色现代企业制度建设。深入落实《关于中央企业在完善公司治理中加强党的领导的意见》，出台《中央企业董事会工作规则（试行）》《中央企业董事会和董事评价办法》，印发中央企业党委（党组）前置研究讨论重大经营管理事项清单示范文本。

目前，中央企业及98.2%的子企业实现董事会应建尽建，超70%的集团公司制定董事会授权制度，89.9%符合条件的二三级子企业实现外部董事占多数。

着力破解市场化改革重点难点问题。混合所有制企业加快转换经营机制，三项制度改革进一步取得实质性突破，经理层成员任期制和契约化管理制度全面建立，子企业层面签约比例达83.6%，比年初增长54.3个百分点。

决战决胜三年行动

2022年是国企改革三年行动收官之年。中央企业负责人会议提出，要决战决胜国企改革三年行动，确保各项改革任务在党的二十大召开之前基本完成，明年年底前全面完成。

"国企改革三年行动必须高质量完成。"郝鹏表示，要对照"三个明显成效"抓收官，即在建设中国特色现代企业制度上取得明显成效，在推动优化产业布局上取得明显成效，在提高企业活力效率上取得明显成效。

"2022年国企改革的重点难点,无疑就是国企改革三年行动方案中提出的尚未得到有效落实的内容。"中国企业联合会研究部研究员刘兴国分析认为,一些企业在任务落实中有"形似而神不似"的现象,下一步要在落实见效上下功夫。

按照国务院国资委部署,2022年国企改革三年行动要聚焦重点难点抓攻坚,包括全面落实中央企业在完善公司治理中加强党的领导,推动前置研究清单有效执行;建设专业尽责、规范高效的董事会;全面实行经理层成员任期制和契约化管理,对关键核心技术人才实行具有市场竞争力的薪酬激励制度;推动混合所有制企业深度转换经营机制,持续探索差异化管控;深化跨行业跨领域跨企业专业化整合等。

中央企业负责人会议强调,要把改革重要举措和经验以制度形式固化下来,将国企改革重要要求纳入公司章程和企业制度体系,推动各方面制度更加成熟、更加定型。专家认为,这将有效提升国企治理能力,更好促进国企改革发展行稳致远。

资料来源:《国企改革全面发力多点突破》,中国经济网,2021年12月31日。

三、2021年国有资本经营预算收支情况差异性分析

(一)2021年中央地方国有资本经营预算收支情况差异分析

从2021年中央与地方的国有资本经营预算收支情况可以看出,二者有明显的差别。一是中央与地方的利润收入来源不同,中央利润收入主要源于烟草、石油石化、电力、电信行业的企业利润;地方利润收入主要源于投资服务企业利润收入、纺织轻工企业利润收入和其他国有资本经营预算企业利润收入。二是从国有资本经营预算支出方面来看,中央与地方的资金投向存在差异,相同之处在于,两者国有资本经营预算支出的主要项目均为国有企业资本金注入。不同之处在于,除该项目之外,两者相比,国有企业政策性补贴支出在国有资本经营预算支出的占比,中央高于地方,而解决历史遗留问题及改革成本支出和其他国有资本经营预算支出这两项支出在国有资本经营预算支出的占比,地方高于中央。

(二)2021年国有资本经营预算收支的区域差异分析

国有资本经营预算收支在东部、中部和西部地区间呈现出差异。2021年,各省级行政区国有资本经营预算收入的数据显示,东部、中部和西部的国有资本经营预算收入的规模分别为1860.34亿元、634.59亿元和732.77亿元,在地方国有

资本经营预算收入中的占比分别为57.64%、19.66%及22.70%①。数据显示,国有资本经营预算收入在区域分布上表现出东部最多,西部次之,中部最少,其中,东部地区的收入规模在地方国有资本经营预算收入中的占比超过50%,同时,东部地区占比水平约为中部地区的2.93倍,约为西部地区占比水平的2.54倍。

2021年,各省级行政区国有资本经营预算支出的数据显示,东部、中部和西部地区的国有资本支出规模分别为1097.03亿元、312.82亿元和356.79亿元,在地方国有资本经营预算支出中的占比分别为62.10%、17.71%和20.19%。与国有资本经营预算收入的区域差异特点相似,国有资本经营预算支出规模和占比在地区分布上同样呈现东部最多,西部次之,中部最少。从占比情况看,东部地区分别是中部、西部的3.51倍和3.07倍。图2-27和图2-28分别为2021年国有资本经营预算收入与国有资本经营预算支出的区域差异情况。

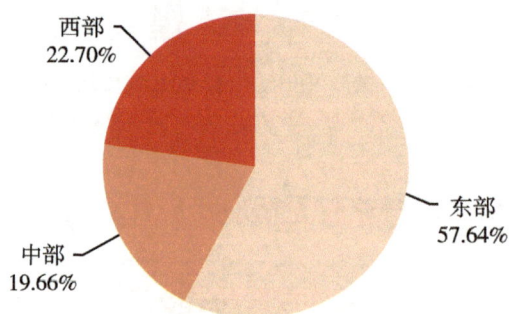

图2-27　2021年东中西部地区国有资本经营预算收入占比情况

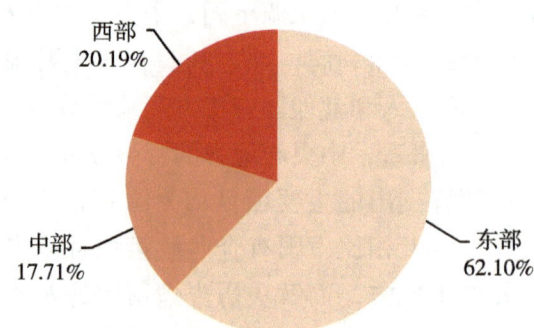

图2-28　2021年东中西部地区国有资本经营预算支出占比情况

数据来源:由各省、自治区、直辖市财政厅(局)或人民政府官网数据整理获得。

---

① 东部、中部和西部各地区国有资本经营预算收支规模及占比根据各省、市、自治区的国有资本经营预算收支决算数计算得出。各地区国有资本经营预算收支决算数据来源于各省、市、自治区财政厅(局)或人民政府官网。大部分地区采用全省、市、自治区国有资本经营预算收支的决算数据,山西省和江西省由于缺少全省的国有资本经营预算收支决算数据,故采用全省的国有资本经营预算执行情况数据替代。

第四节　2021年中央和地方社会保险基金预算收支情况

一、2021年中央社会保险基金预算收支情况

（一）2021年中央社会保险基金预算收入情况分析

2021年，中央社会保险基金预算收入1317.75亿元，完成预算的85.0%，与2020年相比，收入增长86.1个百分点。其中，保险费收入749.30亿元，比上年增长107.8%，完成预算的85.5%，在中央社会保险基金预算收入中的占比为57.42%；财政补贴收入549.64亿元，比上年增长65.1%，完成预算的86.0%，在中央社会保险基金预算收入中的占比为42.12%；利息收入及委托投资收益合计6.08亿元，在中央社会保险基金预算收入中的占比为0.47%。2021年中央社会保险基金收入构成情况如图2-29所示。加上地方上缴的中央调剂基金收入9303.62亿元，2021年中央社会保险基金收入总量为10621.37亿元。

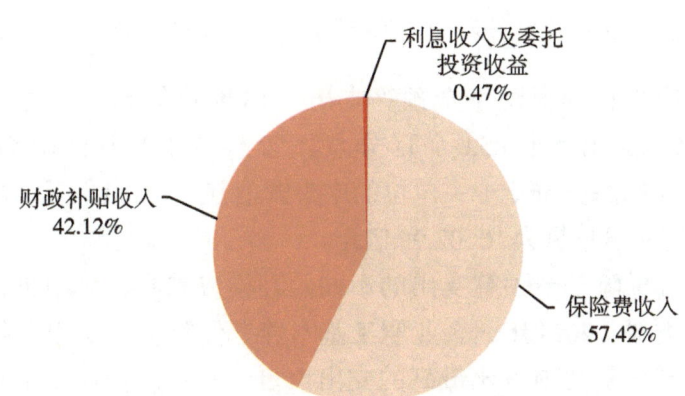

图2-29　2021年中央社会保险基金收入构成情况

数据来源：财政部预算司官网。

2021年，中央社会保险基金收入由七大险种构成。其中，企业职工基本养老保险基金收入和机关事业单位基本养老保险基金收入是两大主要险种收入，企业职工基本养老保险基金收入348.02亿元，在中央社会保险基金预算收入中的占比为26.41%；机关事业单位基本养老保险基金收入886.81亿元，在中央社

会保险基金预算收入中的占比为67.30%。城乡居民基本养老保险基金收入、职工基本医疗保险基金收入、城乡居民基本医疗保险基金收入、工伤保险基金收入、失业保险基金收入这五项险种收入总额在中央社会保险基金预算收入中的占比为6.29%。图2-30是2021年中央社会保险基金收入按险种划分的构成情况。

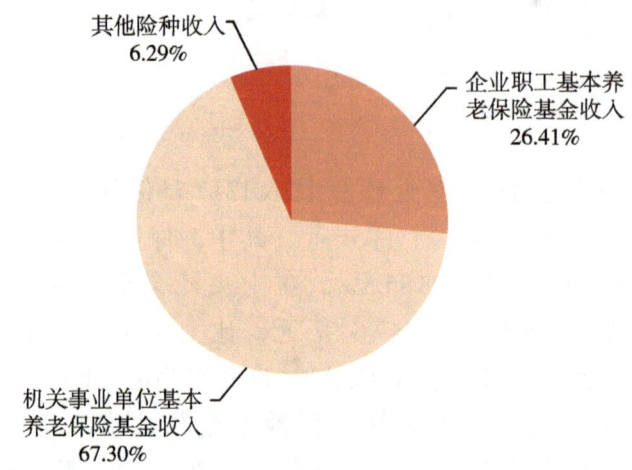

图2-30　2021年中央社会保险基金收入按险种划分构成情况

数据来源：财政部预算司官网。

（二）2021年中央社会保险基金预算支出情况分析

2021年，中央社会保险基金预算支出为1308.47亿元，完成预算的82.9%，与2020年相比，支出增长85.0个百分点。加上2021年中央调剂基金支出的9327.35亿元，再扣除安排给中央单位的中央调剂基金32.83亿元，2021年中央社会保险基金预算支出总量为10602.99亿元。

从中央社会保险基金预算支出的不同险种构成来看，与中央社会保险基金预算收入情况类似，2021年，企业职工基本养老保险基金支出和机关事业单位基本养老保险支出是两项占比最高的支出项目。其中，企业职工基本养老保险基金支出为367.18亿元，在中央社会保险基金支出中的占比为28.06%；机关事业单位基本养老保险支出为874.60亿元，在中央社会保险基金支出中的占比为66.84%。城乡居民基本养老保险基金支出、职工基本医疗保险基金支出、城乡居民基本医疗保险基金支出、工伤保险基金支出和失业保险基金支出这五项支出总额为66.69亿元，在中央社会保险基金支出中的占比为5.10%。图2-31是中央社会保险基金支出按险种划分的构成情况。

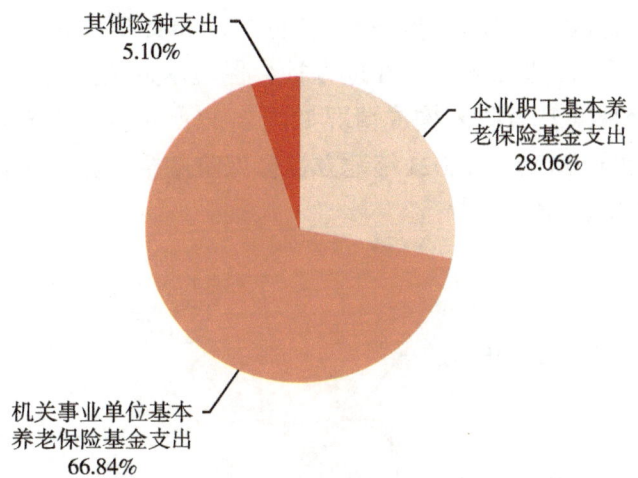

图 2-31　2021 年中央社会保险基金支出按险种划分构成情况

数据来源：财政部预算司官网。

2021年末中央社会保险基金收支结余18.38亿元，其中，企业职工基本养老保险基金本年收支结余赤字10.06亿元，城乡居民基本养老保险基金本年收支结余1.49亿元，机关事业单位基本养老保险基金本年收支结余12.21亿元，职工基本医疗保险基金本年收支结余13.30亿元，城乡居民基本医疗保险基金本年收支结余1.01亿元，工伤保险基金本年收支结余赤字1.22亿元，失业保险基金本年收支结余1.65亿元。2021年，中央社会保险基金年末滚存结余395.78亿元，其中，企业职工基本养老保险基金年末滚存结余170.38亿元，城乡居民基本养老保险基金年末滚存结余8.58亿元，机关事业单位基本养老保险基金本年收支结余109.31亿元，职工基本医疗保险基金年末滚存结余75.18亿元，城乡居民基本医疗保险基金年末滚存结余15.27亿元，工伤保险基金年末滚存结余3.84亿元，失业保险基金年末滚存结余13.22亿元。

二、2021 年地方社会保险基金预算收支情况

（一）2021 年地方社会保险基金预算收入情况分析

2021年，地方社会保险基金预算收入95559.04亿元，完成预算的109.0%，收入规模比2020年增长27.1个百分点。其中，保险费收入68351.55亿元，完成预算的109.7%，收入规模与2020年相比，增长39.9%，在地方社会保险基金预算收入中占比为73.37%；财政补贴收入22056.68亿元，完成预算的99.8%，与2020年相比，规模增长6.6%，在地方社会保险基金预算收入中占比为23.68%；

2021年地方社会保险基金预算收入中，利息收入和委托投资收益分别为2042.04亿元、704.33亿元，二者收入之和在地方社会保险基金预算收入中占比为2.95%。2021年地方社会保险基金收入构成情况如图2-32所示。加上安排给地方的中央调剂基金收入9294.52亿元①，2021年地方社会保险基金预算收入总量为104853.56亿元，比上年增长26.3%。

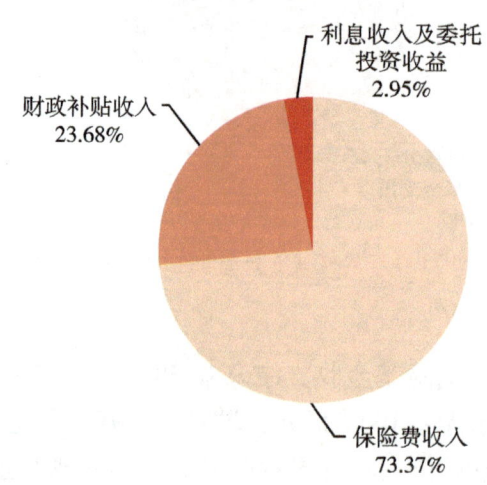

图2-32　2021年地方社会保险基金收入构成情况

数据来源：财政部预算司官网。

2021年，地方社会保险基金预算收入中企业职工基本养老保险基金收入、职工基本医疗保险基金收入和机关事业单位基本养老保险基金收入是最主要的三项收入项目。其中，企业职工基本养老保险基金收入44106.00亿元，完成预算的110.7%，与2020年相比，规模增长45.1个百分点，在地方社会保险基金预算收入中占比46.16%；职工基本医疗保险基金收入18947.26亿元，完成预算的108.4%，与2020年相比，规模增长21.5个百分点，在地方社会保险基金预算收入中占比为19.83%；机关事业单位基本养老保险基金收入14855.65亿元，完成预算的107.3%，与2020年相比，规模增长9.1个百分点，在地方社会保险基金预算收入中占比为15.55%。城乡居民基本养老保险基金收入、城乡居民基本医疗保险基金收入、工伤保险基金收入和失业保险基金收入这四项险种收入总和在地方社会保险基金预算收入中的占比为18.47%。图2-33为2021年地方社会保险基金预算收入按险种划分构成情况。

---

① 2021年中央调剂基金共9326.22亿元，包含中央单位上缴的中央调剂基金22.60亿元和地方上缴的中央调剂基金收入9303.62亿元。9327.35亿元的中央调剂基金被安排用于地方社会保险支出9294.52亿元，安排用于中央社会保险支出32.83亿元。

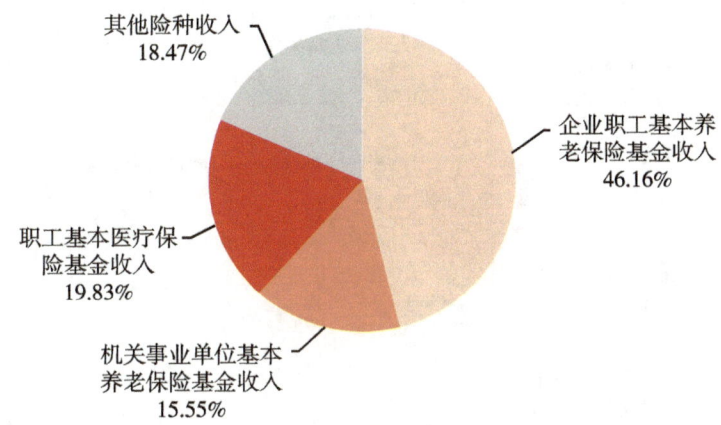

图 2-33 2021 年地方社会保险基金收入按险种划分构成情况

数据来源：财政部预算司官网。

（二）2021 年地方社会保险基金预算支出情况分析

2021 年，地方社会保险基金预算支出 85385.37 亿元，完成预算的 100.7%，与 2020 年相比，支出规模增幅为 9.9%。加上地方上缴的中央调剂基金支出 9303.62 亿元，2021 年地方社会保险基金预算支出总量为 94688.99 亿元。

从地方社会保险基金预算支出构成来看，企业职工基本养老保险基金支出占比最高，在地方社会保险基金预算支出中的占比为 47.31%，金额为 40399.12 亿元，完成预算的 97.7%，支出水平是 2020 年支出水平的 108.1%；机关事业单位基本养老保险基金支出、职工基本医疗保险基金支出和城乡居民基本医疗保险基金支出分别为 14672.93 亿元、14809.80 亿元和 9319.45 亿元，在地方社会保险基金支出中的占比分别为 17.18%、17.34% 和 10.91%。城乡居民基本养老保险基金支出、工伤保险基金支出和失业保险基金支出的规模较小，三项支出总额为 5226.84 亿元，占地方社会保险基金预算支出的 7.24%。图 2-34 为地方社会保险基金预算支出按险种划分构成情况。

2021 年末地方社会保险基金收支结余 10164.57 亿元，其中，企业职工基本养老保险基金本年收支结余 3697.78 亿元，城乡居民基本养老保险基金本年收支结余 1649.55 亿元，机关事业单位基本养老保险基金本年收支结余 182.72 亿元，职工基本医疗保险基金本年收支结余 4137.46 亿元，城乡居民基本医疗保险基金本年收支结余 575.41 亿元，工伤保险基金本年收支结余赤字 36.13 亿元，失业保险基金本年收支结余赤字 42.22 亿元。2021 年，地方社会保险基金年末滚存结余 104323.81 亿元，其中，企业职工基本养老保险基金年末滚存结余 48505.64 亿元，城乡居民基本养老保险基金年末滚存结余 11479.34 亿元，机关

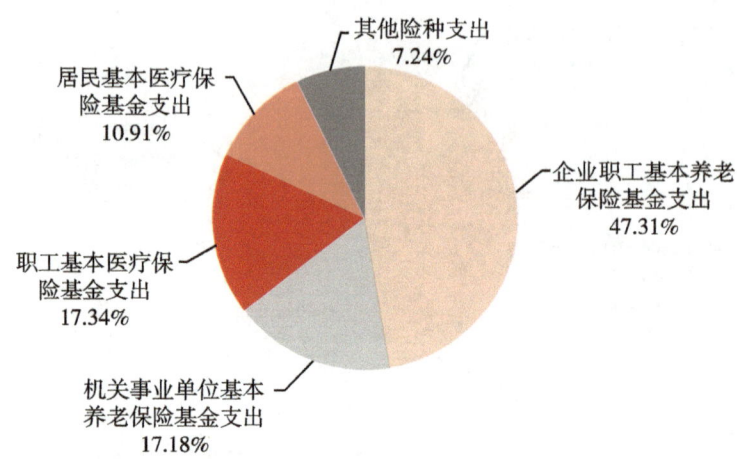

图 2-34 2021 年地方社会保险基金支出按险种划分构成情况

数据来源：财政部预算司官网。

事业单位基本养老保险基金年末滚存结余 3629.49 亿元，职工基本医疗保险基金年末滚存结余 29305.07 亿元，城乡居民基本医疗保险基金年末滚存结余 6696.26 亿元，工伤保险基金年末滚存结余 1408.35 亿元，失业保险基金年末滚存结余 3299.66 亿元。

三、2021 年社会保险基金预算收支情况差异性分析

由于现行社会保障的支出责任主要由地方承担，因此，从 2021 年社会保险基金收支数据来看，社会保险基金收支表现出显著的区域差异。2021 年，东部地区的社会保险基金收入为 54222.25 亿元，在地方社会保险基金收入中的占比达到 53.40%；中部地区社会保险基金收入为 24386.48 亿元，占比 24.01%。西部地区社会保险基金收入为 22938.27 亿元，占比 22.59%[1]。从不同地区数据可以看出，东部地区的社会保险基金预算收入相当于中部和西部收入水平的 2.22 倍和 2.36 倍。

2021 年，地方社会保险基金支出同样呈现东多、中西部少的特征。从社会保险基金支出的具体情况看，2021 年，东部地区社会保险基金支出 48762.05 亿元，在地方社会保险基金支出中占比 53.27%；中部地区社会保险基金支出 22516.78 亿元，在地方社会保险基金支出中占比 24.60%；西部地区社会保险基

---

[1] 东部、中部和西部各地区社会保险基金预算收支规模及占比根据各省、市、自治区的社会保险基金预算收支决算数计算得出。各地区社会保险基金预算收支决算数据来源于各省、市、自治区财政厅（局）或人民政府官网。大部分地区采用全省、市、自治区社会保险基金预算收支的决算数据，江西省由于缺少全省的社会保险基金预算收支决算数据，故采用全省的社会保险基金预算执行情况数据替代。

金支出20254.15亿元，在地方社会保险基金支出中占比22.13%。东部地区社会保险基金预算的支出规模约为中部和西部地区的2.17倍和2.41倍。图2-35和图2-36分别为社会保险基金预算收入与支出的区域差异情况。

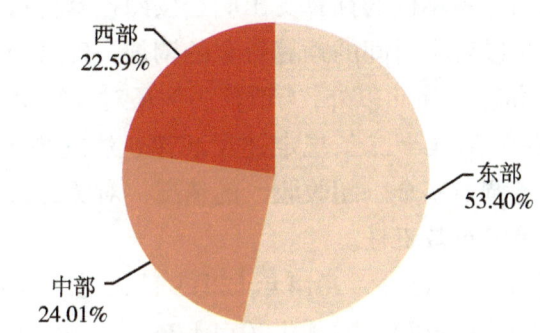

图2-35　2021年东中西部地区社会保险基金预算收入占比情况

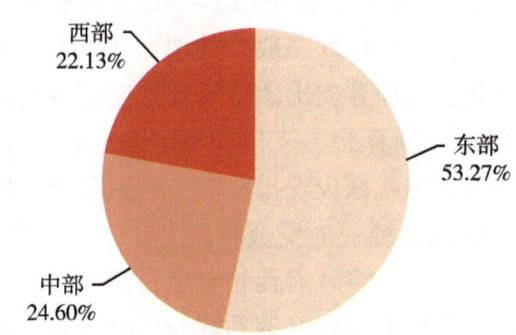

图2-36　2021年东中西部地区社会保险基金预算支出占比情况

数据来源：各省财政厅官网数据整理获得。

第五节　2021年中央和地方四本预算之间的资金划转情况

一、四本预算之间的资金划转关系相关规定

我国2014年新修订的《预算法》第五条规定预算包括一般公共预算、政府性基金预算、国有资本经营预算、社会保险基金预算。一般公共预算、政府性基金预算、国有资本经营预算、社会保险基金预算应当保持完整、独立。政府性基金预算、国有资本经营预算、社会保险基金预算应当与一般公共预算相衔接。

《预算法》对四本预算之间的资金划转有明确的规定。《预算法》第十条规定国有资本经营预算是对国有资本收益作出支出安排的收支预算。国有资本经营预算应当按照收支平衡的原则编制，不列赤字，并安排资金调入一般公共预算。第七十二条规定各部门、各单位的预算支出应当按照预算科目执行。严格控制不同预算科目、预算级次或者项目间的预算资金的调剂，确需调剂使用的，按照国务院财政部门的规定办理。除此以外，《预算法》还对预算资金调整的责任追究作出了规定，《预算法》第九十二条规定违反法律、法规规定使用预算预备费、预算周转金、预算稳定调节基金、超收收入的情况，对负有直接责任的主管人员和其他直接责任人员追究行政责任。

除《预算法》的相关规定外，2014年12月9日，财政部发布的《关于完善政府预算体系有关问题的通知》（财预〔2014〕368号）提出了完善政府预算体系的具体要求，一方面，加大政府性基金预算与一般公共预算的统筹力度。从2015年1月1日起，将政府性基金预算中用于提供基本公共服务以及主要用于人员和机构运转等方面的项目收支转列一般公共预算，对继续纳入政府性基金预算管理的支出，加大与一般公共预算支出的统筹安排使用。结合政府性基金预算安排情况，统筹安排一般公共预算相关支出项目。政府性基金预算安排支出的项目，一般公共预算可不再安排或减少安排。对一些一般公共预算和政府性基金预算都安排支出的项目，应制定统一的资金管理办法，实行统一的资金分配方式，避免交叉重复。盘活存量资金，将政府性基金项目中结转较多的资金，调入一般公共预算。另一方面，加大国有资本经营预算与一般公共预算的统筹力度。完善国有资本经营预算制度，提高国有资本收益上缴公共财政的比例。2020年提高到30%，更多用于保障和改善民生。加强国有资本经营预算支出与一般公共预算支出的统筹使用。国有资本经营预算支出范围除调入一般公共预算和补充社保基金外，限定用于解决国有企业历史遗留问题及相关改革成本支出、对国有企业的资本金注入及国有企业政策性补贴等方面。一般公共预算安排的用于这方面的资金逐步退出。

2015年6月，国务院出台了《推进财政资金统筹使用方案》（国发〔2015〕35号文，以下简称《方案》），《方案》对以下内容作出规定：第一，推进政府预算体系的统筹协调。加大政府性基金预算转列一般公共预算的力度，完善政府预算体系，对政府性基金预算中未列入政府性基金目录清单的收入项目，除国务院批准的个别事项外，三年内逐步调整转列一般公共预算，并统筹使用。暂时保留在政府性基金预算管理的资金，与一般公共预算投向类似的，应调入一般公共预算统筹使用，或制定统一的资金管理办法，实行统一的资金分配方式。对政府性基金预算结转资金规模超过该项基金当年收入30%的部分，应补充预算稳定调节基金统筹使用。同时，《方案》指出，要推进国有资本经营预算与一般公共预算的统筹协调。加大国有资本经营预算调入一般公共预算的力度，2016年的调入比例达到19%，并逐年提高调入比例。除调入一般公共预算外，国有资本经营预算支出范围限定用于解决国有企业历史遗留问题及相关改革成本支出、对国有企业的资本金注入及国有企业政策性补贴等方面。一般公共预算安排用于这方面的资金将逐步退出。第二，推进跨年度预算的统筹协调，建立跨年度预算平衡机制。一般公共预算的结余资金，应当补充预算稳定调节基金。一般公共预算执行中如出现超收，超收收入用于冲减赤字、化解政府债务或补充预算稳定调节基金；如出现短收，通过调入预算稳定调节基金或其他预算资金、削减支出等方式弥补，如仍难以平衡，省级以上政府可以在报同级人大或其常委会批准后增列赤字实现平衡，市、县级政府可以向上级政府申请临时救助，并在下一年度预算中予以弥补。

2018年3月，财政部出台《预算稳定调节基金管理暂行办法》（财预〔2018〕35号文，以下简称《办法》）对规范预算稳定调节基金的设置、补充和动用作出规定。对预算稳定调节基金的设置及补充，《办法》第四条规定，一般公共预算的超收收入，除用于冲减赤字外，应当用于设置或补充预算稳定调节基金。第五条规定，一般公共预算的结余资金应当用于设置或补充预算稳定调节基金。一般公共预算按照权责发生制核算的资金，不作为结余。一般公共预算连续结转两年仍未用完的资金，应当作为结余资金补充预算稳定调节基金。第六条规定，政府性基金预算结转资金规模超过该项基金当年收入30%的部分，应当补充预算稳定调节基金。政府性基金预算连续结转两年仍未用完的资金，应当作为结余资金，可以调入一般公共预算，并应当用于补充预算稳定调节基金。对预算稳定调节基金的动用《办法》第八条规定编制一般公共预算草案时，可以动用预算稳定调节基金，弥补一般公共预算出现的收支缺口，动用的资金应当编入一般公共预算收入。第九条规定，一般公共预算执行中，因短收、增支等导致收支缺口，确需通过动用预算稳定调节基金实现平衡的，各级财政部门应当具体编制本级预算的调整方案，按照预算法规定的程序执行。

2020年8月，国务院公布修订后的《中华人民共和国预算法实施条例》（国务院令第729号，以下简称《条例》），自2020年10月1日起施行。《条例》第三条规定，社会保险基金预算应当在精算平衡的基础上实现可持续运行，一般公共预算可以根据需要和财力适当安排资金补充社会保险基金预算。第四十九条规定，经本级政府批准，各级政府财政部门可以设置预算周转金，额度不得超过本级一般公共预算支出总额的1%。年度终了时，各级政府财政部门可以将预算周转金收回并用于补充预算稳定调节基金。此外，《国务院关于进一步深化预算管理制度改革的意见》（国发〔2021〕5号）第十六条规定，强化预算对执行的控制，规范预算调剂行为。

党的二十大报告中明确提出要健全现代预算制度，财政部部长刘昆认为，"全面落实取消一般公共预算中以收定支的规定，应当由政府统筹使用的政府性基金项目转列一般公共预算，合理确定国有资本收益上交比例，稳步提高社会保险基金统筹层次。逐步统一预算分配权，减少交叉重复安排。强化增量与存量资源统筹。完善结余资金收回使用机制，存量资金与下年预算安排紧密挂钩。将依托行政权力、国有资源资产获取的收入等全面纳入预算管理，推动长期低效运转、闲置资产调剂使用。"

由上述内容可以看出，目前所形成的全口径政府预算体系，以一般公共预算为关联节点，"四本预算"勾稽衔接，功能互补，有效保障了资金的有序流动，形成了有机整体，有助于深化我国预算管理制度改革，进一步完善现代预算制度体系。

二、2021年四本预算之间的资金划转情况

2021年，中央一般公共预算收入中，中央财政调入资金1935亿元，包含从预算稳定调节基金中调入的950亿元，从中央政府性基金收入中调入的1亿元以及从中央国有资本经营预算中调入的984亿元。同时，从2021年中央一般公共预算收入支出的情况来看，中央一般公共预算收入超收2020.41亿元，支出结余1592.7亿元，二者合计3613.11亿元，按照预算法规定，这些资金用于补充中央预算稳定调节基金。此外，中央政府性基金预算收大于支415.59亿元，单项政府性基金结转资金超过其当年收入30%的部分共34.79亿元，全部补充预算稳定调节基金，其余380.8亿元继续结转下年使用。

2021年，预算稳定调节基金及结转结余资金中共9186.47亿元被调入地方一般公共预算收入中。2021年地方政府性基金收入大于支出的资金21047.84亿元资金，包括调入一般公共预算资金和结转下年支出两部分。2021年地方国有资本经营预算调出资金1488.84亿元。

2021年中央社会保险基金预算收入中源于中央财政补贴收入549.64亿元，2021年地方社会保险基金预算收入中源于财政补贴收入22056.68亿元。同时，中央调剂基金收入9326.22亿元，包含中央单位上缴的中央调剂基金22.60亿元和地方上缴的中央调剂基金收入9303.62亿元。支出方面，中央调剂基金中32.83亿元被安排给中央单位，安排给地方的中央调剂基金支出为9294.52亿元。

第三章

近期政府预算改革重点问题

第一节 进一步推进省以下财政体制改革

中国是一个超大型经济体，有中央、省、市、县、乡五级政府和四级财政。以民政部公布的2019年各层级行政区划的数量为准，中国有34个省级行政区，333个市、级行政区，2846个县级行政区。目前，我国县域人口大约10亿人，占全国人口总数的77%左右；县域GDP约占全国经济总量的60%；县域国土面积约占全国陆地总面积的92%。张五常（2009）甚至将县与县之间的竞争视作中国经济增长的根本原因。理解中国政府间财政关系，不能仅停留在中央与省的关系层面，必须将省与省以下财政体制考虑进来。

省以下财政体制是政府间财政关系制度的组成部分，对于建立健全科学的财税体制，优化资源配置、维护市场统一、促进社会公平、实现国家长治久安具有重要作用。党的十九届五中全会就健全省以下财政体制提出明确要求。按照统一领导、分级管理的财政管理体制原则，省以下财政体制由各省、自治区、直辖市人民政府确定。近些年，各地区结合自身发展实际，积极探索创新、不断丰富省以下财政体制改革实践，充分发挥各级财政职能作用，在推动地方经济社会发展、保障和改善民生以及落实基层"三保"（保基本民生、保工资、保运转）任务等方面取得了积极成效。

党的十八大以来，中央和地方财政关系不断完善，中央与地方财政事权和支出责任划分改革向纵深推进，中央与地方收入划分进一步理顺，财政转移支付制度不断完善，权责清晰、财力协调、区域均衡的中央与地方财政关系逐步形成。但作为中央与地方财政关系的延伸，一些地区省以下财政体制改革相对滞后，存在与完整、准确、全面贯彻新发展理念，建设公平统一市场、实现基本公共服务均等化要求不相适应的方面，主要体现在财政事权和支出责任划分不尽合理、收入划分和省以下转移支付不够规范、部分地区基层财力保障较为薄弱、基本公共服务均等化程度有待提升等，亟须通过进一步深化改革来推动解决。在此背景下，2022年6月，国务院办公厅印发《关于进一步推进省以下财政体制改革的指导意见》（以下简称《指导意见》）。就推进省以下财政体制改革，健全规范省以下财政体制框架，合理优化基本制度安排，更好发挥财政在资源配置、财力保障、统筹调控等方面的作用进行整体部署。这对于充分激发和调动各方面积极性、主动性，确保各级财政运行稳健、保障有力、长期可持续，对于推动经济持续健康发展和维护社会大局稳定，将中国特色社会主义制度优势转化为治理效能，推进国家治理体系和治理能力现代化具有重要意义。

一、推进省以下财政体制改革的目标与原则

（一）省以下财政体制改革的目标

按照深化财税体制改革和建立现代财政制度的总体要求，进一步理顺省以下政府间财政关系，建立健全权责配置更为合理、收入划分更加规范、财力分布相对均衡、基层保障更加有力的省以下财政体制，促进加快建设全国统一大市场，推进基本公共服务均等化，推动高质量发展，为全面建设社会主义现代化国家提供坚实保障。

（二）省以下财政体制改革的原则

一是坚持统一领导、全面规范。集中统一领导是党的领导的最高原则，关乎党和国家前途命运，关乎人民根本利益。推进省以下财政体制改革，必须一以贯之、毫不动摇坚持党中央集中统一领导，必须在改革中体现党的意志、贯彻党的方针。要强化全局观念、大局意识，树立全国一盘棋思想，在省以下财政体制的制度设计上遵守统一的基本规范，与中央和地方分税制体制框架相衔接、与其他地区财政体制相协调。

二是坚持因地制宜、激励相容。我国幅员辽阔，不同区域的自然地理、资源禀赋和经济社会发展差异悬殊。处理好统一性和差异性的辩证关系，既要坚持统一规范的基本原则和总体框架，也要因地制宜，积极发挥各地的主观能动性，结合各地情况来谋划具体改革举措。要坚持省负总责、分级负责，尊重地方尤其是基层的自主性和首创精神，鼓励各地因地制宜采取措施，激励与约束并重，充分调动省以下各级政府积极性，制定实施符合实际、管用有效的制度，增强财政

体制的适应性和有效性。

三是坚持稳中求进、守正创新。财政体制改革涉及各方面的利益关系调整，对经济社会发展影响广泛深远，牵一发而动全身。必须坚持稳字当头、稳中求进，妥善处理好改革与稳定的关系，要把握好改革的节奏与力度，在确保稳定的前提下推进改革，保持财政体制连贯性和政策连续性。要鼓励解放思想、探索实践，着力破解体制机制难题，创新管理模式，发挥财政体制在改革发展中的引导和保障作用。

二、进一步推进省以下财政体制改革的主要举措①

《指导意见》提出了五方面改革措施。一是清晰界定省以下财政事权和支出责任。合理划分省以下各级财政事权，明晰界定省以下各级财政支出责任。二是理顺省以下政府间收入关系。参照税种属性划分收入，规范收入分享方式，适度增强省级调控能力。三是完善省以下转移支付制度。厘清各类转移支付功能定位，优化转移支付结构，科学分配各类转移支付资金。四是建立健全省以下财政体制调整机制。建立财政事权和支出责任划分动态调整机制，稳步推进收入划分调整，加强各类转移支付动态管理。五是规范省以下财政管理。规范各类开发区财政管理体制，推进省直管县财政改革，做实县级"三保"保障机制，推动乡财县管工作提质增效，加强地方政府债务管理。

（一）省以下财政事权和支出责任划分的改革举措

为推动形成稳定的各级政府事权、支出责任和财力相适应的制度，有效解决当前省以下财政事权和支出责任划分不尽合理等问题，推动加快省以下财政事权和支出责任划分改革，《指导意见》提出了以下改革举措。

一是根据事权属性划分省以下财政事权。推动各地结合本地区实际加快推进省以下各级财政事权划分改革。以事权属性为基本依据，遵循基本公共服务受益范围、信息管理复杂程度等原则，根据各级政府行政管理特点推进省以下财政事权划分，避免事权错配造成职能和管理的越位或缺位。

二是适度强化省级财政事权。对需要跨区域统筹协调或外部性较强的事务，适度强化省级责任，更好发挥省级在全域统筹、跨区协调、综合调控、统一管理等方面的作用。对直接面向基层，由基层政府提供更为便捷有效的基本公共服务，明确为市县级财政事权，充分发挥市县政府贴近基层、就近管理的优势。

---

① 主要参考《财政部有关负责人就进一步推进省以下财政体制改革有关问题答记者问》。

三是根据财政事权划分明确支出责任。按照政府间财政事权划分，合理确定省以下各级财政承担的支出责任。除共同财政事权实行上下级共同负担外，其他财政事权要各司其职、各负其责。省级财政事权由省级政府承担支出责任，市县级财政支出责任根据其履行的财政事权确定。

四是差异化确定共同财政事权支出责任。共同财政事权要明确划分省、市、县各级支出责任，坚持量能负担、差异化分担，根据经济发展水平、财力状况、支出成本等，差别化确定不同区域的市县级财政支出责任。既要通过上下级共同负担的机制，减轻基层支出压力，也要通过差异化的分担办法，更好发挥共同财政事权促进基本公共服务均等化的作用。上级财政要根据承担的支出责任足额安排共同财政事权转移支付，避免让下级财政被动承担"兜底"责任。

五是落实各级政府的支出责任。上级财政事权确需委托下级履行的，上级财政要足额安排转移支付资金，确保下级履行相关事权的支出得到充分保障，不能让下级因履行委托事权而额外增加负担。要求不得以考核评比、下达任务、要求配套资金等任何形式，变相增加下级支出责任或向下级转嫁支出责任，避免加重基层负担。

（二）理顺省以下政府间收入关系的改革举措

为贯彻分税制原则，完善省以下收入划分，合理调动各级政府积极性，保证基层财政有稳定收入来源，为推进基本公共服务均等化奠定基础，《指导意见》提出了三方面改革举措：

1. 参照税种属性划分收入

第一，坚持以税种属性作为收入划分的基本依据。要在不扭曲市场的前提下，让各级政府能够获得稳定的收入，并利于加强收入管理和促进区域收入均衡。同时，考虑到省级抵御风险冲击能力较强，且担负着调控和均衡区域间财力的职能，税基流动性强、分布不均、波动较大的收入更适宜作为省级收入或由省级分享较高比例。市县收入盘子相对较小，消纳收入波动的能力较弱，将税基稳定、地域属性明显的收入作为市县收入或由市县分享较高比例，更利于发挥市县的管理优势。《指导意见》提出，将税基流动性强、区域间分布不均、年度间收入波动较大的税收收入作为省级收入或由省级分享较高比例；将税基较为稳定、地域属性明显的税收收入作为市县级收入或由市县级分享较高比例。

第二，对部分行业企业收入作均衡化处理。考虑到金融、电力、石油、铁路、高速公路等跨区域经营，但收入缴纳较为集中的行业，如将其收入全部留给企业注册地，会加剧区域间收入差距，同时也容易因收入波动对县区财政平稳运行产生冲击。《指导意见》提出，对金融、电力、石油、铁路、高速公路等领域税费收入，可作为省级收入，也可在相关市县间合理分配。

第三，逐步取消按企业隶属关系划分收入。2002年所得税收入分享改革后，大部分地区已经取消按照企业隶属关系划分收入的做法，但有个别地方仍延续了这种做法。这种做法，容易造成地方政府为保护税源而干预市场主体的经营行为，不利于维护公平竞争的市场环境。为此，《指导意见》提出，除按规定上缴财政的国有资本经营收益外，逐步减少直至取消按企业隶属关系划分政府间收入的做法。

2. 规范收入分享方式

第一，主体税种实行按比例分享。《指导意见》提出，税收收入应在省以下各级政府间进行明确划分，对主体税种实行按比例分享，结合各税种税基分布、收入规模、区域间均衡度等因素，合理确定各税种分享比例；对非税收入可采取总额分成、分类分成、增量分成等分享方式，逐步加以规范。这是贯彻分税制原则的重要举措。不同税种分享比例的确定，要有利于调动市县政府的积极性，也要考虑税种属性以及不同税种收入规模，还要兼顾省级均衡区域间财力差异的需要。非税收入可暂时采取多种分享方式，但应逐步规范，向按比例分享的方式过渡。

第二，推动同一税费收入分享比例逐步统一。公平、统一、规范是保证收入划分稳定的基础，同时，统一分享比例也有利于引导地方政府根据自身财力合理制定政策，避免超越自身承受能力出台政策。为此，《指导意见》提出，省内同一税费收入在省与市、省与省直管县、市与所辖区、市与所辖县之间的归属和分享比例原则上应逐步统一。

第三，落实退税减税降费政策。退税减税降费政策是深化供给侧结构性改革的重要举措，对减轻企业负担、激发微观主体活力、促进经济增长具有重要作用。尤其是在当前的经济形势下，落实好退税减税降费政策，对稳定宏观经济大盘，保持社会大局稳定具有重要现实意义。为此，《指导意见》提出，依法依规征税收费，严格落实退税减税降费政策，严禁虚收空转、收"过头税费"、乱收费，不得违规对税费收入指标进行考核排名。

第四，促进统一市场和公平竞争。《指导意见》提出，逐步清理不当干预市场和与税费收入相挂钩的补贴或返还政策。上述要求，与3月中共中央、国务院印发的《关于加快建设全国统一大市场的意见》提出的"清理废除各地区含有地方保护、市场分割、指定交易等妨碍统一市场和公平竞争的政策，全面清理歧视外资企业和外地企业、实行地方保护的各类优惠政策，防止招商引资恶性竞争行为"的要求一脉相承，是从财政体制角度提出的具体改革措施，有利于抑制地方出台不当干预市场的政策，避免产生招商引资政策恶性竞争，破坏公平有序竞争的市场环境。

3. 适度增强省级调控能力

第一，合理确定省级收入分享比例。省级财政合理分享收入是省级实施统筹调控，促进省内财力均衡和推进基本公共服务均等化的基础。为此，《指导意见》提出，结合省级财政支出责任、区域间均衡度、中央对地方转移支付等因素，合理确定省级收入分享比例；基层"三保"压力较大的地区以及区域间人均支出差距较大的地区，应逐步提高省级收入分享比例，增强省级统筹调控能力。

第二，省级适度分享资源税收入。国有资源属于全民所有，其税收收益应在更广范围内实现共享，不宜全部留给资源产地。省级适度参与资源税收入分享，一方面，可避免资源产地对资源开采产生过度依赖，另一方面，有利于实现资源税收入在省域内共享，促进基本公共服务均等化。为此，《指导意见》提出，区域间资源分布不均的地区，省级可参与资源税收入分享，结合资源集中度、资源税收入规模、区域间均衡度等因素确定省级分享比例。

第三，合理分配省级集中的收入增量。以规范省以下收入划分、增强省级调控能力等为目的，对财政体制进行调整，省级财政会获得部分收入增量。对这部分增量，省级财政部门应认真研究，合理规划其分配、使用，原则上应主要用于对下级的一般性转移支付，以财力形式加大对基层县区，以及困难地区、欠发达地区的倾斜支持等。为此，《指导意见》提出，省级因规范财政体制集中的收入增量，原则上主要用于对下级特别是县级的一般性转移支付。

（三）转移支付制度的改革举措

为进一步健全省以下转移支付体系，明晰各类转移支付功能定位，更加精准发挥不同转移支付的政策作用，推动提升转移支付资金的配置效率和使用效益，《指导意见》明确了以下改革举措：

一是厘清各类转移支付功能定位。为健全省以下转移支付体系，明晰各类转移支付功能定位，《指导意见》要求，建立健全省以下转移支付体系，根据财政事权属性，加大对财力薄弱地区的支持力度，健全转移支付定期评估机制。关于一般性转移支付，《指导意见》提出，一般性转移支付用于均衡区域间基本财力配置，向革命老区、民族地区、边疆地区、欠发达地区，以及担负国家安全、生态保护、粮食和重要农产品生产等职责的重要功能区域倾斜，不指定具体支出用途，由下级政府统筹安排使用。关于共同财政事权转移支付，《指导意见》明确，共同财政事权转移支付与财政事权和支出责任划分改革相衔接，用于履行本级政府应承担的共同财政事权支出责任，下级政府要确保上级拨付的共同财政事权转移支付资金全部安排用于履行相应财政事权。编制预算时，共同财政事权转移支付暂列一般性转移支付。关于专项转移支付，《指导意见》要求，专项转移支付用于办理特定事项、引导下级干事创业等，下级政府要按照上级政府规定的用途安排使用。

二是优化转移支付结构。《指导意见》明确了转移支付结构优化的目标和重点。《指导意见》提出，围绕"兜底线、促均衡、保重点"目标，调整省以下转移支付结构，优化横向、纵向财力格局，推动财力下沉，增强基层公共服务保障能力，推动落实中央重大决策部署。同时，结合不同类型转移支付的功能定位，《指导意见》对不同转移支付的安排结构提出了要求。对一般性转移支出，《指导意见》提出，建立一般性转移支付合理增长机制，结合均衡区域间财力需要，逐步提高一般性转移支付规模。对共同财政事权转移支付，《指导意见》提出，根据基本公共服务保障标准、支出责任分担比例、常住人口规模等，结合政策需要和财力可能等，足额安排共同财政事权转移支付，落实各级支出责任，确保共同财政事权履行到位。对专项转移支付，《指导意见》提出，合理控制专项转移支付新增项目和资金规模，逐步退出市场机制能够有效调节的相关领域，整合政策目标接近、资金投入方向类同、资金管理方式相近的项目。

三是科学分配各类转移支付资金。为提高转移支付资金的配置效率和效益，《指导意见》对转移支付资金的分配作了明确要求。一方面，贯彻政府过紧日子的要求。《指导意见》提出，贯彻政府过紧日子的要求，坚持勤俭节约的原则。这是将政府过紧日子作为长期坚持的方针，推动地方树牢勤俭办一切事业的思想，在转移支付资金安排和分配上，既合理保障，也厉行节约，有保有压，把有限的资金用在刀刃上、用到要紧处，不该花的钱一分也不能花，防止将转移支付资金用于违规建设楼堂馆所、搞政绩工程形象工程、铺张浪费肆意挥霍。另一方面，规范转移支付资金分配。《指导意见》提出，按照规范的管理办法，围绕政策目标主要采用因素法或项目法分配各类转移支付资金。对因素法分配资金，《指导意见》明确，采用因素法分配资金，应选择与财政收支政策有较强相关性的因素，赋予不同因素相应权重或标准，并结合实际情况运用财政困难程度、支出成本差异、绩效结果等系数加以调节，采取公式化方式测算，体现明确的政策导向和支持重点。对项目法分配资金，《指导意见》提出，确需以项目形式下达的转移支付可采用项目法分配资金，遵循公平、公正、公开的原则，结合实际采取竞争性评审等方式，按照规范程序分配。此外，为了进一步增强资金分配的科学性，充分考虑影响转移支付资金分配的其他因素，《指导意见》要求，转移支付资金分配应与下级政府提供基本公共服务的成本相衔接，同时充分考虑下级政府努力程度，强化绩效管理，适度体现激励约束。

◇ **专栏 3-1**

常态化实施财政资金直达机制，超2.8万亿元资金精准高效惠企利民

在认真总结2020年直达工作的基础上，研究建立了常态化财政资金直达机制并扩大范围，优化分配流程，强化资金监管，持续保持直达机制"快、准、严"的特点和体系成熟、运作灵活的突出优势，促进管理效能和资金效益"双提高"。

（一）直达资金执行情况总体良好

一是资金范围逐步扩大。将直达资金范围由原来的增量资金，过渡到以存量资金为主，资金总量超2.8万亿元，基本实现民生补助资金全覆盖。

二是资金下达早、分配效率高。在2020年10月将接近85%的资金提前下达到地方，在全国人大批准预算后一个月内，将除少量据实结算项目外其他资金全部下达到地方，为地方合理安排项目留出充裕时间。增量资金更多向市县基层倾斜，执行中允许地方对分配结果作必要调整，推动提高分配科学性和项目质量。

三是直达资金制度体系基本构建。围绕资金分配下达、支出使用、资金支付、监控监管等方面，印发《财政部关于做好2021年财政资金直达机制有关工作的通知》等一系列制度文件，强化制度规范和执行约束，确保资金用于惠企利民领域。

中央财政直达资金已全部下达到省级，省级财政分配省本级使用1万亿元，下达市县1.8万亿元。各地通过直达资金安排项目超过43万个，累计实现实际支出2.67万亿元，占中央财政已下达的95%，支出进度明显高于一般预算资金。

（二）强化资金监管，直达资金使用更加规范高效

一是升级改造直达资金监控系统。全面覆盖指标流、现金流和信息流，强化从资金源头到使用末端的全链条跟踪监管。密切与审计署、人民银行等部门沟通联系，加强信息共享与工作配合，动态跟踪直达资金的分配、拨付和使用情况，及时发现问题、纠正问题。

二是严格直达资金监管。发挥财政部各地监管局就地就近监管优势，对重大疑点问题展开现场核查，实现从财政支出端、资金使用端到项目建设端的全链条监管。建立健全重大问题通报约谈制度，严肃追究违法违纪人员责任，切实做到发现一起、彻查一起、问责一起，确保直达资金规范安全高效使用。

三是加强对地方督促指导。督促省级财政部门继续加大财力下沉基层力度，引导地方在中央直达资金基础上因地制宜扩大当地直达资金的范围和规模，放大直达机制效果。

（三）优化结构突出重点，直达资金效果显著

各地深入贯彻党中央、国务院决策部署，不断优化支出结构，突出直达资金的使用重点，推动资金投向紧要处、关键点、刀刃上，为地方落实惠企利民政策，做好"六稳""六保"工作提供坚实保障基础。据统计，直接用于就业方面的资金支出超510亿元；用于养老、义务教育、基本医疗、基本住房等基本民生方面的资金支出超1.92万亿元，约占总支出的72%；相关直接惠企支出累计超过6000亿元，惠及各类市场主体达166万余家，合计超过200万家次；安排1亿元以上项目近3000个，规模超过1.3万亿元，保障农田水利、交通基础设施、保障性安居工程等重大项目有序开展，有效促投资、补短板。

资料来源：财政部：《2021年中国财政政策执行情况报告》。

三、加强省以下财政管理的基本要求

为规范和加强财政体制相关管理工作，《指导意见》对开发区财政管理体制、省直接管理县财政改革、县级"三保"保障机制、乡财县管、地方政府债务管理等涉及上下级政府间财政关系的工作提出了要求：

一是规范各类开发区财政管理体制。开发区建设作为我国改革开放的成功实践，在促进经济体制改革、发展实体经济、扩大对外开放、优化营商环境等方面发挥了重要作用。但开发区管理体制机制没有完全理顺，在财政管理方面缺乏制度规范。为了规范开发区财政管理体制，《指导意见》明确了开发区预决算的归属层级、列示方式，并就加强开发区政府性债务管理提出了要求。

二是推进省直管县财政改革。多年来，省直管县财政改革不断推进，在加强县级财力保障、提高财政管理效率、调动县级发展经济积极性等方面取得了明显成效，但也存在一些需要完善的方面。为进一步推进省直管县财政改革，《指导意见》提出了突出重点、利于发展、管理有效的要求，推动地方因地制宜、分类施策，逐步调整优化省直管县财政改革实施范围和方式。对区位优势不明显、经济发展潜力有限、财政较为困难的县，可纳入省直管范围或参照直管方式管理，加强省级对县级的财力支持。对由市级管理更有利于加强区域统筹规划、增强发展活力的县，适度强化市级的财政管理职责。

◇ 专栏 3-2

直面开发区财政管理体制等新问题

开发区管委会作为政府的派出机构，财政体制如何设定是个难题。《指导意见》对此作了分类规范。设立财政管理机构与否，形成不同的开发区财政管理体制，预决算纳入同级政府或设立开发区地方政府的预决算并单独列示。开发区财政管理体制引人注目，开发区不同于行政区，但又有行政区的诸多功能。从根本上说，这可能需要行政区划调整才能解决。

开发区政府性债务管理是个难题。开发区在一定程度上存在依靠土地融资的情况，与此相关的债务融资，也可能蕴含债务风险。《指导意见》要求：坚决遏制地方政府隐性债务增量。开发区隐性债问题，源于开发区与地方融资平台之间的千丝万缕关系，需要有更务实的解决方案。《财政部关于推进省直接管理县财政改革的意见》（财预〔2009〕78号）要求，2012年底前，力争全国除民族自治地区外全面推进省直接管理县财政改革。各地改革进展不一。《指导意见》更符合各地的实际需要，在强调省的责任的前提下，财政的省直管县或市管县，要根据情况作出选择。财政的市管县，并没有被打入冷宫，而是从增加县的活力出发，强调对由市级管理更有利于加强区域统筹规划、增强发展活力的县，适度强化市级的财政管理责任。市级财政也因此有了更大的活动空间。一级政府、一级财政一直得到强调，省以下本来四级政府、四级财政。省直管县和乡财县管（部分乡实际上被纳入县财政）意味着更加灵活的纵向财政体制安排。基层"三保"，需要建立县级财力长效保障机制，这不仅仅是应急问题，而且必须从根本上加以解决。乡财县管，涉及最基层的乡镇。基层财政困难问题的解决，需要与预算管理一体化系统建设结合起来。在信息技术推动下，一些地方的财政管理水平可以得到提高。越是经济落后的地区，财政管理水平通常越低。管理水平的高低与人才有关，预算管理一体化，可以部分弥补人才的不足。开发区财政管理体制，还给这样的体制安排增加了特色。

资料来源：杨志勇：《21世纪经济报道》，2022-06-18。

三是做实县级"三保"保障机制。县级财政作为国家财政之基础，是财政发挥职能作用，推动经济持续健康发展和维护社会大局稳定的关键一环，是做好财政运行工作的重中之重。保障县级财政平稳运行不仅要确保当期不出问题，更要居安思危作长远谋划，通过省以下财政体制改革，从体制机制上建立健全管长远、固根本、见长效的县级财力保障机制，把县级财政运行这个基础筑牢、夯实，将国家财政运行置于长期稳固可靠的基础之上。为此，《指导意见》要求，建立县级财力长效保障机制；坚持县级为主、市级帮扶、省级兜底、中央激励，全面落实基层"三保"责任；建立健全事前审核、事中监控、事后处置的工作机制。

四是推动乡财县管工作提质增效。2006年以来，各地积极推进乡财县管工作。目前，除了部分经济财政实力较强的乡镇外，全国大部分乡镇均已实行乡财县管。乡财县管在规范乡镇收支行为，防范和化解乡镇债务风险，维护农村基层政权和社会稳定等方面取得显著成效。为继续向纵深推进乡财县管工作，《指导意见》提出，将财政收入难以覆盖支出需要、财政管理能力薄弱的乡镇纳入乡财县管范围；加强财力薄弱乡镇支出保障，防范化解乡镇财政运行风险，加大对农村公益性事业发展的支持力度；结合预算管理一体化系统建设和应用，调整优化乡镇财政职能，强化县级财政对乡镇预算编制、预算执行、国有资产管理等监督，提升乡镇财政管理效率和水平。

◇ 专栏 3-3

兜牢兜实"三保"底线，地方财政运行平稳有序

始终坚持将兜牢"三保"底线作为财政工作的硬任务，在财政收支矛盾十分突出的情况下，进一步加大对地方的财力支持，压实地方责任，加强督促指导和监测预警，推动基层"三保"支出有效保障、地方财政运行平稳有序。

（一）最大限度下沉财力，转移支付规模大幅提高

集中财力加大对地方的转移支付力度，2022年中央对地方转移支付安排近9.8万亿元，比上年增加约1.5万亿元，增幅达18%，并进一步优化结构，一般性转移支付增长8.7%，适度向中西部地区和基层倾斜。加大中央对地方转移支付下达进度，截至6月底，中央对地方转移支付下达率达到92.7%，为地方做好基层"三保"等各项工作提供有力支持。

（二）严格落实责任，确保"三保"支出优先保障

按照"县级为主、市级帮扶、省级兜底、中央激励"的原则，落实分级负责制，建制县（含县级市）的财政运行由省级财政负主要责任，市辖区的财政运行由所在地级市负主要责任，将"三保"责任一贯到底。完善激励约束机制，中央财政在安排一般性转移支付时，对加强"三保"保障、提高县级财力水平和均衡度成效明显的地区予以奖励。加强工作指导和督促，要求地方将"三保"支出作为预算安排的重点，坚持"三保"支出在财政支出中的优先顺序，切实采取措施确保教师等重点群体工资、养老金等按时发放。

（三）完善监测预警，切实防范基层财政运行风险

进一步完善地方财政运行监测机制，对地方"三保"预算安排和执行情况、地方政府债务还本付息、暂付款、国库库款等开展联动监测和动态预警。财政部各地监管局与所在地省级财政部门建立会商机制、与重点县区建立联系点制度，深入了解、动态监测基层财政运行情况。对审计监督和日常监测中发现的个别县区运行风险，及时督促整改到位。

资料来源：财政部：《2022年上半年中国财政政策执行情况报告》。

五是加强地方政府债务管理。为进一步强化地方政府债务管理，压实地方各级风险防控责任，坚决遏制隐性债务增量，妥善处置和化解隐性债务存量，《指导意见》提出，坚持省级党委和政府对本地区债务风险负总责，省以下各级党委和政府按属地原则和管理权限各负其责；落实省级政府责任，按属地原则和管理权限压实市县主体责任，通过增收节支、变现资产等方式化解债务风险，切实减轻市县偿债负担，坚决查处违法违规举债行为；健全地方政府债务限额分配机制，一般债务限额应与一般公共预算收入相匹配，专项债务限额应与政府性基金预算收入及项目收益等相匹配，促进融资规模与项目收益相平衡，完善专项债券资金投向领域禁止类项目清单和违规使用专项债券处理处罚机制。

第二节　组合式税费支持政策

2022年，我国经济面临需求收缩、供给冲击、预期转弱三重压力。从外部看，全球疫情持续，国际地缘政治不稳定因素显著增加，地区冲突加剧，世界经济受去全球化影响，经济复苏动力不足，外部环境更趋复杂严峻和不确定。从内部看，我国消费和投资恢复迟缓，出口难度增大，中小微企业、个体工商户生产经营困难，稳就业任务更加艰巨，加上国内多地出现聚集性疫情，经济下行压力进一步加大，发展面临的不确定风险明显增多。为应对经济下行压力与深化税收制度改革，2022年实施更大规模和更有力度的组合式税费支持政策，主要是聚焦制造业高质量发展、企业研发创新、为小微企业纾困解难和外贸平稳发展四大重点。国家税务总局发布的《2022年新的组合式税费支持政策指引》汇总了34项税费支持政策，包括退税、减免、缓缴三种方式，主体覆盖制造业、中小微企业与个体工商户等。

一、减税与退税组合式税费支持政策的现实逻辑[①]

在我国，增值税实行链条抵扣机制，以纳税人当期销项税额抵扣进项税额后的余额为应纳税额。当销项税额大于进项税额时是当期应纳增值税，而当进项税额大于销项税额时就会形成留抵税额。对于留抵税额，初始政策规定不予当期退税，而由企业在以后纳税期用于冲抵销项税额。这种只结转不退税的政策措施缓解了财政压力，但占用了企业资金。

（一）增值税留抵退税改革

我国自2018年5月1日起，首次实施了增值税留抵退税改革，对装备制造等先进制造业、研发等现代服务业和电网企业一次性退还增值税期末留抵税额。2019年4月1日起，开始试行增值税留抵退税制度，对纳税人增量留抵税额给予

---

① 主要参考胡怡建、周静虹："我国大规模、实质性减税降费的历史动因、现实逻辑和未来路径"，《税务研究》2022年第7期。

全部或部分退还。2022年，进一步加大增值税留抵退税政策力度。一是增值税留抵退税力度显著加大，规模高达1.5万亿元，并将退税资金全部直达企业，让企业尽享增值税退税红利。二是增值税留抵退税聚集重点，退税资金优先安排制造业、小微企业等。三是制定明确、细致退税时间表。小微企业存量留抵税额于6月底前一次性全额退还，增量留抵税额从4月1日起按月全额退还；对制造业等行业企业的存量留抵税额，从7月1日开始办理全额退还，年底前完成；增量留抵税额从4月1日起按月全额退还。

◇ **专栏 3-4**

2022年新增减税降费及退税缓税缓费超4.2万亿元

2023年1月31日举办的国家税务总局新闻发布会数据显示：2022年全年，我国新增减税降费及退税缓税缓费超过4.2万亿元，主要包括：累计退到纳税人账户的增值税留抵退税款2.46万亿元，超过2021年办理留抵退税规模的3.8倍；新增减税降费超1万亿元，其中新增减税超8000亿元，新增降费超2000亿元；办理缓税缓费超7500亿元。

分行业看，制造业新增减税降费及退税缓税缓费近1.5万亿元，占比约35%。餐饮、零售、文化旅游、交通运输等服务业，新增减税降费及退税缓税缓费超8700亿元。

分企业规模看，小微企业和个体工商户是受益主体，新增减税降费及退税缓税缓费超1.7万亿元，占总规模的比重约四成；近八成个体工商户在2022年无需缴纳税款。

国家税务总局对10万户重点税源企业调查显示，2022年企业每百元营业收入税费负担下降2.7%，其中交通运输业、住宿餐饮业分别下降15.4%和14.2%。

增值税发票数据显示，2022年，全国制造业企业销售收入同比增长4.1%。特别是享受留抵退税政策的制造业企业购进金额同比增长8.2%，比没有享受留抵退税政策的制造业企业高4.5个百分点。全国高技术产业销售收入同比增长9.9%，特别是享受留抵退税的高技术产业企业销售收入同比增长11.5%，比没有享受留抵退税的高技术产业企业高2.1个百分点。

税收营商环境进一步优化，市场主体活力增强。2022年，全国新办涉税市场主体1315万户。截至2022年末，全国涉税市场主体总量达8407万户，较2021年末增长6.9%。

2022年，税务部门全年组织税费收入31.7万亿元，为国家治理提供了坚实的财力保障。

资料来源：国家税务总局2022年度新闻发布会实录，http://www.chinatax.gov.cn/chinatax/n810219/n810724/c5183875/content.html。

（二）增值税留抵退税效应

我国减轻企业税费负担主要有两种类型政策措施：一种是通过减税、免税等政策措施以减轻企业税费负担；另一种是通过推迟缴税使企业纳税后延，以减轻企业当期纳税负担，缓解企业现实资金压力。相比较减税要有收入或盈利才能获得政策红利，增值税留抵退税在没有要求有企业收入或盈利的前提下，将没有得到抵扣的税收直接退还企业，给企业注入资金，增加生产经营所需现金流，在企业生产经营遇到暂时资金困难时，作用效果尤为明显。2022年，增值税留抵退税约1.5万亿元，相当于直接为市场主体提供约1.5万亿元现金流支持，有利于降低企业资金占用成本，保证企业资金的及时回笼，缓解企业资金压力，提升企业发展信心，激发市场主体活力，增强企业抗风险能力。另外，是否允许留抵退税也是评估一个国家营商环境的重要指标。加大留抵退税政策力度，有利于改善我国税收营商环境，直接提升我国税制国际竞争力。

（三）增值税留抵退税意义

近年来，我国持续推进增值税制度改革，包括增值税由生产型向消费型转型，"营改增"由试点到最终完成，降低简并税率，统一增值税小规模纳税人年销售额标准以及扩大增值税留抵退税范围等。其中，将增值税留抵税由增量留抵退税向全面实施留抵退税转变，既加大了减税降费力度，实质性减轻企业税收负担，为企业提供了现金流，减轻企业资金压力，又分步推进了增值税留抵退税制度改革，一定程度上破解了困扰企业的增值税留抵问题，是合理和完善增值税留抵退税制度，全面提升增值税合理性、规范性、科学性的重要举措。

二、减税降费持续实施的动因分析[①]

自2008年以来，我国一直在不间断地持续推进减税降费，尤其是2018年大规模减税降费以来，减税降费规模之大、持续时间之长、作用效果之明显远超预期，成为我国应对经济下行压力、促进经济转型升级、激发市场主体活力最为重要的政策手段。具体来看，2018年《政府工作报告》提出了进一步减轻企业税负、大幅降低企业非税负担、规模达1.1万亿元的减税降费目标，实际减税降费达1.3万亿元。2019年《政府工作报告》提出，将在2018年1.3万亿元减税降

---

① 主要参考庞凤喜、郑铿城："减税降费：阶段特征、驱动动因与优化路径"，《税务研究》2022年第7期。

费基础上，实施更大规模高达2万亿元减税降费。实际上，2019年减税降费2.36万亿元。2020年《政府工作报告》提出，加大减税降费力度，强化阶段性政策与制度性安排相结合，预计全年为企业新增减负超过2.5万亿元。实际上，2020年减税降费超过2.6万亿元。2021年《政府工作报告》提出，优化和落实减税政策，继续执行制度性减税政策。2021年新增减税降费超过1万亿元。2022年实施更大规模和更有力度的组合式税费支持政策。大规模减税降费持续实施的动因背后，除税费工具本身对于调控经济、激发市场主体活力在效果上具有直接性、公平性与效率性，且渗透力最强、覆盖面最广、运用最便利外，可集中归结为：应对经济下行，增强企业生存能力与发展动力。具体则可以分为以下三个方面。

（一）应对国内外经济发展的不确定性与不稳定性，服务于实现宏观经济发展目标

所谓经济发展的不确定性与不稳定性，是指行为人难以对经济未来的发展情况作出良好预测，从而使决策过程具有风险。一般而言，经济增长与充分就业是宏观经济健康发展的重要目标与标志。其中，经济增长是经济和社会发展的基础，而就业是民生之本，是人民群众获得美好生活的基本前提与基本实现途径，因此，二者具有一致性。充分就业是经济增长的重要保障，而稳定就业可以更好地促进经济增长，并促进社会稳定。根据近年的经验数据，国内生产总值每增长1个百分点可以实现新增就业180万人到220万人。依此测算，要完成2022年我国全年1100万人的新增就业目标，经济增速就不能低于5%。但近十余年来，国内外经济发展呈现鲜明的不确定性与不稳定性，其引致因素主要包括以下四个方面。

1. 国际金融危机引致的不确定性与不稳定性

国际金融危机自爆发至今已逾十年，但世界经济仍处于国际金融危机的阴影之中。与20世纪30年代因过剩所产生的经济危机不同，国际金融危机是无法偿付到期债务的危机。在高度全球化的背景下，各国之间、一国国内各地区之间、行业之间、企业之间、个人之间的经济联系紧密关联，因此，当经济衰退，出现国家、企业、个人以及金融机构资产缩水、负债上升时，所导致的金融危机往往易演变成国际社会的全球性或地区性金融危机。

2. 逆全球化引致的不确定性与不稳定性

当前，受诸多因素影响，以贸易保护主义为典型表现的逆全球化已构成威胁经济全球化健康可持续发展的重要因素。基本原因集中体现为资本主义固有的

社会矛盾正在向全球延伸。从资本主义国家的国内情况看，经济发展不顺畅，贫富差距逐渐加大，民粹主义势力逐渐增强，政府为转移国内矛盾，倾向于采取迎合民粹主义势力的策略，导致逆全球化思想逐渐渗透到国内民众意识中；从国际竞争角度看，全球化发展背景下，面对国家发展受益的不均，部分国家倾向于将发展利益受损归结于全球化带来的危害，因此，逆全球化成为其实际行为选择。逆全球化的不良后果正逐渐显现。例如，部分主要资本主义国家拒绝参与国际交流合作，使得人才与技术在国际间的流动受阻，各国的比较优势因而难以充分展现，并由此给国内经济活力提升与企业发展动力增强带来负面影响。

3. 新冠疫情引致的不确定性与不稳定性

2020年初暴发，迄今仍在肆虐全球的新冠疫情，是一次规模巨大、影响深远的世界性重大健康危机，对我国乃至世界经济、政治、社会、文化带来了全方位即时、深入、持久的影响，特别是因供应链、产业链断裂从而对经济带来的不确定性与不稳定性影响尤其明显，给经济增长与发展造成极大变数。以消费这一衡量市场活跃程度的指标为例，居民消费的增长，不仅取决于供给的顺畅程度，还取决于居民可支配收入情况。当前，疫情的严峻性使居民出行意愿大幅降低，直接导致餐饮住宿、旅游、交通运输、文化娱乐服务等大量劳动密集型行业的不景气，以及众多从业人员的收入下降、消费能力降低，进而弱化了消费作为经济增长主引擎的动力，而经济的不景气，又加剧了就业形势的严峻性。

4. 乌克兰危机等地缘政治加剧引致的不确定性与不稳定性

在新冠疫情尚未得到有效控制的情况下，自2022年2月24日起，国际社会又新增了乌克兰危机这一重大全球性冲击事件。迄今，作为当事方的乌克兰仅第一季度经济就已较去年同期萎缩16%，另一方的俄罗斯则正遭遇有史以来最严重的经济制裁。持续的危机加速了全球大宗商品价格上涨，欧洲更是因制裁而出现油价、气价飙涨，通货膨胀加剧等严重状况，而经济结构脆弱不堪、负债累累的低收入国家本已恶劣的生存环境进一步加剧，从而给世界经济带来了更大的不确定性与不稳定性。正是上述四个方面及其重重叠加，数十年来因全球化技术、全球化市场与全球化供应链而使得国际社会大都从中获益的稳定向好的国际贸易秩序正不断遭到破坏。当前，无论逆全球化、贸易摩擦，还是重大疫情、地缘冲突，都加剧了全球经济与我国经济发展的不确定性与不稳定性。因此，自2008年以来，我国持续实施减税降费的最为重要的动因，就是为了应对国内外经济发展的不确定性和不稳定性，以助推增长、稳就业、扩内需、促出口的宏观经济发展目标的实现。

(二)优化营商环境,服务于税收实质性嵌入高质量发展的国家治理

在市场经济条件下,政府与纳税人之间的经济关系主要体现为征纳税关系,包含税制设计、税收征管、税收法治化程度等一系列正式制度安排及其实施等影响商业活动的税收营商环境,是降低市场运行成本,营造稳定、公平、透明、可预期市场环境,推进国家治理现代化的重要体现。改革开放四十多年来,我国一直致力于改善营商环境,以促进统一开放、竞争有序的市场体系的不断成熟。但从世界银行发布的世界营商环境报告看,我国仍然存在诸多需要改进的空间,在近200个国家和地区的营商环境排序中,我国总排名曾多年处于80—100名的落后位次,表明我国营商环境存在较大改进空间。而总税收及社会缴费占商业利润的百分比长期处于60%—70%的高水平,其中,劳动税及社保缴费占商业利润的百分比长期处于49.6%的水平,表明雇主和雇员承担了过高的社保缴费,不利于促进就业。之所以如此,首先与我国长期较为重视税收的财政收入职能,但较为忽视税收在国家治理中的作用直接相关。其基本体现是,税制结构偏重货物劳务税,而纳税人结构则偏重企业纳税人。同时,我国货物劳务税比重长期偏高,2016年,我国货物劳务税的比重高达53%以上,最高的2012年更是高达近60%,与此相适应,同期自然人纳税人占比长期仅维持个位数。表明税收负担主体长期为企业主体,从而严重阻碍企业投资能力。其次,与我国社会保障制度由原计划经济下的"单位保障""就业保障"变成市场经济下的"社会保障",无论是理论上还是制度上都欠缺足够的准备,社会保障制度顶层设计不科学,社会保障责任尤其是养老保障责任在政府、企业、家庭个人之间缺乏清晰的划分。其基本体现是,单位社保缴费率长期偏高,而养老金体系整体薄弱,主要依赖政府兜底的第一支柱。正因为如此,2008年以来,特别是历经2016年至2020年1月以来的大规模、普惠性减税降费,我国营商环境总排名已从2014年的最低第96名跃升至2020年的第31名,而总税收及社会缴费占商业利润的百分比也已从最高2008年的73.9%降至2020年的59.3%。这表明我国优化营商环境已取得明显成效。可以说,持续推进减税降费也是我国不断优化营商环境,并服务于税收实质性嵌入高质量发展国家治理的重要驱动动因。

(三)强化减税降费实际效果,服务于切实激发市场主体经济活力

无论最初对特定纳税人的结构性减税降费,还是其后的大规模、普惠式减税降费,各类减税降费政策举措的出台,其直接目的都是切实增强市场主体活力,从而促进经济增长,并增强财税工具的国家治理效用。而正是持续且大规模的减税降费,使得市场主体的税费负担正在降低。中国财政科学研究院近年来对

企业进行的大规模调研结果显示：2018—2020年，样本企业税负相关指标均有不同程度的降低。其中，较之2018年，2020年纳税总额占营业收入的比重、纳税总额占综合成本费用的比重、增值税占营业收入的比重、企业所得税占利润总额的比重分别下降3.2个、1.9个、2.6个、0.5个百分点。这表明国家通过减税降费已切切实实对企业实现了减负。因此，切实增强减税降费实际效果，服务于激发市场主体经济活力，同样是持续实施减税降费的重要驱动动因。

三、减税降费的模式演进历程[①]

2008年国际金融危机以来，我国减税降费政策先后经历了调节需求为主、供给为辅（2008—2011年），调节供给为主、需求为辅（2012—2016年）和调节需求、供给并重（2017年至今）三个主要时期。

（一）调节需求为主、供给为辅时期

自从我国加入世贸组织以来，对外贸易总量不断扩大，出口已成为推动我国经济增长的重要引擎。参与全球分工体系使我国成为名副其实的"世界工厂"，实现了经济高速增长的"奇迹"。但与此同时，过高的贸易依存度也为中国经济增添了不稳定风险。2008年，美国爆发金融危机并迅速席卷全球，高度依靠出口驱动的中国经济也受到了巨大的冲击与影响。在国际市场动荡的情况下，我国出现大量外贸企业破产、工人失业等问题，实现经济增长动力从外部出口转向消费内需是解决问题的关键所在。为应对此次来势猛、扩散快、影响大的国际金融危机，我国政府部门采取积极财政政策和适度宽松的货币政策，迅速推出进一步扩大内需、促进经济增长的十项措施，其中减税降费是重要组成部分。针对此次危机的特点，这个时期的减税降费政策，以扩需求为主要目标，瞄准的是需求总量调节，着力点主要在需求侧，供给调节只是辅助手段。基本行动逻辑是，通过减税降费增加企业现金流和居民可支配收入。企业现金流的增加，有利于扩大投资需求；居民可支配收入的增加，有利于扩大消费需求。企业投资与居民消费的有效增加，又能较好地促进宏观经济复苏。因这一阶段的减税降费政策，是作为逆周期调节手段出台的，所以多是临时性的，追求的是短期均衡，是权宜之策。这一时期调节需求为主、供给为辅减税降费政策，有力推动了我国经济从国际金融危机中迅速复苏，2009年我国GDP增速回升至9.1%，2010年则保持在10.3%的高位。

[①] 主要参考詹新宇："我国减税降费的模式演进与改革方向"，《国家治理》2022年9月（上）。

（二）调节供给为主、需求为辅时期

我国GDP增速从2012年起开始逐渐回落，增长阶段出现根本性转换，进入经济新常态。GDP增速下降、工业品价格下降、实体企业盈利下降、生产能力闲置和过剩并存等问题，表面上看是总量与周期性的问题，实际是因为供给体系的创新能力无法适应消费需求的变化，是结构性有效供给不足导致的。为此，2015年11月10日，中央财经领导小组第十一次会议在研究经济结构性改革和城市工作时首次提出供给侧结构性改革。供给侧结构性改革旨在通过提高供给质量，调整经济结构，实现要素最优配置，提升经济增长质量。完成供给侧结构性改革需要重点推进"三去一降一补"五大任务。为此，减税降费政策的主要政策目标也发生转变，转向"调节供给为主、需求为辅"的新模式，主要目标为降低企业成本。其行动逻辑为：通过减税降费，减少企业税费成本，进而降低其生产经营成本，从而有利于企业优化供给结构，或有利于企业提升供给质量。可见，减税降费政策的主要目的在于解决经济运行中的结构性问题，这决定了减税降费不是周期性的，而是长久之计。通过该时期调节供给为主、需求为辅减税降费政策，我国高耗能产业比重有所下降、高技术产业比重提升、工业企业成本下降、供给质量水平显著增加，供给侧结构性改革成效得以显现。生态环境方面，单位国内生产总值能耗、水耗均下降20%以上，主要污染物排放量持续下降，重点城市重污染天数减少一半，森林面积增加1.63亿亩，沙化土地面积年均缩减近2000平方公里，生态环境状况逐渐好转，绿色发展呈现可喜局面。

（三）调节需求、供给并重时期

2018年以来，新一轮中美贸易摩擦不断升级。美国旨在通过限制出口高技术产品阻碍我国技术进步，供应链断裂使贸易摩擦所涉及的行业受到了严重的供给冲击。为此，2018年7月中共中央政治局会议提出稳就业、稳金融、稳外贸、稳外资、稳投资、稳预期的"六稳"方针。2020年10月，党的十九届五中全会通过的《中共中央关于制定国民经济和社会发展第十四个五年规划和二〇三五年远景目标的建议》中提出要构建"以国内大循环为主体、国内国际双循环相互促进"的新发展格局，这是党中央在国内外环境发生显著变化大背景下，推动我国开放型经济向更高层次发展的重大战略部署。新发展格局一方面要求"畅通国内循环，促进形成强大的国内市场"，这需要进一步扩大需求、提高有效供给，做好需求与供给的对接，打造完整的内需体系；另一方面也需要通过不断的技术创新和产业升级提高供给质量、牢牢掌握产业链重构的主动权。新冠疫情初期为阻断疫情进一步蔓延，我国第一时间采取"封城""隔离""停工停产停学"等措

施。在这样严格的防疫政策下，我国大部分企业经营陷入停滞状态。疫情对经济的破坏力是巨大的，尤其是中小企业面临严重的生存危机。此时，首要解决的问题就是如何缓解企业的生存危机，我国政府出台了一系列扶持政策帮助企业复工复产、恢复正常经营、从濒临破产的边缘转危为安，税收优惠就是重要形式之一，其主要目的在于保供给和保市场主体，让企业能够"活下去"。在这之后，疫情给我国经济带来的负面影响进一步扩大到就业、消费等层面，经济下行压力进一步加大。2020年4月，中央继"六稳"之后又提出保居民就业、保基本民生、保市场主体、保粮食能源安全、保产业链供应链稳定、保基层运转的"六保"新任务。完成"六保"任务同样需要需求端与供给端同时发力。由此可见，在中美贸易摩擦、新冠疫情及复杂多变的国际环境下，减税降费政策不能仅针对供给端，还需要同时对需求端进行调节。所以，这一时期的减税降费模式已转变为调需求与调供给共同发力、双管齐下。它呈现出"组合式"新特点，既有阶段性措施，又有制度性安排；既有减免政策，又有缓缴退税措施；既有普遍适用的减负政策，又有特定领域专项帮扶措施；既有延续性安排，又有新增部署；既有中央统一实施的政策，又有地方依法自主实施的措施，呈现出全面发力、多点突破的特点。

四、大规模、实质性减税降费的未来路径[①]

（一）进一步优化减税降费的政策目标

当前，我国经济已转向高质量发展阶段。从本质上讲，经济高质量发展也就是市场主体的高质量发展，而市场主体是经济发展的核心支撑。因此，为市场主体减轻负担、增强其活力是减税降费的重要目标。然而，由于当前的税费政策还需要同时应对诸如经济增长放缓、公共财政恶化、人口老龄化、环境可持续等多重挑战，减税降费不应再简单局限于为市场主体减负和增强市场主体活力，而是应兼顾经济复苏和长期增长。为此，应及时评估既有税费政策的有效性，及时清除政策设计不合理、政策效果欠佳的内容，同时对科学合理的政策举措及时通过法律加以固化。

（二）大规模、实质性减税降费政策的短期完善

从更大规模、实质性减税降费政策短期目标看，主要是应对当前国际形势

---

① 主要参考胡怡建、周静虹："我国大规模、实质性减税降费的历史动因、现实逻辑和未来路径"，《税务研究》2022年第7期。

更趋复杂严峻、国内疫情反复多发、市场主体困难增加、经济下行压力加大的挑战，为此，短期应进一步完善减税降费政策，落实减税降费措施，强化减税降费保障，更好发挥税收稳增长、调结构、推改革、促发展作用。

1. 完善减税降费政策

虽然我国在制定2022年更大规模和更有力度的组合式税费支持政策时，对国内外环境可能发生的变化已有前瞻性考虑，但由于内外部环境复杂性和不确定性加剧以及疫情反弹，对经济冲击和影响有些已超预期，需要进一步完善减税降费政策，以更好应对内外部复杂环境变化。一是在由部分先进制造业增量留抵退税扩大到所有小微企业和制造业等重点行业存量留抵退税的基础上，继续扩大增值税留抵退税覆盖面，以实现所有行业增值税留抵退税应享尽享。二是在制造业企业和科技型中小企业加计扣除比例提高到100%的基础上，通过进一步缩短固定资产折旧年限、延长亏损结转年限等政策，更好地激励制造业企业和科技型中小企业加大研发投入与技术创新力度，着力提高企业全要素生产率。三是通过特定中小企业减税政策支持，推动中小企业"专精特新"转型和企业信息化、智能化、数字化升级。四是通过有效降低中低收入群体个人所得税适用税率，进一步完善专项附加扣除，增加中低收入群体个人可支配收入，增大社会消费需求。五是应对疫情冲击，延续实施阶段性降低养老、失业和工伤保险费率政策，给予受影响较大的生活服务业等特困行业和停工、停产企业阶段性实施缓缴养老、失业和工伤保险政策，更好发挥税费在稳企业、稳就业、稳经济方面的政策支持作用。

2. 落实减税降费措施

为确保更大规模和更有力度的组合式税费支持政策落地生效，税务部门应采取有力措施，把落实减税降费政策作为一项重大任务，与相关部门密切合作，确保各项税费支持政策落地生根。一是加快政策落实。国家税务总局与财政部等部门制定、发布减税降费政策解读、实施细则和操作办法，让政策具有可操作性，使企业更为清晰地了解政策，税务部门更好地执行政策，确保减税降费政策及时落地。二是简化政策实施流程。国家税务总局应推出进一步优化退税减税办理流程，推出退税减税流程图、时间表，规范高效便捷地为纳税人办理退税减税，力求退税减税政策红利以最快速度直达企业。三是跟踪政策实施效果。密切跟踪政策执行情况，加强政策效应分析，算清各项税费支持政策的减负效应，为出台更为精准有效的减税降费措施提供政策依据，以进一步提升纳税人获得感。四是提升政策实施效率。随着互联网、大数据、区块链技术的成熟，税务部门要加快调整升级税收征管信息系统，发挥税收大数据作用，提高税收征管效率。

3. 强化减税降费保障

实施更大规模、实质性减税降费政策面临最大的挑战是资金保障。由于近年来财政收入增长率有所下降，而为稳定经济实施积极财政政策下的财政支出增长有所上升使财政收支缺口有进一步加大的趋势。为应对财政收支缺口压力，保障减税降费资金供给，中央采取了加大财政开源节流政策措施：节流方面主要通过进一步压减非重点、非刚性一般性支出，坚持中央财政带头过紧日子；开源方面主要是提高金融、石化、电信等国有企业利润上缴比例，主要用于留抵退税和增加对地方转移支付。同时，为保障减税降费政策落地生效，中央财政托起退税重担。2022年中央对地方转移支付增幅高达18%，达9.8万亿元，并通过安排1.2万亿元转移支付资金，加强支持基层落实减税降费的资金保障。

（三）大规模、实质性减税降费政策的远期改革

减税降费远期改革主要是立足于供给侧结构性改革，着眼于长期税费制度建设，以优化营商环境、促进社会公平、实现经济高质量发展，更好发挥税收在国家治理中的基础性、支柱性、保障性作用。

1. 深化增值税改革

建立税率单一、优惠较少、消费调节和体现中性的现代增值税制度。一是降低税率，减轻企业税负，让企业有更多资金用于技术研发和创新，形成有利于制造业发展的增值税制度。二是简并税率，推动差别化税率逐步向单一税率演进，减少增值税对市场资源配置扭曲影响，实现增值税中性。三是减少税收优惠，适时清理税收优惠政策，将长期优惠提升为制度保障，营造公平竞争的税收环境。四是将增值税留抵退税由优惠政策转为基本制度，推进增值税制度由留抵税向留抵退税历史性转变，构建更加现代、科学的现代增值税制度。

2. 深化消费税改革

顺应经济发展、国民消费能力提升，实施消费税改革，合理引导消费。一是改革现行消费税征收方式，由价内税改为价外税。二是扩大消费税征收范围，更好发挥消费税在促进资源节约和环境保护方面的作用。三是调整征收环节，由现行以生产环节为主逐步转向以消费环节为主，通过征收环节后移，更好发挥消费税在促进合理消费方面的作用。

3. 深化企业所得税改革

应对国际竞争、世界性税改，我国企业所得税改革迫在眉睫。一是合理税前扣除。为企业生产经营发生的正常、合理、必要开支得以足额扣除提出更为具体的指导性操作办法。二是调整税率结构。应对以降低企业所得税税率为主要手

段的国际税收竞争，研究进一步降低我国企业所得税税率，以提升企业国际竞争力。三是创新优惠政策。适应"双支柱"规则，税收优惠重点应由企业产出营利税收优惠转向激励企业自主创新优惠。

4. 深化个人所得税改革

进一步深化个人所得税改革，推动形成宽税基、低税率、严征管的现代个人所得税制度体系，充分发挥其收入分配调节职能。一是优化税率结构。在税收公平和效率之间取得平衡，降低高边际税率，调整税率结构，合理税收负担，打造有利于人才聚集、鼓励创新的个人所得税制度。二是完善费用扣除。根据经济社会发展状况以及通货膨胀率、居民收入增速、经济增速等指标，及时调整费用扣除标准，建立指数化费用扣除调整机制。三是家庭纳税申报。由现行个人为单位申报制改为家庭申报制和个人申报制双轨制，既鼓励以家庭为单位申报，同时也给纳税人自主选择权。

5. 深化进出口税收改革

通过降低进口商品贸易关税、取消服务贸易出口增值税、优化调整出口退税率结构等，消除出口产品和服务重复征税问题。加快退税进度，加速出口企业资金回笼，以激活整个供应链现金流，提升出口产品和服务国际竞争力。更好利用国内、国际两个市场和两种资源，加速推进"双循环"建设，促进我国出口导向型贸易向进出口平衡型贸易转型，更好发挥进出口税收扩大商品贸易和服务贸易的政策导向作用。

6. 深化社会保险费改革

我国实施大规模实质性减税降费在费的部分主要是政府性基金和社会保险费，而规模和影响最大的是养老保险费。自2019年以来，我国实施了降低企业养老保险缴费率和缴费基数改革，实质性减轻了企业社会保险费负担。但由于减轻养老保险缴费具有两重性，即一方面会减轻企业当前社会保险费负担，另一方面会减少用于未来社会保障的养老基金。因此，就长远发展而言，应在经济恢复的前提下，加快发展商业养老保险，逐步建立和完善社会养老和个人自主养老相结合的社会保障制度。

7. 加大监督整治力度，规范非税收入

非税收入规模庞大、征收主体多元。因征收过程缺乏规范性，通过提高非税收入增加财力也会导致地方政府伸出"攫取之手"，将压力转嫁给企业。2021年4月，《国务院关于进一步深化预算管理制度改革的意见》指出，要"严格落实减税降费政策，严禁收取过头税费、违规设置收费项目或提高收费标准"。扫清减税降费政策实施的障碍首先要理清不规范的、不透明的政企税费关系，必须进一步推进政府收费管理改革、深化"放管服"改革，只有简化税收征管的工作流程、减少税务部门内部审批工作的流转环节，确保行政审批事项高效运行，才能降低制度运行成本，真正为企业减负。加大监督与整治力度，让不规范的、不透明的政府收费透明化、法治化。联动政府部门与市场主体，进行信息互通、共享，建立完善的监督机制。同时还需对违法违规的收费行为处以重罚，以制止乱收费行为发生。此外，因政府性基金是非税收入中最重要的一部分，清理政府性基金直接关系到政府对非税收入改革的成功与否。近年来，虽然逐步清理了城市公用事业附加等部分政府性基金，但我国目前的政府性基金收入依然较高，地方水利建设基金、国家电影事业发展专项资金等收入规模小、占比低的政府性基金应逐步清理，政府性基金也应纳入政府预算管理体系中。只有规范统一管理非税收入，减税降费政策才能有效落地。

第三节 加强地方债监管

一、地方债的现状与问题

（一）地方债的规模

总量上看，2015—2021年我国地方政府的债务余额由14.7万亿元增长为30.47万亿元，债务总量不断增加。从新增限额来看，2015—2021年地方政府债务余额从6000亿元增长到44700亿元。总的来说，我国地方债务规模较大，且2020年疫情冲击以来，以专项债为代表的债务增速不断加快，地方债务规模存在进一步膨胀的风险。

进入2021年以来，我国经济企稳修复，伴随一系列"稳增长"措施出台，各省地方政府债务快速增长，债务风险总体可控但区域分化进一步加剧。根据财政部2020年发布的《地方政府法定债务风险评估和预警办法》（财预〔2020〕118号，以下简称118号文），提出对地方政府按照债务率水平，分成红橙黄绿四档进行管控。红橙黄绿四个风险等级档次具体为：债务率≥300%设置为红色；200%≤债务率<300%为橙色；120%≤债务率<200%为黄色；债务率<120%为绿色。从各省债务率"红橙黄绿"分档情况来看，在显性债务口径下，全国各省债务风险状况良好，债务率分档均位于黄绿两档，近半数省份处于绿档；在考虑隐性债务后，各省广义债务风险有所抬升，但整体提升幅度有限，位于红档省份

占比低于三分之一。

1. 显性债务口径下整体"黄绿"，东部及中部地区债务压力较轻

显性债务口径下，各省份债务率均处于黄、绿两档，债务风险整体可控，东部及中部地区多为绿档，债务压力较轻。具体来看，根据已披露数据，全国31省份中有16省债务率处于黄档，15省为绿档，无省份处于红档与橙档。处于黄档的省份大多位于西部地区及东北地区，经济发展水平相对落后，产业基础相对薄弱，综合财力较低，债务负担较重，主要包括天津、黑龙江、贵州、内蒙古、云南、辽宁、海南、青海、吉林、新疆、河北、甘肃、福建、重庆、广西、湖南，这些省份的债务率基本位于120%—190%之间。其中，位于中西部地区的河北、福建、湖南三省存量债务规模较大，地方债务余额均超万亿元；天津债务余额虽未超万亿元，但受制于较低的上级补助收入，综合财力较低。根据已披露数据，2021年天津的上级补助及税收返还收入为545.76亿元，是上级补助收入最低的省（直辖市），因此成为全国债务率最高的地区。处于绿档的省份有宁夏、江西、安徽、山东、湖北、陕西、河南、四川、北京、山西、浙江、广东、江苏、上海、西藏。这些省份大多位于东部地区及中部地区，经济发展水平较高、财政实力雄厚，债务负担较轻，债务率为20%—120%。仅宁夏、四川、陕西、西藏位于西部地区，其中西藏、宁夏存量债务规模低，地方债务余额均不到2000亿元，分别居于全国倒数一、二位，西藏也是全国债务率最低的省份；陕西、四川经济发展水平较高，财政实力较为雄厚，其中四川获得上级补助规模较大，综合财力位居全国第五位，债务率处于较低水平。

2. 广义债务口径下"红橙"居多，中部及西南地区债务负担相对较重

从加入隐性债务后的广义债务口径来看，各省债务风险水平较显性债务口径整体抬升，但风险仍然可控。全国31个省份中仅两省处于绿档，剩余超七成省份为债务中高风险区域，纳入红档、橙档、黄档的省份数量分别为9个、13个、7个。具体来看，处于红档的省份，大多位于中西部地区，主要包括重庆、贵州、四川、湖北、湖南和云南，仅江苏、江西和天津三省份位于东部地区。其中，天津含隐性债务的债务规模较高，且受限于上级补助收入，综合财力较低，是全国广义债务率最高的地区。债务率处于橙档的省份中，浙江、北京、河北、山东、福建、安徽以及河南等中、东部地区省份综合财力较强，但广义债务规模较大，而甘肃、吉林、新疆、黑龙江等西部及东北地区省份综合财力相对较弱，从而推升广义债务水平。处于黄档的省份有辽宁、内蒙古、宁夏、青海、海南、山西和广东，含隐性债务的债务率在120%—200%之间。除广东外，这些省份综合财力较弱，但整体债务规模特别是隐性债务规模相对较低，广义债务率处于较

低水平。此外，处于绿档的省份有上海、西藏，含隐性债务的债务率小于120%。上海隐性债务规模较低且综合财力雄厚，广义债务率较低；西藏城投有息债务规模较低，隐性债务规模较低，是全国广义债务率最低的省份。

近年来，伴随地方政府债务管理不断规范，我国地方政府债务风险整体可控，但在外部不确定性增多和2020年新冠疫情冲击下，宏观政策加大"稳增长"力度，一系列宽信用、宽财政、宽货币的措施推升政府部门债务风险。从2021年情况看，伴随疫情趋稳，债务管控回归常态，"控增化存"基调下多地隐性债务增速放缓，其中8省隐性债务规模回落，但由于转移支付从特殊时期放量转为常态以及土地市场降温拖累政府性基金收入，多地综合财力仍有下滑，叠加稳增长诉求下地方债持续扩容，多省债务率仍较2020年抬升；同时由于各地财力恢复进度不一，稳基建需求及着力点不同，加之化债资源的差异也导致了各地隐性债务化解进度及难度不同，区域间债务风险进一步分化。根据中诚信国际测算，显性债务口径下，全国除江苏、上海外其余省份债务率均上升，超1/3省份债务率分档颜色加深，福建、甘肃、广西、海南、河北、湖南、黑龙江、吉林、云南、新疆、重庆由绿变黄，但仍旧处于浅色档位。广义债务口径下，除天津、江苏外其余29省债务率均上升，9省广义债务率分档颜色较2020年加深，海南由绿变黄，河北、黑龙江、新疆由黄变橙，湖北、湖南、江西、四川、云南由橙变红，颜色加深省份多集中于中西部地区。主要原因与土地市场降温叠加转移支付减少，综合财力下降密切相关。此外，稳增长压力下地方债持续扩容，显性债务口径下债务压力有所上升。2021年新增地方债共发行4.36万亿元，其中，广东、山东、浙江、河北、河南、湖北发行规模均突破2000亿元；各地政府限额使用比例也进一步增加，天津、湖南、黑龙江、重庆等地限额使用比例超过95%，或表明上述省份稳基建、稳投资诉求较高。"红橙黄绿"视角下，31省中除江苏、上海外，其余29省显性债务率上升，其中11省分档颜色加深，而全国有19省实现综合财力正增长，一定程度上表明多数省份债务率上升或主要由债务规模的大幅增加所致。具体看，江苏、上海在债务规模较快增长的同时，综合财力增速快于债务规模，实现显性债务率压降，其余各省债务规模增速均快于综合财力，显性债务率上升较快的省份多分布在基础设施建设较为薄弱、稳增长诉求更高的东北及西部地区。

◇ **专栏 3-5**

地方政府专项债券带动扩大有效投资效果显著

2021年，全国人大批准新增地方政府专项债券额度3.65万亿元，其中用于项目建设的新增专项债券额度3.5万亿元。为更好发挥专项债券拉动有效投资、稳定经济增长的积极作用，财政部会同相关部门，持续强化专项债券管理。

一是合理确定新增限额。平衡好稳增长和防风险的关系,充分考虑各地区财力和债务风险水平等因素,科学分配地区专项债券额度。控制高风险地区新增地方政府债务限额规模,避免高风险地区风险持续累积。

二是严把资金支持方向。会同发展改革委指导地方做好项目储备,加强专项债券投向领域负面清单管理,严禁将专项债券用于各类楼堂馆所、形象工程和政绩工程以及各类非公益性资本支出项目。指导地方按照"资金跟着项目走"原则,加大对国家重大区域发展战略和"十四五"规划《纲要》重点项目的支持力度,坚决不撒"胡椒面"。

三是强化日常监督管理。对专项债券项目实行穿透式监测,推动尽快形成实物工作量。开展全生命周期绩效管理,压实主管部门和项目单位管理责任。常态化组织财政部各地监管局开展专项债券使用管理情况核查,覆盖全部新增专项债券项目。建立违规使用专项债券资金处理处罚机制,强化对违规行为的硬性约束。

2021年,新增地方政府专项债券累计发行3.43万亿元,占下达额度的98%,全年发行工作基本完成。资金全部用于党中央、国务院确定的重点领域,其中约五成投向交通基础设施、市政和产业园区基础设施领域;约三成投向保障性安居工程以及卫生健康、教育、养老、文化旅游等社会事业;约两成投向农林水利、能源、城乡冷链物流等,较好保障了地方合理融资需求,有效发挥了专项债券"四两拨千斤"的带动作用。

资料来源:财政部:《2021年中国财政政策执行情况报告》。

(二)地方债结构

1. 隐性债务规模较大

除了纳入预算进行管理的显性债务外,我国还存在规模较大的隐性债务。根据相关政策文件的表述,隐性债务是"政府在法定债务限额以外直接或者承诺以财政资金偿还以及违法违规或变相举借的债务",其中,"违法违规"主要指地方政府和企事业单位的违法违规融资担保等行为,"变相举借"主要指政府以投资基金、社会资本合作(PPP)以及购买服务等名义而进行的变相举债行为。

2015年新《预算法》实施后,发行地方政府债券成了地方政府举债的唯一合法方式,但是地方政府违规举债的行为并没有就此消失。2017年审计署发布的第四季度审计公告显示,5个省的6个市县通过违规出具承诺函、融资租赁以及签订工程类政府购买服务协议等方式变相举债,形成了高达154.22亿元的政府隐性债务。此外,不少机构和学者也对我国的隐性债务规模进行了估计。根据国际货币基金组织(IMF)估计,2020年我国地方政府隐性债务余额为48.7万亿元,国际清算银行（BIS）估计2020年我国地方政府隐性债务余额为21.5万亿元；此外，大部分学者利用地方投融资平台的债务去估计地方政府隐性债务的规模，估计结果在20万亿—50万亿元之间。

总之，我国地方政府除了法定的显性债务外，还存在着不容忽视的隐性债务，但受统计数据等限制，只能对我国地方隐性债务的规模进行大致估算。此外，就估算的数据而言，若在已知的显性债务上加上地方隐性债务，我国地方政府的债务风险明显提高。

2. 层级债务结构不合理，市、县级偿债压力较大

根据审计署发布的公告，截至2013年6月底，省、市、县、乡级政府占地方政府债务余额的比例分别为29.03%、40.75%、28.18%和2.04%，相较而言，市级地方政府债务占比过高，其次是省级和县级，乡级占比较少。从债务的分类来看，地方政府负有偿还责任的债务主要集中在市、县级，其占比分别高达44.49%和36.35%；地方政府或有债务主要集中在省、市级，其占比分别高达48.76%和34.93%。近年来，地方政府虽然通过发行债券等方式对大部分存量债务进行了置换，延长了债务还款时间，但是市、县级政府债务风险仍然存在。2015年底，全国人大常委会部分委员指出，有100多个市本级和400多个县级政府的债务率超过了100%，应该高度重视市、县级债务问题；2018年中国社科院发布的《中国县域经济发展报告》显示，约15%的市、县债务水平超过了警戒线。

总之，地方政府层级债务结构不合理的问题仍然存在，市、县级政府的债务率较高，层级债务结构呈现出地方政府财力和负债规模倒挂的局面。随着经济下行和财政收入放缓，本就财政不宽裕的市、县级政府的还债之路会更加艰难，甚至可能导致一些政府陷入事实上"破产"的泥潭，如何帮助地方政府化解存量债务以及寻求开源引资的新路是目前解决地方债务风险的重要问题之一。

3. 平台债务风险犹存

在新《预算法》允许举债之前，大部分地方政府选择通过投融资平台进行间接举债。审计署2013年6月的审计结果显示，投融资平台、政府部门和机构以及经费补助事业单位是政府负有偿还责任债务的主要举借主体，其中地方政府通过投融资平台共举债6.97万亿元，占比高达40.61%。针对债务日益膨胀和管理混乱的地方投融资平台，我国政府自2010年以来曾多次下发相关文件，要求清理和规范投融资平台债务、取消投融资平台的政府融资职能、切割政府债务和平台债务。此后，投融资平台的数量得到了一定的控制，表面上投融资平台的债务似乎已经从地方政府债务中剥离出来，但事实上，大部分投融资平台和政府存在

千丝万缕的联系，无法将两者完全分割。首先，大部分投融资平台的实际控制人是当地的国资委或者财政局；其次，投融资平台是利用政府的声誉和担保而进行举债的，一旦其无法偿还债务政府无法完全坐视不理；最后，投融资平台举债主要用于市政项目和交通建设，是为了满足政府经济建设的需要，故很难将投融资平台债务从地方政府债务中完全剥离出去。表面上的剥离和事实上的延续导致投融资平台债务未得到根本的清理和化解，反而造成了隐性债务的膨胀。

总之，投融资平台债务并未完全从地方政府债务中剥离出去，地方政府通过城投平台违规举债的行为仍然存在，平台债务风险未得到真正控制。

（三）地方债的效率

地方债的效率指的是债务资金使用效率或者对债务资金的管理效率。刘尚希曾指出，债务风险不在于债务规模大小，而在于偿还能力的高低，偿还能力的高低从根本上取决于债务资金的使用效率。在将部分地方政府债务纳入预算管理之前，债务资金管理分散，资金被挪用、滥用的现象屡见不鲜，此外，大部分经由投融资平台举借和管理的资金，由于平台缺乏对投资项目的规划和管理，常常会出现对长、中、短期项目建设或者是公益、非公益的项目建设的资金配比不合理、资金来源过度依靠银行贷款等状况。混乱的管理也导致大部分投融资平台难以实现还本付息，只能不断通过发新债还旧债的方式存续下去，这也导致了地方债的雪球越滚越大。相关调查显示，2014—2018年，债务上升最快、投资回报最差、偿债能力最差的部门就是地方投融资平台，资金使用的效率之低下可见一斑。

总之，我国缺乏一套有效衡量债务资金使用效率的标准，也缺乏对债务资金使用流程的监管，债务资金亟须得到更加高效的管理和利用。

（四）地方债使用中的问题分析

从审计部门、财政部、国务院督查等多个来源的信息披露，地方债的使用存在问题较多。

1.审计揭示的问题

根据各省、自治区、直辖市（以下简称"省份"）的审计厅（局）公布的《关于2021年度省级预算执行和其他财政收支的审计工作报告》，可以发现地方债（专项债）使用中主要存在资金闲置、挪用资金、项目收益低、违规用于发工资等经常性支出等问题。这些问题几乎年年出现。关于债务资金闲置，专项债资金滞留国库超过90天、在项目单位闲置超过6个月会被点名，某种程度上意味着这是底线。此外，专项债出现了新问题，即超进度拨付资金、以拨代支，主要为了支出进度达标等。

以下为部分地区的债务使用违规情况：

内蒙古：化债措施不实、债务基数不准的问题"年年审、年年改、年年犯"。部分地区债务率居高不下、未完成年度化债任务。

河北：项目安排不合理，导致专项债券资金无法使用。个别市、县存在未及时下达、超进度支付专项债券资金问题。资金使用不合规，违规将部分专项债券资金用于经常性支出。资金绩效发挥不充分，专项债券资金闲置。资金管理不规范。

广东：部分地方政府专项债务管理中存在债券资金使用效益不高、管理不规范、支出进度慢，专项债券项目产生的收入未缴入国库用于专项债券还本付息。

山东：有的地区项目储备不充分，债券资金无法及时使用。部分债券资金存在挤占挪用、违规出借、超进度支付工程款问题。有的项目未及时投入运营或运营效果不佳，难以实现收支平衡。

四川：闲置超过1年，部分市县扩大范围使用、超进度拨付债券资金等。虚列支出、无预算、超预算安排支出等问题。结转结余等存量资金未清理统筹使用。

北京：部分新增政府债券项目申报管理不严格。部分债券资金未落实相关管理规定。个别项目未按规定开设债券资金专用监管账户，有的区财政部门对个别项目债券资金未纳入国库集中支付管理。

2. 财政部对地方政府隐性债务问责典型案例的通报

2022年5月18日，财政部网站发布《关于地方政府隐性债务问责典型案例的通报》。通报列举了部分省份的违规情况，如表3-1所示。

表3-1　　　　　地方政府隐性债务问责典型案例

序号	省份/违规情况
1	安徽省安庆市化债不实、新增隐性债务。
2	河南省信阳市浉河区假借医院采购药品名义新增隐性债务。
2	河南省孟州市借政府购买服务名义新增隐性债务。
3	贵州省兴义市通过国有企业举债融资新增隐性债务。
4	江西省贵溪市通过融资平台公司募集资金用于市政建设支出新增隐性债务。
5	湖南省宁乡市新增隐性债务、化债不实。
6	浙江省湖州市湖州经济技术开发区通过占用国有企业资金方式新增隐性债务。
7	甘肃省兰州市七里河区欠付公益性项目工程款新增隐性债务。

7月29日，财政部网站发布《关于融资平台公司违法违规融资新增地方政府隐性债务问责典型案例的通报》。部分省份的违规情况如表3-2所示。

表 3-2　　　　　　　　　新增地方政府隐性债务问责典型案例

序号	省份/违规情况
1	陕西省延安市新区投资开发建设有限公司、延安新区市政公用有限公司通过代政府借款等方式违法违规融资。
2	黑龙江省牡丹江市城市投资集团有限公司通过政府承诺方式违法违规融资。
3	贵州省遵义市新区建投集团有限公司通过政府部门担保方式违法违规融资。
4	江苏省原洪泽县城市资产经营有限公司通过抵押公益性资产发债方式违法违规融资。
5	安徽省池州金达建设投资有限公司通过质押政府购买服务协议约定的应收账款方式违法违规融资。
6	山东省原沂南县城乡建设发展有限公司通过以财政资金为还款来源发债方式违法违规融资。
7	江西省乐平市古戏台投资管理有限公司、原乐平市国有资产经营管理有限公司通过抵押储备土地和公益性资产方式违法违规融资。
8	重庆市黔江区城市建设投资（集团）有限公司通过财政担保方式违法违规融资。

3. 国务院办公厅关于部分债务沉重地区违规兴建楼堂馆所问题的通报

根据国务院办公厅《关于部分债务沉重地区违规兴建楼堂馆所问题的通报》（国办发〔2021〕39号）发现，青海、宁夏、贵州、云南4个地方政府债务风险较高的地区，有8个项目不同程度存在违规兴建楼堂馆所问题，如专栏3-6所示。

◇ **专栏 3-6**

关于部分债务沉重地区违规兴建楼堂馆所问题的通报（节选）

青海国际会展中心。在社会投资没有落实的情况下，项目单位按照整体招标、统一建设、统一核算的方式对会展中心和酒店同时开工建设。截至2021年5月底，项目到位资金22.77亿元全部为财政资金，实际上通过财政资金支付了酒店建设费用。

青海省人力资源社会保障公共服务中心。在实际使用中，部分作为青海省人力资源和社会保障厅机关、事业单位办公用房，还设有24间客房，改变了业务用房的用途。财政部门安排项目资金2.4亿元。

青海省胜利宾馆。该宾馆原为财政差额拨款事业单位。2018—2020年，青海省财政厅经报省政府批准，以补助、注资等方式向该宾馆拨付财政资金8966.45万元，用于维修改造和运营。

宁夏闽宁会议中心。用于考察接待、会议、展览、餐饮、住宿。因缺乏资金，项目一度停工。2020年6月，银川市和闽宁镇以向企业注资等方式拨付财政资金5500万元。

宁夏闽宁镇酒店管理与服务职业技能实训中心。建设资金来源于财政拨款。2020年8月至2021年3月，该中心主要用于开展教育系统内部培训。

宁夏丝路明珠塔。项目实际到位资金5.2亿元，其中银川通联资本投资运营有限公司出资的3亿元全部为财政资金。

贵州省遵义市会议中心。遵义市财政局通过市自然资源局安排土地出让金5.62亿元，拨付给遵义道桥建设（集团）有限公司使用。此外，还拨付给该公

司土地整治成本经费2000万元、保障地方两会经费1000万元。

云南省级民主党派大楼和云南中华职业教育社办公楼。该项目由昆明市出资、企业代建，建成后由昆明市以零租金或低租金永久租赁给省级民主党派、云南中华职业教育社等单位使用。2021年，昆明市向该公司注资2.24亿元。

资料来源：国务院办公厅《关于部分债务沉重地区违规兴建楼堂馆所问题的通报》（国办发〔2021〕39号），http://www.gov.cn/zhengce/zhengceku/2021-10/27/content_5646774.htm。

二、地方债的风险分析

2022年，三重压力下稳增长政策持续发力，地方债新增限额仍保持高位，地方债到期高峰来临叠加隐性债务化解压力下，地方债将持续扩容，带来未来偿还压力；同时，隐性债务严监管态势下，城投企业融资持续受限，国企改革及隐性债务清零目标加速重组整合，需重视广义债务率分档在红橙的省份的债务滚动压力和后续风险。此外，疫情反复及去房地产冲击等中长期结构调整下，不同区域财政实力恢复进度不同，需持续关注区域间债务风险的进一步分化。

（一）稳增长压力与借新还旧需求下，地方债进一步扩容带来未来偿还压力

面对供给冲击、需求收缩以及预期走弱的三重压力，2022年以来，政策层面多次强调稳增长，2022年《政府工作报告》强调"要把稳增长放在更加突出的位置"，3月底的国常会重申"把稳增长放在更加突出的位置"并强调"用好政府债券扩大有效投资"。在此背景下，地方债尤其是新增专项债将进一步扩容。债务规模扩容的同时，也强调专项债坚持利当前、惠长远的原则，加大惠民生、补短板等领域投资，"两新一重"领域依然是重点投向，对新基建基础较为薄弱、城镇化进度相对落后、交通基建枢纽较多的中西部区域加大支持力度。但在各地经济财力尚未完全恢复的情况下，新增地方债持续扩容或进一步抬升未来财政债务付息压力，中西部等部分财政承压地区面临的债务压力更加明显。与此同时，隐性债务化解工作持续推进，全域清零试点将进一步扩大，随着化债十年期限逐步接近，引导隐性债务显性化的需求仍较迫切，叠加地方债到期高峰来临，各地借新还旧的压力有所增加，再融资地方债进一步扩容，需持续关注化债压力后移、付息成本增加和利率的不确定性，保障地方政府债务的可持续性。

（二）隐性债务严格推进"控增化存"，关注红橙区域债务滚动压力及平台转型风险

2021年以来，在政府部门降杠杆的背景下，交易所、银保监会、交易商协

会等多部门出台了一系列城投企业融资限制政策，坚决控制隐性债务增量。2022年，监管部门对新增隐性债务监管仍保持高压态势，隐性债务"控增化存"持续推进，城投企业作为隐性债务重要载体，仍有进一步收紧其融资的可能。整体看，严控新增隐性债务有助于遏制城投企业尤其是弱区域、弱资质主体激进举债推升当地隐性债务规模，降低区域广义债务风险的作用。但同时，随着城投企业债券融资进一步收紧，如交易商协会根据债务率"红橙黄绿"分档来约束高风险地区城投企业发债，部分债务率本身较高区域的地方债务滚动压力将增加，需持续关注广义债务率为"红橙"区域的风险演化情况。此外，在国企改革三年行动收官之际，城投重组整合或进一步加速，而城投整合将面临体制机制、业务协同和债务管控等多方面挑战，需关注在国企整合转型中丧失重要地位和核心业务职能的城投企业，以及在隐性债务管控背景下丧失融资能力的城投市场波动风险。

（三）疫情反复、去房地产依赖的中长期结构调整等多重影响下，区域债务风险进一步分化

2021年，地方一般公共预算收入较疫情冲击下的2020年有所恢复，但收入增速与疫情前相比仍有差距，受新一轮减税降费叠加疫情反复影响，2022年，部分欠发达区域的一般公共预算收入仍然承压。此外，去房地产依赖的中长期结构调整下，房地产严监管政策密集落地，部分重点城市流拍率显著提升，土地市场出现降温，2021年，以土地出让收入为主要来源的地方政府性基金收入增速下滑明显，地方本级政府性基金预算收入同比增长4.50%，增速较上年回落7.20个百分点，此前土地财政依赖度较高、债务负担较重的省份面临较大冲击。整体看，在疫情反复、去房地产依赖等中长期结构调整的多重影响下，各地经济财政恢复进度不一，部分省份一般公共预算收入面临较大不确定性，政府性基金收入持续承压。财政紧平衡背景下，地方政府偿债资金来源不确定性加大，且区域间风险分化趋势有所加剧，区域间债务风险进一步分化。

三、加强地方债的管理与监督

（一）加快政府职能转型和官员行为控制

一是推动地方政府由发展型政府向服务型政府转型。要从制度上杜绝地方政府违规举债的动力，关键是推动地方政府角色转型。只要地方政府还是一个发展型政府的定位，地方政府就必然有动力像公司一样去借贷并刺激经济增长。按世界银行的标准，中国已经是一个中等偏上收入国家，下一步即将迈入高收入国家（即发达国家）行列。政府不应当继续担任推动经济增长的主角，其主要职能不再是发展经济，而是提供公共服务，维持社会平等，即从过去的"裁判员"兼"运动员"变成一个纯粹的"裁判员"。政府角色的转变，不仅有利于从根本上遏制地方政府大肆举债的动力，而且有利于创造一个公平竞争的营商环境。

二是限制"一把手"权力。如果说政府职能转换需要一个过渡期，那么限制"一把手"权力则是当务之急。每一堆政绩工程的背后，都可能有一个腐败的"一把手"。党的十八大以来，大规模的反腐败斗争成功营造了一种"不敢腐"的政治气氛。调研中发现，在凡事强调主体责任的当下，"一把手"的权力可能有增无减，因此，针对"一把手"的防腐机制仍然有待完善。

（二）加快构建与财政承受能力相适应的地方政府投融资体制[①]

近年来，在"保民生、促发展"的大格局下，地方政府投融资作出了重大贡献，但也积累了大量显性和隐性债务，加剧了地方财政风险，也成为防范系统性金融风险的重要关注点。因此，构建与地方政府财政承受能力相适应的地方政府投融资体制就显得尤为重要。2015年以来，为了构建规范的地方政府举债融资机制，在中央政府的主导下，各级政府出台了一系列"开前门、堵后门"的政策文件和制度建设举措，基本上构建起了规范的地方政府投融资制度。面向"十四五"时期，还需要进一步健全完善地方政府投融资制度。

一是要持续深化"简政放权、放管结合、优化服务"改革，加快政府职能转变、抑制"投资出政绩"行为的政绩考核体系，理顺政府与市场的关系，精确化政府投资的边界，适当减少政府的投资范围，充分发挥市场的决定性作用。

二是加快现代财政制度的构建，在投资领域进一步明确中央和地方的投资事权和支出责任划分，将部分投资事权和支出责任适度上移，有效减轻地方政府投资压力，在中长期能够与其财政承受能力相适应，为舒缓地方政府债务风险和化解隐性债务奠定基础。

三是优化地方政府债券融资安排。近年来，利用地方政府专项债券进行逆周期调节的作用十分明显，也有助于增强地方基础设施建设的"补短板"效应，但由于专项债券项目既需要有一定比例的资本金，也需要应对不断增长的利息偿还，加大了地方政府的财政压力。因此，需适当控制发债节奏，特别是当经济向好时，要逐步缩减新增政府债券规模。

[①] 主要参考赵全厚、赵泽明：“我国地方政府隐性债务化解再认识与再探讨”，《地方财政研究》2021年第3期。

四是加强投资决策和流程管理，提高地方政府投资的有效性。要通过构建投资规划和财政规划的协调机制加强投资管理，提高投资的有效性和投资绩效。

五是要加快地方政府融资平台公司的转型和市场化改革，防止行政性垄断，有效消除公共领域投融资的"政企不分"现象，遏制新增隐性债务，为构建规范有序的地方政府举债机制清除障碍。目前，对地方债"开正门"的效果已经实现了，但是"堵后门"的效果尚未实现。要减少地方政府通过各类投融资平台违规举债，一个有效办法是，对所有地方投融资平台的各类债务（不仅仅是城投债）完全公开，并注明是否有地方政府担保或者承担连带责任。这样做有两个好处：一是避免"隐性"担保，让地方政府的私下承诺不可置信；二是让多个放贷机构之间彼此信息对称，避免重复担保和资不抵债。

六是有效促进公益性项目融资的多元化。加快构建更为公开公正、廉洁高效、守法诚信的法治政府，积极稳妥地推进PPP立法，在公共领域有效破除国有垄断、吸引合格规范的社会资本，尤其是注重消除民间资本进入的各项障碍。

（三）加强财政资源统筹，优化财政支出结构，提高隐性债务化解的财政承受能力

提高地方政府隐性债务化解的财政承受能力，要从统筹财源、优化支出结构和提高财政资金使用绩效等方面着手。

一是要进一步完善政府预算体系，加强一般公共预算、政府性基金预算、国有资本经营预算的统筹管理，逐步取消一般公共预算中以收定支、专款专用规定，统一预算分配，努力盘活各类财政结余、沉淀资金，加强财政资源统筹。

二是要在财政支出方面，本着"政府过紧日子"的精神，既要做好支出的"加法"，也要做好"减法"，大力优化财政支出结构，在兜牢兜实"三保"的基础上，要积极利用数字信息化手段实现办公信息化和现代化，将现代的互联网信息技术与政府公共管理、公共服务的常规工作融合在一起，通过网上网下相结合的方式有效实现降本增效的效果，努力压缩一般性支出；要坚决压降非急需非刚性支出，严禁新建楼堂馆所建设，严禁铺张浪费。

三是要不断提高财政支出绩效管理水平，全过程全流程把控财政支出的方向、效益和效果的匹配性，实现精准、精细管理和结果导向检验，能够将有限的财政资金优化高效配置，最大限度地节约财政资金。积极利用数字信息化手段实现办公信息化和现代化，有效实现降本增效。

（四）进一步完善债务监管机制

完善债务监管体制要求做好"债前审核""债中监管""债后处置"三个方面。

一是"债前审核"要求建立一套对地方政府举债行为的审核机制，以保证举债方式和目的符合法律的规范。2015年的新《预算法》虽然明确规定了地方政府只能通过发行债券的方式举债，但却只赋予了省、自治区、直辖市以及部分经省政府批准自办债券发行的计划单列市的债券发行权利，这也就导致本身债务率较高的市、县级政府难以通过合法的手段化解债务危机，近年来市、县级政府屡禁不止的违规举债行为和市、县级城投债规模的扩大也说明了这一点。对此应该加强对地方政府的发债审核工作，对地方政府的举债权限、举债规模、举债目的及其信用评级都加以审核，并严令禁止违规举债行为。

2021年7月，中共中央办公厅印发了《关于加强地方人大对政府债务审查监督的意见》（以下简称《意见》），对加强地方债监管作出最新的规定。《意见》提出，依法推动政府严格规范债务管理，建立健全向人大报告政府债务机制，明确人大审查监督的程序和方法，深入开展全过程监管，强化违法违规举债责任追究。在政府预算决算编制方面，《意见》要求，地方各级人大及其常委会要积极推动政府在预算草案、预算调整方案和决算草案中，及时、完整、真实编制政府债务，完善并细化相关报告的内容。在上一年度政府债务执行和决算情况表中，应当反映一般债务和专项债务的限额和余额、债务年限、还本付息等情况，反映本级政府债券项目实施情况。在本年度政府债务预算收支安排情况表中，应当反映政府债务限额和预计余额情况，反映本级政府一般债务和专项债务的限额和预计余额、年度新增债务、债券项目安排等情况。对投资规模较大和对本地区有重要影响的重大建设项目，应当提供项目投资规模、资金来源及构成情况表。在政府债务指标情况表中，应当反映债务率、偿债资金保障倍数、利息支出率等债务风险评估指标情况。政府因举借债务而提请本级人大常委会审查批准的预算调整方案，应当反映政府债务限额和余额、新增债务规模和限额分配等情况。《意见》还明确，政府预算草案中要细化专项债务表的编报，反映上一年度本级政府专项债券收入、支出、还本付息及专项收入情况，反映本级项目的负债规模、期限、利率、还本付息等情况。预算安排的项目，应当按项目编制收支预算总体平衡方案和分年度平衡方案。

在加强专项债务的审查监督方面，《意见》要求，加强专项债务项目科学性审查。重点审查本级政府新增专项债务规模是否控制在上级政府下达的债务限额内，是否用于有一定收益的公益性项目，债务资金投向是否符合相关政策规定；审查项目的方向和用途、收益测算、还款资金来源、最终偿债责任等内容；审查项目平衡方案是否根据项目建设运营周期、资金需求、项目对应的政府性基金收入和专项收入等因素，经过合理测算确定。

此外，对于市县合理的债务需求，应该赋予市、县级政府通过省代发的方式发行债券的权利,允许其通过发行地方政府债券的方式置换一些存量债务。2019年,监管部门推出了建制县隐性债务风险化解的试点方案,被纳入试点的县、市级政府允许通过发行地方政府债券(省代发)的方式置换隐性债务,目前已将云南、贵州、湖南等债务率较高省份的一些市、县纳入了试点。

◇ 专栏 3-7

《国务院关于进一步深化预算管理制度改革的意见》(节选)

2021年4月,《国务院关于进一步深化预算管理制度改革的意见》(国发〔2021〕5号)颁布实施。其中,就加强风险防控,增强财政可持续性作出全面规定。

一是健全地方政府依法适度举债机制。健全地方政府债务限额确定机制,一般债务限额与一般公共预算收入相匹配,专项债务限额与政府性基金预算收入及项目收益相匹配。完善专项债券管理机制,专项债券必须用于有一定收益的公益性建设项目,建立健全专项债券项目全生命周期收支平衡机制,实现融资规模与项目收益相平衡,专项债券期限要与项目期限相匹配,专项债券项目对应的政府性基金收入、专项收入应当及时足额缴入国库,保障专项债券到期本息偿付。完善以债务率为主的政府债务风险评估指标体系,建立健全政府债务与项目资产、收益相对应的制度,综合评估政府偿债能力。加强风险评估预警结果应用,有效前移风险防控关口。依法落实到期法定债券偿还责任。健全地方政府债务信息公开及债券信息披露机制,发挥全国统一的地方政府债务信息公开平台作用,全面覆盖债券参与主体和机构,打通地方政府债券管理全链条,促进形成市场化融资自律约束机制。

二是防范化解地方政府隐性债务风险。把防范化解地方政府隐性债务风险作为重要的政治纪律和政治规矩,坚决遏制隐性债务增量,妥善处置和化解隐性债务存量。完善常态化监控机制,进一步加强日常监督管理,决不允许新增隐性债务上新项目、铺新摊子。强化国有企事业单位监管,依法健全地方政府及其部门向企事业单位拨款机制,严禁地方政府以企业债形式增加隐性债务。严禁地方政府通过金融机构违规融资或变相举债。金融机构要审慎合规经营,尽职调查、严格把关,严禁要求或接受地方党委、人大、政府及其部门出具担保性质文件或者签署担保性质协议。清理规范地方融资平台公司,剥离其政府融资职能,对失去清偿能力的要依法实施破产重整或清算。健全市场化、法治化的债务违约处置机制,鼓励债务人、债权人协商处置存量债务,切实防范恶意逃废债,保护债权人合法权益,坚决防止风险累积形成系统性风险。加强督查审计问责,严格落实政府举债终身问责制和债务问题倒查机制。

资料来源:《国务院关于进一步深化预算管理制度改革的意见》(国发〔2021〕5号),http://www.gov.cn/zhengce/content/202104/13/content_5599346.htm?ivk_sa=1024320u。

二是"债中监督"要求强化对地方债务的监管。首先应建立债务风险评估和预警机制。这要求建立一套对债务风险的评估指标,以有效识别债务风险并对其进行分级,此外还要建立一套债务风险预警和处置机制,一旦其风险超出警戒线时就要作出警报响应并启动处置机制,按照风险的不同进行分类处置。其次完善预算"硬约束"制度。完善《预算法》,逐步将政府所有的收支都纳入预算管理中去,实现收支管理的公开化、透明化、细致化,从而促使地方政府无法再乱借钱、乱花钱。构建地方资本预算,统筹管理地方政府的投融资活动。可以率先在地方政府推行复式预算,即分立经常性预算和资本性预算。强化各级人民代表大会和常务委员会对预算的监管作用,最好设置专门的预算监督管理部门。发挥金融部门的监管作用。金融监管部门要加强对投融资平台和影子银行体系的监管。

◇ 专栏 3-8

《关于加强地方人大对政府债务审查监督的意见》(节选)

2021年7月,中共中央办公厅印发了《关于加强地方人大对政府债务审查监督的意见》(以下简称《意见》)。《意见》提出,要高度重视政府债务风险防范化解工作,依法推动政府严格规范债务管理,建立健全向人大报告政府债务机制,明确人大审查监督的程序和方法,深入开展全过程监管,强化违法违规举债责任追究。

在政府债务限额的审查监督方面,《意见》要求,地方各级政府应当在上级政府下达的债务限额之内,依据本地区经济发展和财政收入情况,统筹考虑政府存量债务水平,在保持财政可持续发展前提下,科学编制本级政府和下级政府债务限额分配方案。地方各级人大及其常委会在上级政府下达的债务限额内,按照正向激励原则,统筹平衡各级综合财力,通过债务率、偿债资金保障倍数、利息支出率等指标,衡量和评价政府债务风险,对本级政府和本级政府对下分配的新增政府债务限额总规模的合理性作出评价。

在规范审查监督政府债务的程序方面,《意见》要求,地方各级人大及其常委会围绕政府预算草案、预算调整方案、决算草案的审查批准和预算执行监督,规范工作程序,完善工作机制,开展全过程监管。地方各级人大及其常委会要依法审查政府债务。地方各级人大财政经济委员会或预算委员会等有关专门委员会在对政府预算草案初步方案、预算调整初步方案、决算草案进行初步审查或对政府债务开展专题审议时,政府相关部门负责人应当按有关规定到会听取意见、回答询问。地方各级人大常委会预算工作委员会等工作机构应当加强对政府债务的调查研究,提出有针对性建议。预算草案、预算调整方案、决算草案经本级人大或其常委会审查批准后,本级人大常委会按规定及时将关于预算的决议、预算调整的决议、决算的决议及相应的审查结果报告和有关审议意见等,送本级政府研究处理。地方各级政府及其财政等部门要认真研究,并在规定期限内向本级人大常委会报告研究处理情况。

在加强对地方政府债务风险监督方面,《意见》明确,一要加强监督问责。加强对以政府投资基金、政府和社会资本合作(PPP)、政府购买服务等名义变相举债行为的监督;严格对下一级人大及其常委会违法担保、承诺等行为的监督;加强对违法违规建设项目和使用债务资金的监督;加强对政府通过地方国有企业变相融资行为的监督。二要监督政府建立完善债务风险评估预警和应急处置机制。重点监督政府是否定期分析评估债务风险并进行警示、举借债务是否考虑未来偿债压力、是否按规定对出现的风险及时启动应急处置措施等。三是推动政府债务信息公开透明。推动政府建立统一的政府债务信息披露机制,明确披露责任,规范披露内容、时间节点和渠道等。

资料来源:中国人大网:全国人大常委会预算工委负责人就《关于加强地方人大对政府债务审查监督的意见》答记者问,http://www.npc.gov.cn/npc/kgfb/202107/92e8ae5d96e242a784b83b8e2b0b096e.shtml。

三是"债后处置"要求建立一套债务无法偿付时的处置机制和债务问责、追责机制。我国要坚持中央政府对地方债务的不救助原则,要求地方政府自债自偿,以强化其责任意识,避免道德风险的产生。建议将地方债务风险指标纳入官员考核中去,从制度上约束地方政府官员的违规举债行为。

2017年7月14—15日召开的第五次全国金融工作会议指出,各级地方党委和政府要树立正确政绩观,严控地方政府债务增量,终身问责,倒查责任。2021年4月,《国务院关于进一步深化预算管理制度改革的意见》重申,严格落实政府举债终身问责制和债务问题倒查机制。2022年6月,国务院办公厅印发《关于进一步推进省以下财政体制改革的指导意见》(以下简称《指导意见》),就加强地方政府债务管理作出具体规定。《指导意见》提出,坚持省级党委和政府对本地区债务风险负总责,省以下各级党委和政府按属地原则和管理权限各负其责;落实省级政府责任,按属地原则和管理权限压实市县主体责任,通过增收节支、变现资产等方式化解债务风险,切实减轻市县偿债负担,坚决查处违法违规举债行为;健全地方政府债务限额分配机制,一般债务限额应与一般公共预算收入相匹配,专项债务限额应与政府性基金预算收入及项目收益等相匹配,促进融资规模与项目收益相平衡,完善专项债券资金投向领域禁止类项目清单和违规使用专项债券处理处罚机制。

◇ **专栏 3-9**

压实省以下地方政府债务管理责任

我国在1994年建立分税制财政管理体制时,并未将政府债务纳入其中,而是采取了单独处理的方式,如将部分国债资金转贷地方政府使用。《关于进一步推进省以下财政体制改革的指导意见》(以下简称《指导意见》),将地方政府债务纳入省以下财政体制管理,进一步完善了我国一级政府、一级财政、一级财权的管理体制。《指导意见》强调坚决查处违法违规举债行为。地方政府债务融资具有两面性:一方面,地方政府债务能够引导更多社会资源投入到适应地方经济发展需求的项目中去,加快国家现代化建设步伐。另一方面,过度举债或违法违规举债会导致债务危机,破坏财政、金融系统的正常秩序,给国家经济社会发展带来不利影响。坚决查处违法违规举债行为,是建立健全省以下财政管理体制,有效管控地方政府债务风险,提高债务资金使用效益,促进地方经济发展的重要举措。

目前我国的地方政府债务管理也还存在一些问题,亟待以《指导意见》的发布为契机推动解决。

一是在目前各地区已开展专项债券建设项目绩效评价探索的基础上,建议进一步加强项目绩效目标设立、评价指标体系构建,以及评价结果应用等薄弱环节建设,并将评价结果及应用作为各市县申报下一年度债券发行额度的重要依据。对地方政府债券项目开展全生命周期绩效管理,切实提高资金使用效益,从根本上防范和化解债务风险。

二是进一步明确省、市、县各级政府在地方政府债务管理中的责任。现行地方政府债务管理体制只允许省级政府发行地方政府债券,发行规模由国务院报请全国人大或其常委会批准,财政部据此向各省分配年度发行限额,经国务院批准后下达执行,省级政府再向市县分配发行限额。市县政府没有发债权限,如需发债,由省级政府代理发行。有必要进一步厘清地方政府债券发行管理中省、市、县各级政府,以及财政部门、项目主管部门和项目建设单位的职责,实现权、责、利相匹配,并形成激励约束机制。

三是进一步完善地方政府债务管理问责机制。建议在《中华人民共和国预算法》《党政干部选拔任用工作条例》《地方政府性债务风险应急处置预案》提出的对违法违规举借政府债务的责任人要问责的基础上,重点参考违法违规举债的金额、对财政金融秩序的影响程度等因素,建立违法违规举债党政干部处罚标准,并落实责任倒查、终身问责制度。同时,对化债不实、新增隐性债务等违法违规行为,做到发现一起,查处一起,问责一起。

资料来源:温来成、何龙:《中国财经报》,2022-06-28。

下篇

聚焦中国对口支援横向转移支付

第四章
对口支援横向转移支付的基本理论

对口支援是一个极具中国特色的现实话题，最初表现为在上级政府的统筹安排下，各级地方政府进行资源横向转移和协作援助，是一种自上而下的政府行为。经过实践不断发展[①]，对口支援已形成内容丰富、形式多样、应用灵活的多元治理格局，成为区域、行业乃至部门间开展跨界合作与交流的有效方式。特别是自20世纪70年代末以来，从对口援藏到对口援疆[②]，从医疗援助[③]到教育援助[④]，从对口支持三峡库区[⑤]到对口援建汶川地震灾区[⑥]，从东西部扶贫协作到精准脱贫，对口支援已经成为我国政治经济社会活动中组织性日渐增强、覆盖面越来越广、力度不断加大的政府行为，在解决地方性公共产品提供不足、推动区域经济协调发展、实现各民族团结互助等方面发挥了关键性作用，显示出巨大的效能

---

① 关于中国对口支援制度的发展演变历程，具体参见本书第六章。

② 1979年7月，中央以中发〔1979〕52号文件的形式，批转了乌兰夫在全国边防工作会议上的报告，并明确提出，"国家要有计划地组织一些较为发达的内地省市对口支援少数民族地区以及边疆地区"，由此对口支援的政策正式确定下来。根据这个文件，北京支援内蒙古，河北支援贵州，江苏支援广西、新疆，山东支援青海，天津支援甘肃，上海支援云南、宁夏，全国支援西藏。

③ 1983年，卫生部和国家民族事务委员会在拟定的《关于经济发达省市对口支援边远少数民族地区卫生事业建设的实施方案》中明确指出：对口支援的任务是为少数民族地区培养医疗、卫生、教学、科研以及医疗、设备维修等各类专业技术人才，逐步壮大技术骨干队伍，并把帮助培养提高当地的卫生技术人员摆到首要地位；帮助开展新技术，解决疑难，填补空白，以便尽快改变这些地区的医疗卫生技术条件，提高专业卫生技术水平和科学管理水平。

④ 1992年10月，国家教委办公厅发出《关于对全国143个少数民族贫困县实施教育扶贫的意见》，要求经济、教育比较发达的省市负责安排所属有关县市及高等院校与有关民族地区的民族贫困县建立对口协作关系。1993年2月，中共中央、国务院印发的《中国教育改革和发展纲要》强调，要"认真组织和落实内地省市对民族地区教育的对口支援。"2000年4月，中共中央办公厅、国务院办公厅下发《关于推动东西部地区学校对口支援工作的通知》，建立了以学校对口支援为基本形式，以义务教育学校为重点，一对一帮扶结对子为主要特征的对口支援模式。此后，教育对口支援的范围和内容不断扩大，高等教育的对口支援也逐渐被涵盖进来。2001年5月，教育部下发《对口支援西部地区高等学校计划的通知》（教高〔2001〕2号），确定北京大学、清华大学等13所高校对口支援石河子大学、青海大学等中西部高校。

⑤ 为支持三峡工程建设，多个省市支援万州移民搬迁、产业发展和社会稳定。

⑥ 为加快汶川地震灾后重建，2008年中央政府安排20个省市对口支援四川省18个县及甘肃、陕西受灾严重地区。

优势。尽管如此,学界对中国对口支援的研究和认知滞后于实践的发展,在大力推进国家治理体系和治理能力现代化的进程中,基于中国政治经济制度和历史文化背景以及现实改革实践深入研究中国对口支援,对阐明中国治理优势、创新中国治理理论、完善对口支援制度具有重要意义。

第一节　对口支援横向转移支付的概念界说

一、"特定治理机制说"与"横向转移支付说"

目前,学界主要从公共治理和公共财政两个理论视角阐释对口支援的基本内涵。

(一)特定治理机制说

多数学者从公共治理的视角,认为对口支援是一项具有中国特色的府际协作与资源配置的治理制度,是地方政府间进行资源定向跨域配置的特定治理机制(朱光磊、张传斌,2011;钟开斌,2013)。基于对口支援具体工作的总结和解释,部分学者重点讨论了对口支援参与主体的政府行为和工作意义,认为对口支援是中国特有的政府协作行为(侯景新等,2001;赵明刚,2011;曾水英、范京京,2019)。我国对口支援制度的产生,既有加强少数民族地区建设、促进区域协调发展、增进民族团结及应对公共危机的现实需要,还有在事权不断下移的背景下,缓解财政压力、提高调控能力和增强政治权威的现实需要(李庆滑,2010),在区域间协调资源与互助方面具有重要作用(钟开斌,2018;李群,2019)。

王禹澔(2022)认为,中国的对口支援机制塑造了参与对口支援实践各方集散资源的互动过程和行为方式,形塑了对口支援的资源定向再配置的过程集成规则,具备治理机制的过程规则属性。因此,将对口支援视为是中国特色社会主义制度下,国家针对区域发展失衡或特定情况下资源供需失衡,通过两个(含)以上公共权力主体进行资源定向跨域配置的特定治理机制。其主要理由如下:

第一,对口支援的组织构成和参与主体,显示它是一种政治机制。一方面,对口支援机制依托公共权力并由它驱动运行。中央权威是维系对口支援在各类主体间有序运行的基本凭借与主导力量,中央权威的政治主张使得对口支援在实践中成为中央赋予的重大而光荣的"政治任务"。另一方面,对口支援机制的运行主体具有鲜明的政治属性,其中代表党中央和国务院承担决策、督促、评估与终结对口支援职能的各类领导小组或委员会（如扶贫开发领导小组）和负责实施的中央部门、地方政府主体，具有鲜明的政治属性。

第二，对口支援机制的机制取向具有人民政治的根本属性。对口支援机制的功能性目标是解决发展的区域性不平衡问题，其本质性目标是实现全体人民共同富裕，因此，对口支援具有鲜明的人民政治属性，它以人民利益为最终归宿和第一诉求，以全面提升全体人民的共同发展为治理目标。

第三，对口支援的核心功能是解决在特定时期内资源空间失衡问题。实践表明，无论是对口支援贫困地区，还是对口支援受灾受困地区，都是为了解决特定场域和时空的资源供需关系失衡问题，因此，对口支援本质上是通过政治权力机制来实现资源再配置，从而解决"区域发展不平衡""资源供给与需求失衡"问题，推进其不平衡转向动态平衡。

第四，对口支援蕴含着政治权力委托—代理责任，规定着绩效和结果导向的支援的政治约定。对口支援中，承担任务的结对双方均负有重大政治责任，其运行基于中央权威和政府间的政治信任。从实践来看，对口支援机制从支援内容、力度、时间等诸多方面，都具有政治约束的刚性责任。

（二）横向转移支付说

部分学者从公共财政的视角，着眼于对口支援的政府间分配性质，将其纳入财政体制框架进行认识，认为对口支援是中国特色的横向转移支付（丛树海，2002；王玮，2010；徐阳光，2011）。蔡璟孜（2012）梳理数次省际对口支援的财政体制背景、资金来源等信息，认为对口支援具有横向转移支付的特征，建议将对口支援扩展为一般性横向转移支付制度，结合纵向转移支付制度的改进，更好地促进横向财政均衡的发展。伍文中、张杨、刘晓萍（2014）从国家财政均衡体系建设的角度对中国特色的对口支援进行了分析和改进建议，认为对口支援应当有部分归并到横向财政转移支付，是具有中国特色的横向财政转移支付，应进一步切合中国发展的特征进行改进。石绍宾、樊丽明（2020）研究了中国式横向转移支付中广泛应用的对口支援，进一步探讨了其突出的中国特征，认为中国现阶段的对口支援是中国式横向转移支付，对口支援横向转移支付是对纵向转移支付的有益补充。还有学者从实证角度出发，以省内对口援藏制度为例探究其财政均衡效应，论述了省内对口援助财政资金是平级政府间的资金调拨，具有财政转移支付的特征，属于横向财政均衡（杨明洪、刘建霞，曹黎，2021）。

笔者认为，我国现阶段的对口支援是由上级主要是中央政府主导，经济发达地区政府给予边疆民族地区、欠发达地区、特殊困难地区或重大建设工程项目的政治、经济、文教科卫等支持，旨在缩小地区差距，促进经济发展，维护民族团结,保持国家稳定。它是多级政府乃至社会主体参与的活动,往往是多种投入要素融合、无偿有偿结合、涉及多个领域、具有政治经济社会多重意义的活动。

中国对口支援能够有力推动区域间经济合作、文化交流和理念融合,促进民族团结,为实现共同富裕作出成功探索。虽然现阶段对口支援作为一种非法制化、非制度化的以政府政策形式而存在(谢芬、肖育才,2012;杨苏琳,2014),但基于国家财政均衡体系建设视角,可以认为具有财政均衡效果的对口支援实质上是一种中国式横向转移支付。

首先是由其行为主体关系决定的。对口支援是典型的上级决策、下级执行的活动,是在既有财政体制之下的区域间政府财力无偿转移和资源再配置。尽管上级政府主要是中央政府在其中发挥主导作用,但下级政府是实施主体,区域间政府是发生利益再分配的实质主体。正因如此,有的学者将其称为兄弟互助式援助(见专栏4-1)。

◇ **专栏4-1**

《关于进一步加强东西部扶贫协作工作的指导意见》(节选)

(三)基本原则

——坚持党的领导,社会广泛参与。帮扶双方党委和政府要加强对东西部扶贫协作和对口支援工作的领导,将工作纳入重要议事日程,科学编制帮扶规划并认真部署实施,建立完善机制,广泛动员党政机关、企事业单位和社会力量参与,形成帮扶合力。

——坚持精准聚焦,提高帮扶实效。东西部扶贫协作和对口支援要聚焦脱贫攻坚,按照精准扶贫、精准脱贫要求,把被帮扶地区建档立卡贫困人口稳定脱贫作为工作重点,帮扶资金和项目瞄准贫困村、贫困户,真正帮到点上、扶到根上。

——坚持优势互补,鼓励改革创新。立足帮扶双方实际情况,因地制宜、因人施策开展扶贫协作和对口支援,实现帮扶双方优势互补、长期合作、聚焦扶贫、实现共赢,努力探索先富帮后富、逐步实现共同富裕的新途径新方式。

——坚持群众主体,激发内生动力。充分调动贫困地区干部群众积极性创造性,不断激发脱贫致富的内生动力,帮助和带动贫困人口苦干实干,实现光荣脱贫、勤劳致富。

(四)调整东西部扶贫协作结对关系。对原有结对关系进行适当调整,在完善省际结对关系的同时,实现对民族自治州和西部贫困程度深的市州全覆盖,落实北京市、天津市与河北省扶贫协作任务。调整后的东西部扶贫协作结对关系为:北京市帮扶内蒙古自治区、河北省张家口市和保定市;天津市帮扶甘肃省、河北省承德市;辽宁省大连市帮扶贵州省六盘水市;上海市帮扶云南省、贵州省遵义市;江苏省帮扶陕西省、青海省西宁市和海东市,苏州市帮扶贵州省铜仁市;浙江省帮扶四川省、杭州市帮扶湖北省恩施土家族苗族自治州、贵州省黔东南苗族侗族自治州，宁波市帮扶吉林省延边朝鲜族自治州、贵州省黔西南布依族苗族自治州；福建省帮扶宁夏回族自治区，福州市帮扶甘肃省定西市，厦门市帮扶甘肃省临夏回族自治州；山东省帮扶重庆市，济南市帮扶湖南省湘西土家族苗族自治州，青岛市帮扶贵州省安顺市、甘肃省陇南市；广东省帮扶广西壮族自治区、四川省甘孜藏族自治州，广州市帮扶贵州省黔南布依族苗族自治州和毕节市，佛山市帮扶四川省凉山彝族自治州，中山市和东莞市帮扶云南省昭通市，珠海市帮扶云南省怒江傈僳族自治州。

各省（自治区、直辖市）要根据实际情况，在本行政区域内组织开展结对帮扶工作。

（十二）加强组织领导。国务院扶贫开发领导小组要加强东西部扶贫协作的组织协调、工作指导和考核督查。东西部扶贫协作双方要建立高层联席会议制度，党委或政府主要负责同志每年开展定期互访，确定协作重点，研究部署和协调推进扶贫协作工作。

资料来源：中共中央办公厅、国务院办公厅印发《关于进一步加强东西部扶贫协作工作的指导意见》。

其次是由客体的内容和性质决定的。对口支援主要有支援方提供的救灾援助（设施建设为主）、经济发展援助、医疗卫生援助、教育科技援助等，基本属于支援方政府直接或通过受援地政府向当地企业和居民提供公共物品与服务，属于公共财政的职能范畴。尽管对口支援在实践中有时表现为纯粹的财力转移（如援建基础设施），更多时候表现为财力转移和人力物力援助的结合（如派遣干部和专业人员、给予项目支援），但都是政府财力牵动的要素流动，是一种跨区域、不同政府主体间的财政分配活动。

再次，考虑到对口支援的主体主要是各级地方政府，资源分配规模以地区间资源转移部分为主，故略去非主体部分，将对口支援直接称为横向转移支付是可以成立和接受的，其对应的是上级尤其是中央政府主导决策并实施的纵向转移支付。

这里特别需要指出的是，根据传统的财政分权理论，政府间转移支付的主要目的是解决纵向或横向的财政不平衡问题（Oates，1972）。从大多数国家的财政实践看，自上而下的纵向转移支付发挥了巨大的作用，但也有一些国家（如德国、加拿大等）通过均等化的横向转移支付，实现了平衡地方财力和弥补地方政府资金缺口的积极效果（Watts和Hobson，2000）。德国立法先行、公式分配、强调均等的横向转移支付制度，为推动东西德统一后区域经济的均衡发展方面发挥了重要作用，被誉为横向转移支付的"德国模式"，多受追捧。中国1994年以来的分税制财政体制改革，逐步建立起了一套中国特色的转移支付体系，多数学者对中国纵向转移支付的改革与完善给予了较大关注（尹振东、汤玉刚，2016；缪小林、王婷、高跃光，2017；储德银、迟淑娴，2018；韩一多、付文林，2019），对横向转移支付的研究较少且主要集中在生态补偿方面[①]，甚至出现凡是提及横向转移支付即举出德国模式案例的情形，对中国现实中广泛存在的对口支援现象却避而不谈，当然这也从另外一个层面说明，在当前构建中国自主的知识体系过程中，加强和深化对中国对口支援问题的研究具有特别突出的现实意义。

二、对口支援横向转移支付的特征

（一）内容和目的的多元性

从支援方主体来看，对口支援既包括省市政府组织的对口支援，也包括卫生部、教育部等中央部门组织的对口支援，还包括中央企业组织的对口支援。随着脱贫攻坚对口帮扶机制的日渐成熟，支援主体不再仅局限于政府，企业、社会组织和个人等社会力量也逐渐成为支援主体的重要力量。由此，对口支援主体形成政府、市场和社会共同参与的多元治理体系。

此外，早期的对口支援以经济援助为主，在"优势互补、互惠互利、长期合作、共同发展"的东西部协作原则下，各地区因地制宜，实现了物资、人才、技术、管理的"软硬件"资源流动，使原有的"大水漫灌"向"精准滴灌"转变（张天悦，2021）。支援领域以保障和改善民生为核心，兼顾经济效益和社会效益，教育、卫生、科技等基本公共服务也被纳入进来。由此可见，对口支援是一

[①] 在对横向财政转移支付研究领域中，众多学者主要基于生态补偿视角。杨晓萌（2013）提出了构建以生态补偿为导向的横向转移支付制度作为现有纵向转移支付制度的有益补充的建议，我国各种生态补偿的实践中也体现出了横向转移支付的特征；陈挺、何利辉（2016）借鉴德国的横向转移支付制度，基于我国市场环境，设计针对中国的横向生态转移支付制度和相应机制与政策，保证横向生态转移支付的持续与有效性；郑雪梅（2017）对德国州际横向转移支付制度及我国省内、省际生态补偿横向转移支付实践案例进行了分析，横向转移支付在解决区域（流域）间横向经济生态利益冲突方面更具优势；白洁（2017）根据我国生态环境的具体情况，给出我国建立生态补偿横向转移支付制度要划分生态补偿事权与支出责任、明确定位、优化补偿范围和补偿标准、完善立法和建立绩效评价机制等建议；单云慧（2021）在以卡尔多—希克斯改进理论的基础上，探讨生态补偿横向转移支付制度对社会总福利的影响，论证了横向转移支付解决生态补偿环境的必要性；袁广达等（2021）立足于权衡经济发展与生态环境保护两方面，结合生态损害直接成本，使用熵权法、指数分析法等方法，并通过各项指标对流域生态承载力的影响程度设计生态补偿横向转移支付模型，进一步推动生态补偿机制的建设与发展，袁广达等（2021）进一步讨论了生态补偿标准定量方法以及相关实施制度设计，立足于生态损害成本的视角，建立了横向财政转移支付跨界流域生态补偿的理论模型及实施机制，根据各流域状况的不同，设计了不同生态补偿横向转移支付模式，并建立了跨界流域双向补偿生态补偿定量标准；卢文秀、吴方卫（2022）基于中国典型流域生态补偿的经验数据，探究了横向转移支付是否缩小了城乡收入差距，以及缩小程度和其作用机制，得出生态补偿的横向转移支付显著缩小了城乡收入差距；张绘（2023）讨论了转移支付与生态补偿的关系，并提出一些应对方案以解决当前民族地区生态保护面临的一些问题，如缺乏资金、支出结构不合理等等，提出要完善横向转移支付，构建纵横配合的支付体系，才能更好地建立生态补偿的长效机制。这些文献说明了横向转移支付在生态保护和经济发展中的作用及其效果，在政策制定和实践中具有重要的指导意义。

项集政治、经济、社会、文化等多重目的于一体的政策工具。

（二）基于中国政治体制的"政治动员性"

这种政治动员性特征既根植于我国文化绵延不断和多民族团结、国家统一文化的传统，也源于我国独特的体制优势和中国共产党领导的政治优势。该特征表现为：

一是其运行特点是自上而下，行政主导，上级主要是中央主导、下级行动，政治优先，任务导向。对口支援的功能性目标是促进区域间平衡发展，其本质目标是实现共同富裕，这使得对口支援具有鲜明的人民政治属性，以人民利益为根本诉求，以促进全民共同发展为治理目标。基于此，对口支援的驱动力源自公共权力：对口支援得以在各类主体间有序运行的主要力量是中央权威，正是由于中央权威的政治主张，使得对口支援作为一项"政治任务"在实践中得到有序开展。在支援方政府的动员会议中，主要官员多次强化对口支援"政治任务"属性的表态。例如，对于上海和云南开展对口帮扶与经济协作，上海市主要领导表示，"上海是全国的上海……让沿海发达地区多支持一点中西部地区的发展，上海有义不容辞的责任。上海的态度是鲜明的，坚决服从大局，把支持中西部发展和做好扶贫工作，作为一项重大的政治任务来完成。"[①]2020年湖北新冠疫情对口支援中，重庆市委主要领导表示："坚决听从党中央指挥，坚决服从大局需要""立即组建支援队，抓紧开展工作，坚决完成对口支援任务"。[②]"对口支援孝感，是党中央对重庆的信任和重托，是我们肩负的重大政治任务"。[③]

二是中国独特的政治体制引致政府的资源动员力强大，中央号召，动员部署，全域人力物力财力即可调动，其力度之大、动员之快、持续时间之长是任何其他体制国家不可比拟的。长久以来，中国单一制国家制度保证了中央权威和集中统一领导，保证了下级服从上级，地方服从中央的全国一盘棋统筹布局，确保在关键时刻可以迅速调集资源，集中力量办大事（史晓琴、樊丽明、石绍宾，2020）。党的十九届四中全会明确把"全国一盘棋，调动各方面积极性，集中力量办大事"概括为中国特色社会主义制度的显著优势。此外，高效运转的组织体系为对口支援有序开展提供组织保障。具体而言，中央、地方和基层组织构建的严密体系为对口支援的动员提供了组织基础，党中央借此自上而下决策、分解定向援助的政治任务。同时，各级组织通过设置科学合理的激励约束机制，为对口

---

① 政协上海市委员会文史资料委员会、中共上海市委党史研究室、上海市对口支援与合作交流工作领导小组办公室. 对口援滇［M］. 上海：上海教育出版社，2016.
② 重庆对口支援湖北孝感新冠肺炎防治工作［N］. 重庆日报，2020.02.11.
③ 急孝感所需 尽重庆所能 全力以赴完成好对口支援任务［N］. 重庆日报，2020.02.20.

支援的有效实施动员提供了有力保障。

三是所调动资源不仅仅是资金，而且还有人力物力管理等多种非财力要素，以提高援助的效率和效果。对口支援实践中，充分展示了所调动资源的丰富多样，以调动财力为基础，注重发挥人才对各项资源的带动作用，促使对口支援形式由"以财为主"向"以人为主"的转变。例如，干部派遣①在对口支援中得到广泛应用并发挥重要作用，其集中体现在干部的横向流动。虽然干部派遣在对口支援中的作用难以量化，但在实践中被证明是行之有效的制度，且被政府鼓励和提倡。如，2018年11月，中共中央和国务院《关于建立更加有效的区域协调发展新机制的意见》指出，"进一步加强扶贫协作双方党政干部和专业技术人员交流，推动人才、资金、技术向贫困地区和边境地区流动""进一步深化东部发达省市与东北地区对口合作，开展干部挂职交流和系统培训，建设对口合作重点园区，实现互利共赢。"②

（三）中国公共治理的阶段性

我国的对口支援一直是一种财政管理体制外的非正式制度安排（这也是不少学界人士一直认为中国不存在横向转移支付制度的重要原因），虽然部分对口支援项目规定了明确的资金要求，但总体来看，多数对口支援项目缺少必要的法律形式，启动对口支援的条件和时机、支援方和受援方的确定原则和程序、支援的额度和期限等基本问题尚未形成规范机制，法制化程度不高。即使对口支援额度在政府预算中出现，但缺少必要的统计制度，预算执行透明度不高，评估监督机制和激励机制亦不够健全，尚未实现管理的规范化精细化。因此，对口支援是一种规范化法制化程度不高的横向转移支付"制度安排"。

第二节 对口支援横向转移支付的机制定位

一、对口支援横向转移支付的运行机制

机制是"一个工作系统的组织或部分之间相互作用的过程和方式"（夏征

---

① 干部派遣，是指通过行政手段，从发达地区抽调干部到欠发达地区，或者从欠发达地区抽调干部到发达地区，使得欠发达地区能够得到发达地区的人才支持，并使得发达地区发展经验能够外溢到欠发达地区，从而起到平衡地区发展差距的作用。引自吕冰洋：《国家能力与中国特色转移支付制度创新》《经济社会体制比较》，2021年第6期。

② 参见《中共中央 国务院关于建立更加有效的区域协调发展新机制的意见》，中国政府网（www.gov.cn）。

农、陈至立，2015）。深入分析中国特色的对口支援实践，可以发现随着对口支援制度的从无到有、从随机决策到常态政策、从政策措施到治理机制、从粗放支援活动到精准治理系统，其运行机制不断健全完善。

（一）对口支援的需求激发机制

对口支援的需求激发机制主要有两个渠道：

其一是重大战略激发。解决重大的社会矛盾和问题，确保国家重大战略实施，是对口支援激发的一条重要渠道。以对口扶贫为例，从改革开放初期、到20世纪90年代中期，尤其是新时代的脱贫攻坚，改变贫困地区的落后面貌，缓解区域贫困与共同富裕之间的矛盾，是国家启动对口支援机制治理贫困的直接动因（王禹澔，2022）。

针对改革开放后，东部地区快速发展起来，但西部地区592个贫困县却十分贫困的局面，党中央提出了"让一部分先富起来""先富带动后富"，实现共同富裕的路径。"走社会主义道路，就是要逐步实现共同富裕。共同富裕的构想是这样提出的：一部分地区有条件先发展起来，一部分地区发展慢点，先发展起来的地区带动后发展的地区，最终达到共同富裕。"①1994年《国家八七扶贫攻坚计划（1994—2000年）》提出东部发达地区对口帮助西部地区发展经济，1996年中央扶贫开发工作会议决定，在全国开展东西部扶贫协作，确定经济较发达的东部9个省市和4个副省级计划单列市，对口帮扶经济欠发达的西部10个省区。

进入新时代之后，党中央高度重视脱贫攻坚工作，指出"西部地区特别是民族地区、边疆地区、革命老区、连片特困地区贫困程度深、扶贫成本高、脱贫难度大，是脱贫攻坚的短板，进一步做好东西部扶贫协作和对口支援工作，必须采取系统的政策和措施。"并且明确指出，"东西部扶贫协作和对口支援，是推动区域协调发展、协同发展、共同发展的大战略，是加强区域合作、优化产业布局、拓展对内对外开放新空间的大布局，是实现先富帮后富、最终实现共同富裕目标的大举措，必须认清形势、聚焦精准、深化帮扶、确保实效，切实提高工作水平，全面打赢脱贫攻坚战。"②

其二是紧急任务激发。中国国土面积辽阔，自然条件差异较大，重特大自然灾害时有发生。面对突发灾害或紧急情况，要做到快速响应、快速动员、及时应对处置，对口支援可以是一个重要的选择。以湖北新冠疫情为例，这是严重威

---

① 《邓小平文选》第3卷[M].北京：人民出版社，1993.
② 习近平在东西部扶贫协作座谈会上强调 认清形势聚焦精准深化帮扶确保实效 切实做好新形势下东西部扶贫协作工作[EB/OL].新华网.

胁公众身体健康和生命安全，并且是新中国成立以来发生的传播速度最快、感染范围最广、防控难度最大的重大突发公共卫生事件。为有效控制疫情扩散和降低社会风险，中央政府迅速启动联防联控机制，集中全国优质医疗资源对口支援湖北地区，共同应对此次突发公共卫生事件。2020年1月24日，中央政府启动对口支援，要求29个省（区、市）组建援鄂医疗队奔赴武汉和黄冈等地区。此后，为坚决打赢疫情防控阻击战，中央政府又统筹安排19个省份对口支援湖北省除武汉市以外的16个市州县。4月20日，全国援鄂医务人员全部撤回，标志着全国对口支援湖北抗击新冠疫情取得阶段性胜利。

（二）对口支援的决策机制

长久以来，中国单一制国家制度保证了中央权威和集中统一领导，保证了下级服从上级，地方服从中央的全国一盘棋统筹布局，确保在面对危急时刻可以迅速调集资源，集中力量办大事。《中华人民共和国地方各级人民代表大会和地方各级人民政府组织法》明确规定："全国地方各级人民政府都是国务院统一领导下的国家行政机关，都服从国务院"。

因此，在遇到重大突发事件时，党中央可以审时度势，在短时间内根据情况变化确定对口支援政策，并通过行政指令调集资源，动员有关地方政府开展对口支援。2008年5月12日发生的汶川特大地震，是新中国成立以来破坏性最强、波及范围最广、救灾难度最大的一次地震，灾后恢复重建的任务十分艰巨。地震发生后，中央决定举全国之力加快地震灾区的灾后恢复重建，坚持"一方有难、八方支援，自力更生、艰苦奋斗"的方针，按照"一省帮一重灾县"的原则，合理配置力量，建立对口支援机制，组织北京等18个省市对口支援四川什邡等18个市县，并先后颁布《汶川地震灾后恢复重建条例》和《汶川地震灾后恢复重建对口支援方案》。这是中国在大范围重大自然灾害发生后，首次在全国范围内紧急启用对口支援政策。自汶川特大地震灾后重建工作的对口支援启动以后，为对口援建救灾常态机制积累了不少非常可贵的经验，对口支援被经常性地用于应对各种重大灾害，逐步成为一种常态化的资源统筹措施和跨区域合作机制[①]。

（三）对口支援的实施机制

在各级党组织和政府的领导下，各类主体通过纵横密布、立体交叉的对口结对，展开支援行动，呈现出协同共治的显著特征（王禹澔，2022）。

---

① 中国特色社会主义的对口支援：全国一盘棋，集中力量办大事[EB/OL].澎湃网，2020-02-11.

1996年，时任福建省委副书记习近平同志推动"闽宁协作"形成了"联席推进、结对帮扶、产业带动、互学互助、社会参与"五项援助协作机制。虽然各种对口支援的具体实施机制名称上略有差异，但主要内容都可根据这上述五项援助协作机制概括。具体来说，一是联席会议机制，是对口支援的核心枢纽，负责具体对口支援事务的决策工作及上传下达。对口支援双方定期召开联席会议，总结上一阶段对口支援工作，根据中央要求和双方所需研究部署协作计划、解决重大问题、推进对口支援工作。二是结对帮扶机制，是对口支援的重要抓手。联席会议后，支援方往往根据辖区内各地的经济发展实力、资源禀赋特征等因素，将协作任务"再分包"给下级政府或部门，结对关系下沉，继而形成层层结对，落实到具体的对口支援工作中。三是产业（或业务）带动机制，是对口支援的主要内容。一般来说，对口支援都附带有产业发展的合作，通过产业振兴带动受援地经济发展。除此之外，各业务部门也会积极开展教育、科技、卫生、文化、旅游等方面的帮扶合作，如教育部门负责教育对口支援有关事宜、卫健委负责卫生健康领域对口支援有关事宜等。四是互学互助机制，是对口支援的主要手段。主要是通过支援方与受援方领导定期互访、党政干部交流、专业技术人才交流、人员培训等形式，为受援地注入内生动力。五是社会参与机制，是对口支援的重要保障。对口支援不仅是政府之间资源流动，也必须充分发挥社会的力量，充分调动市场经营主体和社会组织的积极性，汇聚各方力量，形成对口支援合力①。

（四）对口支援的激励约束机制

激励约束是指在一个组织体内部，通过设计系列奖惩制度规范，来激发、引导、约束组织内部成员的行为，以此来实现组织目标的一种手段。就对口支援而言，其激励约束机制主要表现为两种形式。

其一是声誉表扬机制。一般来说，声誉由中央政府对地方政府的表彰、批示、考察、典型案例、现场会、座谈会、经验总结、先进集体等"声誉符号"构

---

① 党的十八大以来，党中央集中各方力量决战脱贫攻坚：中央机关和军队组成对口支援的"国家直属纵队"。300余家中央单位通过牵头单位联系、会商机制的推动下，累计投入资金427.6亿元、引进各类资金1066.4亿元，培训各类干部人才368.8万人次；东部省份各级政府组成对口支援的"地方兄弟连"。东西部开展扶贫协作和对口支援，通过联席会议、定期互访等分层共决机制，累计向贫困地区帮扶资金1005亿元、投资1.1万亿元，互派干部和专技人员13.1万人次；贫困地区各级党政机关单位部署的对口支援"阵地主力部队"。本地各方力量依据本省份的特点经过省级部署、市县乡分解、支援单位与贫困县乡村确立结对关系、汇聚资源实施帮扶等过程，灵活展开形式多样的结对帮扶，云贵川等省份进行了卓有成效的探索；政治机制激活了市场与社会机制，吸纳整合了民营企业与社会组织，形成了对口支援反贫困的"制胜奇兵"。如统战部、工商联与扶贫办联合发起的"万企帮万村"行动，汇聚了磅礴的反贫困资源（王禹澔，2022）。

成（王小林、谢妮芸，2022）。例如，2005年8月6日，闽宁互学互助对口扶贫第九次联席会议在银川召开，国务院扶贫办发去贺电高度评价闽宁合作。2007年4月，党中央领导考察了闽宁对口协作整村推进情况，对闽宁协作工作给予高度评价。2008年7月，国务院扶贫办在银川召开全国东西部扶贫协作工作经验交流大会，12月，国务院扶贫开发领导小组授予宁夏扶贫开发办公室55个单位"全国东西扶贫协作先进单位"称号。2015年2月，中共中央办公厅刊发专题文章，充分肯定闽宁协作成效，全面介绍了闽宁协作模式。2016年7月20日，习近平总书记在银川主持召开东西部扶贫协作座谈会，对闽宁协作给予充分肯定。而在2016年之前，东西部扶贫协作和对口支援并没有严格明确的约束机制，这些地方政府的声誉成为最为重要的激励机制[①]。

其二是考核问责机制。为实现精准脱贫，达成精准治理，2017年，国家颁布《关于进一步加强中央单位定点扶贫工作的指导意见》和《关于进一步加强东西部扶贫协作工作的指导意见》，逐步创设了对口反贫困的评估考核机制。2019年国务院扶贫开发领导小组印发《东西部扶贫协作成效评价办法》，从协议完成情况和工作创新情况两个层面，明确了组织领导、资金支持、人才支援、产业合作、劳务协作、携手奔小康等方面的考核指标，并且明确"评价结果经党中央、国务院审定后予以通报，并送中央组织部。对年度综合评价较差或发现问题较多、较突出的，由国务院扶贫开发领导小组对其党委、政府负责通知进行约谈，提出限期整改要求"。通过监督巡查、年度考核以及对考评结果的反馈，促进对口支援及其相关政策调整优化，使得对口支援的启动、政策制定、实施评估等过程形成了完整闭环的管理流程。

二、对口支援横向转移支付的定位

根据以上分析，中国已经存在极具特色的对口支援体系，运行效果较好，但尚未规范化法制化。如何认识这种中国特色的对口支援横向转移支付？地方政府的横向支援与中央政府的职能如何区分与衔接？特别是，在已有的纵向转移支付体系下，如何认识对口支援与纵向转移支付之间的关系？纵向转移支付可否完全取代对口支援横向转移支付？

笔者认为，要回答中国对口支援横向转移支付的定位问题，需要厘清以下两个关系。

---

① 王小林，谢妮芸.东西部协作和对口支援：从贫困治理走向共同富裕［J］.探索与争鸣，2022（03）：148-159+180.

（一）厘清中央和地方政府职能的关系

对于应由政府履行的职能，需要结合中央与地方政府的各自优势和国情政情，进一步探讨中央与地方的分工问题。理论上说，保障边疆地区安全稳定、建设重大基础设施、帮助灾区快速恢复重建等事权，往往涉及经济发展、国家统一、政权稳定、社会安定等，应主要由中央承担。在我国体制下，中央政府既可以通过基本财政体制（分税制）加纵向转移支付直接履行这类中央事权，也可以通过集中调集地方政府力量方式参与落实部分中央职责，即动员或委托地方政府采用对口支援（横向转移支付）方式，迅速统筹调配地方政府的人财物力资源，发挥地方政府的人力资源和管理经验优势，分工负责，多管齐下，快速见效。相比较而言，前者是保障中央履职的主要制度安排，后者则是特定条件、特定目的的方式安排。

从具体实践看，对口支援往往表现为两种不同的类型：一种是持续性、特定性的对口支援，适用于长期性、区域性任务（如援藏援疆等长期性持续性对口支援项目），可以发挥地方政府管理人员资源和经验丰富、动用各种要素便捷有效的优势，保障较大范围的长期持续的基本公共服务均等化，增进全国一盘棋和民族大团结。另一种是阶段性、或然性的对口支援，主要是适用于局部性、紧急性、阶段性任务，启动迅捷、方式灵活、见效迅速的横向支援（如抗震救灾、扶贫攻坚等紧急性、阶段性对口支援项目）。对于中国这样一个多民族、区域差距大的国家，尤其是基于现阶段国情，着眼于实现社会主义现代化国家的目标，两种类型并存十分必要。

（二）厘清纵向转移支付与对口支援横向转移支付的关系

一般而言，纵向转移支付是上级政府尤其是中央政府履行职能的分配工具，它通常具有如下优势：其一是全局性，可以充分发挥中央政府财力集中的优势，体现中央政府意图，实现对各地方提供服务的统一要求，最大限度实现公平目标；其二是规范性，往往以制度规范为标准，以财力为主要形式，构成一国政府间转移支付的主体部分；其三是相对稳定性，纵向转移支付制度一经确立，在一定时间内相对稳定，短期内不会轻易变化。正因如此，各国纵向转移支付的基本功能定位于实现基本公共服务均等化。

与纵向转移支付相比，对口支援横向转移支付则具备以下优势：第一是增进一体性。与纵向转移支付相比，中央政府统筹安排地方政府横向对口支援，便于增进地区间横向联系，增强国家统一民族团结意识，增强国家凝聚力向心力；第二是形式多样性，多个地方发挥各自优势，在更广范围内调动人财物力多种要素,"一事一策""一地一策"或"一时一策",创造性地达成援助目的;第三是聚焦局部性,对口支援转移支付可以针对某个特定区域或领域集中发力,快速重点化解局部困难。

需要指出的是,纵向转移支付无论是在动员的资金规模,还是在行政运行效率和推动基本公共服务均等化等方面,均具有较大优势,往往成为一国转移支付体系中的主体部分。对口支援横向转移支付的作用发挥主要以特定任务或项目形式出现,聚焦局部区域,但这并非意味着其可有可无。从实施效果看,无论阶段性还是长期性的对口支援,都有助于增加全国上下和地区之间的凝聚力,对于加强民族团结、紧密区域之间的联系、形成集中统一的国家具有特别重要的政治意义。同时,对口支援横向转移支付不仅体现为财力的横向转移,还包括人财物力、技术、管理经验等方面的横向支持,具有纵向转移支付不可替代的作用。因此,从中国实际出发,综合考量转移支付体系的经济意义和政治意义,对口支援横向转移支付可以定位于"纵向转移支付的有益补充"。

第三节 对口支援横向转移支付的形态模式

一、对口支援横向转移支付的分类

对口支援在实践中呈现出多种形态,对其进行分类,可以更加清晰地理解和认识对口支援整体的发展样貌。具体地,可按照援受主体间关系、对口支援的内容和目的等标准进行分类。

(一)根据援受主体关系划分

按照援受主体间关系,可将对口支援分为三类:

其一是中央对地方的对口支援。这类主要指中央授权所属部门、单位对地方的对口支援,如中央定点扶贫,中央单位直接对口帮扶结对贫困县[①]。

其二是地方与地方之间的对口支援。通常是经济发达地区政府对口支援经济欠发达或有重大紧急需求地区政府,如东西扶贫协作、汶川灾后重建等。

其三是地方内部的对口支援,如省级企事业单位和市场、社会组织对本辖区内贫困县、贫困村的支援等[②]。

[①②] 参见王禹澔.中国特色对口支援机制:成就、经验与价值[J].管理世界,2022(06)。

(二）按照支援内容划分

根据对口支援的内容划分，至少可分为如下五类：

一是特殊区域对口支援（边疆和少数民族地区援助，其他贫困地区援助等），持续时间长，涉及地区多，往往具有全局性战略性意义[①]。对口援藏、对口援疆都属于这种类型。

二是重大灾害、重大事件对口支援，应急性和针对性强，持续时间较短，往往是多地对一地或局部的支援。2008年汶川地震灾后重建对口支援[②]、2020年湖北抗击新冠疫情对口支援，都属于此类。

三是重大工程补偿类对口支援，名为支持重大工程建设，实为重大工程建设地付出代价产生效益外溢，受益方以某种方式补偿建设地的利益，其涉及面和存续时间往往处于上述两类之间。1992年国务院组织的对三峡工程库区移民工作对口支援[③]，就属此类。

四是教育卫生对口支援，主要是地区与地区之间、部门与部门之间、单位与单位之间的在教育和卫生领域进行专业性支援和协作。1983年开始的卫生领域对口支援[④]，1992年开始的教育领域对口协作、对口支援[⑤]就属于此类（见专栏4-2）。

[①] 1979年7月，中央以中发〔1979〕52号文件的形式，批转了乌兰夫在全国边防工作会议上的报告，并明确提出，"国家要有计划地组织一些较为发达的内地省市对口支援少数民族地区以及边疆地区"，由此对口支援的政策正式确定下来。根据这个文件，北京支援内蒙古，河北支援贵州，江苏支援广西、新疆，山东支援青海，天津支援甘肃，上海支援云南、宁夏，全国支援西藏。

[②] 为加快汶川地震灾后重建，2008年中央政府安排20个省市对口支援四川省18个县及甘肃、陕西受灾严重地区。

[③] 各地区、各部门的对口支援要从实际出发，在安排基本建设、技术改造和其他投资开发项目以及在横向经济合作、引进外资、人才培训、干部交流等方面，对三峡工程库区各县（市）移民工作给予重点支援。国务院各部门在安排计划时，要结合三峡工程库区移民，多摆些项目。其他省、自治区、直辖市的有关部门，要在互惠互利的基础上，积极开展与三峡工程库区各县（市）的经济、技术合作。

[④] 1983年，卫生部和国家民族事务委员会在拟定的《关于经济发达省市对口支援边远少数民族地区卫生事业建设的实施方案》中明确指出：对口支援的任务是为少数民族地区培养医疗、卫生、教学、科研以及医疗、设备维修等各类专业技术人才，逐步壮大技术骨干队伍，并把帮助培养提高当地的卫生技术人员摆到首要地位；帮助开展新技术，解决疑难，填补空白，以便尽快改变这些地区的医疗卫生技术条件，提高专业卫生技术水平和科学管理水平。

[⑤] 1992年10月，国家教委办公厅发出《关于对全国143个少数民族贫困县实施教育扶贫的意见》，要求经济、教育比较发达的省市负责安排所属有关县市及高等院校与有关民族地区的民族贫困县建立对口协作关系。1993年2月，中共中央、国务院印发的《中国教育改革和发展纲要》强调，要"认真组织和落实内地省市对民族地区教育的对口支援。"2000年4月，中共中央办公厅、国务院办公厅下发《关于推动东西部地区学校对口支援工作的通知》，建立了以学校对口支援为基本形式，以义务教育学校为重点，一对一帮扶结对子为主要特征的对口支援模式。此后，教育对口支援的范围和内容不断扩大，高等教育的对口支援也逐渐被涵盖进来。2001年5月，教育部下发《对口支援西部地区高等学校计划的通知》（教高〔2001〕2号），确定北京大学、清华大学等13所高校对口支援石河子大学、青海大学等中西部高校。

五是经济技术领域对口支援，主要是经济较好地区对特定地区（经济欠发达地区）开展的经济、技术合作，1996年开展的对贫困地区对口帮扶就属于此类[①]。

◇ 专栏4-2

振兴中西部高等教育 服务中西部高质量发展（节选）

一是实施中西部高校基础能力建设工程。自2012年起，教育部会同国家发展改革委启动中西部高校基础能力建设工程。工程以夯实办学基础、改善教学条件为目标，以"填平补齐"为原则，重点加强实验室、图书馆等基础办学措施和信息化建设，累计支持173所中西部高校教学基础设施建设项目300余项。"十三五"期间，累计安排中央预算内投资107亿元。

二是实施中西部高校提升综合实力工作。2013年起，教育部会同财政部，在没有教育部直属高校的13个中西部省区和新疆生产建设兵团，支持1所地方有特色、高水平大学建设，实施"一省一校"和"一校一案"，引导各高校合理定位，主动融入国家和区域发展战略，立足当地、服务当地。"十二五""十三五"期间，每年每校由中央财政支持约1亿元。2018年，该项工作正式转为部省合建机制。

三是实施省部共建中西部高校工作。"十三五"以来，教育部与相关部委、大型企业、地方政府深入开展共建教育部直属高校和地方高校工作，新增共建中西部高校39所。共建促使中西部高校办学条件明显改善，土地、编制等支持大幅提高。"十三五"期间，中西部省部共建高校经费大幅增长，总计超500亿元，首批"双一流"建设高校重点共建带动中西部各地政府投入建设资金超190亿元。

四是实施对口支援中西部高校工作。积极开展119所中央部门所属高校和东部高水平地方高校支援103所中西部高校工作，实现了西部12个省（区、市）和新疆生产建设兵团全覆盖。通过对口支援，我部单独划拨定向单招博士指标4507个、硕士指标1522个，为受援高校教师提高学历水平开通绿色通道，极大提高了西部高等教育自我发展的造血能力和内涵式发展水平，实现了招生规模、科研经费、学位授予点数量等办学指标的快速增长。

资料来源：教育部高等教育司：《振兴中西部高等教育 服务中西部高质量发展》。

（三）按照对口支援目的划分

按照国家启动对口支援的战略意图，可以把对口支援划分为两种类型（王

[①] 对口帮扶是国家一项重要的扶贫开发政策。1996年10月，中央召开了扶贫开发工作会议，在《关于尽快解决农村贫困人口温饱问题的决定》中确定了对口帮扶政策，要求北京、上海、广州和深圳等9个东部沿海省市和4个计划单列市对口帮扶西部的内蒙古、云南、广西和贵州等10个贫困省区，双方应本着"优势互补、互惠互利、长期合作、共同发展"的原则，在扶贫援助、经济技术合作和人才交流等方面展开多层次、全方位的协作。

禹潆，2022）：

一是均衡发展导向的对口支援。如支援边境民族地区建设、东西扶贫协作和振兴东北对口合作，这一类对口支援往往是政府长期规划的政策体现。

二是应急治理导向的对口支援。如汶川灾后重建、新冠疫情防控，这一类型往往具有突发性、任务急、时间紧等应急治理特点。

二、对口支援横向转移支付的模式

基于我国对口支援发展的形态表现，概括起来可以得到如下四种模式[①]。

（一）同级政府间对口支援

同级政府间的对口支援是最简单模式，具有涉及政府层级少、责任义务明确、决策执行链条短、信息反馈及时的优点，因而成为长期稳定的支援模式。该模式适用于长期专项对口支援，如对口扶贫。以闽宁模式为例，1996年，党中央国务院作出东西部对口扶贫协作的战略部署，由东部13个省市与西部10个省区结对帮扶，其中，福建省对口支援宁夏回族自治区。20多年来，福建通过政策、资金、人才等方面的支持和倾斜，闽宁互派挂职干部，开展部门对口协作，实现了人财物的有效配置，创造了对口协作帮扶的"闽宁模式"（见图4-1）。

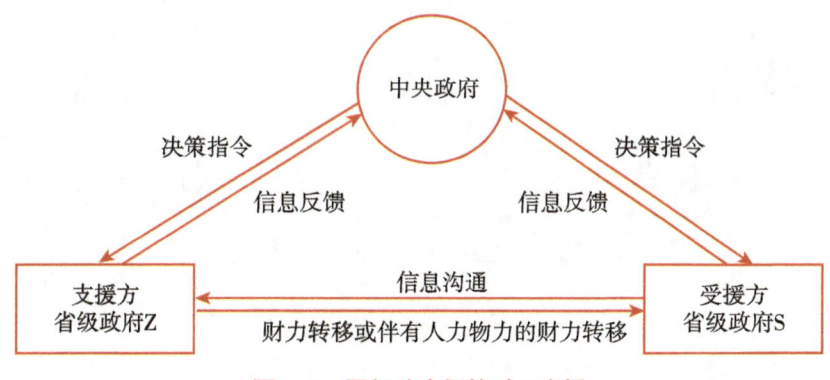

图4-1 同级政府间的对口支援

（二）降级次政府间的对口支援

这种模式是多级多个政府参与的对口支援模式，可调动多个政府集中支持一个地区或分别支持其下辖地区，动用资源多，支持力度大，在强有力的组织管

---

① 石绍宾，樊丽明. 对口支援：一种中国式横向转移支付［J］. 财政研究，2020（01）：3-12+44.

理下也可形成长期稳定的关系，但决策执行链条长，管理成本较高。该模式适用于特殊地区的长期援助任务，如援藏、援疆等。以援藏模式为例，1994年中央召开第三次西藏工作座谈会，正式提出"对口援藏"政策，号召全国各地和中央各部门都要大力支持西藏建设，按照"分片负责、对口支援、定期轮换"的原则，从人才、资金、技术、物资等多方面做好支援工作。从具体实践看，各个援藏省（市）均成立了支援西藏工作领导小组，负责统筹援建规划、资金筹措、人员选派、项目安排、监督检查等。实际操作中，"省直接对省"（即支援方省市财政部门直接将援藏资金转移给西藏自治区财政部门，再由自治区财政部门将援藏资金下发给相应市县政府），"省对市县"（即支援方省市政府财政部门将援藏资金直接转移给受援的市县政府财政部门）都是常见形式，前者可充分发挥受援方省级政府的宏观调配作用，后者则有利于节省中间环节和资金周转时间，提高援藏资金使用效率（见图4-2）。

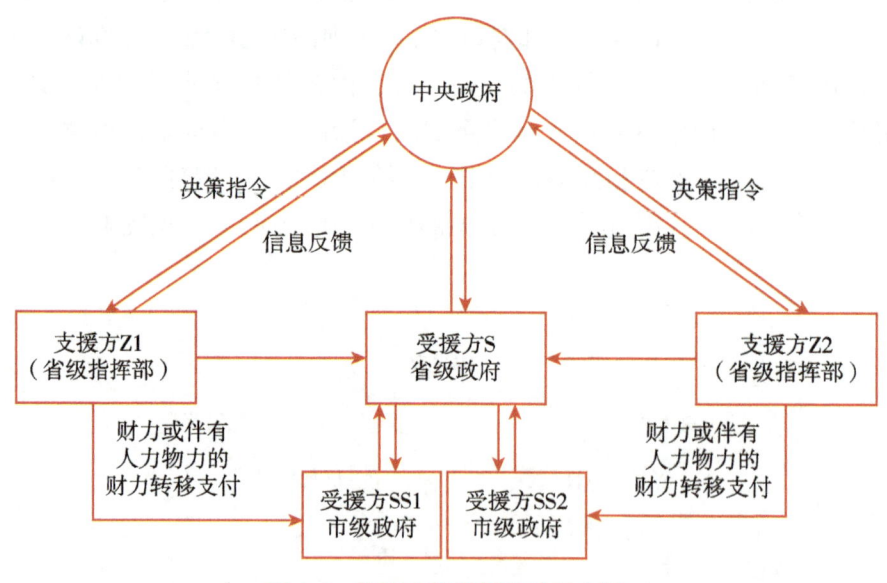

图4-2 降级次政府间的对口支援

（三）降多级次的对口支援

该模式是模式二的一种扩展。它涉及政府层次多，可动员资源多，支援力度大，更多地体现财力支援与政治领导力、专业人力资源、急需物力等的综合支援，但组织难度大。该模式适用于特殊地区、特殊时期的特殊目的事项，如汶川灾后重建支援、三峡工程支援或扶贫攻坚等。以汶川灾后重建支援为例，2008年汶川发生特大地震后，中央决定举全国之力加快灾后恢复重建，依据支援方经济能力和受援方灾情程度,"实行一省帮一重灾县,几省帮一重灾市(州)",建立了东中部19个省市与地震受灾地区的对口支援机制。根据这一方案,山东省对口支援四川省北川县(共20个乡镇)。为加快对口支援效率,山东省明确了"市包乡、县包村"的支援思路,建立了跨多层级政府、全方位、立体化的对口支援机制,在极短时间内调动了充足的人财物力资源,为北川重建发挥了重要作用(见图4-3)。

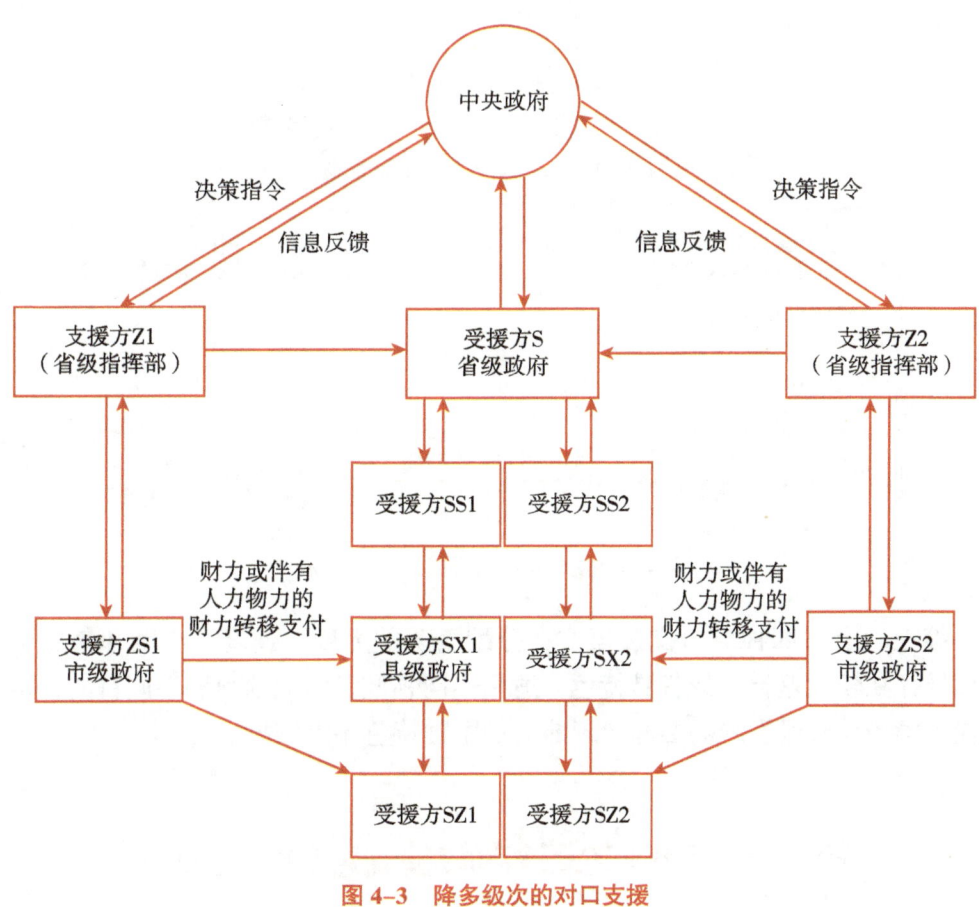

图4-3 降多级次的对口支援

(四)横向与纵向交织的对口支援

这种模式从支援和受援主体的地域角度看,往往被视为横向支援,但由于不同主体的预算隶属关系不同,既可能是同级次预算单位关系,也可能是不同级次预算单位关系,由此构成横向与纵向交织的支援关系。该模式在教育医疗等领域中比较常见。以医疗卫生领域为例,1997年中共中央、国务院《关于卫生改革与发展的决定》要求"建立城市卫生机构对口支援农村的制度"。2016年三级医院对口帮扶贫困县县级医院工作在全国范围内开启，通过捐赠医疗设备、加强人员培训和技术指导、双向转诊、学科建设等方式，进一步提升了贫困县县级医院服务能力，较好解决了贫困地区医疗资源整体配置水平较低、优质医疗资源配置不均衡的问题，贫困地区百姓"看病难看病贵"状况得到一定程度缓解（见图4-4）。

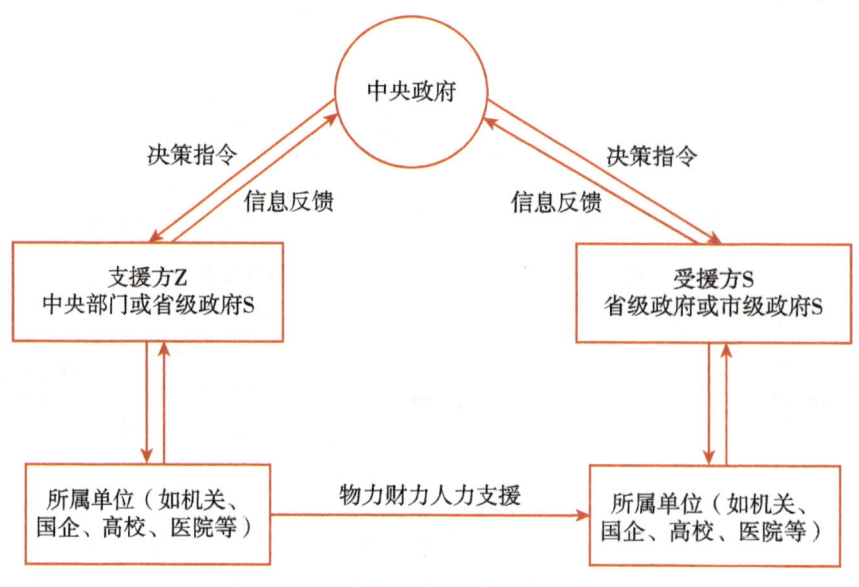

图 4-4　横向与纵向交织的对口支援

综上，上述四种对口支援模式在分配资源的力度、速度、广度和集成度等方面虽存在较大差异，但各具特色，适用不同领域、不同项目和不同目的，也是适应中国当前阶段发展需要和治理能力的中国特色制度安排。

第四节　对口支援横向转移支付的作用效应

一、政治效应

现代化的国家治理，需要按照产业或领域实行自上而下的纵向治理，也需要有不同空间单元的空间治理。国家空间治理中，"边缘"的地理空间可能是"中心"的政治空间。处于国家地理版图边缘的地区，其政治地位显著突出。为此，针对"边缘性"的政治模块，需要采取措施对其进行治理，而对口支援政策的初衷即解决边疆治理问题（周平，2014）。

对口支援的基本目的之一是维护边疆稳定。西藏、新疆等边疆地区作为我国少数民族聚居之地，其治理情况对国家安全和稳定具有重要影响。西藏位于我国西南边疆地区，是重要的国家安全屏障和生态屏障，是我国同境内外敌对势力、分裂势力斗争的前沿，西藏稳定与安全事关国家稳定与安全，西藏工作在党和国家全局工作中占据重要地位[①]。新疆稳定与安全对国家稳定与安全的重要性亦是如此。新疆工作事关全国改革发展稳定大局，事关祖国统一、民族团结、国家安全，事关实现"两个一百年"奋斗目标和中华民族伟大复兴[②]。第二次全国对口支援新疆工作会议上提到，"全面实施对口援疆，是中央新时期新疆工作总体部署和整体安排中的重要组成部分……是推进新疆跨越式发展和长治久安的重大举措"。[③]

对口支援的工作重心是促进民族团结。在国际分裂主义势力的影响下，西藏和新疆等边疆地区的矛盾和冲突不断，进而影响边疆及国家的稳定及安全。党中央在推行对口援藏和对口援疆的过程中，坚持民族平等、团结和互助的原则，确定了团结互助和谐的社会主义民族关系。做好以新疆和西藏为重点的对口支援边疆和少数民族地区工作，是一项长期且重要的政治工作（任恒和王宏伟，2020）。基于其特殊的政治属性，党和国家在对口援藏、对口援疆方面采取了不同于其他边疆和少数民族地区的支援政策。对口援藏和对口援疆旨在通过对边疆的建设和开发，提升边疆的政治认同。具体表现为，中央政府通过政治动员，选定部分较发达地区与边疆贫困地区结成对子，一对一援助，支援方式由开始的物质、资金援助到后来的人才、技术等援助，通过不断提升边疆地区的发展能力，提升边疆地区的政治认同。综上，对口支援在中国边疆治理，特别是维护边疆稳定，促进民族团结方面负有重要的政治使命。

二、经济效应

对口支援利于培育市场经济。对口支援得以产生的前提是中央政府的行政

[①] 毛泽东在1952年接见西藏致敬团代表时，指出"共产党实行民族平等，不要压迫、剥削你们，而是要帮助你们，帮助你们发展人口、发展经济和文化。人民解放军进入西藏就是要执行帮助你们的政策。"引自《毛泽东文集》第6卷，人民出版社1999年版。
江泽民在1994年西藏工作会议上明确指出，"国际敌对势力西化、分化中国的政治图谋……是我们全党全国各族人民面临的忧患，或者说是隐患……西藏的稳定和发展……需要全国支援。"引自《江泽民文选》第1卷，北京：人民出版社，2006年。

[②] 引自牢牢把握新疆社会稳定和长治久安总目标（jcy.gov.cn）。

[③] 引自在第二次中央新疆工作座谈会上发表重要讲话，中华人民共和国教育部政府门户网站（moe.gov.cn）。

命令和政治动员，支援政府在缺少相应激励的前提下，主要通过无偿援助物质和资金的方式完成对口支援任务，受援方虽然接受物资能够解决当前困难，但真正贫困问题并未解决。在这种情形下，双方难以积极主动开展对口支援工作，导致对口支援不可持续，成效不够显著。产生这一问题的主要原因在于对口支援是地方政府在中央政府的主导下集成发挥作用的系统工程，但是政府受自身权力的制约，其配置社会资源的能力是有限的，这意味着在对口支援实践中，政府在某些方面是力不从心的。从而参与对口支援的援受双方没有足够的利益驱动其深入开展对口支援工作。为解决这一问题，党中央曾指出，"通过培育市场、规范市场秩序和创造各种条件，吸引资金、技术等生产要素进入西部地区，特别要促使企业成为投资主体。教育、文化、卫生、体育、环境保护等事业，也可以合理引入市场机制"。①历次全国对口支援新疆工作会议也屡次强调要注重企业和投资项目吸纳劳动力就业，培育壮大新疆特色优势产业②。让市场在资源配置中发挥决定性作用，鼓励社会组织和企业参与对口支援，形成政府引导、市场主导的对口支援新格局。支援方通过改进受援地区公共基础设施硬性条件和技术人才、教育培训等软性人力资本和制度条件，可优化当地经济要素的空间配置，将支援方的人才、技术、市场等资源与本地区优势资源结合，提升受援地区整体劳动生产率等经济绩效（刘金山、徐明，2017；徐明、刘金山，2018）。③同时，受援方借此机会进一步开拓市场空间，优化市场要素，激发市场活力。这种对口支援模式下，双方共赢互利，有利于对口支援的可持续发展。

对口支援可缩小区域差异。随着社会主义事业现代化建设的不断发展，东西部各地区综合发展在取得成就的同时，区域间差距依然在不断扩大。改革开放后，中央政府为协调区域发展，试图通过对口支援，由经济发达地区支援经济欠发达地区，促进地区间资源的横向流动，推动地区间优势互补，加快贫困地区脱贫致富的步伐，实现共同富裕，增强民族团结。1996年国务院办公厅发布《关于组织经济较发达地区与经济欠发达地区开展扶贫协作的报告》指出，引导区域

---

① 《江泽民文选》第3卷［M］.北京：人民出版社，2006.

② 2010年召开的全国对口支援新疆工作会议要求，不仅要重点支持新疆就业、教育、医疗和住房等基本民生问题，还要依靠产业援疆和基础设施投资着力支持新疆特色优势产业发展。2014年第二次中央新疆座谈会中，注重企业和投资项目吸纳劳动力就业，以及发展民族特色产业依然是政策的重点。2020年召开的第三次中央新疆工作座谈会进一步提出"要推动工业强基增效和转型升级，培育壮大新疆特色优势产业，带动当地群众增收致富。"引自徐明："财政转移支付带来了地区生产效率提升吗？——基于省际对口支援与中央转移支付得比较研究"《统计研究》，2022年第9期。

③ 董珍，白仲林（2019）利用西部11个省的经济数据和反事实分析原理，使用合成控制方法评估了对口援藏政策的经济效应，结果显示对口支援的经济增长效应和产业结构优化效应在总体上是显著的。姚鹏、牛靖（2021）以2010年对口援疆的实施作为对口支援政策这项准自然实验的切入点，利用双重差分方法得出对口支援政策显著促进了企业升级。

经济协调发展，加强东西部地区互助合作，帮助贫困地区尽快解决群众温饱问题，逐步缩小地区之间的差距，是今后改革和发展的一项战略任务[①]。

三、社会效应

对口支援有助于社会结构稳定。"橄榄型"的社会结构是一种比较理想的社会结构，即中产阶层比例大，极富的上层阶层和贫困的下层阶层比例小，呈现两头小中间大的特点。这种社会结构下，以中产阶层为主体，社会财富分布比较均匀，社会结构也更加稳定[②]。贫富差距悬殊容易产生"金字塔"形的社会结构[③]，这种社会结构下，贫困的下层阶层规模大，且难以较好地实现阶层跨越。长期处于"金字塔"形的社会结构，容易激发阶层矛盾，不利于社会和谐稳定。对口支援的终极目标是提高贫困阶层的劳动生产力，授人以鱼不如授人以渔，通过政府、社会组织和企业多主体共同参与，支援方将资金、人才、技术和知识等生产要素流入受援方，为受援方注入经济增长内生动力，进而提高受援方整体收入水平，实现向中层阶级跨越，进而促进社会结构稳定。

对口支援有助于社会秩序稳定。贫富差距是市场经济发展的产物，合理的贫富差距对于社会发展具有一定的促进作用，若贫富差距过大，则会对社会稳定产生不利影响。受基础条件及政策导向等因素的影响，我国贫富差距问题一直存在且呈现逐步扩大的趋势。贫富差距过大，容易激发低收入群体的负面情绪，相对剥夺感增强，获得感降低，进而影响到整个社会的心理健康，为社会犯罪营造了条件[④]。社会犯罪是衡量社会秩序的重要尺度，社会秩序紊乱会对社会发展产生重要影响。因此，为促进社会良好发展，需要营造一个平等和谐的环境。对口支援是构建公平合理的致富扶贫机制的重要途径，通过将富裕地区的财政资源转移到贫困地区，平衡整体的财政资源，缓解贫富差距，增加低收入群体的认同感获得感，降低潜在的敌对情绪和社会矛盾，稳定社会秩序。实践中，对口支援通过促使劳动力人口产业转移和城乡空间流动，即产生大量就业岗位和就业机会，改变当地就业结构和收入结构，帮助当地群众脱贫，进而提高居民消费水平，并显著抑制城乡收入差距，进而从整体上缩小区域差异（王磊，2021；王珺鑫、王磊，2021；徐明，2022；王小林、谢妮芸，2022）。

---

① 参见《国务院办公厅转发国务院扶贫开发领导小组关于组织经济较发达地区与经济欠发达地区开展扶贫协作报告的通知》（国办发〔1996〕26号）- 政策法规 - 郑州威驰外资企业服务中心（waizi.org.cn）。
② 李秋蒙，王浩.中国贫富差距问题分析[J].学理论，2018（07）.
③ 叶秀娟，张建勤.贫富差距对中国社会发展的影响与对策[J].当代世界与社会主义，2014（03）.
④ 胡联合，胡鞍钢，徐绍刚.贫富差距对违法犯罪活动影响的实证分析[J].管理世界，2005（06）.

四、生态效应

当前，限制开发和禁止开发地区多位于财政贫困地区，这类地区多属于生态功能区，在国土空间开发中应限制对其进行大规模、高强度、工业化及城镇化开发，以保持并提高这些地区生态产品的供给能力[①]。但是，贫困地区进行生态保护和服务的意识不足，主要原因在于贫困地区的关注点仍在于如何解决温饱问题，没有多余的财力和精力用于生态服务。为了提高生活水平，贫困地区以发展经济为主，以牺牲环境保护来推动经济发展，但是贫困地区的基础设施水平较低，生产技术比较落后，产业升级困难，且难以形成规模化，在一定程度上对污染处理及环境保护提出了巨大挑战。

对口支援可通过援助资金或项目对受援地生态环境产生直接或间接影响。其一，通过援助受援地区农村环境连片整治、乡村污水治理及城镇化发展配套环境绿化等项目对受援地环境改善产生直接影响。其二，通过招商引资，促使受援地的产业结构升级，通过提供先进的生产设备、生产技术及生产理念，推动产业规模化发展，降低产品单位能耗。同时，通过集中援建工业污染处理设施，实现工业污染处理的规模化，有利于改善生态环境[②]。

五、文化效应

优秀的文化基因[③]是保持我国传统文化强大生命力的重要根基，与生物基因类似，文化基因也具有代际传递功能，一方面通过自我复制和遗传，实现文化基因的稳定性；另一方面通过变异和自主选择不断适应社会实践，实现文化基因的创造性转化和创新性发展[④]。我国文化基因已有五千多年的演进历史，经过世代社会实践，不同层次的文化基因按照一定的内在联系构成文化系统，实现与中国特色社会主义理论有效融合。经过文化基因世代遗传和变异，"大一统"政治观

[①] 李国平，汪海洲，刘倩. 国家重点生态功能区转移支付的双重目标与绩效评价[J]. 西北大学学报（哲学社会科学版），2014（01）.
[②] 张斌，赵国春. 对口支援政策的生态环境效应评价[J]. 地方财政研究，2019（06），98-112.
[③] 1976年西方著名生物学家理查德·道金斯提出"Meme"（一般译为"谜米"或"模因"）一词，他认为文化中也有像生物基因一样的复制和遗传，而"谜米"就是文化传递的基本单位。后来，"谜米"被西方学者用来描述文化复制与传递机制。从1988年开始，刘长林、毕文波、王东、赵传海和吴秋林等国内学者从不同学科角度对"文化基因"展开更加广泛的研究。
[④] 史晓琴，樊丽明，石绍宾. 中国抗击新冠肺炎疫情中对口支援何以发生——公共经济学视角的分析[J]. 财政研究，2020（08），12-22.

念以及"一方有难，八方支援"已成为中华民族共同体意识，维护国家统一和民族团结成为中华民族的最基本文化基因。在对口支援中，虽然制度将其作为政治任务分配给支援主体，但文化基因为对口支援深入持久运行提供精神内核与文化动力。

对口支援是基于中国文化传统长期积淀形成的政治共同体意识的政策实践，反过来对中国文化亦产生重要影响。对口支援体现了中国文化具有举国同心、人民至上、协和万邦等特质，面对长期处于贫困状态、突发公共事件等特殊情形，各级政府始终秉持集体主义、命运与共的价值理念，将"一方有难，八方支援""公义胜私欲""守望相助"等传统文化运用得淋漓尽致，进一步巩固、深化中国文化的精神内核，保持其长久生命力。同时，对口支援能够使得中国文化在不断变化的时代背景下得到创造和创新，经过不同类型对口支援的打磨，中国文化实现创造性转变，具有时代性和先进性，中国文化的竞争力日益增强。

第五章

中国对口支援的制度与文化基础

对口支援是我国在社会主义现代化建设的新时期，基于不同地区与民族在发展水平上存在的不均衡、不同地区间自然资源分布不平衡的客观事实，为更好地帮助西部欠发达地区，或因受灾及进行重大工程等而受到影响的地区与民众，开展经济文化建设而采取的一项政策措施，是经济发达地区或实力较强地区对经济欠发达地区或实力较弱地区的援助实施，是一种基于财政平衡视角而实施的政府行为。作为一种支援措施，其萌芽于20世纪50年代，60年代初正式提出和实施，最终于1979年通过中央五十二号文件以国家政策的形式被正式确定下来。20世纪90年代以后，对口支援不论在形式还是内容上开始不断向各个领域扩展并形成一种网状的支援格局，规模不断扩大，内容日渐丰富，功能日渐成熟，成为一种多领域、多层次、多形式、多内容的帮扶制度与政策形式[①]。经过多年的实践与探索，目前，对口支援形成了三种相对稳定的模式，即边疆与少数民族地区（西部欠发达地区）对口支援、灾害损失严重地区对口支援与重大工程对口支援。自对口支援政策提出与实施以来，其在促进地区与整体国民经济发展、增进区域间交流与协作、增强民族平等与团结、提升公共服务水平等诸领域都取得了辉煌成就，充分体现了中国共产党的领导优势与社会主义制度的优越性。

作为一项政治与社会经济发展的重大政策措施，对口支援自提出与实施以来，就受到了中央与地方政府、新闻媒体、社会各界的普遍关注，亦由此成为一个学术研究的热门话题。大体言之，目前有关中国对口支援的相关研究，基本都是从政治、经济、法律与民族这四个层面展开进行的，重在讨论对口支援的历史发展、性质界定、政策措施、支援模式、府际关系、绩效评估、功能效用、存在

---

① 胡茂成. 中国特色对口支援体制实践与探索［M］. 北京：人民出版社，2014.

问题、对策建议，等等[①]。不过，纵观已有之研究可以发现，对对口支援何以能够展开的问题，即对口支援的制度保证与社会文化基础等问题虽偶有论及，却并未作为一个专门话题展开讨论，尤其是"文化基础"层面的内容更是鲜有涉及。基于此，本章将在已有研究的基础上，对对口支援何以能实施开展的制度性、文化性前提与基础进行分析与讨论。

第一节　对口支援的制度基础

对口支援作为一项重要的国家政策，其之所以能够顺利实施与开展，是与我们的历史传统、政治体制、国家治理方式等紧密相关的，具体如大一统与中央集中统一领导的历史传统与政治体制、具有无比优越性的中国特色社会主义制度、人民当家作主的社会主义民主制度、社会主义公有制经济体制、中国共产党的坚强领导等。而在这些体制性制度背后，之所以需要实施对口支援政策，又是与我国东西部自然地理环境与格局的差异性及由此导致的发展不平衡状态紧密相关的。

一、东西部地理格局差异与不平衡发展状态

自然地理环境是我们开展政治经济与社会文化建设的前提与基础，虽不能说其就具有决定性的作用，但确实是个不容忽视的重要影响因素，因此就本质来说，自然地理基础及受其影响的社会现实亦应是制度建设的重要考量面与组成部分。

我国位于欧亚大陆东部、太平洋西岸，是一个兼具陆地与海洋环境的国家。在宏观地理层面上，西面是浩瀚的沙漠与高原，北面是人烟稀少的草原与戈壁，东面与南面是茫茫无际的海洋，西南面是高耸的喜马拉雅山脉与世界屋脊青藏高原。这种高山、高原、荒漠、大海相环绕的自然地理环境，使我国成为一个生态环境丰富、地理环境相对隔绝的国家，这是历史上我国之所以能形成大一统、中

[①] 相关研究，具体如王达梅：《我国横向财政转移支付制度的政治逻辑与模式选择》，《当代财经》2013年第3期；伍文中等：《从对口支援到横向财政转移支付：基于国家财政均衡体系的思考》，《财经论丛》2014年第1期；胡茂成：《中国特色对口支援体制实践与探索》，人民出版社2014年版；余翔：《发展型社会政策视野下的省际对口支援研究——基于汶川地震灾后重建案例》，浙江大学出版社2014年版；李瑞昌：《中国特点的对口支援制度研究——政府间网络视角》，复旦大学出版社2016年版；杨龙、李培："府际关系视角下的对口支援系列政策"，《理论探讨》2018年第1期；等等。

央集权的政治体制并文明发展一直兴盛不衰的地理基础所在。与此同时，复杂的地质构造又使我国形成了差异巨大的地貌形态，总体趋势是西高东低、由西向东逐级下降，形成为一个具有三级阶梯、向海洋倾斜的斜面。其中第一阶梯是青藏高原，第二阶梯为海拔1000–2000米的广阔高原、大盆地及一系列中高山地，第三阶梯则为广阔的东部平原与丘陵，海拔一般在500米以下。每一阶梯，分别拥有不同的热量、湿度、植被和土壤条件。总体而言，由西北向东南，温度、降水量等逐步增强，植被与土壤条件亦更为优越，由此导致了历史上西北与东南地区不同的生产方式与经济发展水平。

1935年，著名地理学家胡焕庸先生根据我国人口密度画了一条北起黑龙江瑷珲、南到云南腾冲约45度的直线，即著名的胡焕庸线（腾冲—瑷珲线，今称黑河—腾冲线），对我国人口分布规律做了清晰描绘：东南半壁36%的土地养活了全国96%的人口，西北半壁64%的土地则仅供养了4%的人口。实际上，胡焕庸线不仅仅只是人口分布的分界线，也是昭示我国不同地区经济发展方式与水平的一条重要分界线：线东南以平原、水网、丘陵为主，自古为农业经济区；线西北以草原、荒漠与高原为主，自古以游牧经济为主。线东南在地理单元上约相当于我国的中、东部地区，在经济发展上为中等或发达水平，其中越向东南越发达，尤其是各沿海省份；线西北则为我国广大的西部地区，经济发展相对落后。早在1956年的《论十大关系》中，毛泽东主席就强调了这一点："我国全部轻工业和重工业，都有约百分之七十在沿海，只有百分之三十在内地。这是历史上形成的一种不合理的状况。"[①]虽然中华人民共和国成立后，在党和政府的领导下，西部经济亦获得了飞速发展，但与东部地区相比，受各方面因素的影响仍然存在着一定的差距。如以人均GDP为例，2012年，东部地区为中部地区的1.69倍、西部地区的2.09倍，中部地区为西部地区的1.23倍[②]。

受自然地理格局及由此导致的区位发展禀赋等因素的影响，我国经济发展水平呈现出明显的东、中、西部地区差异性。而对口支援政策，作为经济发达地区或实力较强劲地区对经济欠发达地区或实力较弱地区的帮扶援助，正是与这一自然地理格局相适应的。其中的援助输出地区，也即经济发达地区，主要是指上海、北京、广东、辽宁、天津、浙江、江苏、山东等省市，全部位于东部沿海地区，自然地理环境优越，区位发展优势明显，自古就是我国经济发展的先进地区；受援助地区，也即经济欠发达地区，则主要是指西藏、新疆、广

---

① 毛泽东.毛泽东文集（第7卷）[M].北京：人民出版社，1999.
② 严文波，祝黄河.社会主义共同富裕的理论阐释与实现机制[J].江西财经大学学报，2014（04）.

西、宁夏、内蒙古、云南、贵州、青海、四川等省份，绝大部分位于胡焕庸线以西、以北，绝大部分为我国自然地理环境相对恶劣的地区。因此，正是自然地理环境差异所导致的地区不平衡发展状态，使对口支援成为一项必要的帮扶措施①。

二、大一统与中央集中统一领导

与西方国家相比，中国政治的一个基本特点即是"大一统"：既是一种贯穿于历代王朝并延续至今的政治哲学，也是一种经久不衰的政治实践过程。我国大一统的思想渊源颇为久远，约在先秦时期就已形成，"四海""五服""九州"等概念即是明显体现②。在这种观念的影响下，公元前221年秦始皇建立起我国历史上第一个统一的封建王朝，并成为此后历代统治者追求的政治体制与治理目标。虽然在两千多年的发展历程中，我国也曾多次出现分分合合的政治态势，但大一统的政治理念与实践却始终没有中断。事实上，一直到今天，"大一统"观念仍旧发挥着极其重要的影响力，是我们当下建构现代国家的文化基础，具有价值规范、凝聚人心和引导国人的重要作用③。总之，大一统是我国历代王朝及当下时代国家治理的一个重要工具，也是国家治理的最重要内容之一。

历史上，与"大一统"理念及实践紧密相关的即是"中央集权"政治管理体制与治理制度。中央集权，本质上是一种处理中央与地方关系的方式，简单来说即地方服从中央。在这一政治模式下，地方无独立的政治、经济、军事、司法等权力，而是要按照中央政令统一执行。我国的中央集权管理体制，最早可追溯至原始社会时期的公共管理和夏商周时期的国家行政制度。春秋战国时期，随着奴隶制社会向封建制社会的转变与最终确立，中央集权的行政制度与官僚体制初现雏形。秦统一天下后，"海内为郡县，法令由一统"④，正式建立起我国历史上的第一套中央集权国家行政制度及一系列官僚制度，并在随后的汉王朝获得了初步发展，与之相关的行政思想与学说亦初步形成。魏晋南北朝至宋元时期，中央集权行政文化不断发展与演化，中央集权的政治体制与行政制度进一步发展、完善。明代建立后，宰相被废除，建立起极端专制主义的中央集权行政文化；清朝

---

① 对口支援的模式主要有三类，即边疆与少数民族地区对口支援、灾害损失严重地区对口支援与重大工程对口支援。这种因自然地理环境差异与发展不平衡状态而引致的对口支援，主要是就边疆与少数民族地区对口支援而言的——这也是目前我国对口支援的最主要模式。

② "大一统"一词最早出现于《公羊传》中，大体包含三个方面的内容，即政治一统（以"尊王"为核心）、民族一统（以"内华夏"为核心）、文化一统（以"崇礼"为核心）。

③ 王建国，朱莉.大一统：中国现代国家建构的文化基础[J].江汉论坛，2019（06）.

④ （汉）司马迁.《史记》卷六《秦始皇本纪》.

入关并定都北京后,在承袭明代行政制度的基础上建立了其自己的中央集权行政制度。1840年鸦片战争之后,随着我国整体社会政治、经济等因素的变化,传统的中央集权行政文化开始向近代行政文化转变[1]。1949年10月中华人民共和国成立后,我们继承延续了两千多年的中央集中领导体制。不过,与传统时期相比,新中国成立后的"中央集权制"不仅在观念系统上发生了明显变化,制度安排上的改变则更为明显,建立了一套与传统几乎完全不同的制度体系,具体如政党政治取代传统士大夫政治、公有制的建立等,并随着社会的发展而不断调整与改变(如农村体制改革、地方行政制度和区划调整等),从而使新时期的"中央集权制"不断向着适应现代化转型的方向发展与演变[2][3]。

"大一统"具有丰富的内涵,不仅仅指疆域的统一,还包含思想、文化与经济等各个层面的统一。按照大一统的思想理念与政治实践,每个地区都是国家不可分割的组成部分,每个地区经济、文化等的全面发展都会影响国家整体发展的大局,因此,先进地区帮助后进地区、以促进后进地区的发展,是实现各领域、各层面"大一统"的必然要求,这正是对口支援得以实施的基础性原因之一。当然,"大一统"理念与实践并不会天然地促使地区间对口支援的实现,其背后还有一个更为重要的制度因素,即中央与地方的关系模式,更确切来说即中央是否有调动地方资源的权力与可能性。因为从本质上来说,对口支援制度,是党中央、国务院根据我国的具体国情以及各地发展的具体实况,在细致策划、周密部署基础上所形成的一项地区帮扶工程。也就是说,地区间的对口支援是由中央政府策划与发起的,而非地方政府的主动性行为。

中央与地方的关系模式是影响社会政治经济能否平稳发展与各项事业能否顺利开展的重要因素。就中央政府与地方政府而言,作为全局利益与地方局部利益的不同代表者,不可避免会有不同的利益诉求与施政目标,存在上下级间的关系博弈。尤其是1994年我国分税制改革以后,中央政府与地方政府在宏观经济领域的"博弈"已成为一种客观经济现象。对中央政府来说,维护国家统一、促进民族团结与社会稳定,促进各地区经济发展与社会平等是其施政目标与诉求,而对地方政府来说则以自身地方利益为重,至于其他地方发展水平、如何发展并不是其考虑的问题所在,因此,必然就会缺少帮助其他地区的主动性与自觉性。

---

[1] 韦繁林.我国行政文化的演进及其影响因素分析——基于对中央集权行政文化与近代民主行政文化的考察[D].山东大学,2007.

[2] 宣晓伟.建国以来"中央集权制"的制度变迁——"现代化转型视角下的中央与地方关系研究"之二十五[J].中国发展观察,2016(08).

[3] 宣晓伟.建国以来"中央集权制"的制度变迁——"现代化转型视角下的中央与地方关系研究"之二十六[J].中国发展观察,2016(09).

故而，中央政府要想调动一地之资源以支援另一方，就必须要有其权威性与合法性所在，而中央集中统一领导、地方服从中央的政治体制则保证了这一点。正如《中华人民共和国地方各级人民代表大会和地方各级人民政府组织法》所明确规定的那样："全国地方各级人民政府都是国务院统一领导下的国家行政机关，都服从国务院。"而为保证对口支援的顺利实施，中央政府也确实采取了一系列的政策措施，具体如法律手段、行政命令、集权与分权、任职管理、社会规划、政治动员、约谈沟通等①。

当然，中央与地方之间并非单纯的上级与下级、控制与被控制的关系，而是具有相互依赖、相互合作的关系特征。对中央政府来说，对口支援不论在决策还是执行层面，都需要得到地方政府的支持与配合，"如果失去了地方，不仅计划和措施得不到实施，甚至连这些计划和措施都难以形成"。②因此，对口支援的顺利实施，不能只单纯通过行政命令、政治高压的方式来实现，"而是以政治动员来开路，说服地方政府，指明帮助边疆少数民族的发展、维护国家统一、促进民族团结等政治任务也是地方政府的责任。中央的政治动员方式有多种，在对口援藏和对口援疆中，都通过中央不定期召开座谈会，相关地方政府的领导人和部门参加的方式"。③除政治动员外，如何真正调动地方政府的积极性也是非常必要与关键的。故在制定对口支援政策时，充分考虑支援方与受援方的实际情况与地方需要，尽量将具有较大合作发展前景的双方或几方帮扶结对，可能是一个比较好的方法。另外，中央政府还可以通过为各方提供政策优惠或必要协助的方式来提高地方积极性④。

总之，为保证对口支援政策的顺利实施，中央集中领导、保有一个强有力的中央政府（高度权威性）是极其必要的。这正是中国对口支援政策区别于其他国家如德国横向转移支付制度的一个非常重要的方面⑤。这提醒我们，在制定和实施对口支援政策的过程中，必须要始终坚持中央统一领导。毕竟对口支援是一项浩大的社会工程，需要耗费大量的人力、物力与财力，也需要一个相当长的时间跨度来完成，这决定了中央集中统一领导的必然性与必要性。首先，是决策的需要。因为只有中央政府才有"命令"、动员地方政府的权威与能力。从资源调度的角度来说，对口支援的实质在于全国范围内的资源配置与使用，因此，只有中央有这个能力和资格在全国范围内调动资源并整合利用，而一个地方政府只能

---

① 王达梅. 我国横向财政转移支付制度的政治逻辑与模式选择［J］. 当代财经, 2013（03）.
② 林尚立. 国内政府间关系［M］. 杭州：浙江人民出版社, 1998.
③ 杨龙, 李培. 府际关系视角下的对口支援系列政策［J］. 理论探讨, 2018（01）.
④ 胡茂成. 中国特色对口支援体制实践与探索［M］. 北京：人民出版社, 2014.
⑤ 周林青. 我国"对口支援"政策与德国横向转移支付制度的比较研究［J］. 法制与社会, 2015（08）.

在其辖区内调动和使用本地区的资源。其次，是统筹的需要。对口支援的实施，目的并不仅仅在于促进受帮扶地区的经济社会发展、公共服务水平的提升与人民生活水平的提高，还具有促进民族团结、维护国家统一、确保国家长治久安与社会和谐的重要意义，也就是说还具有国家在政治、战略等层面的宏观的、长远的目标与考虑。而这些问题的解决，需要中央政府站在全局的高度进行统筹与兼顾。再次，效率的需要。对口支援工作，涉及社会方方面面的供应与调度，涉及不同政府间的沟通与协调，涉及物资、人才、服务等各方面资源的调配，因此必须有一个强有力并运转良好的管理组织作为支撑，需要一个核心机构进行调度和指挥，否则就会像一团乱麻，杂乱而又低效。如2008年汶川地震发生后，在中国共产党的领导下，中央政府迅速介入，积极动员和指挥各地方参与到对受灾地区的支援和帮助上来并在短时间内取得了良好效果，充分体现了中央集中统一领导的制度优势[①]。

三、社会主义本质与制度优越性

1949年10月1日，中华人民共和国成立。这是在中国共产党的坚强领导下、在全国各族人民几十年艰苦卓绝努力奋斗下所实现的伟大成就。此后，经过社会主义改造、西藏民主改革等运动，成功在全国范围内建立起社会主义政治、经济与社会制度。与封建主义、资本主义相比，社会主义真正实现了人的解放并逐步消灭了阶级与剥削，体现出无比巨大的制度优越性。

什么是社会主义？怎样建设社会主义？社会主义的本质为何？为此，毛泽东及其之后的历代中央领导集体进行了努力奋斗与探索。1978年党的十一届三中全会后，随着改革开放政策的实施与推进，在社会主义建设向中国特色社会主义道路转变的过程中，针对社会主义的本质究竟是什么这一根本问题，以邓小平同志为代表的中国共产党人提出了共同富裕的思想。共同富裕是中国人千百年来一直追求的伟大目标，也是中国共产党人始终如一坚持的价值取向。自1949年中华人民共和国成立以来，历代中央领导集体始终坚持不懈地带领全国各族人民向着共同富裕的目标迈进。毛泽东同志认为，只有实行公有制的社会主义才能避免出现两极分化的现象，才能保证人民走上富裕的道路，始终将共同富裕与社会主义内在地结合在一起。党的十一届三中全会后，邓小平在总结新中国成立以来社会主义建设过程的经验、教训的基础上，提出了共同富裕的伟大构想，并将其与社会主义本质相联系。"社会主义的原则，第一是发展生产，第二是共同致

---

① 胡茂成. 中国特色对口支援体制实践与探索［M］. 北京：人民出版社，2014.

富"①,"社会主义的特征是搞集体富裕,它不产生剥削阶级"②,"社会主义不是少数人富起来、大多数人穷,不是那个样子。社会主义最大的优越性就是共同富裕,这是体现社会主义本质的一个东西","社会主义的本质是解放生产力,发展生产力,消灭剥削,消除两极分化,最终达到共同富裕"③,"共同富裕是社会主义不能动摇的原则"④。也就是说,社会主义的本质即在于解放与发展生产,走向共同富裕,社会主义与共同富裕是紧密结合的统一体。这一思想,包含着丰富的内涵,内在地包含着社会主义经济与政治、生产力与生产关系等辩证关系。在以经济建设为中心的同时,亦关注国家社会其他方面的全面、协调发展,是一个贯通生产力、经济基础、上层建筑,涵盖政治、经济、意识形态等多层面结构的有机理论体系⑤。正如邓小平同志所指出的:"社会主义最大的优越性就是共同富裕……如果搞两极分化,情况就不同了,民族矛盾、区域间矛盾、阶级矛盾都会发展,相应地中央和地方的矛盾也会发展,就可能出乱子。"⑥

共同富裕是社会主义的本质及制度优越性的最大体现,那如何才能实现共同富裕呢?对此,邓小平同志创新性地提出了以"先富"带"后富"的战略发展理念,就是"鼓励一部分地区一部分人先富起来,带动越来越多的人富裕起来,达到共同富裕的目的"⑦。对其具体基础与预期发展战略,他曾如是说:

共同富裕的构想是这样提出的:一部分地区有条件先发展起来,一部分地区发展慢点,先发展起来的地区带动后发展的地区,最终达到共同富裕。如果富的愈来愈富,穷的愈来愈穷,两极分化就会产生,而社会主义制度就应该而且能够避免两极分化。解决的办法之一,就是先富起来的地区多交点利税,支持贫困地区的发展。当然,太早这样办也不行,现在不能削弱发达地区的活力,也不能鼓励吃"大锅饭"。什么时候突出地提出和解决这个问题,在什么基础上提出和解决这个问题,要研究。可以设想,在20世纪末达到小康水平的时候,就要突出地提出和解决这个问题。到那个时候,发达地区要继续发展,并通过多交利税和技术转让等方式大力支持不发达地区。不发达地区又大都是拥有丰富资源的地区,发展潜力是很大的。总之,就全国范围来说,我们一定能够逐步顺利解决沿海同内地贫富差距的问题。⑧

而对这一发展大局,不论沿海还是内地,都必须要服从:"沿海地区要加快对外开放,使这个拥有两亿人口的广大地带较快地先发展起来,从而带动内地更

---

①③⑥⑦⑧ 邓小平.邓小平文选(第三卷)[M].北京:人民出版社,1993.
② 邓小平.邓小平文选(第二卷)[M].北京:人民出版社,1994.
④ 中共中央文献研究室.邓小平年谱(1975-1997)(下)[M].北京:中央文献出版社,2004.
⑤ 易重华,席学智.邓小平共同富裕思想的内涵、地位及其现实指导意义[J].湖北社会科学,2013(12).

好地发展，这是一个事关大局的问题。内地要顾全这个大局。反过来，发展到一定的时候，又要求沿海拿出更多力量来帮助内地发展，这也是个大局。那时沿海也要服从这个大局。"① 短暂来看，似乎经济发达地区"吃了亏"，但从长远与全国大局来看却是积极有效的，充分体现了社会主义的优越性："要把眼光看得更远一点，着重考虑将来，考虑整体，要有点牺牲，或者保本薄利，或者保本无利。这似乎不符合经济规律，但从长远看，对整个国家的发展将起重大作用，也是互利的。我们的对口支援，是从整个国家的利益着眼的，是社会主义优越性的体现。"②

社会主义的本质与优越性在于共同富裕，而要实现共同富裕，先富起来的沿海等发达地区支援帮助内地等欠发达地区则是一个重要步骤与措施。而对口支援的实质即在于先进地区对后进地区的帮助与支持，以促进后进地区经济与社会等各方面的发展，因此，对口支援就是实现共同富裕的重要步骤与措施，从而也就是社会主义本质与优越性的必然要求。不过，虽然"共同富裕"与"对口支援"思想与政策都是在党的十一届三中全会之后才明确、正式提出来的，但作为一种理念却早在新中国成立之初即已产生。正如1956年2月12日，毛泽东主席在同藏族人士的谈话中所指出的那样："在经济文化方面，藏族是落后的，汉族也落后，比美国、英国、法国、苏联、波兰落后，比捷克斯洛伐克、罗马尼亚、保加利亚、东德落后，比日本也落后，不要以为只是你们落后。我们的目的是使大家都发展起来，我们要经过几个五年计划来克服这些落后状况。我们支援你们，你们自己也要发展。你们应该发展人口，发展经济，发展文化。经济不发展，人口也不能发展，文化发展了，可以帮助经济发展。"③

在邓小平同志明确提出并大力实施共同富裕的战略构想与国家发展战略之后，在其共同富裕思想的基础上，其后以江泽民、胡锦涛为代表的党中央领导集体，结合时代发展要求与面临的新形势、新问题，继续采取了一系列重大举措以促进地区间经济的协调与发展。经过三十多年的改革开放，我国社会经济与国家建设取得了突飞猛进的发展，综合国力不断增强，人民生活水平日渐提高。不过，虽然党和国家采取了诸如先进地区带动、支援后进地区的发展战略，但受自然环境、地理位置、发展区位等因素的影响，东西部之间的发展差距还是相对较大。正是在这一大背景下，在党的十八届五中全会上，以习近平同志为核心的党

---

① 邓小平.邓小平文选（第三卷）[M].北京：人民出版社，1993.
② 万里.万里同志在全国经济技术协作和对口支援会议上的讲话（摘要）[J].中国经贸导刊，1984（14）.
③ 毛泽东.同藏族人士的谈话（1956年2月12日），毛泽东西藏工作文选[M].北京：中央文献出版社，2008.

中央明确提出了"共享发展"的理念："共享是中国特色社会主义的本质要求。必须坚持发展为了人民、发展依靠人民、发展成果由人民共享，作出更有效的制度安排，使全体人民在共建共享发展中有更多获得感，增强发展动力，增进人民团结，朝着共同富裕方向稳步前进。"①中国式现代化是全体人民共同富裕的现代化。习近平总书记在党的十九大报告中指出："中国特色社会主义进入新时代，中国社会主要矛盾已经转化为人民日益增长的美好生活需要和不平衡不充分的发展之间的矛盾。"②而地区间发展的不平衡即是不平衡发展的重要表现之一，由此促进地区间经济的均衡发展，是解决当下社会主要矛盾、实现共同富裕的重要任务与目标。习近平总书记还明确指出："人民对美好生活的向往，就是我们的奋斗目标。"在系列重要讲话中，习近平总书记更是多次阐述了共享发展的理念与问题，概括起来，其内涵主要有四个方面，即全民共享、全面共享、共建共享、渐进共享③。

共享发展是新时代背景下对共同富裕思想的理论升华，是社会主义本质与优越性的体现，是实现社会主义共同富裕的必由之路。那么在新的时代背景下，该如何共享发展、实现共同富裕之路呢？地区间横向带动是一个重要路径。而对口支援，作为地区间横向带动的一种重要方式，就是实现共享发展理念的必然要求与重要途径。为此，我们必须要坚持党的领导，增强全体人民"先富带后富"的自觉意识，改善府际、政企关系，不断完善对口支援的体系和机制，调动更多经济主体的积极性，提高资源配置效率，完善制度建设，规范项目和资金管理④。

四、人民当家作主与社会主义民主政治制度

"民者，国之根也。"⑤人民是一个国家存在与发展的根本前提，因此，将民众置于何种地位、如何处理与其治下民众之关系，是一个国家的根本性制度与治国方略之一。在我国，自从中国共产党成立的那一刻起，就把争取和实现人民当家作主作为了自己的奋斗目标，并为此展开了坚决卓绝的努力与奋斗。对此，毛泽东同志曾明确指出："没有广大人民的民主，就没有人民当家作主的国家。"为此，他始终坚持以人民为主的价值观念和价值取向，并一直将其贯彻于党的全部

---

① 中共中央关于制定国民经济和社会发展第十三个五年规划的建议［N］. 人民日报，2015-11-04.
② 习近平. 决胜全面建成小康社会，夺取新时代中国特色社会主义伟大胜利——在中国共产党第十九次全国代表大会上的报告［N］. 人民日报，2017-10-28.
③ 坚持共享发展是中国特色社会主义的本质要求［J］. 求是，2016（07）.
④ 韩文龙，祝顺莲. 地区间横向带动：实现共同富裕的重要途径——制度优势的体现与国家治理的现代化［J］. 西部论坛，2019（06）.
⑤（晋）陈寿：《三国志》卷六十一《吴书十六·陆凯传》。

工作之中①。1949年10月1日，中华人民共和国成立，实现了中华民族的解放与国家的独立，此后通过社会主义改造等运动，建立了社会主义制度，建立起以工人阶级领导的、以工农联盟为基础的、人民当家作主的社会主义民主政治制度。对此，1954年9月20日通过的第一部《中华人民共和国宪法》中有明确规定与说明："中华人民共和国的一切权力属于人民。人民行使权力的机关是全国人民代表大会和地方各级人民代表大会"，"一切国家机关必须依靠人民群众，经常保持同群众的密切联系，倾听群众的意见，接受群众的监督"，"一切国家机关工作人员必须效忠人民民主制度，服从宪法和法律，努力为人民服务"。

"社会主义民主的本质是人民当家作主。国家一切权力属于人民。"②因此，人民当家作主是社会主义民主政治的本质特征和核心所在。作为一种政治制度，中国社会主义民主政治是一种历史的必然，是符合最广大人民根本利益的政治制度；它并不是凭空产生的，而是以马克思主义理论为基础，在充分借鉴苏联等国家实践并结合我国具体国情基础上的历史选择，是马克思主义理论和中国实践相结合的产物，是对马克思主义唯物史观的坚持和发展。历史唯物主义认为，人民才是历史的创造者，是历史发展的决定性力量。对此，毛泽东主席曾说："人民，只有人民，才是创造世界历史的动力。"③习近平总书记亦明确指出："人民是历史的创造者，是决定党和国家前途命运的根本力量。必须坚持人民主体地位，坚持立党为公、执政为民，践行全心全意为人民服务的根本宗旨，把党的群众路线贯彻到治国理政全部活动之中，把人民对美好生活的向往作为奋斗目标，依靠人民创造历史伟业。"④党的二十大报告亦明确指出："江山就是人民，人民就是江山。中国共产党领导人民打江山、守江山，守的是人民的心"。⑤

人民当家作主是社会主义民主政治的本质特征，是中国特色社会主义的重要内容。新中国成立后，在党的领导下，我们摸索并实践了一条符合我国国情的社会主义民主政治道路。可以说，中国特色社会主义道路之所以能够取得成功，人民民主制度是至关重要的促进因素，人民当家作主是中国特色社会主义的重要生命力所在。今天，我们进入了历史发展的新时代，作为习近平新时代中国特色社会主义思想的重要组成部分，我们必须要继续坚持和发扬人民民主

---

① 梁柱.毛泽东的人民主体思想及其现实指导意义[J].学习论坛，2017（08）.
② 江泽民.高举邓小平理论伟大旗帜，把建设有中国特色社会主义事业全面推向二十一世纪[EB/OL].（2007-08-29）.http://www.gov.cn/test/2007-08/29/content_730614.htm.
③ 毛泽东.论联合政府（1945年4月24日），毛泽东选集（第三卷）[M].人民出版社，1991.
④ 习近平.决胜全面建成小康社会，夺取新时代中国特色社会主义伟大胜利——在中国共产党第十九次全国代表大会上的报告[N].人民日报，2017-10-28.
⑤ 习近平.高举中国特色社会主义伟大旗帜为全面建设社会主义现代化国家而团结奋斗——在中国共产党第二十次全国代表大会上的报告[EB/OL].（2022-10-11）.

政治制度。对此，习近平总书记曾多次指出："坚持中国特色社会主义政治发展道路，关键是要坚持党的领导、人民当家作主、依法治国有机统一，以保证人民当家作主为根本，扩大社会主义民主，发展社会主义政治文明"①，"人民民主是中国共产党始终高举的旗帜。在前进道路上，我们要坚定不移走中国特色社会主义政治发展道路，继续推进社会主义民主政治建设、发展社会主义政治文明"②。

人民当家作主，具体来说主要体现在如下几个方面：一、人民是国家的主人，是生产资料的主人，是社会的主人，是法律的主人，是国家政治权力的主人；二、人民是国家权力的主体，一切权力属于人民，人民享有管理国家和社会事务的最高权力；三、必须遵从人民的意志；四、必须由人民来担当管理国家的主体③。而这里的"人民"，不是部分，而是包含全体国民在内。一方面，就地区而论，不论东部还是中部与西部，各地民众都是"人民"的有机组成部分，自然应该享有作为"人民"所应拥有的权利。在这一背景下，由先富起来的沿海等经济发达地区支援帮助中西部落后发展地区，让他们也同样享有国家与社会发展所带来的"红利"、实现公共服务的均等化，是人民当家作主的必然要求。另一方面，"人民"不单单只是指占人口绝大多数的汉族，还包括广大少数民族群众在内，"各民族不分人口多少、历史长短、发展程度高低，一律平等"④。与西方自由主义民主政治不同的是，我国的社会主义民主政治从一开始就格外重视民族政治民主。"扩大人民民主，保证人民当家作主"的基本原则之一，即在于"坚定各民族一律平等，保证民族自治地方依法行使自治权"；而"牢牢把握各民族共同团结奋斗、共同繁荣发展的主题，保障少数民族合法权益"，则是"壮大爱国统一战线，团结一切可以团结的力量"的基本方针之一⑤。不过，受历史发展等多种因素的影响，我国的绝大部分少数民族民众主要分布于中、西部地区，在整体社会经济发展等层面与东部地区相比相对滞后。若长期放任这一局面继续下去，势必将造成广大少数民族民众心理上的不平衡，从而影响和谐社会建设与国家发展全局。"西部地区少数民族聚居比较集中，又地处边疆。加快西部地区发展，对于保持西部地区政治和社会稳定、促进民族团结和保障边疆安全具有重大

---

① 习近平.在首都各界纪念现行宪法公布施行三十周年大会上的讲话[N].人民日报，2012-12-05.
② 习近平.在庆祝全国人民代表大会成立六十周年大会上的讲话（2014年9月5日），十八大以来重要文献选编（中）[M].北京：中央文献出版社，2016.
③ 何泽彪.浅析人民当家作主的内涵[J].安康师专学报（综合版），1998（01）.
④ 胡锦涛主席在中央民族工作会议上的讲话（全文）[EB/OL].（2005-05-28）.http://news.cri.cn/gb/3821/2005/05/28/922@562294.htm.
⑤ 胡锦涛.高举中国特色社会主义伟大旗帜 为夺取全面建设小康社会新胜利而奋斗[N].人民日报，2007-10-25.

意义。维护民族地区稳定，很重要的一条就是要不断加快这些地区的经济发展和社会进步。经济发展了，社会进步了，各民族共同富裕了，就会进一步巩固和发展平等、团结、互助的社会主义民族关系，大大增强整个中华民族的凝聚力。"[①]为此，实施对口支援、促进少数民族地区发展，亦是社会主义民族政治民主的必然要求与应有之义。

五、社会主义公有制经济体制

经济关系是人类社会最为根本的关系之一，其他一切社会关系均以此为基础展开。按照马克思主义政治经济学原理，经济基础决定上层建筑，有什么样的经济基础就有什么样的上层建筑。前已述及，对口支援之所以能够开展与实施，是有多方面的制度作为保障的，如社会主义对共同富裕的追求、人民当家作主等，而这背后还有一个更为根本的经济制度作为基础与依托，这就是社会主义公有制。

社会主义公有制，包括社会主义全民所有制和集体所有制，即由社会主义社会全体劳动人民或部分劳动群众共同占有生产资料与劳动成果的所有制形式。社会主义公有制，消除了生产社会性与生产资料私人占有之间的矛盾，是社会主义的根本特征与区别于其他社会的显著标志，是中国特色社会主义制度的基石，"是保证我国各族人民共享发展成果的制度保证，也是巩固党的执政地位、坚持社会主义制度的重要保证"[②]。

社会主义公有制，是中国共产党人与中国人民历史选择的结果。十月革命的一声炮响，为中国送来了马克思列宁主义，以毛泽东同志等为代表的一批先进知识分子选择了马克思主义与社会主义，成立了中国共产党，在中共一大通过的革命纲领中就明确提出了建立公有制的主张："消灭资本家私有制，没收机器、土地、厂房和半成品等生产资料，归社会公有。"[③]1949年中华人民共和国成立后，在以毛泽东同志为核心的党的第一代中央领导集体领导下，经过生产资料私有制的社会主义改造运动，正式开启了发展和巩固社会主义公有制的历程。党的十一届三中全会后，在邓小平同志的带领下又开启了社会主义市场经济体制的探索。邓小平认为，社会主义市场经济体制，与资本主义的市场经济虽然在方法上基本相似，但"也有不同，是全民所有制之间的关系，当然也有同集体所有制

---

① 江泽民.不失时机地实施西部大开发战略（1999年6月17日），江泽民文选（第二卷）[M]．北京：人民出版社，2006.
② 中共中央文献研究室．习近平关于社会主义经济建设论述摘编[M]．北京：中央文献出版社，2017.
③ 中共中央党史教研室选编．中共党史参考资料（一）[M]．北京：人民出版社，1979.

之间的关系，也有同外国资本主义的关系，但是归根到底是社会主义的，是社会主义社会的"①。也就是说，社会主义市场经济体制的最大特点就在于其公有制特性。此后，在以江泽民、胡锦涛等为核心的中央领导集体领导下，社会主义公有制不断巩固和完善，确立了"公有制为主体""国有经济为主导""公有制与非公有制经济共同发展"的市场经济体系。党的十八大以来，以习近平同志为核心的党中央，深刻把握时代与国情变化，贯彻新发展理念，又进一步完善和巩固了以公有制为主体的社会主义市场经济体系。

党的十九届四中全会审议通过的《中共中央关于坚持和完善中国特色社会主义制度 推进国家治理体系和治理能力现代化若干重大问题的决定》（以下简称《决定》）指出，我国国家制度和国家治理体系具有十三个方面的显著优势，其中第六个优势即是"坚持和完善社会主义基本经济制度，推动经济高质量发展"："公有制为主体、多种所有制经济共同发展，按劳分配为主体、多种分配方式并存，社会主义市场经济体制等社会主义基本经济制度，既体现了社会主义制度优越性，又同我国社会主义初级阶段社会生产力发展水平相适应，是党和人民的伟大创造。"②新中国70多年的发展历程与苏联、东欧等国家社会主义建设的失败，分别从正面与反面证明了社会主义公有制的优越性与重要性。事实证明，只有坚持社会主义公有制不动摇，才能保证社会主义的发展方向。正如邓小平同志所指出的那样："社会主义有两个非常重要的方面，一是以公有制为主体，二是不搞两极分化。"③因此，坚持发展社会主义公有制，也就是坚持发展社会主义。只有坚持社会主义公有制，才能更好地发展社会生产力。今天中国的国内生产总值稳居世界第二，对世界经济增长的贡献超过了30%，取得了社会主义经济建设的历史性成就，这就是明证。与此同时，只有坚持社会主义公有制，才能真正保证广大人民当家作主。社会主义公有制废除了生产资料的私人占有，由全体社会劳动者共同占有生产资料，从根本上消灭了人剥削人的基础，从而为人民当家作主提供了制度上的根本保障。如今，我们进入了历史发展的新时代，必须要毫不动摇地巩固和发展公有制经济的主体地位。正如《中共中央关于全面深化改革若干重大问题的决定》（党的十八届三中全会通过）所重申的那样："必须毫不动摇巩固和发展公有制经济，坚持公有制主体地位，发挥国有经济主导作用，不断增强国有经济活力、控制力、影响力。"④党的十九大报告亦强调说："必须坚

---

① 邓小平. 邓小平文选（第二卷）[M]. 北京：人民出版社，1983.
② 中共中央关于坚持和完善中国特色社会主义制度 推进国家治理体系和治理能力现代化若干重大问题的决定 [EB/OL]. (2019-11-05). https://china.huanqiu.com/article/9CaKrnKnC4J.
③ 邓小平. 邓小平文选（第三卷）[M]. 北京：人民出版社，1993.
④ 中共中央关于全面深化改革若干重大问题的决定 [N]. 人民日报，2013-11-16.

持和完善我国社会主义基本经济制度和分配制度，毫不动摇巩固和发展公有制经济。"①

社会主义公有制是中国特色社会主义制度的基石，其制度优势主要体现在三个方面，即所有制形式、分配方式与资源配置体制②。从所有制的角度来说，在公有制经济体制下，一切生产资料与劳动所得归全体劳动人民所有，这决定了中国式横向转移支付的可能性与合理性——中西部经济欠发达地区人民群众作为劳动人民必不可少的组成部分，自然有权利占有生产资料并享用全社会创造之劳动成果。从分配方式的角度来说，坚持按劳分配为主体、多种分配方式并存的分配方式，为中国式横向转移支付提供了制度与方式上的保证。正如党的十九届四中全会《决定》所指出的："健全以税收、社会保障、转移支付等为主要手段的再分配调节机制，强化税收调节，完善直接税制度并逐步提高其比重。完善相关制度和政策，合理调节城乡、区域、不同群体间分配关系。"③因此，对口支援，就本质来说是公有制体制下一种在不同区域与不同群体间进行再分配的方式。另外，前已述及，对口支援是地区间横向带动的一种重要方式，是实现共享发展理念的必然要求与重要途径。而社会主义公有制与共享发展具有逻辑上的天然一致性，因为"共享发展是全面共享，共享主体具有全面性，公有制能够确保共享是社会绝大多数人的共同福祉。共享内容具有全面性，公有制通过生产资料以及生活资料的共同占有和公平分配，能够确保劳动成果最大限度地流向社会大多数人，公有制有效地消除了劳动异化，有利于保障广大劳动人民共同享有劳动成果；公有制通过按劳分配，多劳多得、少劳少得，实现与劳动能力一致的共享，确保社会公平"，因此，"社会主义公有制不仅能够实现不同层次的共享，而且能够不断实现由低层次共享向高层次共享的转变并向共同富裕目标稳步迈进"。④对此，习近平总书记在2015年11月中共中央政治局第二十八次集体学习时曾强调说："公有制主体地位不能动摇，国有经济主导作用不能动摇，这是保证我国各族人民共享发展成果的制度性保证。"⑤

---

① 习近平. 决胜全面建成小康社会，夺取新时代中国特色社会主义伟大胜利——在中国共产党第十九次全国代表大会上的报告 [N]. 人民日报，2017-10-28.

② 周跃辉. 坚持公有制为主体、多种所有制经济共同发展和按劳分配为主体、多种分配方式并存 [J]. 党课参考，2019（22）.

③ 中共中央关于坚持和完善中国特色社会主义制度 推进国家治理体系和治理能力现代化若干重大问题的决定 [EB/OL].（2019-11-05）.https：//china.huanqiu.com/article/9CaKrnKnC4J.

④ 邹升平，贾力. 社会主义公有制与共享发展的逻辑共性及实践途径 [J]. 思想理论教育，2018（07）.

⑤ 习近平在中共中央政治局第二十八次集体学习时强调：立足我国国情和我国发展实践 发展当代中国马克思主义政治经济学 [N]. 人民日报，2015-11-25.

社会主义公有制的第三个制度优势体现在资源配置方式上，即市场在资源配置中起决定性作用和更好发挥政府的作用。对口支援作为一种由政府主导的再分配方式，主要以行政命令与政治动员的方式开展实施，可谓更好发挥政府作用的典型体现，但又似乎是与"市场在资源配置中起决定性作用"相违背的，但实际上却并非如此，多方面的原因决定这一点。首先，对口支援不是一种纯粹的经济行为，其背后还有国家统一、民族团结、社会安定等更为深层次的内涵，也就是邓小平同志所说的是一种需要"顾全大局"的行为。其次，从经济发展的角度来说，其实中西部欠发达地区是对东部沿海及整体国民经济发展作出了巨大贡献的。长期以来，中西部地区以较为低廉的价格为东部地区发展提供了丰富的劳动力、农产品等各种资源，为东部地区经济快速发展作出了很大贡献。另外，西部地区在维护国家生态平衡与环境保护方面更是作出了巨大牺牲与贡献，如因资源输出而付出的环境代价、上游水资源利用与中下游用水的矛盾、生态屏障建设等，这其中的生态"成本"绝大部分由西部地区承担，而由此产生的环境效益却由全国乃至全世界共同分享。因此，对口支援也是对西部的一种"补偿"与成本分担[①]。再次，对口支援是实现东西部之间经济互补发展的一种良好方式。与东部地区相比，西部地区虽然在经济发展水平、技术条件、区位优势等方面相对落后，但却在自然资源方面占有巨大优势，储备有大量煤炭、石油、初级农产品等东部沿海地区所必需的能源与原材料。因此，通过对口支援等方式，可以在中西部之间建立起一种经济与社会发展协作关系，以促进各种生产要素在空间上的优化组合与合理布局，从而促进产业结构与产品结构的调整优化。因为从经济发展所需要素的角度来说，任何一个地区都不可能拥有经济发展所需要的全部要素，因此，区域间的联合就是一种必然趋势。事实上，近些年来，随着东西部之间经济联动的加强，对口支援正越来越由传统的单纯金钱、物资、基础设施等支援方式向地区合作方式发展与转变，即越来越由"输血式"向"造血式"转变，并产生了一些卓有成效的合作模式。如福建对口支援宁夏的"闽宁模式"，福建省利用相对发达的资金、人才、技术等要素，在宁夏发展资源开发型、劳动密集型农产品加工项目，形成了"特色种植、特色养殖、劳务产业、光伏产业、旅游产业"等五大产业[②]，不仅促进了宁夏当地的经济发展，还大大拓展了福建资金、技术等的"市场"范围。从这个角度来说，对口支援也是一种符合"市场"机制的行为，能"为全国经济发展提供更丰富的资源和更广阔

---

① 胡茂成.中国特色对口支援体制实践与探索[M].北京：人民出版社，2014.
② 韩文龙，祝顺莲.地区间横向带动：实现共同富裕的重要途径——制度优势的体现与国家治理的现代化[J].西部论坛，2019（06）.

的市场"①。

六、中国共产党的坚强领导

社会主义制度追求共同富裕与共享发展的巨大优越性、人民当家作主的主体地位、社会主义公有制经济体制等制度设计，保证了中国对口支援横向转移支付政策的顺利实施。但又是何种因素保证了上述制度的建立与实施的呢？答案是中国共产党。正是得益于中国共产党的坚强领导，我们才实现了中华民族的伟大独立，建立了具有巨大优越性的社会主义制度，实行了具有中国特色的社会主义公有制经济体制，实现了人民当家作主的美好愿望与追求，使中华民族迎来了由站起来、富起来到强起来的伟大飞跃。可以说，没有共产党就没有新中国；没有共产党就没有新中国的繁荣与富强。因此，中国对口支援横向转移支付之所以能被策划与实施，最根本的制度基础就在于中国共产党的坚强领导。

习近平总书记在党的十九大报告中指出："中华民族有五千多年的文明历史，创造了灿烂的中华文明，为人类作出了卓越贡献，成为世界上伟大的民族。鸦片战争后，中国陷入内忧外患的黑暗境地，中国人民经历了战乱频仍、山河破碎、民不聊生的深重苦难。为了民族复兴，无数仁人志士不屈不挠、前仆后继，进行了可歌可泣的斗争，进行了各种各样的尝试，但终究未能改变旧中国的社会性质和中国人民的悲惨命运。实现中华民族伟大复兴是近代以来中华民族最伟大的梦想。中国共产党一经成立，就把实现共产主义作为党的最高理想和最终目标，义无反顾肩负起实现中华民族伟大复兴的历史使命，团结带领人民进行了艰苦卓绝的斗争，谱写了气吞山河的壮丽史诗。"②一个国家选择什么样的制度与主义，关键要看这种制度或主义能否有效解决这个国家所面临的一系列历史与现实问题。一种制度或主义的被选择，关键又在于一个坚强、正确的领导团体。作为一个始终代表最广大人民利益的政党，选择了中国共产党，也即选择了社会主义发展道路。因此，中国共产党的领导，是历史发展的必然选择。

中国共产党成立后，经过二十八年艰苦卓绝的努力奋斗，成功建立了中华人民共和国并确立了社会主义的发展制度。新中国成立初期，以毛泽东同志为主要代表的中国共产党人对什么是社会主义、如何建设社会主义进行了积极探索，为此后中国特色社会主义发展奠定了坚定的理论与实践基础。党的十一届三

---

① 江泽民.建立稳固、平衡、强大的财政（2000年1月19日），江泽民文选（第二卷）[M].北京：人民出版社，2006.

② 习近平.决胜全面建成小康社会，夺取新时代中国特色社会主义伟大胜利——在中国共产党第十九次全国代表大会上的报告[N].人民日报，2017-10-28.

中全会后,以邓小平同志为代表的中国共产党人,在结合国内发展实际与马克思主义中国化的基础上,成功开创了中国特色社会主义建设道路。此后,在以江泽民、胡锦涛为代表的中国共产党人的领导下,我党继续加强对中国特色社会主义发展道路的探索,相继提出了"三个代表"与"科学发展观"伟大思想,推进了马克思主义的进一步中国化,实现了中华民族从站起来到富起来的伟大飞跃。党的十八大以来,以习近平同志为核心的党中央,对坚持和发展什么样的中国特色社会主义、如何坚持和发展中国特色社会主义等课题,进行了全面总结与系统回答,形成了习近平新时代中国特色社会主义,中国特色社会主义进入历史发展的新时代,中华民族成功实现了从富起来到强起来的又一个伟大跨越。对此,党的十九届四中全会指出:"中国共产党自成立以来,团结带领人民,坚持把马克思主义基本原理同中国具体实际相结合,赢得了中国革命胜利,并深刻总结国内外正反两方面经验,不断探索实践,不断改革创新,建立和完善社会主义制度,形成和发展党的领导和经济、政治、文化、社会、生态文明、军事、外事等各方面制度,加强和完善国家治理,取得历史性成就",因此,"中国共产党领导是中国特色社会主义最本质的特征,是中国特色社会主义制度的最大优势,党是最高政治领导力量。"[①]这一论断是对中国共产党领导和发展中国特色社会主义宝贵历史经验的深刻总结与理论结晶。事实证明,新中国成立七十多年来,我们之所以能够不断战胜各种艰难险阻,始终沿着正确的方向阔步向前,实现了国家与社会的全面发展,不断完善具有中国特色的社会主义制度,归根到底在于始终坚持中国共产党的伟大领导。

中国共产党领导之所以成为中国特色社会主义的最本质特征与最大优势,与中国共产党以马克思主义为指导、始终坚持以人民为中心的理论观念与发展道路紧密相关。作为一个马克思主义的政党,中国共产党的党性与人民性从来都是一致的、统一的[②]。《共产党宣言》指出:"共产党人的最近目的是……使无产阶级形成为阶级,推翻资产阶级的统治,由无产阶级夺取政权","无产阶级的运动是绝大多数人的,为绝大多数人谋利益的独立的运动"。[③]因此,共产党人领导的革命运动,不是为了少数人或共产党人自己的利益着想的,而是为了最广大人民的根本利益。在此思想指引下,中国共产党从成立的那天起,就始终将实现、维护最广大人民的利益作为自己最根本的任务。正如毛泽东同志所指出的那样:"共产党是为民族、为人民谋利益的政党,它本身决无私利可图。它应该受人民

---

① 中共中央关于坚持和完善中国特色社会主义制度 推进国家治理体系和治理能力现代化若干重大问题的决定［EB/OL］.（2019-11-05）.https：//china.huanqiu.com/article/9CaKrnKnC4J.

② 陈雄,吕立志.中国共产党党性与人民性统一的内在逻辑［J］.党建,2019（12）.

③ 中共中央马克思,恩格斯,列宁,斯大林著作编译局.共产党宣言［M］.北京：人民出版社,2017.

的监督，而决不应该违背人民的意旨。它的党员应该站在民众之中，而决不应该站在民众之上"①，"不反映人民群众的要求，哪一个人也不行。要在人民群众那里学得知识，制定政策，然后再去教育人民群众"②。他强调，树立一切为了人民的观点，首先是为了工人和农民，他们占了人口的绝大多数，是我们执政的基础；他们的状况如何，对国家的稳定和发展关系极大。

中华人民共和国成立后，历届中央领导集体都始终认真贯彻以人民为中心的执政理念。尤其是党的十八大以来，习近平总书记在治国理政过程中更是明确提出了"以人民为中心"的思想：在思想观念上要把人民放在心中最高位置；在工作上要把实现好、维护好、发展好最广大人民的根本利益作为根本出发点和归宿；在价值导向上要把人民拥护不拥护、赞成不赞成、高兴不高兴、答应不答应作为衡量一切工作得失的根本标准。为人民谋幸福，以人民为中心的群众观点和群众路线，是新时代坚持和发展中国特色社会主义的根本立场。他指出："我们党来自人民、植根人民、服务人民，党的根基在人民、血脉在人民、力量在人民。失去了人民拥护和支持，党的事业和工作就无从谈起……在任何时候任何情况下，与人民同呼吸共命运的立场不能变，全心全意为人民服务的宗旨不能忘，群众是真正英雄的历史唯物主义观点不能丢，始终坚持立党为公、执政为民。"③古人云："政之所兴，在顺民心；政之所要，在得民心；政之所废，在逆民心。"④因此，是否以人民为中心，也是检验我党工作成败的最高标准："党的一切工作，必须以最广大人民根本利益为最高标准"⑤，"检验我们一切工作的成效，最终都要看人民是否真正得到了实惠，人民生活是否真正得到了改善，人民权益是否真正得到了保障。"⑥

以人民为中心是中国共产党执政的基本理念，是习近平新时代中国特色社会主义思想的重要内容，其目的在于"全方位满足人的真实需要，全方位丰富和提高人创造美好生活的能力，努力实现人的全面发展。而且，以人为中心的发展思想着眼于维护社会公平正义，主张保障人民平等参与、平等发展的权利，坚

---

① 毛泽东.毛泽东选集［M］.北京：人民出版社，1991.
② 毛泽东.毛泽东文集（第8卷）［M］.北京：人民出版社，1999.
③ 群众路线是党的生命线和根本工作路线（2013年6月18日），习近平谈治国理政（第一卷）［M］.北京：外文出版社，2014.
④ （唐）房玄龄注，（明）刘绩补注，刘晓艺校点.管子（卷一）牧民［M］.上海：上海古籍出版社，2015.
⑤ 习近平.决胜全面建成小康社会，夺取新时代中国特色社会主义伟大胜利——在中国共产党第十九次全国代表大会上的报告［N］.人民日报，2017-10-28.
⑥ 坚持和运用好毛泽东思想活的灵魂（2013年12月26日），习近平谈治国理政（第一卷）［M］.北京：外文出版社，2014.

持保障和改善民生，不断推动改革发展成果更多更公平惠及全体人民……让每一个个体都能分享到发展的成果，并不断提高成果分享的公平性，最终实现公共富裕"①。也就是说，"以人民为中心"之"人民"，是指全体人民、每一个人——这就是中国特色对口支援横向转移支付政策契合中国共产党治国理政核心理念之所在：不论西部欠发达地区的人民大众，还是因重大工程或自然灾害而使自身利益受到影响或伤害的广大民众，他们都是"以人民为中心"之"人民"的一部分。"中国共产党人的初心和使命，就是为中国人民谋幸福，为中华民族谋复兴。"②只有包括西部欠发达地区广大民众等在内的人民幸福了、发展了，才能真正实现全体中国人民的幸福与中华民族的整体复兴。

第二节 对口支援的历史文化基础

以上我们从现行制度的层面，对对口支援何以能够展开与实施的问题做了简要论述。除此之外，对口支援政策的实施，背后还有其深厚的历史文化渊源与思想基础，具体如儒家"仁""礼"观与民本思想、传统大同观、多元一体的中华民族共同体观念、互帮互助与地区"救助"传统等。这些历史文化传统，虽然没有直接促进对口支援政策的制定与实施，但却为其奠定了相应的社会心理与文化基础。

一、儒家"仁""礼"观与民本思想

儒家思想是我国古代占据主导地位的指导思想，在两千多年的发展历程中，深深渗入到我国的民众生活、思想文化、政治运作等各个层面中，对传统中国的思想、文化、教育、政治、经济等各个方面产生了深刻影响，对周边各国甚或整个世界亦有着极为深刻的影响力。正如习近平总书记在纪念孔子诞辰2565周年国际学术研讨会开幕式讲话所说的那样："孔子创立的儒家学说以及在此基础上发展起来的儒家思想，对中华文明产生了深刻影响，是中国传统文化的重要组成部分。儒家思想同中华民族形成和发展过程中所产生的其他思想文化一道，记载了中华民族自古以来在建设家园的奋斗中开展的精神活动、进

---

① 雷德雨.中国共产党人初心和使命的人民主体性［N］.贵州日报，2020-01-15.
② 习近平.决胜全面建成小康社会，夺取新时代中国特色社会主义伟大胜利——在中国共产党第十九次全国代表大会上的报告［N］.人民日报，2017-10-28.

行的理性思维、创造的文化成果,反映了中华民族的精神追求,是中华民族生生不息、发展壮大的重要滋养……包括儒家思想在内的中国传统思想文化中的优秀成分,对中华文明形成并延续发展几千年而从未中断,对形成和维护中国团结统一的政治局面,对形成和巩固中国多民族和合一体的大家庭,对形成和丰富中华民族精神,对激励中华儿女维护民族独立、反抗外来侵略,对推动中国社会发展进步、促进中国社会利益和社会关系平衡,都发挥了十分重要的作用。"①

作为儒家创始人,孔子的思想特别重视"仁""礼",二者成为其后儒学的思想内核与儒学之所以为儒学的根本②,并深深渗入中国社会的各个层面,在各个方面体现出其深刻印记与影响力。虽然从孔子时代到明清时期,儒家思想屡有发展,比如先秦儒学、秦汉儒学与宋明理学各有侧重,但作为儒学之核心内容,后世的"仁""礼"思想仍旧是在孔孟等儒家先驱的论说基础上进行阐释与实践的。那究竟什么是"仁"呢?在孔子的论述中,其实并没有给"仁"一个非常明确的概念性界定,而是根据不同人、不同情势给出了不同的解答与说明,如"克己复礼为仁"(《论语·颜渊》)、"巧言令色,鲜矣仁"(《论语·学而》)、"先难而后获,可谓仁矣"(《论语·雍也》)、"樊迟问仁。子曰:'爱人。'"(《论语·颜渊》)、"樊迟问仁。子曰:'居处恭,执事敬,与人忠'"(《论语·子路》)。这说明,"仁"具有丰富的意涵。不过,虽然"仁"的内涵丰富,但"爱人"应是其主要内涵,也是对"仁"最基本、最核心的要求,故孔子言"仁者莫大于爱人"③。朱熹亦曰:"仁者,爱之理,心之德也。"④故《说文解字》曰:"仁,亲也,从人、二。"作为一种行事理念与准则,"仁""爱人"渗透、融合于人伦、道德、教育、政治、思想等社会各层面之中,并把己、家、人、国等串联在了一起。从政治层面看,"仁"体现在施政理念上即要求统治者"为政以德"(《论语·为政》),要爱民、对民众施行"仁政"与"德治"。"为政以德,譬如北辰,居其所而众星共之"(《论语·为政》),"宽则得众……惠则足以使人"(《论语·阳货》),只要对民众施行仁政,自然就会民心归附,如此良好政治与社会秩序也就可以建立起来。

"礼",儒家思想的另一个内核之一。"礼者,天地之序也"⑤,"礼,上下之

---

① 习近平:在纪念孔子诞辰 2565 周年国际学术研讨会上的讲话[EB/OL].(2014-09-24).http://www.xinhuanet.com//politics/2014-09/24/c_1112612018.htm.
② 杨国荣.何为儒学?——儒学的内核及其多重向度[J].文史哲,2018(05).
③ (汉)戴德.大戴礼记,卷一,王言,卢辩注[M].北京:中华书局,1985.
④ (宋)朱熹注.四书章句集注·论语集注,卷一,学而[M].上海:上海书店出版社,1981.
⑤ (元)陈澔注,《礼记》卷十一《乐记十九》[M].上海:上海古籍出版社,2016.

纪、天地之经纬也，民之所以生也"①，"天叙天秩，人所共由，礼之本也"②。相比于"仁"，"礼"更为强调的是外在秩序与规范，既可以视为引导社会生活与社会行为的基本准则，也可具体化为包括政治制度在内的各种社会组织形式③。作为秩序与准则，在儒家看来，个人、家庭、社会、国家等各层面都需要遵循"礼"的精神，从言语到行为、从生产到生活、从小民之交到国之政事，都需要"礼"来调整与规范，所谓"圣人之所以作，贤者之所以述，天子之所以正天下，诸侯之所以治其国，卿大夫之所以守其位，庶人之所以保其生，无一物而不以礼也。穷天地，亘万世，不可须臾而去也"④。而"礼"之行否，将直接关乎社会与家国之治乱，正如北宋大儒程颢所言："故所以行其身，与其家，与其国，与其天下，礼治则治，礼乱则乱，礼存则存，礼亡则亡。上自古始，下逮五季，质文不同，罔不由是。"⑤葛兆光认为，礼的主要内涵有两个，一是区分上下、尊卑、亲疏、远近等使之有差别，重在"分"；二是协调上下、尊卑、亲疏、远近使之更和谐，重在"合"。⑥社会分层之后，按"礼"之要求，不同社会成员要各安其位、各力其业、各尽其责，以实现社会运转与国家治理的有序状态。"农以力尽田，贾以察尽财，百工以巧尽械器，士大夫以至于公侯，莫不以仁厚知能尽官职，夫是之谓至平。"⑦也就是说，"礼"的最终目的在于追求和谐的社会秩序，从政治思想的角度来看强调的是一种和谐政治观⑧。

作为儒家思想的内核与根本，"仁"与"礼"各有侧重，但并不是说两者间毫无关联，而是相互贯通、相辅相成、互相促进的。所谓"人而不仁，如礼何？"（《论语·八佾》）没有"仁"的支撑，"礼"也就不成其为"礼"；"克己复礼为仁"，"克己复礼，则事事皆仁"，没有"礼"的支撑，也无以表达与真正实现"仁"。正如冯友兰所说的那样："没有真情实感为内容的'礼'，就是一个空架子，严格地说，就不成其为'礼'。没有礼的节制的真情实感，严格地说，也不成其为'仁'。所以真正的礼，必包含有'仁'；完全的仁，也必包含有'礼'。"⑨因此，"仁"在于爱人、爱民，"礼"的本质亦在于

---

① 杨伯峻.春秋左传注·昭公二十五年[M].北京：中华书局，1981.
② （宋）朱熹注：《四书章句集注·论语集注》卷一《为政》，上海书店出版社，1981年，第12页。
③ 杨国荣.何为儒学？——儒学的内核及其多重向度[J].文史哲，2018（05）.
④ （宋）李觏：《李觏集》卷二《礼论第七》。
⑤ （宋）程颐、（宋）程颢：《二程文集》卷十二《礼序》。
⑥ 葛兆光.《论语》：礼与仁[M].过常宝、刘德广主编：《名家品论语》.北京：华侨出版社，2008.
⑦ （战国）荀况.荀子·荣辱[M].安继民注译.郑州：中州古籍出版社，2006.
⑧ 钟中.以"礼"为导向的和谐政治观——一种对孔子、荀子政治思想的审视[J].理论月刊，2010（11）.
⑨ 冯友兰.中国哲学史新编（上）[M].北京：人民出版社，2001.

爱民、养民①。

儒家为何要特别强调爱民、养民呢？这与其所持有的民本思想直接相关。这一思想认为，人民是国家的根本，对国家的兴衰存亡具有决定性的作用，因此，要保证国家的安宁，就必须要维护好这一根本，即所谓"民惟邦本，本固邦宁"②。民本思想在我国有着非常久远的历史。春秋时期，齐国思想家晏子明确提出了"以民为本"（《晏子春秋·内篇问下》）的理念。作为儒家民本思想的奠基人，孔子认为必须要对民讲信用，即"民无信不立"（《论语·颜渊》）。而要做到这一点，统治者必须要以身作则，"上好礼，则民莫敢不敬；上好义，则民莫敢不服；上好信，则民莫敢不用情"（《论语·子路》）。孟子认为，"得天下有道：得其民，斯得天下矣；得其民有道：得其心，斯得民矣"（《孟子·离娄上》），也就是说民心向背将直接决定天下之得失。为此，孟子提出了"民为贵，君为轻"的思想，"民为贵，社稷次之，君为轻。是故得乎丘民而为天子，得乎天子为诸侯，得乎诸侯为大夫"（《孟子·尽心下》）。此后历朝历代，民本思想一直被继承下来，如汉代贾谊即说："闻之于政也，民无不为本也。国以为本，君以为本，吏以为本。故国以民为安危，君以民为威侮，吏以民为贵贱，此之谓民无不为本也……故夫民者，至贱而不可简也，至愚而不可欺也。故自古至于今，与民为雠者，有迟有速，而民必胜之……夫民者，万世之本也，不可欺。"③唐太宗李世民亦曰："凡事皆须务本。国以人为本，人以衣食为本。"④具体来说，儒家民本思想的内涵主要有贵民、爱民、利民、养民、富民等⑤，"不管是在事实判断还是在价值判断上，民都是国之为国的基础和核心"⑥。而在儒家民本思想背后，实际上还包含着丰富的民主观念，如倡导人格平等与人格独立、民贵君轻、君权合法性取决于民心等。⑦

按儒家之民本思想，"民惟邦本，本固邦宁"，一个国家要想平稳安定，就必须要以民众为中心、以人民利益为出发点，而这正是当下"以人民为中心"社会主义民主制度的核心理念所在。在此，"民"是就整体而言的，并非单指一部分民众，因此，西部欠发达地区民众、因受灾或重大工程建设而受到影响的民众

---

① 周光华.儒学"礼"的社会本质是养民［J］.人文天下，2016（01）.
② （汉）孔安国撰、（唐）陆德明音义：《尚书》卷三《五子之歌第三夏书》。四部丛刊景宋本。
③ （汉）贾谊：《新书》卷九《大政上》。四部丛刊景明正德十年吉藩本。
④ （唐）吴兢：《贞观政要》卷八《务农第三十》。四部丛刊续编景明成化刻本。
⑤ 彭华.民惟邦本，本固邦宁——儒家民本思想述论［J］.武汉科技大学学报（社会科学版），2017（04）.
⑥ 傅永聚，任怀国.儒家政治理论及其现代价值［M］.北京：中华书局，2011.
⑦ 徐儒宗.儒家的民本思想与民主意识［M］.方勇主编：《诸子学刊》第十五辑.上海：上海古籍出版社，2017.

也都是我国"民"的重要组成部分,他们的利益与诉求得到满足了,他们的生活水平、经济发展上去了,才能真正体现出以全体人民为中心的发展理念,而这即是中国对口支援政策开展的根本目的之一。从"仁"者"爱人"的角度来说,通过对口支援的方式对欠发达地区、受灾地区、重大工程开展所受影响地区经济发展、民众生活等进行帮助与扶持,既体现了国家对这些地区民众的关心与爱护,亦体现出社会主义大家庭中不同地区民众之间的关爱之心。而按儒家"礼"之理念,国家、政府的职责在于管理国家、教化民众、勤政爱民,因此,为欠发达、受灾、重大工程开展等地方民众提供帮助与扶持即是政府所行之"礼"(职责)的重要体现——虽然对口支援是以各地方政府为主体展开进行的,但却是由中央政府号召实施的;"礼"的最终目的在于追求和谐社会秩序,而中国对口支援政策的实施,通过一系列扶持措施,确保欠发达地区、少数民族民众、受灾地区民众的经济发展与生活水平提升,即在于建构与维护和谐发展的整体社会秩序。

二、传统大同观

"大同"思想是中国古代一种非常重要的理论观念,反映了中国古人对理想社会状态的想象与追求。作为一种社会理想,大同思想早在先秦时期就已萌芽与产生,如《诗经·硕鼠》中对于"乐土"的向往与追求就已具有了"大同"理想的影子①。春秋战国时期,大同理想开始形成一种比较成熟的思想并有了明确表述,如《礼记·礼运篇》引孔子的话语说:

大道之行也,天下为公,选贤与能,讲信修睦。故人不独亲其亲,不独子其子,使老有所终,壮有所用,幼有所长,矜寡孤独废疾者皆有所养,男有分,女有归。货恶其弃于地也,不必藏于己;力恶其不出于身也,不必为己。是故谋闭而不兴,盗窃乱贼而不作,故外户而不闭。是谓大同②。

秦汉之后,中国古人对大同理想的追求愈演愈烈,这促进了大同思想的进一步发展,如士人对"世外桃源"的描绘、农民大众对"太平世界"的祈盼等③。近代以后,面对严重的民族危机与社会危机,大同社会理想得到了进一步的升华与系统总结,一些具体的原则还被加以具体实施,如天平天国"有田同耕,有饭同食,有衣同穿,有钱同使,无处不均匀,无人不饱暖"④的大同社会建构。康有为更是对大同社会做了系统总结与极富想象力的描绘,他认为所谓"大同",就是破除了"九界"的理想社会。而"九界",即:"一曰国界,分疆土、部落也;

---

① ③ 刘开法.中国"大同"社会理想的历史嬗变[J].经济研究导刊,2012(10).
② (元)陈澔注、金晓东校点:《礼记》卷四《礼运》。
④ 扬州师范学院中文系.洪秀全全集[M].北京:中华书局,1976.

二曰级界，分贵、贱、清、浊也；三曰种界，分黄、白、棕、黑也；四曰形界，分男、女也；五曰家界，私父子、夫妇、兄弟之亲也；六曰业界，私农、工、商之产也；七曰乱界，有不平、不通、不公之法也；八曰类界，有人与鸟、兽、虫、鱼之别也；九曰苦界，以苦生苦，传无穷无尽，不可思议。"[1]20世纪初，孙中山继之以对大同理想的追求，并在其所倡导的民生主义经济纲领（平均地权、节制资本）中，贯彻实施了大同社会的某些原则，"真正的民生主义，就是孔子所希望的大同世界"[2]。

总之，从古至今，中国人一直没有放弃对大同社会的理想与追求。那么在传统中国人的观念中，"大同"观念包含有哪些方面的内涵呢？这里首先需要说明的是，所谓"大同"绝不是完全同一。东汉郑玄对"同"的解释为："同，犹和也，平也。"[3]也就是说，"大同"意即"大和"也。和，《说文解字》曰："相应也。"因此，大同也就是人人和谐相处的一种境界与状态。具体来说，大同具有如下内涵与意指。首先，"天下为公"，也就是说天下由所有人所共有，这反映出人人平等的思想与理念。从所有制的角度来说，"天下为公"也就是坚持一切生产资料的公有，反对私有，"货恶其弃于地也，不必藏于己；力恶其不出于身也，不必为己"。就是说，所有劳动产品与社会财富不为个人（"私"）所"藏"，而是为所有社会成员共有，由此"使老有所终，壮有所用，幼有所长，矜寡孤独废疾者皆有所养"。其次，"选贤与能"，即任人唯贤，由公众选举德才兼备的"贤能之士"来代表大家治理国家与社会。也就是说，"作为治理秩序之根本和象征的君位，也为天下所共有"，"实行'揖让而授圣德'，把君位转移到天下最具有德行、最具有天下情怀的人身上"[4]。第三，"讲信修睦"，即将诚实守信作为人与人之间相交往的原则，以建构和睦相处的社会状态。"不独亲其亲，不独子其子"，爱人如爱己，我为人人，人人为我，最终实现夜不闭户的境界，"谋闭而不兴，盗窃乱贼而不作，故外户而不闭"。总之，大同社会是一种没有阶级、没有剥削、没有压迫、政治清明、社会安定、关系和谐、安居乐业的生活状态。

大同观念作为中国古人对理想社会状态的一种理想与追求，在传统时代的社会状态下必定是无法实现的，而只能是一种乌托邦式的憧憬与想象。不过，

---

[1] （清）康有为.大同书[M].上海：上海古籍出版社，1956.
[2] 孙中山.孙中山全集（第九卷）[M].北京：中华书局，1986.
[3] （汉）郑玄注、（唐）孔颖达疏：《礼记注疏》卷二十一《礼运第九》.清嘉庆二十年南昌府学重刊宋本十三经注疏本.
[4] 姚中秋.天下为公：一个永恒的治理秩序意向——〈礼运〉"大同"章义疏[J].当代儒学，2011（01）.

"这个理想社会,虽然在中国古代社会是无法实现的,但是对于完善社会制度、净化人的心灵,激发民族精神,更好地处理和调节人与人的社会关系,发挥了价值指向的作用"①。具体到对口支援来说,之所以说传统大同观为其提供了文化上的基础或者说合理性,可以从两个方面来理解。首先,传统大同观所倡导的"天下为公"、对社会和谐的追求契合了对口支援的目的与追求。对口支援的主要目的,即在于促进西部欠发达地区民众或因重大工程、灾害等而使自身利益受到损害之广大民众的经济发展、生活水平提升,以促进社会服务均等化水平,而这最终必将有利于促进不同地区、不同民族以及整个国家的和谐关系建构;对口支援,从性质上来说,是一种生产、生活资源的再分配方式,契合了传统大同观所倡导的生产资料公有理念,是"天下为公"的一种重要体现。其次,传统大同观所倡导的天下为公、人人平等、讲求诚信、崇尚和谐等理念,契合了马克思主义、科学社会主义的价值理论②——虽然传统大同观与科学社会主义不能同日而语,为马克思主义、科学社会主义在我国的传播打下了坚实基础。"中国人民最终选择了科学社会主义学说,除了科学社会主义本身的科学性、彻底革命性以及符合中国国情以外等原因,儒家大同社会理想在历史积淀中也起到一定的思想底蕴作用,为科学社会主义在中国的广泛传播打下了坚实基础。"③而这最终又为中国选择中国共产党的领导、建立社会主义制度奠定了文化与思想基础。前已述及,社会主义制度、中国共产党的领导等制度与体制,正是保证对口支援政策能得以制定与实施的坚实制度基础。

三、多元一体中华民族共同体意识

中国是一个统一的多民族国家。在长期的历史发展过程中,各个民族相互交流与交融,形成"你中有我,我中有你,谁也离不开谁"的民族共同体,即多元一体的中华民族共同体。所谓"多元",就是指多个民族,即56个民族;所谓"一体",是指56个民族共同构成的"中华民族"。用费孝通先生的话来说:"'多元'是指各民族各有其起源、形成、发展的历史,文化、社会也各具特点而区别于其他民族;'一体'是指各民族的发展互相关联、互相补充、互相依存,与整体有不可分割的内在联系和共同的民族利益。"④而就一体与多元的关系来说,多元组成一体,一体包含多元,一体离不开多元,多元也离不开一体。这其中一体

---

① 熊良智,庄剑.《礼记》与中国人的生存和理想[M].成都:四川人民出版社,1996.
② 付洪泉.大同理想:马克思主义与中国文化志亲和性探源[J].马克思主义与现实,2018(05).
③ 杨涛.科学社会主义在中国传播的儒家大同社会思想底蕴[J].大庆师范学院学报,2014(01).
④ 费孝通.中华民族多元一体格局[M].北京:中央民族大学出版社,2003.

是主线和方向，多元是要素与动力，两者为不可分割的辩证统一体。用习近平总书记的话来说："中华民族和各民族的关系，形象地说，是一个大家庭和家庭成员的关系。各民族的关系是一个大家庭里不同成员的关系。"①

虽然"中华民族"这一概念的正式提出至今只有一百多年的历史，但"多元一体"却一直是我国历史上民族发展的显著特征。可以说，一部中国历史，就是一部各民族相互交流与融合并最终汇聚成多元一体中华民族的发展史，就是各民族共同缔造、发展、巩固统一的伟大祖国的历史。因此，"理解'中华民族多元一体格局'理论，不仅要看到'一体'和'多元'的关系，还应看到'多元一体'实际上是一个历史过程，是各民族在交往交流交融中共创中国历史并逐步趋于一体的过程"②。就历史发展来说，中华民族共同体意识大体经历了三个发展阶段，即天下观场域中的"华夷一统观"、近代民族国家场域中的"中华民族观"，全球化与新时代场域中的"中华民族共同体意识"③。

一系列的考古事实证明，虽然中华民族的起源具有多地域性的特征，但不同地域文化之间并非是相互隔绝、互不来往的，而是有着非常紧密的互动与联系。早在距今3000年前，居住在今黄河中下游地区的一些氏族、部落与部落联盟，就通过战争以及政治、经济、文化等方面的交流与相互影响而逐渐融合成诸夏（华夏）族群，并建立了中国历史上的第一个王朝夏朝，而在其周边地区则是被称为"夷""戎""蛮""狄"等的部落集团。此后随着夏商周国家的发展，"中国"意识开始出现，并同周边氏族、部落等的联系日益加强。春秋战国时期，随着诸侯兼并战争的扩大与地区开发进程的加快，更进一步促进了"华夏"与周边民族的统一与融合，形成"华夷一统"的政治局面。秦汉时期，随着大一统王朝国家的建立，通过边疆开拓、移民实边、少数民族内附等措施，华夏族群与周边族群融合的范围进一步扩大，民族"多元"的特点日益显现。魏晋南北朝时期，虽然政治上大分裂、大动荡，但也是各族群、各民族互动、交流、融合极为频繁的时期，这进一步强化了"华夷一体"的整体性、促进了中华民族多元一体局面的大发展。隋代重新统一中国，唐代进入我国封建社会的繁荣时期，多元一体民族格局得到空前的发展与巩固。五代十国、宋、辽、金时期，随着各民族政权的建立，各民族力量获得空前大发展，相互间政治、经济、文化等方面的交流亦日

---

① 中央民族工作会议举行 习近平作重要讲话［EB/OL］.（2014-09-30）.http：//www.china.com.cn/military/2014-09/30/content_33657111.htm.
② 李翠."中华民族多元一体格局"理论极具理论和实践价值——中华民族多元一体形成和发展研讨会综述［N］.中国民族报，2018-04-20.
③ 严庆，平维彬."大一统"与中华民族共同体意识的形成［J］.西南民族大学学报（人文社科版），2018（05）.

益明显与加强。元明清时期，随着地域空前广阔和统一的多民族国家的建立，形成了空前规模的民族迁移、融合和多民族杂居的局面，多民族一体并存的局面最终形成。这一局面的形成，是由多方面因素共同促进的。首先，经济上的密切联系是基本前提；其次，政治上的密切联系，消除了各民族及地区间的隔阂，为多元一体格局的形成提供了基本保证；再次，悠久文化传统所形成的共同民族心理，则为多元一体格局的发展和巩固提供了思想基础。[1]正如习近平总书记2014年9月在中央民族工作会议上所说的那样："我国历史演进的这个特点，造就了我国各民族在分布上的交错杂居、文化上的兼收并蓄、经济上的相互依存、情感上的相互亲近，形成了你中有我、我中有你，谁也离不开谁的多元一体格局。"[2]

1840年鸦片战争爆发之后，中国进入历史发展的苦难时期。面对严重的民族危机，一批批有识之士掀起了救亡图存的运动与革命。在此背景下，梁启超首先提出了"中华民族"的概念，对历史上各民族相互交流与融合的多元一体事实做了概念与思想上的升华。他说："中华民族自始即是多元的结合，又在漫长的历史长河中不断地融汇化合，逐步混'成为数千年来不可磨灭之一大民族'。"[3]杨度则提出了合五族（蒙、回、藏、满、汉）为一家的理念[4]，继之孙中山提出了"五族共和"的主张。"中华民族""五族共和"等概念的提出，是传统王朝天下观向近现代国家时代转型的产物，而其背后的根本力量则是中华民族基于自身政治与历史文化发展的大一统传统[5]。中华人民共和国成立后，在中国共产党的领导下，采取了民主、平等的民族政策，促进了各民族的大团结和国家建设的飞速发展。与此同时，我党对"中华民族"的认识也日益加深与推进，正是在此背景下费孝通先生提出了著名的"中华民族多元一体格局理论"[6]。党的十一届三中全会后，面对全球化等外部因素的冲击，如何铸牢中华民族共同体意识成为一个亟待解决的重大问题。为此，2014年9月，习近平总书记在中央民族工作会议上提出了积极培养中华民族共同体意识的伟大号召："要旗帜鲜明地反对各种错误思想观念，增强各族干部群众识别大是大非、抵御国内外敌对势力思想渗透的能力。加强中华民族大团结，长远和根本的是增强文化认同，建设各民族共有精神

---

[1] 王育民. 中国历史地理概论[M]. 北京：人民教育出版社，1990.
[2] 习近平关于民族工作的重要讲话[EB/OL].（2017-03-12）. http://www.81.cn/gnxw/2017-03/12/content_7527209_3.htm.
[3] 梁启超. 中国历史上民族之研究，饮冰室专集之四十二[M]. 北京：中华书局，1989.
[4] 杨度. 金铁主义说[M]. 刘晴波主编. 杨度集. 长沙：湖南人民出版社，1986.
[5] [英]阿诺德·汤因比. 历史研究[M]. 刘北成，郭小林译，上海：上海人民出版社，2001.
[6] 费孝通. 中华民族多元一体格局[M]. 北京：中央民族大学出版社，2003.

家园，积极培养中华民族共同体意识。"①

一部中国史，就是一部各民族交融汇聚成多元一体中华民族的历史，"各民族共同开发了祖国的锦绣河山、广袤疆域，共同创造了悠久的中国历史、灿烂的中华文化"②。因此，我们必须要正视这一历史发展的现实，做好民族工作，促进中华民族的共同繁荣与发展。对此，党的十九大报告指出："深化民族团结进步教育，铸牢中华民族共同体意识，加强各民族交往交流交融，促进各民族像石榴籽一样紧紧抱在一起，共同团结奋斗、共同繁荣发展。"③不过，受自然地理环境与历史发展等多种因素的影响，如今各少数民族主要分布于我国的中西部，尤其是西部地区，在整体的社会、经济与文化发展上相对落后于以汉族为主体的东部地区。因此，要促进整个中华民族的共同繁荣与发展，重中之重的一项工作就是促进各少数民族及其所在地区经济社会的繁荣与发展，这将直接影响着民族团结与国家稳定之大局。"西部地区少数民族聚居比较集中，又地处边疆。加快西部地区发展，对于保持西部地区政治和社会稳定、促进民族团结和保障边疆安全具有重大意义。维护民族地区稳定，很重要的一条就是要不断加快这些地区的经济发展和社会进步。经济发展了，社会进步了，各民族共同富裕了，就会进一步巩固和发展平等、团结、互助的社会主义民族关系，大大增强整个中华民族的凝聚力。"④

面对当前民族地区经济社会发展相对落后的局面，党中央提出了一系列促进民族地区发展的方针与政策，其中的一个重要方面即是加强对少数民族地区的帮助与扶持。党的十九届四中全会《决定》指出："坚定不移走中国特色解决民族问题的正确道路，坚持各民族一律平等，坚持各民族共同团结奋斗、共同繁荣发展，保证民族自治地方依法行使自治权，保障少数民族合法权益，巩固和发展平等团结互助和谐的社会主义民族关系。坚持不懈开展马克思主义祖国观、民族观、文化观、历史观宣传教育，打牢中华民族共同体思想基础。全面深入持久开展民族团结进步创建，加强各民族交往交流交融。支持和帮助民族地区加快发展，不断提高各族群众生活水平。"⑤习近平总书记亦曾专门批示（2015年1月29日，于国家民委的一份简报之上）说："全面实现小康，少数民族一个都不能少，

---

①② 中央民族工作会议举行 习近平作重要讲话［EB/OL］.（2014-09-30）.http://www.china.com.cn/military/2014-09/30/content_33657111.htm.

③ 习近平.决胜全面建成小康社会，夺取新时代中国特色社会主义伟大胜利——在中国共产党第十九次全国代表大会上的报告［N］.人民日报，2017-10-28.

④ 江泽民.不失时机地实施西部大开发战略（1999年6月17日）［M］.《江泽民文选》第二卷.北京：人民出版社，2006.

⑤ 中共中央关于坚持和完善中国特色社会主义制度 推进国家治理体系和治理能力现代化若干重大问题的决定［EB/OL］.（2019-11-05）.https://china.huanqiu.com/article/9CaKrnKnC4J.

一个都不能掉队,要以时不我待的担当精神,创新工作思路,加大扶持力度,因地制宜,精准发力,确保如期啃下少数民族脱贫这块'硬骨头',确保各族群众如期实现全面小康。"①而加强对少数民族群众及少数民族地区的扶持,中国式横向转移支付即是重要表现与方式。对此,习近平总书记在2014年中央民族工作会议上曾明确指示说:"新中国成立以来,少数民族和民族地区得到了很大发展,但一些民族地区群众困难多,困难群众多,同全国一道实现全面建设小康社会目标难度较大,必须加快发展,实现跨越式发展。要发挥好中央、发达地区、民族地区三个积极性,对边疆地区、贫困地区、生态保护区实行差别化的区域政策,优化转移支付和对口支援体制机制,把政策动力和内生潜力有机结合起来。"②

四、互帮互助与地区间"援助"传统

中国社会中一直存在着形式多样、种类繁多的互帮互助传统。传统中国以农为本,农业是国民经济的最主要部门,农民是社会的最主要群体,因此,这种互帮互助传统又以农民大众与农业生产中最为多样与繁盛。大体来说,中国传统的农村互助传统主要有三种类型,即生产互助、资金互助与社会生活互助。具体来说,生产互助有生产工具互助、劳动力互助、群体共耕互助③等多种类型;资金互助则有依次发展的三种主要类型,即"礼尚往来""人情消费"基础上的资金互助、民间借贷意义上的资金互助、具有一定合作规范的地方性资金互助组织(比如"台会""钱会"等)④⑤。社会生活互助,诸如婚丧嫁娶等人生仪礼活动中的互帮互助、房屋建设过程中的互帮互助,以及食物制作、孩童照看等方面的互帮互助等。通常而言,这些互助形式基本都发生于村落共同体内部,主要基于血缘、地缘关系展开进行,更多发生于家族、邻里、亲朋好友间,建立在平等、自愿的基础之上;规模较小,小者两三家,大者三五户,至多不超过十户。⑥正是基于广泛存在的、建基于血缘与地缘基础上的互帮互助行为的大量存在,在传统

---

① 习近平:全国建成小康社会,一个民族都不能少[N].内蒙古日报,2017-06-12.
② 中央民族工作会议举行 习近平作重要讲话[EB/OL].(2014-09-30).http://www.china.com.cn/military/2014-09/30/content_33657111.htm.
③ 具体如元代的锄社:"其北方村落间,多结为锄社。以十家为率,先锄一家之田,本家供其饮食,其余次之。旬日之间,各家田皆锄治。自相率领,乐事趋功,无有偷惰。间有病患之家,共力助之。故田无荒秽,岁皆丰熟。秋成之后,豚蹄盂酒,递相犒劳。名为锄社,皆可效也。"(元)王祯:《农书》卷三《农桑通诀·锄治篇》。
④ 刘金海.互助:中国农民合作的类型及历史传统[J].社会主义研究,2009(04).
⑤ 张思.近代华北村落共同体的变迁——农耕结合习惯的历史人类学考察[M].北京:商务印书馆,2005.
⑥ 李小红.中国传统农业生产互助组织模式研究[J].黔南民族师范学院学报,2007(01).

家国同构的中国乡土社会中，形成了带有浓重互助伦理色彩的传统家训，即以仁为美的道德准则、以和为贵的处世原则、以义为重的人生智慧、以天下大同为至善的济世情怀，对个人生存、家族繁荣、社会稳定产生了积极的效用。[1]今天，与传统社会相比，虽然互帮互助的传统呈减弱之势，但多种多样的互助形式仍旧广泛存在着。

如上所述，中国传统社会中存在着种类繁多、形式多样的互帮互助形式，只是这些互助合作多发生于村落社区间，规模相对较小。除此之外，不同的区域之间，也存在着不同类型的、类似于今天"对口支援"模式的地区间"援助"形式——虽然相比于村落社区中的互助不论在形式种类还是发生频率上都要少（小）得多，但却为今天的对口支援提供了历史借鉴与实施基础。

中国历史上体现地区间救助的较早事例为春秋时期的"泛舟之役"。对此，《左传·僖公十三年》记载："冬，晋荐讥（饥），使乞籴于秦。秦伯谓子桑：'与诸乎？'对曰：'重施而报，君将何求？重施而不报，其民必携。携而讨焉，无众必败。'谓百里：'与诸乎？'对曰：'天灾流行，国家代有，救灾恤邻，道也。行道有福。'邳郑之子邳豹在秦，请伐晋。秦伯曰：'其君是恶，其民何罪？'秦于是乎输粟于晋，自雍及绛相继，命之曰'泛舟之役'。"[2]对同一事件，《史记·秦本纪》则记载如下："十二年……晋旱，来请粟。丕豹说缪公勿与，因其饥而伐之。缪公问公孙支，支曰：'饥穰更事耳，不可不与。'问百里奚，奚曰：'夷吾得罪于君，其百姓何罪？'于是用百里奚、公孙支言，卒与之粟。以船漕车转，自雍相望至绛。"[3]此事之背景具体如下：周襄王二年（公元前650年），晋国权臣里克弑杀两任国君后，公子夷吾在秦穆公帮助下即位，即晋惠公。惠公即位前曾向穆公保证，回国即位后给秦国河西五城作为回报，但惠公即位后却反悔了。晋惠公四年（公元前647年），晋国发生大旱，但本国却仓廪空虚，鉴于秦国离晋国最近且世有婚姻关系，遂派使者去秦国买粮。秦穆公召集群臣商议是否卖粮于晋国。蹇叔、百里奚认为天灾无法避免，理应帮助邻国；邳豹则主张趁此机会攻打晋国；穆公亦因惠公反悔而犹豫不决。但最终，出于为晋国百姓着想，穆公决定卖粮于晋国，并以舟载车运的方式运粮于晋国首都绛。此事虽发生于当时的两个"国家"之间，方式是"买卖"而非"赠送"，但却体现出明显的地区"救助"意味——尤其是在晋国惠公"背信弃义"的大背景下。

---

[1] 孙欣.以仁为美，以和为贵——传统家训中的互助伦理[J].河北师范大学学报（教育科学版），2017（04）.

[2] （晋）杜预注、（唐）孔颖达疏：《春秋左传正义·附释音春秋左传注疏》卷第十三。清嘉庆二十年南昌府学重刊宋本十三经注疏本。

[3] （汉）司马迁：《史记》第五卷《秦本纪》。

"泛舟之役"发生于灾害之时,实际上不同历史时期此种事例多有发生,具体如灾害发生时由灾区向非灾区的移民活动——一定程度上有点类似于今天对灾害发生地区的对口支援活动,只是在"方向"上有所不同:今天的灾害对口支援是由非灾害地区向灾害地区输送物资、援助基础设施建设等;古代的灾害移民则是将受灾区民众移往非受灾地区,这本质上也是一种为受灾地区民众利益考量的支援行为。当然,类似于今天对口支援的灾害移民主要是指在政府组织下开展的移民活动,而非灾区民众的自发迁移活动。历史上,由政府组织的灾害移民主要有两种形式,即移民就食与移民垦荒。移民就食,也称移民就粟,就是灾害发生后,在外地粮食无法调入的情况下,为避免人口大量损失,由官府组织灾民到临近非受灾区域接受粮食救济。移民就食在我国有着非常久远的历史,早在《周礼》中就有相关记载:"大荒大札,则令邦国移民通财","若食不能人二鬴,则令邦移民就谷"。①此后历朝历代,都有移民就食的记载。如汉高祖二年(公元前205年),"关中大饥,米斛万钱,人相食,令民就食蜀、汉"②。唐代则明确规定,地方发生灾荒后,"凶荒则有社仓赈给,不足则徙民就食诸州"③。有时就食之举甚至会在皇帝亲自带领下进行,如隋文帝天皇十四年(594),关中发生大旱灾,隋文帝便带领文武百官就食于洛阳:"关中大旱,民饥,上遣左右视民食,得豆屑杂糠以献……八月,辛未,上帅民就食于洛阳,敕斥侯不得辄有驱逼。"④移民垦荒,就是由政府组织灾民到有空余土地的地区去谋生,即由"狭乡"向"宽乡"垦殖与耕种。如汉武帝元狩三年(公元前120年),"山东被水灾,民多饥乏",于是武帝徙七十余万口"于关以西及充朔方以南新秦中"。⑤

　　而真正类似于今天对口支援政策的古代地区间支援活动则是清代的协饷制度。协饷制度的建立,最初是为了满足军事征伐需求,缘起于清军入关后的军需协济实践,即从非战争省份调拨钱粮支援作战区域之军队所需,以满足作战之需要。如同治二年(1863)十二月,为满足湖南战事需要,户部下令"楚省并邻近省份,查有见在钱粮,尽数动支"⑥。顺治五年(1648),协饷制度作为一种军需制度被正式确定下来,并随着战争的进行与清朝统治区域的扩大而日益推广流行,成为顺治时期军需供应的重要组成部分。此后的康熙年间,随着各项规章制度的厘定,协饷制度被极大的充实与规范化,并根据当时的实际需要确立了对应

---

① (汉)郑玄注、(唐)陆德明音义:《周礼》卷三《地官司徒第二》。四部丛刊明翻宋岳氏本。
② (汉)班固:《汉书》卷一上《高帝纪》。
③ (五代)刘昫:《旧唐书》卷五《高宗本纪》。
④ (宋)司马光:《资治通鉴》卷一百七十八《隋纪二》。
⑤ (汉)班固:《汉书》卷二十四《食货志》。
⑥ 张伟仁.明清档案(第三册)[M].(台北)联经出版事业公司,1986.

的协济省份关系,如浙江协济福建,山东、河南协济甘肃,江苏、安徽协济广东,安徽、江西、江苏协济云南,江西、江苏协济贵州,等等。雍正朝,协饷制度的细节与可行性被进一步增强,而到乾隆时期,协饷制度最终趋于稳定,各项制度与运作有条不紊。不同时期,清朝中央政府会根据实际需要分别确定不同的协济省份关系。整体来看,协饷制度是清王朝从维护王朝利益出发,以国家大一统为主要目的,在缓解各省区间经济发展不平衡的基础上,以强有力国家权力调拨各省财富、满足军事需要的制度。其有一套特定的运作规范,如将制度运转与考成密切结合、委派专职官员、建立解送与防护制度等,对建立、维护和巩固清王朝统治起了重要作用[①]。

  清代协饷制度的建立,主要是为了满足不同地区军事之需要。但清代中叶之后,随着王朝统治的日益稳固,除满足军事需要外,协饷亦具有了支援地方经济与社会建设等方面的作用与价值,这在针对新疆、台湾等地的协饷实践中就具有明显体现。乾隆年间,清政府统一天山南北后,为满足驻军需要,所需钱粮即由甘肃拨解,而甘肃兵饷又由山东、河南、山西等省份协济。乾隆二十五年(1760)年底,户部订立新疆奏销章程,后成为定制,对新疆协济银两事宜做了明确规定。咸丰年间以后,为镇压各地起义、满足对英法等国战争的财政需要,针对新疆的协饷制度出现问题,最终导致了新疆政府的大动荡。左宗棠平定新疆叛乱后,光绪十年(1884)新疆建省,清政府随即恢复了新疆协饷供应,一直到清朝灭亡。新疆协饷制度的实施,促进了新疆地区的发展与稳定,在清政府治理新疆的过程中发挥了非常重要的作用[②]。据估计,自乾隆二十五年(1760)到宣统三年(1911),清政府针对新疆的协饷共计白银3.8亿余两[③]。仅就新疆建省(1884年)以来而论,协饷主要分两类,即协饷和专饷,其中协饷主要满足军政费用,是协饷的主要组成部分;专饷则在于满足社会经济建设需要,具有临时性质,为次要组成部分。具体用途:"军费最巨,教育、民政、财政、司法等又次之,官业、交涉、实业费最少。"[④]总之,协饷制度的实施,稳固了新疆政局,巩固了国家边防,同时有力推动了新疆社会经济发展,具体如:促进了战后社会生活的恢复与发展、推动了地区城市建设、促进了商业的繁荣、推动了金融业的发展[⑤]。同样,在清末台湾建省的过程中,来自福建的协饷亦起了积极作用,对于

---

① 吴昌稳.以公家之财济公家之用:清代协饷制度的创建[J].学术研究,2013(01).
② 徐磊,桂全民.清政府"协饷"政策对治理新疆的历史作用评析[J].伊犁师范学院学报(社会科学版),2008(01).
③ 齐清顺.清代新疆的协饷与专饷[J].新疆历史研究,1985(01).
④ 刘锦藻:《清朝续文献通考》卷六十八《国用六》。
⑤ 陈剑平.试析新疆建省以来协饷对社会经济的影响[J].历史教学,2008(14).

维持台湾财政收支的平衡起到了关键作用，保证了台湾建省工作的顺利进行[①]。

以上我们从制度与历史文化两个层面，对中国对口支援何以能够实施的问题做了简要论述与讨论。从中我们可以发现，东西部自然地理环境的差异性及由此导致的发展不平衡状态，使对口支援政策成为一项必要性的措施。而大一统与中央集中统一领导政治体制、社会主义的本质要求与制度优越性、人民当家作主的社会主义民主政治制度、社会主义公有制经济体制等一系列制度运作，则为对口支援的实施提供了可能性与坚强后盾。最终，这一系列制度之所以得以建立并为对口支援提供实施的制度保证，归根到底又在于中国共产党的坚强领导，正是中国共产党以人民为中心的执政理念与马克思主义政党性质保证了这一点。因此，从终极角度来说，中国共产党的坚强领导是中国对口支援政策得以制定与实施的最根本制度保证。此外，对口支援政策的制定与实施，亦是深深扎根于中华优秀传统文化之中的，具体如儒家"仁""礼"观与民本思想、传统大同观念、多元一体中华民族共同体意识、互帮互助传统等，而传统中国地区间的救助与支援行动，则为对口支援提供了历史实践基础。

---

① 邓孔昭.台湾建省与福建协饷［C］.中华文化与地域文化研究——福建省炎黄文化研究会20年论文选集》(第四卷)，2011.

第六章
中国对口支援的实践发展

中央政府跨区域资源配置行为古已有之,尤其是内地对边疆地区的援助,其源头可追溯至公元前169年西汉晁错提出的屯垦戍边理论[①]。以新疆为例,清朝时的新疆财政往往存在收不抵支,这一问题会通过内地省份的"协饷"加以解决,清政府还会拨"专饷"专款应对新疆的动乱叛乱、自然灾害等[②]。现代意义上的对口支援自20世纪60年代初首次出现,70年代末正式提出后,在实践中不断充实完善,形成了多领域、多层次、多形式、多内容的网状支援格局。总体而言,对口支援产生发展的全过程可分为初步探索期(1949—1978年)、制度确立期(1979—1990年)、巩固拓展期(1991—2011年)、全面深化期(2012年至今)四个阶段。

第一节 中国对口支援的初步探索期(1949—1978年)

对口支援的初步探索期以新中国成立为标志,至1979年全国边防工作会议召开、正式确立对口支援政策为止。由于中国共产党在长期革命战争中与广大农民形成了血肉联系,城市各部门自建国伊始便组织人力物力,参加收割、抗旱等农业生产劳动,支援农村建设发展。这些带有互助性质的工农协作方式具有一定的对口支援特征,开启了我国对口支援的初步探索阶段。

一、对口支援的最初形式:工农协作、厂社协作

新中国成立后,中国共产党将"一方有难、八方支援"的优良历史传统与共产主义精神相结合,相继开展区域间或行业间的支援和帮扶,其中区域间的

---

① 方英楷. 中国历代治理新疆国策研究[M]. 乌鲁木齐:新疆人民出版社,2006.
② 一鸣. 清朝时全国也曾"对口支援新疆"[J]. 政府法制,2010(17):6-7.

支援主要由发达地区向欠发达地区提供，尤其是沿海地区对边疆和少数民族地区提供援助与帮扶。当时，为缩小各民族间的发展差距，解决区域发展和资源分布不平衡问题，中央政府在"全国一盘棋"思想指导下，提出了"城乡互助，内外交流"方针，通过计划经济体制对全国资源进行统筹调配①，大力促进城乡之间、地区之间的互相支援协作。这一时期，中央政府尚未明确提出"对口支援"概念，也未形成正式的国家层面对口支援政策，但各地的工厂、企业、公社等生产单位充分"发扬共产主义协作精神"②，在厂社之间、城乡之间、工农业之间形成了一定规模的交流协作③，这种相互支援协作呈现自发性、地域性、分散性、灵活性的特点。从形式上看，这一时期的对口支援集中表现为城市支援农村、沿海支持内地两种形式。

20世纪50年代末，城乡之间的支援模式主要表现为工农协作、厂社协作，这也是对口支援的萌芽期。如，哈尔滨市太平城市人民公社实施"四级挂钩""八行对口"，组织各工厂分别与县、社的相应部门挂钩，大力支援农村人民公社的农业技术改造④；山西经纬纺织机械厂与曙光公社采取工厂包公社、对口支援的形式，在修配机械、供应农具、培训技术人才以及建设副食品生产基地等方面取得突破。而对口支援概念的产生则始于《山西日报》。1960年3月20日，《山西日报》发表了"厂厂包社对口支援——论工业支援农业技术改造的新形势"的社论，充分肯定了经纬纺织机械厂支援人民公社"对口支援、一包到底"的做法，认为这是一种工农结合、城乡结合、厂社协作的新形式。《人民日报》在转引《山西日报》社论时指出："对于厂社对口协作这一新生事物，如何看到它的主流，扶植它健康地发展、壮大，是我们的一项政治任务。"到20世纪60年代初，一些地方又逐渐形成厂社协作综合支援这一工业支援农业的新型对口协作形式。如在1960年4月，山西省陵川县在厂社挂钩的基础上实行综合支援，加大了工业支援农业的力度⑤。

二、省际大范围协作支援逐步发展

省际间大范围的协作支援也在20世纪50年中期开始，如上海、天津等沿海

---

① 郭旭鹏.我国对口支援的历史演进及发展趋势[J].管理观察，2013（25）：17–19.
② 毛泽东年谱（一九四九——九七六）（第四卷）[M].北京：中央文献出版社，2013.
③ 曾水英，范京京.对口支援与当代中国的平衡发展[J].西南民族大学学报（人文社科版），2019，40（06）：204–211.
④ 哈尔滨太平公社采取"四级挂钩""八行对口"办法大力支援农业技术改造[N].人民日报，1960-11-30.
⑤ 厂社挂钩的新发展 支援农业的好办法[N].人民日报，1960-08-16.

发达地区对陕西、新疆等西部地区和边疆省区的援助。1956年，教育部要求四川、陕西等省对接邻的边疆省、自治区需要外地支援的师资要有较多的支持①；20世纪50年代中期到60年代初，上海派出金融、建筑、防止、电力、机械、高教等行业数万名干部、工人和知识分子支援陕西。中央也大力实施援疆援藏。一方面，中央在50年代作出屯垦戍边的决策，成立新疆生产建设兵团常驻新疆，十几万解放军官兵连同家属集体就地转业。从20世纪50年代开始，中央和各省从人员、资金、技术多方面支援新疆建设，上海、湖南、山东等地向新疆派出数万名干部、工人、知识分子，为新疆经济社会发展作出了重大贡献。1955年，2500多名各地青年进入新疆；1956年，河南征募5.2万名青年支援新疆生产建设兵团；1958年，辽宁抚顺的工程技术人员和一线工人建成了拥有西北最大露天煤矿的哈密煤业集团第一座矿井②；60年代初，全国形成赴疆建设热潮，上海仅在1963—1966年就有9.7万青年投身新疆建设③。

对西藏的支援同样如此，中央政府在西藏和平解放后就组织内地支援西藏：一是扶助发展农牧业生产，截至1965年8月，国家供给西藏粮食1650多万公斤，调进农具140万件套，发放种子上千万斤；二是援助基础设施建设，内地在西藏和平解放后15年间支援农机具和水利机械90万件，化肥500吨，农药250吨，菜籽1万公斤，兽医药械459吨；三是大力发展交通运输事业，从1950年开始用4年半时间建成了青藏、川藏公路；四是给予财政扶持，国家在1952—1958年财政极度困难情况下支持西藏财政资金3571万元，占西藏财政收入的91%，极大减轻了西藏农、牧、商业的负担④。20世纪50年中期开始的沿海支援内地具有经济、军事和社会等多方面原因⑤。到20世纪60—70年代，由于国民经济发展近乎停滞，省际跨域支援协作逐渐停止。

三、初步探索期对口支援简评

新中国成立后至改革开放前这段时期可视为对口支援的初步探索阶段，也是形成国家层面对口支援政策的前期。首先，这一时期尚未形成全国统一的对口

---

① 中华人民共和国民族政策法规选编[M].北京：中国民航出版社，1997.
② 武翠英，李建辉，郭正英.和而不同：民族工作物象解读[M].北京：民族出版社，2009.
③ 董昀宏，王芳.我国对口支援政策的历史变迁及其政治逻辑分析[J].复旦城市治理论，2020（00）：204-223.
④ 西藏自治区人民政府办公厅，西藏自治区党委党史研究室.全国支援西藏[M].拉萨：西藏人民出版社，2002.
⑤ 袁武振，梁月兰，高喜平，等.1950年代上海对陕西建设的支援[J].西安邮电学院学报，2008（04）：32-37.

支援领导与工作机制，内地支援边疆民族地区仅是中央政府在计划经济体制下跨区域资源配置的一种体制外方式，这主要表现为两方面：一是内地支援边疆民族地区"有援助"但几乎"无对口"，内地省份与边疆民族地区未就援助形成明确的结对关系；二是城乡之间、行业之间的相互支援协作具有自发性、地域性、分散性、灵活性，对口支援尚未制度化和体系化。其次，相较于后来的智力援助、产业援助等模式，这一时期内地对边疆民族地区的援助方式与内容较为单一，主要是人力物力财力的单向支援，单向"输血式"对口支援呈现长期经济社会收益逐年递减。当然，初步探索期的区域、城乡、行业间的援助协作仍具有积极的经济、政治、文化、社会多重效应：促进了城乡之间、地区之间（主要是内地与边疆地区）、生产单位之间的经济联系，尤其促进了边疆民族地区经济社会发展；实现了维护边疆地区的社会稳定和民族团结的使命；在践行"共产主义协作精神"的实践中，激发了全国人民投身社会主义事业建设的热情，进一步巩固了中华民族共同体意识。

第二节　中国对口支援的制度确立期（1979—1990年）

对口支援的制度确立期以1979年全国边防工作会议召开、正式确立对口支援政策为起点，至1991年国家民委明确"支援为主，互补互济，积极合作，共同繁荣"的对口支援原则为止。这一时期，中央政府在国家层面正式明确了对口支援政策，确立了国家层面的对口支援组织领导机制，初步形成了定期召开全国性对口支援会议的惯例，并通过《民族区域自治法》提出了国家组织实施对口支援的基本原则。同时期，中央政府开始以工作座谈会的形式来强化内地对西藏的全方位对口支援，初步明确了各省市对口支援西藏的结对关系，还开创性形成了省内对口支援新格局。总体来看，制度确立时期的对口支援具有国家推动、地方实践、渐进调适、摸索完善的特点。

一、对口支援的正式提出

1979年4月25日至5月11日，中共中央在北京召开全国边防工作会议。时任中共中央政治局委员、中央统战部部长乌兰夫在大会上作题为《全国人民团结起来，为建设繁荣的边疆巩固的边防而奋斗》的报告时，提出"国家将加强边境地区和少数民族地区的建设，增加资金和物资的投入，并组织内地省、市对口支援边境地区和少数民族地区"①。由于边境地区多为经济欠发达的少数民族地区，会议确定了东部经济发达的省对口支援5个自治区和3个少数民族比较集中的省（云南、贵州、青海）的方案：北京支援内蒙古，河北支援贵州，江苏支援广西、新疆，山东支援青海，天津支援甘肃，上海支援云南、宁夏，全国支援西藏。1979年全国边防工作会议明确提出了东部经济发达省份对口支援经济欠发达少数民族地区的政策，此次会议报告被认为是最早正式提出对口支援的权威性官方文件，标志着对口支援政策在国家层面正式确立②。

二、对口支援制度与实践逐步发展

1982年，经济发达省、市同少数民族地区对口支援和经济技术协作工作座谈会在宁夏银川召开，会议提出了对口支援政策指导意见，确立了定期召开对口支援会议的惯例，标志着对口支援进入一定规模的实施阶段。1983年1月，国务院发布《经济发达省、市同少数民族地区对口支援和经济技术协作工作座谈会纪要》，确定由国家经委牵头，国家经委、国家计委和国家民委共同负责对口支援工作，对口支援边疆民族地区的国家层面组织领导机制正式确立。1984年，三委和国家物资局共同在天津召开全国经济技术协作和对口支援会议，确定增加上海支援新疆、西藏，广东支援贵州、湖北、辽宁和沈阳、武汉支援青海的对口支援任务，标志着对口支援进入全面实施阶段，对口支援形式包括经济技术协作、经济咨询服务和智力支边，支受双方均成立了协调组织③。同年《民族区域自治法》开始实施，规定了对口支援边疆的组织领导、具体内容及覆盖领域，第六十一条规定"上级国家机关应当组织、支持和鼓励经济发达地区与民族自治地方开展经济、技术协作和多层次、多方面的对口支援，帮助和促进民族自治地方经济、教育、科学技术、文化、卫生、体育事业的发展。"④这是首次以国家法律的形式明确规定上级国家机关组织和支持对口支援的原则，为对口支援政策提供了重要的法律支持和制度保障，标志着对口支援进入国家法律层面并成为民族区域自治法律制度的重要内容。1986年4月，第六届全国人大四次会议通过的《国民经济与社会发展第七个五年计划》（1986—1990）提出，进一步组织发达地区和城

---

① 国家民委政策研究室.国家民委民族政策文件选编（1979—1984）[M].北京：中央民族出版社，1988.
② 董昀宏，王芳.我国对口支援政策的历史变迁及其政治逻辑分析[J].复旦城市治理论，2020（00）：204-223.
③ 郭旭鹏.我国对口支援的历史演进及发展趋势[J].管理观察，2013（25）：17-19.
④ 西藏工作文献选编（一九四一—二〇〇五）[M].北京：中央文献出版社，2005.

市对老、少、边、穷地区的对口支援工作；同年，国务院成立扶贫开发领导小组，安排专项资金，制定优惠政策，进一步扩大协作规模，增强帮扶力度。1987年《关于我国民族工作几个重要问题的报告》系统阐述了对口支援的相关政策（见表6-1）。

表6-1 中央在对口支援制度确立期的有关政策文件

时间	文件名称	主要目标、内容或意义
1979年	《全国人民团结起来，为建设繁荣的边疆巩固的边防而奋斗》	明确提出了东部经济发达省份对口支援经济欠发达少数民族地区的政策，标志着对口支援政策在国家层面得以正式确立。
1983年	《经济发达省、市同少数民族地区对口支援和经济技术协作工作座谈会纪要》	正式确立对口支援边疆民族地区的国家层面组织领导机制，标志着对口支援进入一定规模的实施阶段。
1984年	《民族区域自治法》	首次以法律形式明确规定上级国家机关组织和支持对口支援的原则，标志着对口支援进入国家法律层面并成为民族区域自治制度的重要内容。
1986年	《国民经济与社会发展第七个五年计划》（1986—1990）	进一步组织发达地区和城市对老、少、边、穷地区的对口支援工作。
1987年	《关于内地对口支援西藏教育实施计划》	确定由内地各省市、中央有关部门、高等院校分别对口支援西藏的教育事业发展。

这一时期，中央开始以工作座谈会的形式加强对西藏的对口支援。1980年3月，中央第一次西藏工作座谈会形成《西藏工作座谈会纪要》，要求中央各部门、有关地方和单位，在物质、资金、技术和人才等方面给予西藏支援。1983年8月，中央提出"在坚持全国支援西藏的方针下，由四川、浙江、上海、天津四省（市）重点对口支援西藏"，推动了以工程项目支援、财政支援、智力支援为主的对口援藏。1984年3月，中央第二次西藏工作座谈会决定启动全国援藏，由北京、上海、江苏、四川、广东等9省市以及国家有关部门，分两批建设包括能源、交通、建材、饲料加工、商业、文体、教育、卫生、市政、旅游等10个方面共43项中小型工程项目，总投资4.77亿元，总建筑面积近25万平方米[①]。1987年，中央统战部、国家民委《关于民族工作几个重要问题的报告》强调了发达地区对口支援少数民族地区的重要性[②]。西藏的教育事业在对口支援下发展迅速。尤其是1987年《关于内地对口支援西藏教育实施计划》确定了由浙江、

---

① 这些项目在一年多时间里建成，被藏族人民称为"金钥匙工程"。参考西藏日报社编著：《高原丰碑——105项援藏工程巡礼》，西藏人民出版社2001年版。

② 国家民委办公厅，国家民委政策研究室.国家民委文件选编上（1985—1995）[M].北京：中国民航出版社，1996.

湖南、湖北、辽宁、山东、山西、天津分别对口支援拉萨、林芝、昌都、山地、日喀则、阿里、那曲后，各省份通过选派中学骨干教师讲课，帮助西藏培训中学教师和教学行政管理人员。中央有关部委、有关省市和高校还对口支援西藏的师范学院及3所高校，重点加强了师范教育和师资培养、西藏教育研究机构和藏文教材建设[①]。受限于民族地区的发展状况，这一时期的对口支援仍多以物力支援为主。

1983年1月11日，国务院提出"提高认识、进一步明确工作方向和任务、正确处理支援与互利的关系"的要求，实施系列优惠政策推动内地和边疆地区之间对口支援与经济协作。受到内地和边疆地区之间对口支援与经济协作迅速发展的影响，民主党派于1983年启动"智力支边"，包括民主党派在内的社会力量开始对口支援民族地区[②]，中央统战部和国家民委邀请民盟、民进、农工、九三、民革五个民主党派中央的负责人以及民族地区有关部门负责人，召开了民主党派为边疆和少数民族地区建设服务挂钩会议，围绕边疆地区发展所需的智力援助项目进行沟通，初步达成"智力支边"协议151项[③]，主要参照已形成的沿海、内地和边疆地区间的对口支援与原协作区的关系进行。这在促进人才合理流动、稳定边疆地区知识分子队伍以及发展各民族之间平等团结互助的民族关系等方面发挥了重要作用。

三、省内对口支援逐步发展

这一时期还开创性形成了省内对口支援新格局。四川是开展省内对口支援民族地区较早的地区。1978年9月，四川省委委托省计委牵头开展大城市与民族地区对口支援，确定重庆、成都、自贡、攀枝花4个省辖市对口支援甘孜、阿坝、凉山3个自治州，对口支援的重点和范围主要是小型工业建设、文教卫生事业以及培训各种技术人才，基本原则是互相支援、互利互惠。1978—1983年，四市对三州完成支援项目530项，培训各类人才3549人次，帮助企业进行技术改造和加强经营管理。阿坝州制药厂与成都中药公司实行产销联营后，药厂产品从7个扩大到20多个，产值从50万元增加到250万元，利润由几千元上升到50万元，创制出"西黄丸""贝母糖浆"等名贵中成药，三个州也以大量木材、有色金属

---

① 文精.团结进步的伟大旗帜——中国共产党80年民族工作历史回顾[M].北京：民族出版社，2001.
② "智力支边"由中共中央统战部提出。
③ 国家民族事务委员会，中共中央文献研究室.新时代民族工作文献选编[M].北京：中央文献出版社，1990.

矿产和农畜土特产支援了四大城市①。四川省对口支援工作得到了中央有关部门的肯定，1982年底召开的经济发达省、市同少数民族地区对口支援和经济技术协作工作座谈会对四川经验进行了推广，要求凡辖有民族自治地方的省和自治区应学习四川的做法，在本省、区内开展对口支援和经济技术协作，帮助把少数民族地区的经济建设搞上去②。

四、对口支援制度确立期简评

总体来看，制度确立期的对口支援具有明显的国家推动、地方实践、渐进调适、摸索完善的特点，与初步探索期城乡之间、行业之间互相援助协作的自发性、地域性、分散性形成了鲜明对比。首先，这一时期正式从国家制度和法律层面确立了对口支援制度，形成了对口支援边疆民族地区的国家层面组织领导机制，中央开始以工作座谈会的形式来强化内地对西藏的全方位对口支援机制，初步明确了各省市对口支援西藏的结对关系。其次，对口支援内容不仅涵盖了初步探索阶段的人力物力支援，还包括了工程项目支援、财政支援、智力支援等各类支援形式，为受援地培养了大量的文化、卫生、教育、科技等专业技术人才，增强了受援地经济内生增长动力和可持续发展能力。最后，对口支援政策与国家扶贫战略实现了初步结合，进一步密切了内地和边疆民族地区的经济社会联系，持续改善了边疆少数民族生产生活条件，有力促进了边疆民族地区经济社会发展，尤其实现了西藏教育事业的跨越式发展。但是，对口支援的主体内容形式仍存在较大的巩固拓展空间。

第三节　中国对口支援的巩固拓展期（1991—2011年）

1991年国家民委召开的对口支援工作座谈会总结了上一时期的对口支援实践经验，明确了"支援为主，互补互济，积极合作，共同繁荣"的原则，成为对口支援进入巩固拓展期的重要标志，这一时期持续至2012党的十八大召开为止。在此期间，"对口帮扶"成为推进扶贫协作的重要形式，形成了面向贫困地区的对口支援，进一步明确了经济发达地区与欠发达地区的帮扶关系；基本形成了中

---

① 曲木车和．四川省民族工作50年［M］．成都：四川民族出版社，2004．
② 国家民族事务委员会，中共中央文献研究室．新时期民族工作文献选编［M］．北京：中央文献出版社，1990．

国特色"对口援藏工作机制",内地对口援疆工作正式启动,干部援藏援疆得到进一步充实;以三峡库区移民工程为代表的对重大工程定向援助成为新的对口支援内容,构成国家战略的重要组成部分。

一、巩固与拓展的第一阶段(20世纪90年代)

20世纪90年代以来,党中央、国务院多次重申继续做好对口支援工作。1991年9月,国家民委首次召开部分省(自治区、直辖市)对口支援工作座谈会,系统总结了十余年来对口支援政策的成效、经验及问题,明确了"支援为主,互补互济,积极合作,共同繁荣"的原则,成为对口支援进入巩固拓展期的重要标志。会议指出,对口支援不同于一般的经济技术协作和横向联合,是不以营利为目的而以帮助少数民族地区加快发展为己任的兼具经济意义和政治意义的工作。1991年12月,国务院发布《关于进一步贯彻实施中华人民共和国民族区域自治法若干问题的通知》,要求在注重物质支援的同时,要通过介绍经验、转让技术、交流培训人才等方式,加强边疆地区的"软件建设"[①]。1992年的中央民族工作会议提出,要靠国家的继续扶持、经济比较发达地区的对口支援、民族地区自身的奋斗三方面,加快民族地区经济社会发展。同年,国务院对《关于进一步开展对口支援的请示》作出批复,确定国家计委牵头统一领导和组织协调,对口支援上升到新的发展高度。1992年,国家教委确定由内地省、市对全国143个少数民族贫困地区开展教育扶贫;次年,国家教委与国家民委在宁夏召开全国教育对口支援协作会议,部署了全国教育对口支援工作的具体任务和内容。这一时期,对口支援的领域、方式和内容均有较大拓展:上海与云南、宁夏、新疆、西藏的对口支援项目完成1900多项,投入资金2亿多元,为当地培训了技术管理人才12000多人次;江苏与广西、新疆签订合作项目2721项,已实施1640多项,派往两区短期工作或讲学的工程技术人员、专家2624人次,培训各类人才8850人次;仅"七五"期间,江苏支援广西的项目已实施415项,新增产值2亿元,新增税利3200多万元[②]。经过十多年的发展,对口支援形成了基本稳定的"结对"格局,以更丰富的形式和更充实的内容扩展到工业、农业、商贸、科技文教等更广泛的领域。

对口支援民族地区与东西部扶贫协作的联系愈发紧密。这既源于民族地区

---

① 陶砥.新时期中国共产党实施对口支援政策的意义、历程与成效[J].观察与思考,2020(09):104-112.

② 文精.民族经济研究文集[M].北京:民族出版社,2003.

与贫困地区相互交织的实际，也源于对口支援民族地区与脱贫攻坚战略的目标一致性。1992年，国家教委印发《关于对全国143个少数民族贫困县实施教育扶贫的意见》，制定143个少数民族贫困县教育对口支援协作表①。1994年国务院《国家八七扶贫攻坚计划》提出，北京、天津、上海等大城市，广东、江苏、浙江、山东、辽宁、福建等沿海较为发达的省，都要对口帮助西部的一两个贫困省、区发展经济。5月，国务院扶贫开发领导小组确定经济较发达的9个省市和4个计划单列市与经济欠发达的10个省（自治区）结成帮扶关系。1996年6月，国务院批转《关于组织经济较发达地区与经济欠发达地区开展扶贫协作的报告》，确定东部15个发达省市对口帮扶西部10个省区——北京帮扶内蒙古自治区、天津帮扶甘肃、上海帮扶云南、广东帮扶广西、江苏帮扶陕西、浙江帮扶四川、山东帮扶新疆、辽宁帮扶青海、福建帮扶宁夏以及深圳、青岛、大连、宁波帮扶贵州，全国各地对口支援西藏、有关地区对口支援三峡库区以及原有的区域经济合作按原计划进行②。"对口帮扶"成为推进扶贫协作的重要形式，形成面向贫困地区的对口支援。同时期，党的十四届五中全会于1995年9月通过《中共中央关于制定国民经济和社会发展"九五"规划和2010年远景目标的建议》，提出沿海发达地区对口帮扶中西部10个省区的建议，努力缩小地区发展差距，促进区域经济协调发展；2000年《国务院关于实施西部大开发若干政策的通知》进一步强调加大东部地区与西部地区对口支援的力度③。至此，对口支援民族地区与脱贫攻坚、共同富裕的战略思想实现了有机结合。

对重大工程实施定向援助成为新的对口支援内容，构成国家战略的重要组成部分。尤其是，对口支援三峡库区移民工程成为对口支援政策的第一次拓展应用。为应对三峡工程建设涉及的大量移民安置以及受库区影响地区经济可持续发展问题，1992年3月，国务院印发《关于开展三峡工程库区移民工作对口支援的通知》，要求16个省市对口支援三峡移民工程。各地区、各部门的对口支援要在安排基本建设、技术改造和其他投资开发项目以及在横向经济合作、引进外资、人才培训、干部交流等方面，对三峡工程库区各县（市）移民工作给予重点支援。对口支援的协调工作由国务院三峡工程移民试点工作领导小组负责，正式启动全国对口支援三峡库区移民工作。全国26个省、直辖市以及大中城市重点支援重庆、湖北的23个搬迁县区，一个省对口支援库区一个县（降多级次），确保三峡库区百万移民搬迁安置任务的顺利进行。此后，中央此后多次颁布补充规

---

① 国家教委办公厅. 关于对全国143个少数民族贫困县实施教育扶贫的意见[Z].1992-10-19.

② 国家民族事务委员会，中共中央文献研究室. 民族工作文献选编（1990—2002）[M]. 北京：中央文献出版社，2003.

③ 陈夕. 中国共产党与西部大开发[M]. 北京：中共党史出版社，2014.

定，要求各地在项目合作、技术、信息交流、市场拓展、增加就业等方面开展对口支援。这是对口支援首次被运用在重大工程建设。此外，1998年，全国多个流域发生特大洪涝灾害，中央相关部委立即组织对口支援工作：由5个省区开展物资支援，11个省区开展教育支援，8个省区开展医疗卫生支援。

20世纪90年代，全国各地各种对口支援向工业、农业、商贸、科技、人才、文教、卫生、扶贫、劳务等领域辐射，已辐射到经济技术协作、科教文卫建设、扶贫减贫、干部人才支援等各方面，在相互交错中形成了基本稳定的网状支援格局，成为多领域、多层次、多形式、多内容的帮扶。对口支援逐步形成北京支援内蒙古，天津支援甘肃，上海支援云南、宁夏、新疆，山东、辽宁、沈阳、湖北、武汉支援青海，江苏支援广西、新疆，广东、河北支援贵州，全国以四川、上海、浙江、天津为主支援西藏的东西部省际对口支援的基本格局[1]。对三峡库区移民工作开展的联合援助使我国对口支援的范围扩展到重大工程项目实施地。1999年发起的"兴边富民"行动给予了开发与建设边疆地区的新助力，这些行动与既有的对口支援互有交叉、相互促进，推动了对口支援政策的巩固和拓展。

二、巩固与拓展的第二阶段（2000—2011年）

21世纪后，伴随着西部大开发战略的出台实施，对口支援政策与实践得以进一步巩固拓展（见表6-2）。2000年，国家开始实施西部大开发战略，重点区域包括重庆、四川、贵州、云南、西藏、陕西、甘肃、宁夏、青海、新疆、内蒙古、广西。《国务院关于实施西部大开发若干政策措施的通知》提出，要推进地区协作与对口支援，由中央和地方政府指导动员社会各方力量加强东西对口支援，进一步加大对西部贫困地区、少数民族地区的支援力度，推进"兴边富民"行动。2001年2月，第九届全国人大二十次会议通过修订《民族区域自治法》，规定经济发达地区对口支援民族自治地方的政策。第六十一条修改为"上级国家机关应当组织、支持和鼓励经济发达地区与民族自治地方开展经济、技术协作和多层次、多方面的对口支援，帮助和促进民族自治地方经济、教育、科学技术、文化、卫生、体育事业的发展"，添加第六十五条，规定"国家引导和鼓励经济发达地区的企业按照互惠互利的原则，到民族自治地方投资，开展多种形式的经济合作"。对口支援在由临时性政策转变为国家重要法律的道路上得以进一步前进。

对口支援的地域、主体和领域均有重大拓展。一是拓展对口支援地域。2001

---

[1] 李含琳. 论当前西部民族地区大开发的宏观环境和应对策略[J]. 民族研究，2000（03）：41-47.

年，国务院确定阜新为全国首个资源枯竭城市转型试点市，开始对资源枯竭地区的对口支援，要求各地在资金支持的同时，帮助资源枯竭地区进行产业转型升级。二是拓展对口支援主体。2006年6月，国务院发布《国务院关于全面加强应急管理工作的意见》，健全社会捐助和对口支援机制，动员社会力量参与重大灾害应急救助和灾后恢复重建工作。这是首次在正式文件中提出对口支援可以被运用到重大灾害和突发事件中。三是拓展对口支援领域。20世纪90年代，三峡库区在对口支援中逐步形成了以政策支持为重点的国家部委对口支援、以招商引资为重点的省市对口支援、以解决移民就业为重点的主城区对口支援的格局，对口支援的范围由前期的日常经济社会发展领域拓展至三峡移民工程等重大项目领域。2008年汶川发生特大地震，中央举全国之力重建汶川地震地区，迅速启动建立对口支援机制。这是首次在大范围重大自然灾害发生后在全国范围内启用对口支援。受灾群众临时安置和灾区恢复重建阶段"一帮一"政策，标志着对口支援的范围由前期常态事项扩大至重大灾害发生后临时安置、恢复重建等非常态事项。2009年11月，卫生部发布《关于加强甲型H1N1流感医疗救治工作的通知》，安排大型综合医院与基层医疗机构等部门间的对口支援，进一步将对口支援扩展到突发性公共卫生事件。在三峡库区重大工程、1998年特大洪水灾害、2008年特大冰雪灾害和汶川大地震等重大自然灾害处理和恢复重建中，对口支援形成的组织协调经验和举国体制制度优势发挥了不可替代的重要作用①。

对边疆民族地区的传统对口支援政策愈发完善。一方面，中央进一步明确了各部委及有关省市对口支援西藏的关系，对口援藏范围实现了全覆盖，实现了全国支援西藏的大政策到分片负责、对口援藏、定期轮换的机制转换，形成了干部援藏、经济援藏、人才援藏、技术援藏相结合的对口援藏格局，中国特色援藏工作机制基本成形②。另一方面，探索智力与经济相结合的对口支援模式。以上海市对口援疆为例，1997年1月，上海市政府协作办成立对口支援处专门负责对口援疆有关工作，三年选派三批83名干部到阿克苏地区，从第三批干部援疆开始，上海主动探索经济援疆模式，每年援助资金至少500万元，到2002年第三批援疆干部期满，先后援助阿克苏地区资金5300余万元，为受援地建起了大量图书馆、少年宫、希望小学。2002年，上海第四批援疆干部开始探索智力与经济援疆相结合的新模式，通过财政专项资金、社会筹措资金等方式援助阿克苏地区项目资金达到1.02亿元，并实施了一批扶贫济困重点项目③。

---

① 郭旭鹏.我国对口支援的历史演进及发展趋势［J］.管理观察，2013（25）：17-19.
② 贺新元等.和平解放以来民族政策西藏实践绩效研究［M］.北京：社会科学文献出版社，2015.
③ 方城.从阿克苏到喀什：上海援疆20年［J］.档案春秋，2017（05）.

表 6-2　　中央在对口支援巩固拓展期的有关会议和文件

时间	文件或会议名称	主要目标、内容或意义
1991年	国家民委召开的首次全国部分省市的对口支援工作座谈会	明确了"支援为主，互补互济，积极合作，共同繁荣"原则，标志着对口支援进入快速发展期。"对口帮扶"成为推进扶贫协作的重要形式。
1991年	《关于进一步贯彻实施中华人民共和国民族区域自治法若干问题的通知》	要求在注重物质支援的同时，要通过介绍经验、转让技术、交流培训人才等方式，加强边疆地区的"软件建设"。
1992年	《关于对全国143个少数民族贫困县实施教育扶贫的意见》	制定了143个少数民族贫困县教育对口支援协作表。
1994年	《国家八七扶贫攻坚计划》	北京、天津、上海等大城市，广东、江苏、浙江、山东、辽宁、福建等沿海较为发达的省，对口帮助西部的一两个贫困省、区发展经济。
1996年	《关于组织经济较发达地区与经济欠发达地区开展扶贫协作的报告》	确定东部15个发达省市对口帮扶西部10个省区、全国各地对口支援西藏、有关地区对口支援三峡库区。
2000年	《国务院关于实施西部大开发若干政策的通知》	进一步强调加大东部地区与西部地区对口支援的力度。
2001年	修订《民族区域自治法》	第六十一条修改为"上级国家机关应当组织、支持和鼓励经济发达地区与民族自治地方开展经济、技术协作和多层次、多方面的对口支援"，添加第六十五条，规定"国家引导和鼓励经济发达地区的企业按照互惠互利的原则，到民族自治地方投资，开展多种形式的经济合作"。

三、对口支援巩固拓展期简评

相较于制度确立时期，这一时期的国家计委统一领导和组织协调极大地巩固拓展了对口支援政策体系，形成了"支援为主，互补互济，积极合作，共同繁荣"的对口支援原则。一方面，对口支援的主体内容形式得以巩固。一是"对口帮扶"成为推进扶贫协作的重要形式，形成了面向贫困地区的对口支援，进一步明确了经济发达地区与欠发达地区的帮扶关系；二是形成了分片负责、对口援藏、定期轮换的援藏机制，基本建立起中国特色"对口援藏工作机制"，且内地对口援疆工作正式启动，干部援藏援疆工作均得以巩固充实；三是从全国层面建立起内地对口支援民族地区和贫困地区教育事业的工作机制。另一方面，对口支援的地域、主体与领域均有重大拓展。在地域上，受援地不再局限于边疆民族地区，发达地区亦开始对口支援资源枯竭地区；在主体上，社会力量逐步参与支援重大灾害应急救助和灾后重建工作；在领域上，对口支援呈现出重大工程对口支援、自然灾害地区对口支援等新形式，并进一步辐射到扶贫脱贫、经济技术协作、科教文卫建设、干部人才培养、重大工程援助等维度，形成了多领域、多层次、多形式、多内容的网状支援格局。

第四节　中国对口支援全面深化期（2012年至今）

党的十八大以来，对口支援进入全面深化期。习近平总书记指出，要发挥好中央、发达地区、民族地区三个积极性，优化转移支付和对口支援体制机制，把政策动力和内生潜力有机结合起来。在习近平新时代中国特色社会主义思想的指导下，这一时期的对口支援向纵深全面推进发展：在援助方式上，以智力援疆援藏为重点，全面深化对西藏和新疆的对口支援；在援助目的和政策衔接上，促进对口支援助力受援地巩固拓展脱贫攻坚成果、促进乡村振兴；在援助范围上，对口支援政策进一步拓展到革命老区。总体来说，新时代对口支援呈现出新发展趋势：对口支援与区域扶贫协作交叉融合、对口支援帮扶革命老区发展、省际对口支援协同机制全面强化、省内对口支援愈发制度化体系化、跨区域消费扶贫对口支援不断发展，呈现出多层次、多领域、不断创新、蓬勃发展的势头[①]（见表6-3）。

表6-3　　　　中央在对口支援全面深化期的有关政策文件

时间	文件或会议名称	主要目标、内容或意义
2012年	《关于支持赣南等原中央苏区振兴发展的若干意见》	建立中央机关对口支援赣州市18个县（市、区）的机制，鼓励和支持中央企业在赣州发展，开展帮扶活动。
2013年	《中央国家机关及有关单位对口支援赣南等原中央苏区实施方案》	首次启动中央机关及有关单位对口支援赣南等原中央苏区有关县、市的工作，包括国家发改委、中央组织部在内52个支援单位与江西省赣州市所辖的18个县、市确定了结对关系。
2014年	《发达省（市）对口支援四川云南甘肃省藏区经济社会发展工作方案》	确定天津市、上海市、浙江省、广东省对口支援四川云南甘肃4个藏族自治州、2个藏族自治县。从此，新疆、西藏和四省藏区全部纳入对口支援范围。
2016年	东西部扶贫协作座谈会	习近平总书记在会上指出，东西部扶贫协作和对口支援，是实现先富帮后富、最终实现共同富裕目标的大举措，必须长期坚持下去。

---

① 李天华.中国民族地区对口支援的政策演变及展望［J］.现代经济信息，2018（23）：53-54.

续表

时间	文件或会议名称	主要目标、内容或意义
2017年	《国务院办公厅关于印发兴边富民行动"十三五"规划的通知》	鼓励经济较发达省份、大中城市、国有大中型企业采取多种形式积极参与东北边境地区建设，支持辽宁、吉林、黑龙江等省开展省内扶贫协作和对口支援。
2017年	《关于支持"飞地经济"发展的指导意见》	提出要在对口支援（对口帮扶、对口协作）中支持双方发展"飞地经济"，探索互惠互利的合作模式。
2019年	《关于深入开展消费扶贫助力打赢脱贫攻坚战的指导意见》	将消费扶贫纳入东西部扶贫协作和对口支援政策框架；建立完善东西部地区劳务精准对接机制。
2021年	《国务院关于新时代支持革命老区振兴发展的意见》	研究制定支持革命老区巩固拓展脱贫攻坚成果等四个实施方案，细化具体支持政策。
2021年	《"十四五"特殊类型地区振兴发展规划》	首次明确了特殊类型地区的规划范围及其发展目标、重点任务和支持政策，为进一步支持特殊类型地区振兴发展，推动巩固拓展脱贫攻坚成果同乡村振兴有效衔接提供了纲领性指导。

一、对口支援与区域扶贫协作交叉融合

2016年7月，习近平总书记在东西部扶贫协作座谈会上指出，"东西部扶贫协作和对口支援，是实现先富帮后富、最终实现共同富裕目标的大举措，必须长期坚持下去"。2017年《国务院办公厅关于印发兴边富民行动"十三五"规划的通知》要求，东部省份和对口援疆援藏省份要加大对内蒙古、广西、云南、西藏、甘肃、新疆等省区边境地区的帮扶力度，鼓励经济较发达省份、大中城市、国有大中型企业采取多种形式积极参与东北边境地区建设，支持辽宁、吉林、黑龙江等省开展省内扶贫协作和对口支援。在此基础上，国家发改委等部门于当年6月印发《关于支持"飞地经济"发展的指导意见》，提出要在对口支援（对口帮扶、对口协作）中支持双方发展"飞地经济"，探索互惠互利的合作模式。同时，"十三五"规划纳入了"加强跨省区对口支援和对口帮扶工作"，强调大力推进经济、教育科技、医疗卫生、就业、干部人才对口支援，将改善民生放在对口支援的首位，资金和项目向基层特别是农牧区倾斜，着力解决群众最直接的现实问题[①]。除对口援疆援藏外，国务院还于2014年出台《发达省（市）对口支援四川云南甘肃省藏区经济社会发展工作方案》，确定天津市、上海市、浙江省、广东省对口支援四川云南甘肃省4个藏族自治州、2个藏族自治县。从此，新疆、

---

① 中华人民共和国国民经济和社会发展第十三个五年规划纲要[M].北京：人民出版社，2016.

西藏和四省藏区全部纳入对口支援范围。

以边疆民族地区（新疆）对口支援为例。《中共中央　国务院关于推进新疆跨越式发展和长治久安的意见》将建设繁荣富裕、和谐稳定的社会主义新疆提升到"全党全国各族人民的共同意志、全体中华儿女的共同责任"的高度。2010年3月、5月，第一次全国对口支援新疆工作会议和中央新疆工作座谈会相继召开，中央政府启动了历史上投入资金与涉及人口最多、支援地域领域最广的对口援疆，决定在国家发改委领导下，全面实施"经济、干部、人才、教育、科技援疆"全方位对口援疆，确定由北京、天津、河北、山西、辽宁、吉林、黑龙江、上海、江苏、浙江、安徽、福建、江西、山东、河南、湖北、湖南、广东、深圳19个省市以全覆盖方式对口支援新疆12个地（州）的82个县（市）以及兵团12个师。出于助力新疆脱贫攻坚的需要，此次大规模对口援疆突出解决新疆各族群众的住房、教育、就业、医疗等基本民生问题，国家还出台系列支持新疆发展的政策：2015年1月1日起，新疆煤炭资源税实行从价计征，税率6%；将新疆列为国家级综合能源基地，提升新疆能源资源的清洁、高效开发与转化利用水平；对属于《新疆困难地区重点鼓励发展产业企业所得税优惠目录（试行）》的企业实行企业所得税"两免三减半"等①。新一轮对口援疆力度之大在历史上前所未有②。2021年7月，全国政协主席汪洋在新疆阿克苏召开第八次全国对口支援新疆工作会议上也指出，对口援疆要坚持资金项目向民生、基层、重点地区倾斜，助力受援地巩固拓展脱贫攻坚成果、促进乡村振兴。在中央坚持以新疆工作总目标为统领、坚持凝聚人心夯实长治久安基础、坚持突出重点精准发力、坚持发挥援受双方两个积极性、坚持健全制度科学管理的努力下，新时代全方位对口援疆工作机制基本成型③。

二、对口支援帮扶革命老区发展

除东西部扶贫协作外，中央还积极实施对口支援政策帮扶革命老区。革命老区发展基础至今十分薄弱，12个革命老区所涉及的县（市、区）有264个县为原国家扶贫开发工作重点县。2012年6月，国务院出台《关于支持赣南等原中央苏区振兴发展的若干意见》，提出"建立中央国家机关对口支援赣州市18个县（市、区）的机制，加强人才、技术、产业、项目等方面的对口支援，吉

---

① 中华人民共和国国务院新闻办公室.新疆各民族平等团结发展的历史见证[N].人民日报，2015-09-25.
② 韩林芝.对口援疆与新疆贫困地区经济发展[M].北京：冶金工业出版社，2014.
③ 中国民族年鉴编辑部.中国民族年鉴2018[M].沈阳：辽宁民族出版社，2018.

安、抚州的特殊困难县参照执行。鼓励和支持中央企业在赣州发展，开展帮扶活动"。[1] 2013年，国务院印发《中央国家机关及有关单位对口支援赣南等原中央苏区实施方案》（国办发〔2013〕90号），首次启动中央国家机关及有关单位对口支援赣南等原中央苏区有关县、市的工作，包括国家发展改革委、中央组织部在内52个支援单位，与江西省赣州市所辖的18个县、市确定了结对关系。

2021年1月，《国务院关于新时代支持革命老区振兴发展的意见》（国发〔2021〕3号）明确，要研究制定支持革命老区巩固拓展脱贫攻坚成果等四个实施方案，细化具体支持政策。为贯彻落实党中央、国务院决策部署，国家发改委等15个部门联合印发《"十四五"支持革命老区巩固拓展脱贫攻坚成果衔接推进乡村振兴实施方案》（以下简称《方案》），这是"十四五"时期支持革命老区巩固拓展脱贫攻坚成果衔接推进乡村振兴的行动指南。《方案》还以位于12个革命老区的国家乡村振兴重点帮扶县为重点县，提出从财政、金融、土地、人才、基础设施建设、公共服务等方面给予集中支持。国家发改委《"十四五"特殊类型地区振兴发展规划》（以下简称《规划》）也提出，要促进革命老区振兴发展，做好与《国务院关于新时代支持革命老区振兴发展的意见》的衔接，支持革命老区做大做强特色优势产业，补齐公共服务短板，推动绿色创新发展。《规划》首次明确了12个革命老区的规划范围，明确了20个革命老区重点城市的功能定位，鼓励各有关省份制定支持本地区革命老区发展的政策措施，探索各具特色的振兴发展路径。

三、对口支援助力乡村振兴和巩固脱贫攻坚成果

2017年6月，习近平总书记在深度贫困地区脱贫攻坚座谈会上指出，要加大帮扶力度、强化帮扶责任，做到"谁的孩子谁抱"[2]。国家发改委《"十四五"特殊类型地区振兴发展规划》（以下简称《规划》）首次明确了特殊类型地区的规划范围及其发展目标、重点任务和支持政策，为进一步支持特殊类型地区振兴发展，推动巩固拓展脱贫攻坚成果同乡村振兴有效衔接、持续缩小城乡区域发展差距、优化区域经济布局提供了纲领性指导。《规划》指出，要以西部脱贫地区特别是"三区三州"为重点，建立健全长效帮扶机制，完善后续扶持责任体系，继续发挥中央财政资金引导作用，带动地方政府资金、社会资本等投入，统筹各渠道资金支持易地扶贫搬迁后续扶持，提升完善安置区配套设施、基本公共服务设施

---

[1] 中华人民共和国法规汇编（二〇一二）（第二十七卷）[M]. 北京：中国法制出版社，2014.
[2] 习近平. 在深度贫困地区脱贫攻坚座谈会上的讲话[M]. 北京：人民出版社，2017.

和配套产业，帮扶搬迁群众产业就业。持续实施消费帮扶，加快形成消费帮扶可持续发展模式，促进农产品和服务产销对接，激发欠发达地区振兴发展内生动力。

◇ 专栏6-1

广州市对口帮扶助力乡村振兴和巩固脱贫攻坚成果的典型案例

广东省广州市大力助推对口支援与脱贫攻坚、乡村振兴有效衔接。2020年1—8月，广州市投入帮扶资金25.53亿元，毕节、黔南未出列贫困县、村实现摘帽；梅州、清远477个贫困村及其贫困人口脱贫。其重要举措有：一是加大财政投入。广州在2020年向毕节、黔南投入财政帮扶资金10.77亿元，同比增长14%；向毕节151个贫困村每村追加100万元的标准，筹集1.5亿元社会帮扶资金。二是全面加强劳务协作。援建两地的156个扶贫车间全部复工复产，吸纳贫困劳动力就业3457人；"点对点"帮助贫困劳动力返程返岗和外出务工，两地贫困人口返粤复工12272人；开展技能培训2771人。加快推进"粤菜师傅""广东技工""南粤家政"三大培训工程，以"订单培养"助力就业扶贫。三是产业帮扶力度加大。新增引进53家企业落户两地[①]，投资27.84亿元，带动4.27万贫困人口增收。结对帮扶务实开展。与毕节、黔南18所特殊学校结对帮扶。安排财政资金2.28亿元，用于易地扶贫搬迁安置点的教育、医疗设施等项目54个，已投入使用53个。按照"5+2"模式（即帮扶建立5个有特色的专科、1个急救中心和1个重症监护室），对毕节、黔南4家市（州）级医院以及各县人民医院进行组团式帮扶，目前共476名挂职教师、医生以及专业技术人才在两地工作。此外，广州对其他地区的对口支援也有新进展。2020年，新疆疏附县建设88个项目，已开工84个；西藏波密县小康村建设、天麻扩大种植及深加工基地建设等项目不断提速；四川甘孜州3县16个援建项目全部动工。

广州市还采取产业援助、智力援助、消费扶贫三大举措。在产业援助上，疏附县广州新城园区建设加快推进；成功引入云南天麻团队落户波密县，成为当地迄今最大农业产业招商项目；在甘孜州色达县投资100万元建设高原野生花卉培育实验示范基地。在智力援助上，对疏附县10个乡镇和县直学校采取"一对一"结对帮扶，选派9名医疗专家到疏附县人民医院进行帮扶；广州中医医院与波密县藏医院建立结对帮扶，广州大学每年派出10余名师资人员赴波密支教；广州接收甘孜州12名教师和医生挂职学习。在消费扶贫上，坚持聚焦毕节、黔南等重点贫困地区，截至2020年8月底，广州市场采购、消费全国扶贫产品达80.33亿元，其中毕节、黔南农特产品22.85亿元，较去年增加5.25亿元；成立消费扶贫专班，组建广州消费扶贫联盟，打造毕节的纳雍土鸡、威宁土豆、贵州鸡蛋等特色品牌；全面梳理帮扶地区扶贫产品清单，发布30个线上"消费

[①] 引进世界500强企业立邦集团落户黔南州都匀经开区、新三板挂牌企业铭丰包装落户毕节七星关经开区。

扶贫指引",结合线下消费扶贫专馆专区专柜拓宽销售渠道;统筹优质资源搭建销售平台,在中洲农会成立消费扶贫服务中心,组建十个批发市场、百家线上电商、千个连锁超市联盟;联手主流媒体和新媒体开展宣传工作,旗帜鲜明地为消费扶贫宣传引流并扫码带货,利用广州地铁流量优势,持续上架消费扶贫灯箱、视频公益广告;注重线上电商引流。发动电商平台设立扶贫专区,利用电商平台提供的流量支持助推"农货出山";坚持线下平台发力。通过粤港澳大湾区"菜篮子"平台、广东省东西部扶贫协作产品交易市场平台,助推扶贫农特产品进入广州湾区市场。在毕节、黔南累计建设36个"菜篮子"生产基地,在广州设立200多个展销窗口推介扶贫产品,1000多个连锁超市参与消费扶贫。

资料来源:中国经济导报、中国发展网、广州市人民政府官网。

四、全面强化省际对口支援协同机制

省际对口支援是传统对口支援政策体系中的主要内容。长期以来,省际对口支援主要集中在内地省份对边疆民族地区尤其是新疆西藏等经济发展欠发达地区的援助上,沿海经济发达省份与其他欠发达地区的互相协作支援并未上升到国家政策层面。随着中央实施新一轮东北振兴战略、中部地区崛起战略、振兴老工业基地战略等国家级重大战略部署,建立沿海发达省份与其他欠发达地区的对口支援协作也构成新时代对口支援政策体系的重要内容。在这其中,东北地区与东部地区部分省市率先构建了较为完善的对口合作机制,这是党中央实施新一轮东北振兴战略作出的重大部署,如2017年以来,江苏省与辽宁省积极开展对口合作。当下,省际对口支援在传统对口支援机制和模式等维度上全面深化。一方面,对口支援更加强调两地的相互协作、合作共赢,而不是一方对另一方的单向输血,新时代对口支援通过充分各自的比较优势,如支援地和受援地共同发展特色产业、共建研发机构,甚至是共同探索某一领域或特定事项的政府治理模式等,实现两地的优势互补、共同发展;另一方面,支援地和受援地在支援协作的政策制定上更加注重互相衔接,通过两地相关部门的事前协商、充分讨论,减少两地政策制定过程中因信息不对称产生的沟通成本,有利于制定更加符合双方实际需求的可行协作援助方案,更好地满足两地的经济社会发展需求,实现在新发展格局下的共同发展。

"十三五"期间,江苏省按照"政府引导、市场运作,合作共赢、突出特色"原则,与辽宁省大力开展对口合作,两地共同发展生物医药产业、共建研发机构、共同探索采煤塌陷地治理模式等做法被国家发改委列为典型经验。"十四五"时期,对口合作工作已逐步由起步阶段进入深化阶段,为全面深化苏辽对口合作，两省启动"十四五"对口合作实施方案编制工作，构建"1+3+1"方案体系（即1个总体实施方案，科技创新、产业、对内对外开放合作等3个专项实施方案，1个产业技术研究院合作试点方案），推动苏辽对口合作走深走实，在构建新发展格局中实现共同发展。目前，江苏省对口帮扶支援合作工作领导协调小组印发《江苏省辽宁省"十四五"对口合作实施方案编制工作方案》，明确编制原则、方案体系、任务分工和步骤安排，全面部署实施方案编制工作。

五、对口支援的跨区域消费扶贫模式

消费帮扶作为巩固拓展脱贫攻坚成果、促进乡村全面振兴的重要举措，对于带动脱贫人口等农村低收入人口增收致富，促进脱贫地区特色产业提质增效，激发欠发达地区振兴发展内生动力，推动共同富裕具有重要意义。国家发改委于1990年、1997年、2003年启动实施定点帮扶河北省灵寿县、广西壮族自治区田东县、吉林省汪清县。2019年1月，国务院办公厅印发《关于深入开展消费扶贫助力打赢脱贫攻坚战的指导意见》。为落实其中各项任务，国家发改委以促进贫困人口稳定脱贫和贫困地区长远发展为目标，以"三区三州"等深度贫困地区为重点，采取推动社会力量积极参与消费扶贫、拓宽贫困地区产品流通销售渠道、提升贫困地区产品供给质量水平、促进贫困地区旅游产业提质升级等举措大力开展消费扶贫。2019年11月8日，国家发改委联合国务院扶贫办、中央和国家机关工委、教育部、财政部、农业农村部、商务部、文化和旅游部、国务院国资委、中央军委政治工作部、全国总工会、共青团中央、全国妇联、全国工商联、中华全国供销合作总社，发出了《动员全社会力量共同参与消费扶贫的倡议》，并在苏州举办2019年全国消费扶贫市长论坛，由来自东西部的代表城市负责人展示各自在消费扶贫实践中的典型做法。如，苏州市对口支援扶贫涉及9个省（市、自治区），10个地级市（州），24个县（市、区），运用"以销定产"模式反向推动贫困地区农业产业化发展，通过全渠道可追溯农产品营销闭环，形成农副产品产销良性循环的长效机制，打造了精准扶贫新模式。2019年11月25日，国家发改委印发《消费扶贫成效提升行动方案（2019—2020年）》，提出继续将消费扶贫工作纳入全委脱贫攻坚年度工作要点和定点扶贫年度工作计划，一体谋划、一体部署、一体督促。要通过举办消费扶贫论坛、遴选推介消费扶贫典型案例，进一步营造全社会参与消费扶贫的良好氛围。

2019年以来，消费扶贫与扶贫协作、对口支援相互交叉，呈现"多点发力、全面推进"的良好态势。2019年东部沿海地区直接采购和帮助销售贫困地区农产品483亿元，为持续巩固脱贫攻坚成果注入强大动力。北京、上海、江苏、浙江、山东、广东等地依托东西部扶贫协作、对口支援等机制,积极投入人力、物力和财力,持续开展扶贫产品定向采购和集中展销;福建、河北等地积极探索军队保障领域消费扶贫和劳务合作消费扶贫等新形式;海南借助"海南爱心扶贫网"新增比价、统计、农产品滞销等系统组织消费扶贫;吉林通过"第一书记"代言等帮助销售贫困地区农产品17亿元;河南成立驻村第一书记扶贫成果展销中心,举办展销对接会达成意向采购成交额近5亿元;贵州构建省、市、县三级消费扶贫联动机制,推进"黔货出山"活动,销售特色农副产品近50亿元,带动25万贫困人口增收。总体来看,2021年以来,各地区、各部门累计直接采购和帮助销售脱贫地区产品超过4500亿元,其中各级政府部门直接采购保持相对平稳,市场化帮销所占比重稳步提升且已超过2/3,市场机制对脱贫地区产品和服务销售的带动作用持续凸显[①]。

◇ 专栏 6-2

山东省和重庆市跨区域消费扶贫对口支援的典型案例

国务院扶贫开发领导小组对鲁渝扶贫协作给予了充分肯定,山东和重庆在2019年、2020年国家脱贫攻坚东西部扶贫协作考核中均位列"好"等次。尤其是鲁渝消费扶贫案例成功入选全国消费扶贫市长论坛获奖案例。具体而言,山东将消费扶贫作为巩固脱贫攻坚成果的重要举措。一是搭建线上线下对接平台。一方面,积极打造消费扶贫专区,目前已累计建成各类消费扶贫专区136个,消费扶贫专馆82个,孵化培育农村电商带头人940人;另一方面,组织山东省大型商超、批发市场定向采购开州春橙、奉节脐橙等贫困地区农特产品,在山东省商务厅官网和山东生鲜农产品产销对接平台开设"重庆重点农产品供货专栏",引导山东企业签订购销协议,目前已累计销售重庆贫困地区农特产品6845万元。二是加快扶贫产品培育认定。一方面,及时发布完善扶贫产品目录,打造重庆贫困区县农特产品知名品牌,实现14个贫困区县的300余项品牌农产品进入山东品牌农产品服务平台;另一方面,加强扶贫产品生产基地建设,培育消费扶贫龙头企业,组织重点农副产品货源,现已累计支持14个贫困区县建设农产品集配中心、冷链物流建设项目14个。尤其是,重庆市奉节县利用山东帮扶资金开展扶贫网络直播培训和基地打造,用直播的方式销售农产品带动贫困户脱贫。三是通过利用山东帮扶资金设立物流补贴、销售奖励,举办"鲁渝消费扶贫协作百店联展"活动,开通"巴味渝珍、香落齐鲁"电商平台,支持构建覆盖山东全省的鲁渝消费扶贫智能终端销售网络和服务体系。

资料来源:大众日报。

[①] 2021年12月2日,国家发改委在北京召开2021年消费帮扶助力乡村振兴典型案例视频推介会。

第五节　中国对口支援的趋势特征

在中央政府的主导下，对口支援的最初目的是发达地区帮助欠发达地区（主要是落后的少数民族地区）发展经济、改善民生，主要表现为援疆援藏，后来逐渐演化为一种制度化的跨区域资源配置模式。中国特色对口支援是由我国政治、经济、地理、人文等历史因素和区域发展不均衡不协调的现实决定的。就国家层面而言，对口支援承载着践行区域协调发展战略、脱贫攻坚等多重国家战略任务，这需要中央政府汇聚各方合力，通过调配各地政府、市场与社会的多样化资源来全面帮扶受援地区。当然，这种对特定区域的政策倾斜和扶持是建立在单一制国家强大的中央集权和政治动员能力的基础上，充分彰显了我国社会主义国家的制度优越性。

20世纪60年代初以来，对口支援政策经过不断充实与逐步拓展，已演变为对边疆民族地区的对口支援、对重大工程的对口支援、对灾害损失严重地区的对口支援等多种模式。对边疆民族地区的对口支援是对口支援政策正式提出时的着力点，也是对口支援政策长期主要的覆盖领域，并随着各轮援藏、援疆工作的轰轰烈烈开展而不断巩固拓展。以三峡工程为标志的重大工程对口支援是对传统边疆地区对口支援模式的第一次扩展，政策领域由支援经济社会发展拓展至移民迁建等重大工程；以汶川特大地震为代表的对灾害损失严重地区的对口支援，将对口支援的适用范围从常态领域进一步拓展到非常态领域，这是对口支援模式的第二次拓展。可见，对口支援实施区域和适用领域均在不断扩展，更广范围、更多人口纳入对口支援政策，而不同受援区域对口支援实践相互借鉴的过程也是政策扩散和创新的过程。如，灾区恢复重建对口支援模式被复制到援疆工作中，推动了2010年新一轮对口援疆的大发展。对欠发达地区的对口支援为对受灾地区对口支援提供了基础经验，而后者的创新实践反过来为传统领域对口支援提供了可资借鉴的经验，从而促进了对口支援政策不断发展。总体来看，对口支援主要呈现以下发展趋势。

一、对口支援政策体系法制化

目前，对口支援已经由一项临时性政策安排演化为国家基本法律制度。新中国成立后到改革开放前，对口支援主要是发达地区在中央政府的指令下对落后地区进行无偿援助，援助方式和内容比较单一，中央政府也未明确提出和实施对口支援政策，对口支援具有一定的自发性和规模性，个别地方出现了城乡间、地区间的对口协作的做法，但并没有明确的政策保障。1984年《民族区域自治法》规定了对口支援边疆的组织领导、具体内容及覆盖领域，首次以国家法律形式规定上级国家机关组织和支持对口支援的原则，为对口支援政策提供了法律支持和制度保障，标志着对口支援进入国家法律层面并成为民族区域自治法律制度的重要内容。1991年国家民委对口支援工作座谈会，明确了"支援为主，互补互济，积极合作，共同繁荣"的原则，指出对口支援是不以营利为目的而以帮助少数民族地区加快发展为己任的兼具经济意义和政治意义的工作，为对口支援制度的形成奠定了基础。2001年《民族区域自治法》，规定经济发达地区对口支援民族自治地方的政策。对口支援由临时性政策演变成为国家的重要法律规定。作为20世纪70年代末才开始在较大范围实施的政策，对口支援很大程度上是"试验性政策"，经历了"局部试验—改进完善—总结推广"的政策学习和政策扩散过程[①]。通过"全国对口支援工作座谈会"等方式总结经验教训，对口支援逐渐由试验政策上升为国家政策直至法律。

二、对口支援执行主体多元化

从最初东中部经济发达省市对西部民族地区经济欠发达地区的省际对口支援，发展到中央有关部委、企事业单位对西部民族地区经济欠发达省区对口支援，对口支援的政策执行主体的数量变得更为庞大，不仅包括中央政府及其部门，也有受援地政府及其部门、支援地地方政府及其部门，还有支援地的事业单位、国有企业以及社会组织等。对口支援由政府完全主导向政府主导、社会组织参与，进而向政府主导、社会组织和受益群体参与转变，发挥着相互促进、优势互补的积极作用[②]。以对口援藏为例，支援方包括18个经济相对发达的省市、17家中央企业以及60个国家部委（包括历次国务院机构改革中调整变动的部门），而受援方不仅覆盖西藏73个县（市、区），还扩展到四川、云南、甘肃和青海四省藏区。例如，1983年，民主党派启动"智力支边"，包括民主党派在内的社会力量开始对口支援民族地区[③]；1988年10月，《国家民族事务委员会"三定"方案》首次将"推动经济发达省市同民族地区的对口支援和横向联系，协助民族地

---

① Sebastian Heilmann. From Local Experiments To National Policy: The Origins of China's Distinctive Policy Process [J]. The China Journal, 2008（59）：1-30.
② 郭旭鹏. 我国对口支援的历史演进及发展趋势 [J]. 管理观察，2013（25）：17-19.
③ "智力支边"由中共中央统战部提出。

区发展对外经济交流与合作"作为民族经济司的工作职责之一，为民委系统深入参与对口支援民族地区工作奠定了基础①。可以说，对口支援已是党政军学企社乃至个人均参与其中的重大国家发展战略，尤其是中央政府和援受地政府构成对口支援的关键主体②。

三、对口支援形式多样化

20世纪80年代以来，对口援助的规模不断扩大、形式愈发多样，譬如对口支援民族地区与东西部扶贫协作的联系愈发紧密。这既源于民族地区与贫困地区相互交织的实际，也源于对口支援民族地区与脱贫攻坚战略的目标一致性。除东西部以扶贫协作为主的对口支援，还出现了省域内对口支援、单位之间对口支援、部门内部对口支援等新形式，对口支援的内容也从经济领域拓展到了科教文卫等社会领域。省际对口支援、省内对口支援、单位之间对口支援、部门内部对口支援互相衔接补充、相互交叉融合，形成了较为严密的网络化对口支援格局。同时，国家深入推进东西部协作，深化东北与东部地区对口合作，完善对革命老区、边境地区、生态退化地区、资源型地区和老工业基地等政策以及脱贫攻坚等，都与不同类型的对口支援进行了有机结合，充分发挥了各类对口支援的积极作用。这种结合还体现在，继西部大开发后，2015年国家发展改革委、外交部、商务部联合发布《推动共建丝绸之路经济带和21世纪海上丝绸之路的愿景与行动》。"一带一路"为加快东西部间对口支援以及经贸、技术、文化等多方面互动协作注入了新的动力活力，推动着西部大开发向纵深发展。2016年7月，习近平总书记在东西部扶贫协作座谈会上进一步指出，"东西部扶贫协作和对口支援，是实现先富帮后富、最终实现共同富裕目标的大举措，必须长期坚持下去"。2017年《国务院办公厅关于印发兴边富民行动"十三五"规划的通知》要求，东部省份和对口援疆援藏省份要加大对内蒙古、广西、云南、西藏、甘肃、新疆等省区边境地区的帮扶力度，鼓励经济较发达省份、大中城市、国有大中型企业采取多种形式积极参与东北边境地区建设，支持辽宁、吉林、黑龙江等省开展省内扶贫协作和对口支援。在这种情形下，智力支援、产业支援、民生改善、文化教育支援、产业合作、消费帮扶、劳务协作以及探索共建园区、飞地经济等利益共享模式日益普遍。

---

① 国家民族事务委员会，中共中央文献研究室.新时期民族工作文献选编[M].北京：中央文献出版社，1990.
② 董畹宏，王芳.我国对口支援政策的历史变迁及其政治逻辑分析[J].复旦城市治论，2020（00）：204–223.

四、对口支援内容多维化

新中国成立后到改革开放前，对口支援主要是发达地区在中央政府的指令下对落后地区进行无偿援助，援助方式和内容比较单一，中央政府也未明确提出和实施对口支援政策，对口支援具有一定的自发性和规模性，个别地方出现了城乡间、地区间的对口协作的做法。传统的对口支援以人力物力援助为核心，以经济技术、医疗卫生和教育援助为传统，其具体内容和形式仍在不断拓展充实。随着对口支援基本格局的确定，对口支援的内容已由初期的物资、设备、材料等"硬件"扩展到人才、技术、管理等"软件"。从最初物资支援、粗浅的经济合作，扩展到突出干部支援的重要作用，再到经济援助、人才援助等各类援助相结合，对口支援的内容愈发丰富，朝向覆盖资金、项目、人才、科技、医卫、教育、文化等多维度的全方位、综合性援助体系发展。随着多元主体在更广泛区域展开对口支援，援助的内容也依政策演变而不断调整和发展，涵盖经济、科技、文化、公共服务、基础设施、生态环保等诸多领域，并形成经济支援、教育支援、医疗卫生支援、产业支援、干部支援、人才支援、科技支援、文化支援等一系列各具特色的对口支援。对口支援涉及的行业领域范围愈来愈广，且不同领域援助的规模力度及细分模式也有所扩大，使得对口支援的内容变得更为立体、支援方式不断创新、对口支援机制更趋全面。

尤其是随着对口支援政策的不断成熟，人才智力支持的重要性日益凸显。人才智力对口支援涵盖了行政管理、教育、科技、医疗卫生、文化等领域，有效促进了受援地的人才培养储备。1993年国务院在部署三峡库区移民安置工作中提到，要从教育、科技、人才、管理、信息、资金、物资等方面，采取多种形式展开对口支援。1994年"干部援藏为龙头"及1996年"干部援疆"决策部署，确立了干部援助在人才援藏援疆中的地位，逐渐实现了干部支援和经济支援的结合。2001年西部大开发同样提出人才智力对口支援，结合经济对口支援确定东西部地区间人才开发的对口省（自治区、直辖市）和重点支援项目，开展东西部间科技人才挂职交流并扩大干部交流规模。如，自1995年开展干部援藏工作以来，中央已选派6批4741名干部进藏，其中第六批援藏干部994人分别来自有关中央和国家机关、中央企业和内地17个省市。此后，国家陆续出台的关于"十三五"促进民族地区和人口较少民族发展、促进兴边富民行动等方面的规划以及相应的脱贫攻坚指导中，均强调了人才支援的重要性。

五、对口支援组织实施精细化

伴随着对口支援政策体系的日益完善,对口支援的组织实施也愈发精细化。一方面,对口支援的结对关系更加明确具体,无论是同级政府间对口支援、降级次政府间的对口支援、降多级次的对口支援,还是横向与纵向交织的对口支援等形式各异的对口支援模式,支援和受援主体及其之间的结对关系都是明确且具体的,一般都规定于支援地政府的对口支援总体规划或实施方案中,如多层级的对口支援通过明确"省包市、市包县"等层层对口支援关系,在明确支援地的责任的同时,也有助于提升对口支援的帮扶效力。另一方面,支援地和受援地在支援协作时更加注重政策衔接,通过支受两方相关部门的事前协商、充分讨论,形成制定更加符合双方经济社会发展实际需求的可行协作援助方案。例如,"十四五"时期的省际对口合作工作已由起步阶段进入深化阶段,江苏省和辽宁省为全面深化苏辽对口合作,启动"十四五"对口合作实施方案编制工作,构建"1+3+1"方案体系(即1个总体实施方案,科技创新、产业、对内对外开放合作等3个专项实施方案,1个产业技术研究院合作试点方案),推动苏辽对口合作走深走实,在构建新发展格局中实现共同发展。

第七章
中国对口支援案例分析（Ⅰ）

自新中国成立以来，我国充分发挥中国特色社会主义制度优势，在实践中形成具有中国特色的对口支援模式。本章主要选取对口援藏、对口援疆和闽宁模式三个典型案例，这三个案例都属于特殊区域对口支援，持续时间长，涉及地区多，具有全局性战略性意义。深度剖析此类案例对健全完善中国特色对口支援制度、发挥其在国家治理中的作用具有重要的现实意义。

第一节 对口援藏

一、案例基本情况

（一）对口援藏的背景及意义

中央政府实施对口援藏政策有特殊的自然和社会背景。首先，独特的地理位置和丰富的自然资源使西藏成为重要的边疆安全屏障和战略资源储备基地。西藏地区地处祖国西南边疆，位于青藏高原腹心，国土面积约占全国的1/8，边境线长达4000多公里，平均海拔在4000米以上。居高临下的地理优势、绵延曲折的边境线，使西藏成为国家安全的天然屏障。丰富的矿产、水、林业、动植物等资源，使西藏成为国家重要的战略资源储备基地。除此之外，西藏与南亚诸国相连，是陆上丝绸之路的重要组成部分，关系着国家"一带一路"建设的实施。由此可见，西藏地区在全国具有非常重要的战略地位。其次，西藏自然条件差，经济基础薄弱，自我发展能力不足。西藏空气稀薄，昼夜温差大，全年降水量分布严重不均，地形复杂，交通不便。恶劣的自然气候及地理环境使得西藏经济长期处于薄弱地位，交通、住房、医疗、教育、就业等基本民生保障严重不足。最后，西藏是以藏族为主的多民族地区，大部分居民信仰宗教，民族和宗教问题交织复杂。西藏长期实行"政教合一"的政治体制，严重阻碍了社会发展。西方敌对势力一度企图利用宗教力量将西藏从中国分裂出去，对西藏的稳定和祖国的统一造成严重的威胁。因此，西藏的民族团结和社会稳定关系到国家的安全和稳定。

新中国成立以来，中央政府一直非常重视西藏工作。1979年4月25日，党中央召开全国边防工作会议，作出"中央关心西藏，全国支援西藏"的战略决策。此后，1980—2020年中央先后七次召开西藏工作座谈会，对支援西藏工作作出重要部署。1994年第三次西藏工作座谈会将西藏地位提升到国家层面，"西藏的稳定涉及国家的稳定，西藏的发展涉及国家的发展，西藏的安全涉及国家的安全。"此次座谈会正式确立"分片负责、对口支援、定期轮换"的对口援藏制度，标志着对口援藏行动开始在全国范围内大规模地推开。在这场行动中，中央一声令下、全国迅速行动，人财物各种资源从四面八方向西藏聚集。这场轰轰烈烈举全国之力、集全国之财的对口援藏行动，一直持续到今天，极大地促进了西藏的稳定、发展和安全，对维护全国民族团结和国家领土统一意义非凡。由此可见，对口援藏行动无论是对西藏来说，还是对国家来说都具有非常重要的全局性战略意义。

（二）发展历程

自1951年西藏和平解放以来，中央政府和内地省市不断加大对西藏的支援。1979年全国边防工作会议作出"内地发达省市对口支援边境地区和少数民族地区""全国支援西藏"的重大战略决策，自此全国开始了对口支援的探索。在总结各地对口支援以及全国支援西藏经验的基础上，逐渐建立了对口援藏制度。从对口援藏制度的确立到走进新时代，我国对口援藏经历了制度形成、快速发展、全面深化的发展历程。本节将1979年作为分析对口援藏发展历程的起点。

1. 制度形成期（1979—1994年）

1979年全国边防工作会议提出"中央关心西藏，全国支援西藏"后，中共中央先后召开三次西藏工作座谈会安排部署援藏行动。1980年第一次西藏工作座谈会要求，中央各部门、全国各有关地方和单位，在物质、资金、技术和人才方面给予西藏积极支援，为"全国援藏"确定了基本的方向、模式和重点。1983年国务院首先安排四川、浙江、上海、天津重点对口支援西藏，支援方的地方机关或企业对受援地的对口单位进行支援[①]。后来，由原卫生部、国家民委、劳动人事部联合发布《关于经济发达省市对口支援边远少数民族地区卫生事业建设的实施方案》，安排原卫生部7个直属部门和内地12个省市与西藏建立对口支援关系[②]。1984年召开第二次西藏工作座谈会，安排由北京、上海、天津、江苏、浙江、四川、广东、山东、福建9省（市）和水电部、农牧渔部、国家建材局等有关部门援助西藏建设43个迫切需要的中小型工程项目（简称"43项工程"），总投资4.8亿元[③]，这"43项工程"后来被人们称为"交钥匙工程"[④]，中央明确由"国家直接投资项目、中央政府财政补贴，全国人民对口支援西藏"的援助方针。会议期间决定在西藏成立"国务院西藏自治区经济工作咨询小组"，由党中央、国务院直接领导，为西藏自治区的经济建设提供决策咨询。

20世纪80年代对对口援藏实践的积极探索，为后来确立对口援藏制度提供了丰富的经验。为进一步规范、强化援藏工作，1994年中央召开第三次西藏工作座谈会，讨论并一致通过《中共中央　国务院关于加快西藏发展、维护社会稳定的意见》，确定"分片负责、对口支援、定期轮换"的干部机制且周期暂定10年，强调援助西藏应当是长期的、主动的、多方面的，要求党中央、国务院各部委和各省区市与西藏建立相对稳定的对口支援关系。会议确定了内地15个省市与西藏7地市、中央国家机关与西藏自治区直属机关的结对关系（具体结对关系见图7-1），由中央22个部委、29个省（自治区、直辖市）、6个计划单列市共同援建62个重点项目，投资总额达23.8亿元[⑤]。此次会议被认为是对口援藏进程中的一座里程碑，确立了对口援藏制度的基本框架。在这一制度框架下，中央机关、地方省市与西藏形成稳固的对口关系，援藏内容按"以干部援藏为龙头、技术援藏为骨干、资金援藏为补充"加以明确[⑥]。

---

① 具体的结对关系为：江苏省杭州市对拉萨市，四川省建设厅和防疫站分别对西藏建设厅西藏防疫站，上海皮革厂和毛麻公司分别对拉萨市皮革厂和林芝毛纺厂，天津工业局、商业局、交通局、地毯厂和拖拉机厂分别对西藏工业厅、商业厅、交通厅、拉萨地毯厂和西藏农机公司。

② 湖北、湖南对拉萨市，广东、河南对山南地区，广东对江曲医院，四川对昌都地区，安徽、浙江对日喀则地区，陕西、山西对那曲地区，辽宁、吉林和黑龙江对阿里地区。

③ 这4.8亿元中，由中央补助和直接投资2.4亿元，援建省市投资2.4亿元。

④ 这43项工程创新性的实行了项目建设包干责任制，因此被称为"交钥匙工程"，即援助方建设项目完工后，移交给受援地相关部门。"交钥匙"项目所体现的不仅仅是财政责任，还体现其他责任（例如工程质量监管）。

⑤ 靳薇．西藏．援助与发展 [M]．拉萨：西藏人民出版社，2011.

⑥ 马新明．丰碑：北京市对口援藏二十年实践与探索 [M]．北京：北京联合出版社，2014.

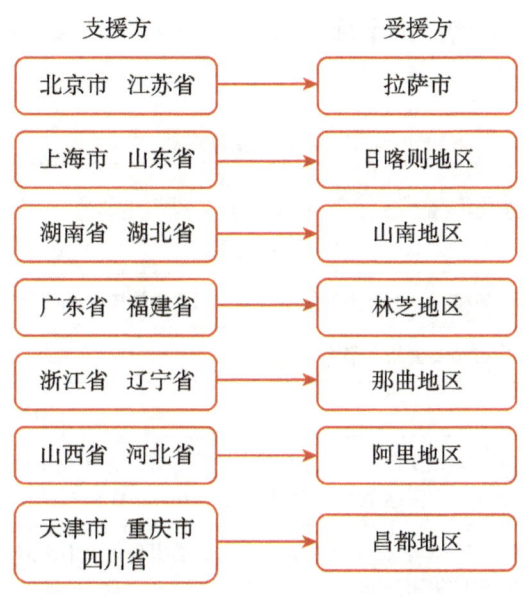

图 7-1 第三次西藏工作座谈会确定的结对关系

资料来源：靳薇.西藏：援助与发展［M］.拉萨：西藏人民出版社，2011.

2. 全方位发展期（1995—2010 年）

1995 年开始贯彻实施第三次西藏工作座谈会的会议精神和各项决策，对口援藏进入快速发展阶段。2001 年中共中央召开第四次西藏工作座谈会，对新世纪对口援藏工作作出重要决策：将援藏目标从实现西藏"加快发展和基本稳定"转变为实现"跨越式发展和长治久安"，新增 15 家大型国有企业援藏，援藏省市由 15 个增加到 17 个（具体结对关系见表 7-1），将西藏全部县区纳入对口支援范围，以选派干部为龙头，实施全方位支援，支援期限再延长 10 年。会议强调"承担对口支援任务的省市和中央机关要把西藏受援地区和部门作为本省市、本部门的一个特殊地区和部门对待"，促使支援方和受援方的关系更加密切。会议确定了国家直接投资建设项目 117 个，总投资约 312 亿元；各省市对口支援建设项目 70 个，总投资约 10.6 亿元；西藏的重点建设项目资金主要由国家以中央直接投资和财政扶持的方式承担①。2002 年中央正式将卫生援藏工作纳入对口支援范围，确定中央及内地 18 省（市）对口援建西藏 115 个卫生项目。2004 年国务院决定按照"分片负责、对口支援"的方式和"定点、包干、负责"的办法对西藏教育事业实施对口支援，进一步加强对西藏的教育支持。2005 年中央专题研究新世纪新阶段西藏发展稳定工作，形成《中共中央、国务院关于进一步做好西藏发展稳定工作的意见》，要求继续坚持"分片负责、对口支援、定期轮换"的

---

① 林芝市市场监督管理局官网，http://www.syjj.linzhi.gov.cn/.

办法,以干部援藏为重点,把干部援藏和经济援藏、人才援藏、技术援藏结合起来。

表 7-1　　　　　　　第四次西藏工作座谈会确定的结对关系

支援方	受援方
北京市、江苏省	拉萨市
上海市、山东省、黑龙江省、吉林省、上海宝钢集团有限公司、中国中化集团公司	日喀则地区
湖北省、湖南省、安徽省、中国粮油食品(集团)有限公司	山南地区
广东省、福建省	林芝地区
天津市、重庆市、四川省、中国电信集团公司、中国第一汽车集团、东风汽车总司、武汉钢铁(集团)公司、中国铝业公司、中国远洋运输(集团)总公司	昌都公司
浙江省、辽宁省、中国石油天然气集团公司、中国石油化工集团公司、中国海洋石油总公司、神华集团有限公司、中国中信集团公司	那曲地区
陕西省、河北省、国家电网公司、中国联合通信有限公司、中国移动通信集团公司	阿里地区

注:2004年四川省退出对口援藏工作。

这一时期对口援藏机制逐步完善,基本形成以国家机关、地方省市、国有企业为主体,以干部支援为龙头,项目援藏为重点,经济、人才、技术有效结合的全方位对口援藏机制。对口援藏的广度、深度和力度大幅度提升,极大地改善了西藏的基础设施条件,加快促进西藏实现跨越式发展。

3. 全面深化期(2010年至今)

为全面推进西藏跨越式发展和长治久安,2010年中央召开第五次西藏工作座谈会指出,西藏工作要以改善民生为出发点和落脚点,各支援省(市)年度援藏投资实物量按该省(市)上年度地方财政一般预算收入的1‰安排,并且资金要向基层、贫困地区倾斜,明确17个对口支援省市援建项目1609个[①],总投资141.25亿元,对口援藏期限再延长10年。此次会议首次将青海、四川、甘肃、云南四省所属藏区纳入对口援藏范围,并强调四省党委和政府要切实把本省藏区工作摆到重要议事日程,作为本省经济社会发展的重点任务来抓,动员全省各方面力量支持这些地区发展。国务院专门成立了中央西藏工作协调小组经济社会发展专项小组,主要负责统筹做好支持西藏和四省藏区经济社会发展政策、经济对

---

① 参见西藏自治区发展和改革委员会《"十二五"时期对口支援西藏经济社会发展规划汇编》(2011—2015)。在1609个援建项目中,城乡居民住房类86个,农牧区基础设施类301个,市政设施类205个,社会事业类366个,产业发展类302个,生态建设类29个,基层组织及阵地建设类81个,基层办公生活条件类124个,培训类57项,其他类58项。

口支援工作的指导和协调。2010年开始实施对口援青，2014年启动发达省（市）对口支援四川、云南、甘肃三省藏区，至此，西藏和四省涉藏州县全部纳入对口支援范围。

  党的十八大以来，党中央不断完善对口援藏机制，全面推动新时代对口援藏工作向纵深发展。2014年8月对口支援西藏工作20周年会议提出，要"大力实施经济援藏、教育援藏、就业援藏、科技援藏、干部人才援藏，进一步完善全方位、多层次、宽领域的对口支援西藏工作格局，推进西藏跨越式发展和长治久安……坚持80%的资金投入到基层，80%的资金用于改善民生。"此次会议将对口援藏机制向更加全面、深入、规范推进。2014年9月中央民族工作会议强调要"发挥好中央、发达地区、民族地区三个积极性，优化转移支付和对口支援体制机制，把政策动力和内生潜力有机结合起来……民族地区要通过市场机制与沿海地区连接起来，实现优势互补、合作共赢、共同发展"，推动对口援藏向促进支援方和受援方双方互惠、共赢发展。为统筹谋划、深入推进新时代西藏工作，2015年中央召开第六次西藏工作座谈会，系统阐释了新时代治藏方略[1]，强调"中央支持西藏、全国支援西藏，是党中央的一贯政策，必须长期坚持。"此后，全国大力支援西藏，援藏工作向纵深不断拓展[2]。为加快西藏脱贫攻坚，2016年9月全国扶贫援藏工作会议要求，国家部委、援藏省市和援藏企业要进一步加强干部援藏、人才支援、资金支持、劳务协作、产业合作。产业援藏一直被视为增强西藏"造血"功能、实现可持续发展的根本途径。2016年12月国务院批准"十三五"期间援藏项目189个，总投资6576亿元，从保障和改善民生、构建生态安全屏障、健全基础设施体系、发展高原特色优势产业、打造面向南亚开放的重要通道、夯实社会稳定基础等方面进行全面统筹安排[3]。"十三五"时期国务院国资委组织推动中央企业持续加大援藏建藏力度，实施产业项目9900个，累计投资1342亿元，累计选派各类援藏干部人才1968人[4]。

---

[1] 新时代治藏方略主要内容包括：必须坚持中国共产党领导，坚持社会主义制度，坚持民族区域自治制度；必须坚持治国必治边、治边先稳藏的战略思想，坚持依法治藏、富民兴藏、长期建藏、凝聚人心、夯实基础的重要原则；必须牢牢把握西藏社会的主要矛盾和特殊矛盾，把改善民生、凝聚人心作为经济社会发展的出发点和落脚点，坚持对达赖集团斗争的方针政策不动摇；必须全面正确贯彻党的民族政策和宗教政策，加强民族团结，不断增进各族群众对伟大祖国、中华民族、中华文化、中国共产党、中国特色社会主义的认同；必须把中央关心、全国支援同西藏各族干部群众艰苦奋斗紧密结合起来，在统筹国内国际两个大局中做好西藏工作；必须加强各级党组织和干部人才队伍建设，巩固党在西藏的执政基础。

[2] 卫立浩. 新时代对口援藏工作高质量发展的路径优化[J]. 西藏民族大学学报（哲学社会科版），2021, 42（04）：42-47+154.

[3] 参见2016年12月6日国务院印发的《"十三五"支持西藏经济社会发展建设项目规划方案》。

[4] 光明网，https://m.gmw.cn/baijia/2021-09/17/35171580.html.

党中央一直非常重视对西藏的智力援藏，"组团式"医疗人才和教育人才援藏[①]是新时代援藏方式的重大创新。2015年启动医疗人才组团式援藏，选派8省市120余名援藏医疗人才组团对口支援西藏自治区人民医院和7地市人民医院，实行"以院包院、以院包科、跟师培养"，为受援地培养一支"带不走"的医疗队。2016年启动教育人才组团式援藏，由17个省市和教育部直属高校附属中小学，每年选派800名教师组成20个团队对口支援20所西藏中小学，集中力量援建一批示范性中小学，实行"岗位对接、结对跟学、跟岗学习"带动其他学校提升办学水平。为加强"十三五"期间教育对口支援西藏和四省藏区工作，2016年教育部提出将"明确目标，科学规划；突出重点，精准施力；发挥优势，创新引领"作为教育援藏的基本原则，将"实施好组团式教育人才援藏工作"作为教育援藏的首要重点任务[②]。2022年中央召开第三次对口支援西藏工作会议，强调要把促进各民族广泛交往交流交融摆在更加突出位置，坚持民生导向，务实推进产业和就业援藏，拓展"组团式"援藏效能，加强党对援藏工作的领导。

自第五次西藏工作座谈会以来，对口援藏工作进入向全面、纵深、规范发展的时期，特别是党的十八大以来，逐步完善全方位、多层次、宽领域的对口援藏体制，对口援藏的资金规模之大、参与人员之多、覆盖领域之广前所未有，极大地促进了西藏经济发展和社会稳定。新时代对口援藏工作发生了一系列重大转变，由以"输血"为主向以"造血"转变，由分散支援向集中支援转变，由以单方受益向双方共赢转变，由局部支援向全面支援转变。

（三）发展成效

1. 经济成效

1994—2020年，共有9682名援藏干部进藏工作，对口援藏省市、中央国家机关及中央企业分9批共支援西藏经济社会建设项目6330个，总投资达到527亿元[③]。全国大力支援下，西藏经济快速发展。1951年西藏地区生产总值仅为1.29亿元，2021年地区生产总值达到2080.17亿元，经济实力明显提升。特别是党的十八大以来，西藏城镇居民人均可支配收入由2012年的18362元增加到2021年

[①] 组团式医疗人才援藏，是指由国家卫计委和有关对口援藏省市指派医院，选派医疗骨干成批次组成一个团队，支持西藏受援医院的科室建设和医疗人才队伍建设（田昕，于亚滨，2017）。组团式教育人才援藏，是指由教育部和支援省市指派高校，选派教师成批次组成一个团队，集中对口支援一所学校的建设和教学、管理人才队伍建设。

[②] 参见2016年12月29日教育部印发的《教育部关于加强"十三五"期间教育对口支援西藏和四省藏区工作的意见》。

[③] 陈小亮.雪域时评：对口援藏结硕果 同心共筑中国梦［EB/OL］.https：//m.thepaper.cn/baijiahao_12790478.

的46503元，年均增长为10.9%；农牧民人均可支配收入连续19年实现两位数增长，由2012年的5697元增加到2021年的16935元，年均增长为12.9%；2012—2021年城乡收入倍差持续缩小①。党的十八大以来，党中央连续5年召开深化对口援藏扶贫工作会议，推动内地284个县区与西藏的县区、乡镇建立结对帮扶关系。截至2019年底，全区62.8万建档立卡贫困人口已全部脱贫，74个贫困县区全部摘帽，历史性消除了绝对贫困问题②。

2. 社会成效

实施医疗人才"组团式"援藏，使各族群众在家门口就能享受到高水平的医疗服务。医疗卫生网遍布城乡，乡乡有卫生院、村村有卫生室。人民健康水平显著提高，孕产妇死亡率下降到48/10万，婴幼儿死亡率下降到7.6‰，均为历史最低值。人均寿命由1951年的35.5岁增加到2019年的71.1岁。400多种较大疾病不出藏就能治疗，包虫病、大骨节病、先天性心脏病、白内障等肆虐西藏的疾病得到历史性消除和防治③。西藏的教育办学条件得到根本性改善，教育发展指标达到或超过全国平均水平。"十三五"期间，17个对口支援省市累计实施援藏项目461个，投入资金达35亿元，新建、改扩建中小学及幼儿园78所④；17个援藏省市先后选派出1676名"组团式"教育人才、505名"支教计划"教师进藏援教⑤。2020年底，全区各级各类学校3195所，教职工61239人，在校生近90万人，学前毛入园率、小学净入学率和初中、高中阶段、高等教育毛入学率分别为87.03%、99.93%、106.99%、90.2%、56.14%⑥。西藏已建成区、市（地）、县（区）、乡（镇）、村（居）五级公共文化服务体系，图书馆、群众艺术馆、博物馆、综合文化活动中心、文化活动室等为西藏人民开展文化活动提供了重要场所⑦。

3. 政治成效

对口援藏工作是党中央、国务院从党和国家工作全局高度作出的重大政治决策，各地政府站在政治高度执行这一战略决策。对口援藏是在中央政府主导下，地方政府具体执行，调动内地各种资源向西藏地区配置。援藏干部是对口援藏的中坚力量，他们的政治素质高、业务能力强，在受援地发挥着重要的政治教育作用，促进受援地与中央保持政治统一。同时，援藏干部带动了各民族间的交

---

① 对口支援西藏.中国推动各民族共同富裕的创举［EB/OL］.https：//baijiahao.baidu.com/s？id=17417813849248231658wfr=spider&for=pc.
②③⑥⑦ 参见2021年5月21日国务院新闻办发表的《西藏和平解放与繁荣发展》白皮书。
④ 娄梦琳.辉煌70年：西藏教育事业全面发展［EB/OL］.http：//www.xzxw.com/xw/xzyw/202106/t20210609_3698483.Html.
⑤ 邱熠华.深化"组团式"援藏 开创援藏工作新局面［N］.中国民族报，2020-09-29.

往交流交融，促使各民族间关系更加紧密，实现民族团结。此外，对口援藏增进了政府间关系，一方面表现为中央政府通过组织对口援藏增进了与受援地、支援地之间的关系，另一方面表现为受援地因接受支援地提供的各种支援，改善当地经济社会状况，增进与支援地政府间的关系。中央与地方、地方与地方政府间关系的密切程度在对口援藏中得以加强，促进国家的稳定和安全。

4. 政策成效

随着对口援藏工作的不断深入，支援主体不断增加、支援范围不断扩展、支援领域不断延伸、支援内容不断丰富、支援规模不断增大，基本形成以民生领域为重点，以干部支援为龙头，以项目支援为依托，以实现脱贫为底线，以经济、教育、就业、科技、人才等多元内容相结合的全方位、多层次、宽领域对口援藏体系。在全方位、多层次、宽领域的对口支援下，西藏的经济发展、社会稳定、基础设施、医疗卫生、文化教育、民生福祉、生态环境、科学技术等都发生了翻天覆地的变化，极大地改善了西藏的生产生活条件。

二、案例评析

对口援藏是我国实施对口支援边疆地区和少数民族地区中周期最长、规模最大、影响最深的对口支援，是我国对口支援实践中最典型的案例。其核心特征体现在以下几个方面：

（一）对口援疆的政治色彩浓重

西藏作为我国重要的边疆民族地区，其民族团结和社会稳定关系到国家的统一和安全，因此，西藏工作在党和国家工作大局中具有特殊的重要性。长期以来，国家实施对口援藏的首要目的是加强党和国家对西藏的政治统治，抵御一切分裂势力的破坏，促进西藏的民族团结和社会稳定，维护国家的领土完整和政治统一。对口援藏是党和国家长期坚持的一项治藏政策，旨在通过对西藏提供人财物各种资源的支援，促进西藏的建设和发展，提升西藏对中央政府和祖国统一的政治认同。对口援藏实施过程中，中央政府通过政治动员和行政指令，将对口援藏作为中央部委、国家机关、企事业单位、地方省（市）的一项重要政治任务来推动，支援方受中央政府的政治委托执行对口援藏任务。

（二）对口支援关系是长期且稳定的

20世纪80年代处于对口援藏的实践探索期，当时的对口援藏大多是临时的、短期的，支受关系随着支援任务的结束而结束，没有建立长期的、稳定的结对关系。自1994年国家正式确立对口援藏制度以来，中央确定对口援藏的最初期限是十年，后来又不断延长至二十年、三十年，未来的对口援藏也将作为党和国家的一项长期政策持续下去。党的十八大以后，党中央开始强调对口援藏要促进支援方和受援方"优势互补、合作共赢、共同发展"，这种由只注重单方受益到注重双方互利的转变，促进支援方和受援方之间的交往交流交融，增强了对口援藏的稳定性。未来对口援藏结对关系将由基于政治任务的单向支援走向基于经济利益的共赢模式，建立更加长期、稳定的结对关系。

（三）对口援藏是全面多元的

对口支援的要素包括支援范围、受援范围、支援主体、支援内容、支援模式和支援方式。对口援藏的全面性主要体现在对口援藏的参与范围和受益范围的全面性。从参与范围来看，对口援藏是全国范围内的一项大规模对口支援行动。从受益范围来看，对口支援不仅覆盖了西藏所有县区，还覆盖了青海、四川、云南、甘肃等四个省份的所有涉藏县区，全面覆盖了全国所有藏区居民。对口援藏的多元化主要体现在对口支援的主体、领域、内容、模式、方式等呈现多种不同。对口援藏的支援主体有中央部委、国家机关、企事业单位、地方省（市）等不同类型主体。对口援藏的实施领域主要涵盖基础设施、教育、医疗、科技、产业、就业等多个领域。对口援藏的内容包括干部、人才、资金、物质、技术等。对口援藏模式有同级政府间、降级次政府间、降多级次、纵横交织等。对口支援方式有多对一、一对一、一对多等。我国对口援藏呈现明显的全面性和多元化特征，这是集多方力量、聚多种资源、建多种模式、用多种方式全国共同支援西藏的必然结果，也是对口援藏制度得以长期执行的充分条件。

（四）形成网络化的政府间关系

从政府间关系来看，对口援藏中既存在上下级政府间的纵向关系，也存在同级政府间、降级次政府间的横向关系，纵横交织的政府间关系形成网络形态。网络化政府间关系。对口援藏是由中央政府主导的，中央政府一方面向省级政府下派对口支援任务，一方面向受援地指派支援方，这种纵向政府间关系是对口援藏开展的主要推动力。除此之外，纵向政府间关系还表现在省级政府接到中央指令后，选派下级政府执行支援任务，形成省内纵向政府间关系。对口援藏虽然是由中央政府主导的，但具体是由地方政府执行的，因此，横向政府间关系是对口援藏中形成的主要政府间关系。从支受双方的结对关系来看，对口援藏主要形成"省对省、省对市、省对县、市对市、市对县"的结对模式。纵横交织的政府间关系构成一种网络形态，凸显了地方政府间对口支援的中国特色。

（五）兼具"输血"和"造血"功能

最初的对口援藏是向西藏输入大量的物资和资金，目的是通过补充西藏资源短缺，保障当地居民基本生活，这种支援一旦结束，西藏居民重陷资源短缺和生活贫困，因此，这属于"输血式"支援。"输血式"援藏虽然短期内能够显著改善资源短缺，提高居民生活水平，但并不能为西藏形成持续的自我发展能力。党的十八大以后，对口援藏重点逐步向产业援藏、技术援藏、教育援藏等有助于开发西藏内生潜力，提升西藏自我发展能力的方向倾斜，这属于"造血式"支援。对口援藏作为我国开始最早、持续时间最长、规模最大的对口支援，通过向西藏进行"输血式"和"造血式"相结合的对口支援，既改善了西藏的社会经济条件，又提升了西藏自我发展的内生能力。

虽然对口援藏取得显著的成效，但仍然存在一些有待改进的问题：①支援方政府间的协同有待加强。虽然各援藏省市为顺利开展对口援藏工作，成立了对口援藏工作领导小组，实现省域内的统一协调，但各小组之间的有效沟通和统筹协调还有待加强。②支援方与受援方的合作关系有待改善。从府际关系来看，除了中央政府以外，支援方和受援方之间没有行政隶属关系，支援方在执行对口援藏任务时，无法确保得到受援地政府的充分配合和支持。③项目援藏的持续性有待增强。有些支援项目建成移交给受援地政府后，项目支援就此结束，但后期由于受援地缺乏相应的技术和管理人员，最终导致项目难以发挥作用。④对口援藏的法制建设有待推进。从目前对口援藏制度体系来看，基本上属于中央、国务院及部委的行政规章，大多以通知、意见、办法等形式出现，缺乏强有力的法制保障。

第二节　对口援疆

一、案例基本情况

（一）背景及意义

新疆是中国面积最大、陆地边境线最长、交界邻国最多的省级行政区。新疆位于中国西北边陲，现有14个地、州、市，89个县（市），其中33个县（市）为边境县（市）。我国新疆与俄罗斯、哈萨克斯坦、吉尔吉斯斯坦、塔吉克斯坦、巴基斯坦、蒙古国、印度、阿富汗八国接壤，是古丝绸之路的重要通道，是东西方文明交融的地区，现在是第二座"亚欧大陆桥"的必经之地。由于特殊的地理位置，新疆成为中国西北边疆的战略屏障，是中国反恐怖、反分裂、反颠覆的重要前沿阵地。此外，新疆因拥有丰富的冰川、河流、森林、野生动物、石油、天然气、煤炭、黄金、玉石、宝石、太阳能等自然资源，成为我国重要的战略资源储备地。新疆的民族和宗教问题复杂，56个民族、5种宗教交织在一起。多年来，民族分裂势力、宗教极端势力试图将新疆各民族从中华民族大家庭中分裂出去。特别是，20世纪80年代以来，新疆受到境内外"三股势力"（宗教极端势力、民族分裂势力和国际恐怖势力）的严重干扰，社会极其不稳定。因此，维护新疆各民族团结和社会稳定对维护国家统一和社会稳定具有至关重要的战略意义。

新疆长期以来受基础设施匮乏、思想观念滞后、工业基础薄弱等的制约，社会经济发展水平低下，与东部地区差距逐渐拉大。20世纪90年代，中国西部和东部的发展差距极为明显，为了缩小东西部差距，中央明确提出"两个大局"的战略思想。对口援疆政策就是对中央"两个大局"思想的实践，尽管对口援疆实践侧重于支援新疆的经济发展，但因其作为促进全国民族团结和边防安全的重要性，其政治意义远大于经济意义。新疆的安全、发展与稳定，事关全国的安全、发展与稳定之大局，事关国家的统一、经济和社会的可持续发展。

（二）发展历程

自新中国成立以来，中央政府及部分省市对新疆的援助从未间断过。新中国成立初期，中央政府通过把东南沿海较为发达地区的一些企业、工厂迁移到新疆，从内地调拨工程技术人员进疆充实企业骨干，选派一大批少数民族工人到内地先进企业进修培训等方式对新疆进行支援。虽然1979年中央已经安排江苏支援新疆，但直到1996年，对口援疆政策才正式确立。自1996年以来，对口援疆政策经历了单一干部对口援疆、全方位对口援疆、全面精准对口援疆三个阶段。人们习惯性将1996年启动的对口援疆称为"第一轮对口援疆"，将2010年启动的对口援疆称为"新一轮对口援疆"。

1. 单一干部对口援疆（1997—2004年）

20世纪80年代中央提出"两个大局"思想，在此背景下，对口援疆开始实践，但并没有形成规模。1995年党的十四届五中全会要求，沿海发达地区对口帮扶中西部10个省区，其中，山东帮扶新疆。1996年中央作出培养和调配汉族干部进疆工作的决策，并决定对南疆四地州和北疆的伊犁州所需的领导骨干和专业技术人才，由内地一两个省市负责一个地州，具体做法：江西省负责克孜勒苏州、天津市和山东省负责喀什地区、北京市和浙江省负责和田地区、上海市和河南省负责阿克苏地区、江苏省负责伊犁州；对新疆其他地州市需要的领导骨干和专业技术人才，由内地其他省区负责选派；新疆维吾尔自治区各直属单位需要的干部，由中央和国家机关有关部委负责选派；党政干部在疆工作期限为5年，专业技术人员不少于3年。自此，全国对口援疆拉开了大幕。1997年正式开启了全国对口援疆行动，由北京、天津、上海、山东、江苏、浙江、江西、河南、河北9省市和中央及国家有关部委选派第一批援疆干部202人对口支援新疆7个地州和17个区直单位，截至1999年对口援疆省市增加到13个。1999年新疆组织部专门设立调干联络处（2000年更名为援疆干部工作领导小组办公室）负责协调联络工作。2002年中组部开始试点援疆干部担任县市委书记工作①，进一步强化援疆干部的作用。对口援疆省市派出的专业技术人才主要以教师和医生及工程技术人员为主。2003年中央发布《关于进一步加强新疆干部与人才队伍建设的意见》，要求支援单位要充分发挥援疆干部的传帮带作用和项目、人才引进的桥梁作用。总体来说，对口援疆初期，援疆内容单一，主要是干部（人才）对口援疆，且是短期的。1996—2009年的对口援疆被人们习惯性称为"第一轮对口援疆"，这期间形成的结对关系详见表7-2。

表7-2　　　　　　第一轮对口援疆形成的结对关系

支援方	受援方
北京市、浙江省和中国电子信息产业集团公司、中国三峡总公司	和田地区
天津市、山东省和中国网络通信集团公司、中国南方电网公司、中国五矿集团公司、鞍山钢铁集团公司、中国华电集团公司、中国通用技术集团公司	喀什地区
湖北省	博尔塔拉蒙古自治州
江苏省	伊犁州哈萨克自治州
广东省	哈密地区
辽宁省、江西省和中国华能集团公司	克孜勒苏柯尔克孜自治州
上海市、河南省和国家开发投资公司、中国国电集团公司、中国海运（集团）总公司	阿克苏地区
河北省	巴音郭楞蒙古自治州
福建省	昌吉回族自治州
湖南省	吐鲁番地区

资料来源：韩林芝.对口援疆与新疆贫困地区经济发展[M].北京：冶金工业出版社，2014.

2. 全方位对口援疆（2005—2011年）

党的十六大以来，党中央高度关注新疆的发展与稳定。随着"对口援疆"

---

① 2002年首批试点地区为哈密市和霍城县，2005年这一试点扩大到阿图什市、疏勒县和和田市。

的逐步深入，中央对对口援疆政策做了重大调整。2005年中共中央办公厅、国务院办公厅联合下发《中共中央办公厅 国务院办公厅关于确立有关省市、企业与新疆维吾尔自治区支援关系的通知》，决定从2005年起，对新疆南疆四地州和新疆生产建设兵团在南疆的三个师，实行干部支援和经济支援相结合，由北京等7省市和15家国有骨干企业承担对口支援任务；要以干部支援为龙头，实行经济、科技、文化全方位支援，无偿援助与互利互惠相结合。从2005年起，对口援疆开始从干部援疆向经济援疆延伸。为进一步促进新疆经济社会发展，2007年国务院发文强调，要以经济、科技、教育、医疗、文化援助为重点全方位开展援疆工作，特别是在资金、人才、技术和项目等方面要加大对南疆三地州的支持，鼓励更多的省市、企业向新疆提供援助，形成全国支援新疆的格局[1]。截至2009年底，各援助单位累计向新疆选派了6批3749名干部和人才，累计向新疆无偿援助资金物资达43亿元，实施合作项目1200多个，到位资金达250亿元[2]。

2010年中央召开第一次全国对口支援新疆工作会议，强调对口援疆要建立起人才、技术、管理、资金等全方位对口支援新疆的有效机制，把保障和改善民生放在支援的优先位置，着力解决就业、教育、住房等基本民生问题，着力支持新疆特色优势产业发展，推动新疆实现跨越式发展和长治久安。会议确定由内地19个省市对口支援新疆12个地（州）市的82个县（市）和新疆生产建设兵团的12个师（具体的结对关系见表7–3），2011年起全面实施对口援疆工作，对口支援期限为10年。紧接着，中央召开首次新疆工作座谈会，将"推进新疆跨越式发展和长治久安"作为新疆工作的总目标，强调"坚持中央关心、全国支援同新疆各族干部群众自力更生、艰苦奋斗相结合"，此次座谈会强调在全国支援的同时要注重对新疆自我发展能力的开发和提升。2011年召开的第二次全国对口支援新疆工作会议进一步强调，要着力培育新疆自我发展能力，深入推进经济、教育、科技、干部、人才援疆相结合、软硬件统筹建设的全方位援疆。2011年对口援疆省（市）经济合作到位资金达1281亿元，在疆实际新开工项目196个，项目投资总额7000多亿元[3]。2011年新疆启动"普通高校毕业生赴对口援疆省市培养计划"，2011年和2012年分两批安排2.2万名未就业普通高校毕业生赴19个援疆省市及国家部委所属的188所院校进行培养。

至此，以实现新疆跨越式发展和社会稳定为目标，以民生保障为优先，以干部支援为龙头，经济、科技、教育、文化援疆相结合，资金、技术、人才、项目为重点，全国支援和自我发展并重的全方位对口援疆格局基本形成。这一时

---

[1] 参见2007年国务院发布的《关于进一步促进新疆经济社会发展的若干意见》。
[2] 浙江援疆网，https://zjnews.zjol.com.cn/system/2011/01/01/017208698.shtml。
[3] 马飞宇. 对口援疆20年实践与启示［J］. 实事求是，2018（01）.

期，全国对口援疆浪潮高涨，支援的广度、深度和力度空前提升，极大地促进了新疆社会经济的发展。

表 7-3 第二轮对口支援新疆形成的结对关系

支援方	受援方
深圳市	喀什地区喀什市、塔什库尔干塔吉克自治县
广东省	喀什地区疏附县、伽师县、兵团农三师图木舒克市及团场
上海市	喀什地区的莎车县、泽普县、叶城县、巴楚县
山东省	喀什地区麦盖提县、疏勒县、岳普湖县、英吉沙县
北京市	和田地区和田市、和田县、墨玉县、洛浦县、兵团农十四师团场
天津市	和田地区策勒县、于田县、民丰县
安徽省	和田地区皮山县
辽宁省	塔城地区塔城市、乌苏市、额敏县、和布克赛尔蒙古自治县、托里县、裕民县、沙湾县、兵团农九师团场、兵团农八师石河子市及团场
吉林省	阿勒泰地区阿勒泰市、哈巴河县、布尔津县、吉木乃县
黑龙江省	阿勒泰地区青河县、富蕴县、福海县及兵团农十师团场
浙江省	阿克苏市、阿瓦提县、温宿县、新和县、沙雅县、拜城县、库车县、乌什县、柯坪县、兵团农一师阿拉尔市及团场
江苏省	克孜勒苏柯尔克孜自治州阿图什市、乌恰县、阿合奇县；伊犁哈萨克自治州直属县市伊宁市、霍城县、奎屯市、伊宁县、新源县、察布查尔锡伯自治县、尼勒克县、巩留县、昭苏县、特克斯县、兵团农四、七师团场
河北省	巴音郭楞蒙古自治州库尔勒市、和静县、焉耆回族自治县、和硕县、博湖县、且末县、若羌县、轮台县、尉犁县、兵团农二师团场
湖南省	巴音郭楞蒙古自治州吐鲁番市、鄯善县、托克逊县
河南省	哈密地区哈密市、巴里坤哈萨克自治县、伊吾县、兵团农十三师团场
湖北省	博尔塔拉蒙古自治州博乐市、精河县、温泉县、兵团农五师团场
江西省	克孜勒苏柯尔克孜自治州阿克陶县
福建省	昌吉回族自治州昌吉市、玛纳斯县、呼图壁县、奇台县、吉木萨尔县、木垒哈萨克自治县
山西省	昌吉回族自治州阜康市、兵团农六师五家渠市及团场

资料来源：新疆维吾尔自治区发展和改革委员会官网。

3. 全面精准对口援疆（2012年至今）

党的十八大以来，对口援疆工作紧紧围绕总目标，定位更加清晰，目标更加明确，重点更加突出，措施更加精准。2012年第三次全国对口支援新疆工作会议明确对口援疆工作目标和重点任务，即为推动新疆与内地之间、各民族之间加深交往交流交融，要更高效率推进民生项目、加强基础设施和生态环保建设、推进产业援疆发展特色经济、加大智力援疆力度。此次会议为今后对口援疆工作明确了目标和工作重点。此后，2013年第四次全国对口支援新疆工作会议进一步具体明确就业、教育和人才是援疆工作的重点，对口援疆工作重点更加聚焦，资源配置更加有效。

2014年第二次中央新疆工作座谈会，对新疆工作目标做了重大调整，由"跨越式发展和长治久安"调整为"社会稳定和长治久安"，更加强调"社会稳定"。为实现新疆社会稳定和长治久安，会议将"就业第一、教育优先、加大扶贫力度、重点倾斜"作为新疆工作的基本原则，强调要举全国之力，深入推进对口援疆工作。产业援疆一直被作为增加受援地就业机会、增强受援地自我能力的重要举措。产业援疆呈现项目"多"、产业"实"、规模"大"的特点，助推新疆快速发展产业经济。为促进新疆教育发展，2015年教育部实施支援省市到疆援建校区的举措，批准中国石油大学（北京）建设克拉玛依校区，截至2019年6月，全国有15所高校正式加入入疆建校区对口援建序列。2016年和2017年先后实施"组团式"医疗援藏和"组团式"教育援藏，提高医疗和教育人才援疆的综合效果。

2019年第七次全国对口支援新疆工作会议召开，强调要突出抓好干部人才援疆，做到精准选派、科学使用，最大限度发挥作用，坚持全面援疆、精准援疆、长期援疆。此次会议特别强调干部援疆的重要性，注重提高干部资源的精准配置和高效利用。1997—2020年，中央先后组织十批共2万多名干部人才进疆工作[①]。此外，用"请进来、走出去"的方式实施干部"双向挂职"，支受两地培训和支教、支医、支农并行推进干部（人才）援疆。

2020年第三次中央新疆工作座谈会召开，全面阐释了"依法治疆、团结稳疆、文化润疆、富民兴疆、长期建疆"新的治疆方略，明确了当前和今后新疆工作的指导思想和目标原则。为全面落实第三次中央座谈会精神，2021年召开第八次全国对口支援新疆工作，强调要坚持资金向民生、向基层、向重点地区倾斜，坚持把智力援疆作为工作重点，要务实推进产业援疆，要深入实施文化润疆，要把促进各民族交往交流交融摆在更加突出位置，聚焦重点问题，突出重点工作，提高对口援疆工作综效。

这一时期的对口援疆政策由注重扩大规模转向注重提高质量，全面、精准、高效地促进新疆实现社会稳定和长治久安。对口援疆的工作体制机制逐渐完善，支援的目的、范围、内容更加优化，支援的重点更加明确，支援的效果更加优质。

---

① 人民网，http://politics.people.com.cn/n1/2020/0923/c1001-31871271.html。

(三) 发展成效

1. 经济成效

产业援疆是富民兴疆的引擎，仅在"十三五"期间，19个援疆省市全面加强全方位对口支援，累计投入援疆资金（含兵团）964亿元，实施援疆项目1万余个，引进援疆省市企业到位资金16840亿元，中央企业投资超过7000亿元[①]。新疆经济发展水平显著提高，脱贫攻坚取得重大成果。统计数据显示，新疆地区生产总值由1996年的0.09万亿元增长到2021年的1.63万亿元，一般公共预算收入由48.31亿元增长到1618.61亿元[②]。截至2020年，新疆308.9万现行标准下贫困人口全部脱贫，3666个贫困村全部退出，32个贫困县全部摘帽，新疆绝对贫困问题得到历史性解决[③]。新疆"两不愁三保障"突出问题基本解决，贫困家庭生产生活条件得到大幅改善，贫困人口基本医疗保险、大病保险参保率均达到100%[④]。2021年新疆全体居民人均可支配收入由2000年的3024元增长到26075元，全区脱贫人口农民人均纯收入达13343元[⑤]。基础设施不断完善，所有地州市迈入高速公路时代。

2. 社会成效

2010年对口援疆工作启动以来，19个对口援疆省市将80%的援疆资金投入医疗、教育、就业等民生领域，有效解决各族群众最直接、最现实、最急迫的民生难题。2015—2020年，19个援疆省市累计投入援疆资金766.77亿元以上，实施援疆项目8540个，实施了一大批重点民生项目[⑥]。2019年，新疆医疗卫生体系全面形成，医疗机构遍布城乡，共有18376个医疗机构、186426张病床。婴儿死亡率由1949年的400‰以上降至2020年的6.75‰，人均预期寿命由1949年的不到30岁提高到2019年的74.7岁[⑦]。至2020年，新疆村村建有幼儿园，小学3641所、普通中学1211所、中等职业学校（不含技工学校）147所、普通高校56所、成人高校6所，学前教育毛入园率达到98%以上，小学净入学率达到99.9%以上，九年义务教育巩固率达到95%以上，高中阶段毛入学率达到98%以上[⑧]。新疆15岁及以上人口的平均受教育年限由2010年的9.27年提高至2020年的10.11

---

① 习近平在第三次中央新疆工作座谈会上发表重要讲话[EB/OL]．http：//www.gov.cn/xinwen/2020–09/26/content_5547383.htm.
②⑤ 国家统计局。
③ 中国经济网，http：//www.ce.cn/xwzx/gnsz/gdxw/202011/15/t20201115_36010359.shtml.
④⑥ 《2020年新疆维吾尔自治区政府工作报告》。
⑦⑧ 国务院新闻办公室2021年9月26日发表的《新疆的人口发展》白皮书。

年，比全国人口平均受教育年限9.91年高出0.2年，居全国第10位[①]。"十三五"期间城镇累计新增就业233万人、农村富余劳动力转移就业1433万人次，提前一年超额完成南疆四地州3年10万贫困人口就业计划，全面完成北疆、东疆10个地州市接收5万南疆贫困劳动力转移就业任务[②]。

二、案例评析

（一）对口援疆是邓小平"两个大局"思想的实践

1988年9月，邓小平提出"两个大局"思想，一个"大局"是沿海地区加快对外开放，较快地先发展起来，内地要顾全这个大局；第二个"大局"是沿海地区发展到一定程度要拿出更多力量帮助内地发展，沿海要服从这个大局。1992年，他提出共同富裕的构想，即"一部分地区有条件先发展起来，一部分地区发展慢点，先发展起来的地区带动后发展的地区，最终达到共同富裕。"改革开放以来，东部沿海地区和内地很多地区经济和社会发展都取得了快速发展，人们生活水平普遍提高，但西部地区尤其是边疆地区发展缓慢，与东部地区的差距逐渐拉大。对口支援新疆就是让经济发达省市服从第二大局，用资金、物资、人才、技术等帮助新疆各族人民富起来，最终实现共同富裕的生动实践。

（二）将促进民族团结作为对口援疆的重要使命

新疆是一个多民族聚居的地区，共有56个民族成分，民族团结和社会稳定对于新疆的经济社会发展和长治久安来说非常重要。第二次中央新疆工作座谈会指出，要把对口援疆工作打造成加强民族团结的工程。第八次全国对口支援新疆工作会议将促进各民族交往交流交融摆在更加突出位置，推动疆内外各民族人民之间开展多层次、多领域、多形式的互动往来，增强民族团结。国家和支援省市在援疆干部头脑中厚植民族团结意识，每一名援疆干部人才都是促进民族团结的先锋。各援疆单位把每一个援疆项目作为争取民心、增进民族团结的重要载体。因此，对口援疆承载着促进各民族团结的重要使命。

[①] 国务院新闻办公室2021年9月26日发表的《新疆的人口发展》白皮书。
[②] 《2020年新疆维吾尔自治区政府工作报告》。

（三）"政治动员"和"协作共赢"相结合推动对口援疆

早期的对口援疆强调政治动员，通过中央政府的政治宣传、政治说服、政治鼓动、政绩考核，甚至是政治强制等方式，引导和命令地方政府的政治行为。支援省（市）在援建过程中被动地执行中央政府的行政指令，缺乏援建的主动性和积极性。新一轮对口援疆更多强调支援方与受援方通过合作项目，通过彼此资源、功能上的良性互补，实现支受双方共赢，保障对口援疆的顺利运行。对口援疆省市将其人才、资金、技术、管理等优势与新疆的资源、区位等优势结合起来，引导、鼓励企业到新疆投资，既能快速推进产业援疆，也能为支援省市开拓新的市场。

（四）注重"造血式"对口支援

早期的对口支援局限于"输血式"支援，支援方为受援方无偿提供资金和物质，但这种支援方式不能提升受援方的自我发展能力，是一种救助而不是支持。随着对口支援内容的不断扩展，教育、技术、科技、产业等的支持越来越多，这些支持有助于改善受援地的人力资本、技术水平、产业结构，提升当地的创收能力和发展能力，属于"造血式"支援。特别是组团式教育人才和医疗人才支援通过"传帮带"改变了当地人的理念，提升了他们的技能，为当地留下了一支支带不走的人才队伍，为新疆壮大自我发展能力注入强劲的动力。

在为对口援疆成果丰硕而欣喜的同时，我们也要看到有待改进的地方：①对口援疆的法律制度有待补充。对口援疆虽然已经上升为国家战略，而且是必须长期坚持的援疆政策，但目前还不是一种具有强制力的制度安排，不确定性较高，缺乏强有力的法律规范，导致政策的执行成本增加。②对口援疆工作的评估机制有待完善。对口援疆工作由于缺乏对过程和结果的有效评估，导致援疆干部激励不足、无效项目仍在实施、资金分布不合理、环境遭到严重破坏等问题，造成支援方资源浪费、受援方需求无法满足。③各支援省市间的协同性有待加强。对口援疆过程中，各支援省市间的协同性不足，要么导致一些重大项目重复建设，要么由于配套设施跟不上导致项目无法正常运行，造成大量的资源浪费和闲置。④对口援疆利益成本分配机制有待优化。支援省市在受援地项目经营过程中在税收、就业、资源、环境方面产生的收益和成本在受援地和支援方之间进行分配的机制不健全，导致支援项目为受援地实际产生的效益低于预期。

第三节 闽宁模式

一、案例基本情况

（一）发展背景及意义

改革开放以来，为快速提高经济发展水平，缩小与西方国家的差距，政府提出效率优先、兼顾公平的原则，允许一部分地区和群体先富起来。东部地区凭借其沿海开放的区位优势、得天独厚的资源禀赋、先进的改革思想及政策支持倾斜等，率先发展起来，实现了我国一些地区先富起来的"第一步"发展战略。但是，随之而来也引发一系列新问题，例如，区域间经济发展不平衡、区域间贫富悬殊、区域间基本公共服务水平不均等。尤其，西部地区自身发展基础薄弱，经济社会发展本就缓慢，贫穷落后成为常态。而在东部地区率先发展起来后，西部地区的贫困问题已成为阻碍我国经济社会整体纵深发展的关键因素。

为促进区域间经济平衡发展，缩小东西部贫富差距，消除贫困，中央政府在邓小平同志提出的"两个大局"战略指引下[1]，高度谋划，战略统筹，提出扶贫攻坚计划，集中力量解决西部贫困问题。1994年，中央政府提出"八七扶贫攻坚"，鼓励东西扶贫协作发展，这也成为中国特色扶贫开发道路的重要组成部分。1995年，为进一步贯彻落实扶贫攻坚计划，充分发挥东部地区的经济优势，中央政府提出沿海地区对口帮扶中西部10个省区[2]。其中，福建省帮扶宁夏回族自治区，充分利用福建省的先进技术和经济实力，帮助宁夏回族自治区脱贫致富。在中央政府相关政策引导下，福建省和宁夏建立起良好的扶贫协作关系，宁夏贫穷落后的局面也得到较大改善，"闽宁模式"也由此诞生，并已成为全国东西部扶贫协作的典范。2016年7月20日，习近平总书记在东西部扶贫协作座谈会

---

[1] 在1988年9月的《中央要有权威》的讲话中，邓小平同志提出"两个大局"的战略构想："沿海地区要加快对外开放，使这个拥有两亿人口的广大地带较快地先发展起来，从而带动内地更好地发展，这是一个事关大局的问题。内地要顾全这个大局。反过来，发展到一定的时候，又要求沿海拿出更多力量来帮助内地发展，这也是个大局。那时沿海要服从这个大局。引自共同富裕思想在当代中国的实践演进—理论—中工网（workercn.cn）。

[2] 北京市支援内蒙古自治区，天津市支援甘肃省，上海市支援云南省，广东省支援广西壮族自治区，江苏省支援陕西省，浙江省支援四川省，山东省支援新疆维吾尔自治区，辽宁省支援青海省，福建省支援宁夏回族自治区，大连、青岛、深圳、宁波市支援贵州省。引自《中华人民共和国法规汇编（一九九三——一九九四）》（第十二卷），北京：中国法制出版社，2014年版，第465页。

上指出，"闽宁模式是东西部扶贫协作和对口支援的一个生动例子"。这个"生动例子"，不仅是在党的领导下闽宁两省区同心同德、团结协作、共同奋斗的生动写照；也是推动贫困有效治理、促进经济协调发展的重大举措；更是中国特色社会主义制度全国"一盘棋"、东部带动西部、先富带动后富显著优势的生动实践，充分展现了中国共产党的强大凝聚力，充分彰显了中国特色社会主义制度的巨大优势。

（二）发展历程

1996年5月，按照党中央战略构想和决策部署，福建和宁夏两省区建立起对口扶贫协作关系。自关系建立以来，闽宁两省区始终遵循"优势互补、互惠互利、长期协作、共同发展"的指导原则，坚持从实际出发，锲而不舍、真抓实干、勇于创新，创造出东西部扶贫协作的"闽宁模式"。根据不同阶段扶贫协作方式、内容及性质的不同，可分为如下三个阶段。

1. "输血"阶段（1996—2000年）

为进一步减少农村贫困人口数量，缩小地区贫富差距，中央政府于1994年制定实施《国家八七扶贫攻坚计划》，面临全国农村8000万的贫困人口，力争用七年左右的时间解决其温饱问题。这标志着我国开始进入全面扶贫攻坚阶段，同时也为东西对口协作提供最原始的政策依据。在此基础上，中央政府充分发挥东部经济较发达地区的优势，采取东西对口扶贫的方式有针对性地减轻西部贫困地区的贫困现象。以政策的形式确定东西对口扶贫协作关系，其中，福建省与宁夏回族自治区建立协作关系。从此，闽宁协作拉开序幕。

起初，主要是基础性帮扶。福建省每年出资集中用于援建基础设施[①]，例如架桥修路、绿化防沙、改造水利、铺设农村电网等基础设施，解决宁夏地区交通不畅、生产生活基础设施落后等问题。再者，通过引进项目的方式，实施"井窖工程""坡改梯"、危房改造、希望小学建设等重点扶贫工程。此外，福建社会组织、民间团体等也积极筹措资金、捐献物资。整体而言，这一阶段主要是福建省采取无偿救援的扶贫方式，对口帮扶宁夏。福建省单方面向宁夏输送人才、资金、经验、科技等地区发展要素，一定程度上缓解宁夏贫困人口的生存压力，改善贫困人口的生活质量，但是这种物质式救助并未从根本上改善宁夏的贫困现状。因此，将这一扶贫阶段归纳为"输血式"阶段。该阶段采取的救援式扶贫方式，扶贫内容较为单一，形式僵化，对于改善宁夏地区的贫困现状不具有可持续性，并且容易滋生受援方产生"等、靠、要"等不和谐思想的出现。福建省和宁

---

① 1996年福建省财政拿出600万元，1997—1999年每年拿出1500万元资金。引自林伯英："闽宁形成对口扶贫协作机制"《发展研究》，1999年第2期。

夏双方同时认识到这种方式存在的局限性,及时改变扶贫协作方式。因此,这一阶段的实施时间相对较短。需要说明的是,这一阶段虽然主要是"输血式"帮扶,但是为"造血式"扶贫打下良好基础(见表7-4)。

表 7-4　　　　　"输血"阶段相关主要政策一览表

时间	发文部门	文件名称	主要内容	主要特点
1994年	国务院	《国家八七扶贫攻坚计划》	明确奋斗目标,同时对扶贫形式、资金的管理和使用、政策支持以及各部门的职责等方面进行详细的描述,为全国各地区开展扶贫攻坚活动提供详细的政策指导。	标志着我国开始进入全面扶贫攻坚阶段,同时也为东西对口协作提供最原始的政策依据。
1996年	国务院扶贫开发领导小组	《关于组织经济较发达地区与经济欠发达地区开展扶贫协作的报告》	确定了东部经济较发达的13个省市与西部经济欠发达的10个省区的对口帮扶关系。其中,福建省与宁夏回族自治区建立协作关系。明确扶贫协作的内容,配套相关优惠政策。	闽宁协作拉开序幕。
1997年	宁夏回族自治区人民政府	《关于认真做好闽宁对口帮扶工作实施意见的通知》	文件中表明宁夏采取投资、贷款贴息等方式来支持福建省创办的扶贫实体,协助福建做好闽宁协作工作。	

2. "造血"阶段(2001—2015年)

在救援式扶贫方式下,随着福建省的无偿援助,宁夏的基本生活条件得到改善,贫困人口的增长速度也逐渐放缓,但是仍然呈现出正增长的趋势,宁夏的内生脱贫能力并没有提高。在中央政府相关政策的指引下,福建省深入研读相关政策文件,同时借鉴成功案例,不断修正闽宁协作方案,最终决定由救援式扶贫转型为产业扶贫。通过不断鼓励福建企业到宁夏投资,扶持当地产业发展,来提高宁夏的经济发展能力,增强内生脱贫能力。在"造血"阶段,根据福建和宁夏的投资情况,具体分为单向投资阶段和双向互助阶段。

(1)单向投资阶段(2001—2007年)。

为建立闽宁协作长效机制,福建省充分发挥当地经济优势,鼓励闽商到宁夏投资建厂。这样不仅可以为宁夏贫困劳动力提供就业机会,提高贫困人口的劳动收入,而且能够带动宁夏经济发展,为宁夏注入内生动力。2004年6月,宁夏固原市代表团赴福建招商引资,签订合作意向书,引入项目总资金3.4亿多元[①]。从此,闽宁协作方式由救援式扶贫转向经济扶贫。

单向投资阶段主要是福建省充分利用经济资源优势,鼓励闽商到宁夏进行经济投资,扶持宁夏经济发展。在这一阶段,闽宁协作工作机制进一步完善,扶

---

① 董铭胜.闽宁对口扶贫协作大事记[N].新消息报,2016-07-19.

贫方式由单纯的救济扶贫转向经济扶贫，扶贫主体由政府扩展到政府、闽商和社会组织。投资主要围绕宁夏当地农业和养殖业展开，建立劳动密集型加工企业，吸引当地贫困劳动力就业，提高自身收入水平，实现贫困人口的自主脱贫。在经济扶贫的同时，福建政府也逐步重视改善宁夏的基本教育条件，援建希望小学，鼓励福建各市与宁夏各市一一结对子，展开教育扶贫。由经济扶贫转向全方位合作，一方面肯定了以往的闽宁协作成果，另一方面也指明了未来的工作方向。

（2）双向互助阶段（2008—2015年）。

在前期经济投资过程中，规模和资金比较大的项目往往是由福建企业投向宁夏地区，一方面是因为福建企业资金实力雄厚，也有先进的经济技术；另一方面是因为宁夏当地企业规模相对较小，难以承担起较大的投资项目。随着闽宁协作工作的继续深入，宁夏当地的产业结构逐步健全，种植业和养殖业的特色优势逐渐得以发挥，当地的经济发展环境也不断优化，为当地企业发展经济提供良好的营商环境。由此，宁夏随之出现一大批优秀的当地企业，企业规模和资金实力进一步扩大，在发展本地经济的同时，也将目光转向福建地区，为闽宁协作注入新的力量。2014年，福建莆田新引入的国家级天然气战略贮备基地项目就是由宁夏哈纳斯集团投资建设的，这一举动打破以往的福建单向投资宁夏的"传统"，标志着闽宁协作由单向投资阶段转为双向互助阶段。此后，双方的企业经济往来越来越频繁，双方企业间的地位也由闽强宁弱逐渐转为双方平等。

在双向互助阶段，双方的关系发生显著变化。以往福建省作为支援方，向宁夏地区无偿支援钱、财、物，后来援建希望小学、卫生院等基础设施。同时向宁夏地区投资大型项目，扶持宁夏经济发展，为宁夏脱贫注入内生动力。这一系列帮扶措施都展示出福建省在闽宁协作中占主动地位，宁夏作为接受方，处于弱势地位。但是随着宁夏贫困现象逐渐减缓，经济发展水平进一步提升之后，宁夏在双方之间的地位逐渐上升，二者之间逐渐处于平等地位。尤其是当宁夏企业到福建进行项目投资，宁夏干部到福建挂职，劳务互相输出之后，闽宁之间也由"协作"转向"合作"，这预示着闽宁协作理念和方式发生巨大的变化，闽宁协作模式开始进入新阶段。

3. 合作互融阶段（2016年至今）

在新时代，东西扶贫协作任务发生新的变化，产业合作、劳务协作和人才支援成为协作重点，协作领域也由经济逐渐向教育、医疗和科技等延伸，重点发挥扶贫协作的综合效益。通过前面阶段的制度沉淀，闽宁协作关系更加紧密，双方的发展理念也逐渐趋于一致。2017年，在双方的共同努力下，编制《"十三五"闽宁扶贫协作规划》，为新时期闽宁协作提供更加精准、更具指导性的行动指南。

此后，双方又大力推进闽宁职业院校对口帮扶工作，期望通过教育帮扶来促进产业发展，进而帮助脱贫。

党的十九大以后，我国进入全面建成小康社会决胜阶段，东西扶贫协作进入新时代，闽宁合作也被赋予新的时代内涵。在合作互融阶段，人才和理念成为新时期的发展内涵，宁夏的内生动力日益增强，自主脱贫的能力逐步提高。在闽宁合作的过程中，合作领域涉及经济、教育、文化等各个领域，合作方式日益多元化，宁夏在接受福建帮扶的过程中，能够给予反馈，双方形成良好的互动机制，促进闽宁合作的可持续发展。闽宁合作使得闽宁协作不再是单纯的行政指派任务，而是成为双方自愿合作，协同发展的共同事业（见表7-5）。

表 7-5　　　　　　合作互融阶段相关主要政策一览表

时间	发文部门	文件名称	主要内容	主要特点
2016年	中共中央办公厅、国务院办公厅	《关于进一步加强东西部扶贫协作工作的指导意见》	明确总体要求、工作任务和保障措施，同时对原有的结对关系进行调整，但福建省对口帮扶宁夏不变。	工作任务更加细化，鼓励产业合作、劳务协作和人才支援；同时开展考核评估。
2017年	闽、宁两省教育厅和扶贫办	《闽宁职业教育协作助力脱贫攻坚工作实施方案》	明确总体目标，细化工作任务，指出支持职业院校全面参与闽宁劳务协作，并制定闽宁职业院校结对帮扶名单；最后从加强领导、健全机制、社会参与等方面保障工作的顺利开展。	以闽宁职业教育协作为桥梁，以职教促进产业发展，以产业助脱贫，为闽宁协作注入新的内生动力。
2017年	闽、宁两省人民政府	《"十三五"闽宁扶贫协作规划》	明确"十三五"时期闽宁协作的总体思路和工作内容。合作领域进一步扩展，扶贫资金的用途更加精准；创新人才培养机制，深化合作；延伸协作链条，由省级结对帮扶细化到县级结对帮扶。	新时期闽宁协作转型为闽宁合作，闽宁模式被赋予新的时代内涵。
2018年	福建省财政厅	《闽宁对口扶贫协作资金管理办法》	明确规定闽宁对口扶贫协作资金纳入福建省预算管理，专款专用，每年按时直接拨付到宁夏财政国库账户，同时要纳入宁夏扶贫资金管理，向深度贫困地区和人口倾斜，提高资金使用的精准度。	闽宁协作资金的筹集、使用和管理更加规范。
2018年	宁夏回族自治区党委办公厅人民政府办公厅	《关于深化新发展阶段闽宁协作工作的意见》	从加强产业合作、加强资源互补、加强劳务对接、加强人才交流、动员全社会参与、打造示范样板等方面明确新发展阶段闽宁协作重点任务；从完善结对关系、拓展帮扶领域、健全帮扶机制、优化帮扶方式等方面健全完善新发展阶段闽宁协作工作机制。	闽宁协作要深度融入新发展格局，内容进一步深化细化，机制进一步健全和完善。

续表

时间	发文部门	文件名称	主要内容	主要特点
2021年	福建省乡村振兴局、宁夏回族自治区乡村振兴局	《"十四五"闽宁协作规划》	明确"十四五"闽宁协作工作的发展目标、指导思想、基本原则及工作内容等。新时期聚焦巩固拓展脱贫攻坚成果，全面推进乡村振兴，形成区域协调发展、协同发展、共同发展的良好局面。	闽宁扶贫协作与乡村振兴深度融合，更加注重协同开放发展，更深度融入新发展格局。

通过梳理可以发现，在不同发展阶段下，闽宁模式的参与主体、支援内容、支援形式、支援性质、支援动机等因素发生显著变化（见表7-6），从中可以看出闽宁模式实现从"输血"向"造血"、合作互融转变，对口支援的内生动力也从政治动员跃升为合作共赢，这为闽宁模式的持续发展奠定良好的动力基础。

表7-6　　　　　　　　　　闽宁模式发展历程

发展阶段		参与主体	支援内容	支援形式	支援性质	支援动机
"输血"阶段		闽、宁市县结对帮扶	无偿援助人、财、物	救援式扶贫	救助	政治动员
"造血"阶段	单向投资阶段	闽、宁市县结对帮扶	援建基础设施、干部挂职、投资建厂等	经济式扶贫	协作	政治动员、中华传统美德
	双向互助阶段	闽、宁市县结对帮扶；乡（镇）和行政村结对帮扶	双向投资、劳务双向输出等	经济式扶贫、教育扶贫、医疗扶贫等相结合	合作	合作共赢
合作互融阶段		闽、宁市县结对帮扶；乡（镇）和行政村结对帮扶	产业合作、劳务协作和人才支援等	经济、教育、医疗、旅游等多元化扶贫	合作	合作共赢

（三）发展成效

闽宁模式首先通过产业扶贫，激活宁夏地区产业发展的内生动力，助推宁夏产业结构升级，形成自身"造血"体系。基于此，大力发展本地优势产业，形成特色化发展路径，增强"造血"能力。最后通过形成互融式合作，实现双方共建共享发展。闽宁模式经过多年发展，使得宁夏地区在经济、社会和生态等方面成效显著，以实践成果有力地检验了东西部扶贫协作和对口支援的正确性和有效性。

1. 经济效应

其一，特色优势产业得到长足发展，经济发展稳步上升。福建通过向宁夏地区高效精准输送资金、人才、技术、管理理念等产业发展要素，将宁夏地区特有的潜在资源禀赋优势转化为具体产业发展的现实动力。将旅游扶贫、就业扶贫和电商扶贫等多手段科学融入产业扶贫中，有效提高贫困地区产业自我发展能力。此外，通过共建产业园提升产业协作层次，促进资金、技术和人才等资源的自由流动，把生产要素的潜在生产力转化为实际生产力，提高资源利用率[①]。

其二，贫困地区人均可支配收入逐年提高。随着产业扶贫、劳务输出和教育扶贫等多元化扶贫方式的出现，宁夏贫困地区劳动力市场日益活跃，贫困人口的就业机会、就业时间和就业人数均呈现出递增趋势，由此导致贫困人口的人均可支配收入逐年提高[②]。其中，工资性收入和经营净收入成为贫困人口增收的重要力量，这与闽宁协作中通过开展产业扶贫、劳务输出和技能培训等方式提高贫困地区创新创业技能息息相关。

其三，贫困地区消费水平逐步提升。随着贫困地区的人均可支配收入增加，贫困地区的消费水平得到提升，消费结构也发生明显的改变。当贫困人口的基本温饱问题得到解决之后，消费也同步升级，由生存型消费转向发展型消费。用于食品、衣着上的消费支出比重逐年降低，用于居住条件改善方面的支出逐年增加[③]。

2. 社会效应

其一，贫困地区基本生活条件得到有效改善。在闽宁协作的二十多年来，改善贫困地区的居住条件成为工作重点。闽、宁两省根据实际情况，对农村居住条件和环境进行整改。对于不适宜居住的地区采取易地搬迁等方式改善贫困人口的居住条件，配套建设水电路网等设施，有效改善居民的基本生活条件[④]。

其二，基本公共服务体系基本健全，公共服水平有效提高。自开展闽宁协作工作的二十多年来，福建省援建公路352公里，打通宁夏贫困地区与外界的交通要塞，为宁夏地区后期村村通公路奠定良好基础。教育基础设施日益完善，学

---

① 闽宁两省区先后在银川市永宁县建设了闽宁镇扶贫产业园，在吴忠市盐池县、固原市西吉县和隆德县建设闽宁产业园，带动了当地支柱产业的发展。引自陈红惠："闽宁合作模式的理论基础和实践成效研究"，《宁夏党校学报》，2022年第6期。

② 2012年，宁夏贫困地区人均可支配收入为5120元，到2017年增长到8809元，年均增长11.5%。数据源自《2018年中国农村贫困监测报告》。

③ 2017年贫困地区在居住方面的人均支出为1564元，占生活消费总支出的19.4%，比2012年占比增长了3.2%。数据源自《2018年中国农村贫困监测报告》。

④ 闽宁对口扶贫协作从援建基础设施入手，先后建设公路385公里、修建高标准梯田22.9万亩、打井窖1.5万眼、完成危房危窑改造2000多户，修建了一大批水利水保、农村电网、广播电视等基础设施，60万贫困群众从中受益。引自姜志刚："开创东西部扶贫协作的'闽宁模式'"《中国党政干部论坛》，2020年第9期。

校数量明显增加①，硬件技术设施配备齐全，为学生提供良好的学习和娱乐环境；教师的教学水平和学历水平大幅提高②，教师队伍素质整体提升。医疗卫生条件得到极大改善，基础设施基本完备，医务人员的专业水平有所提高③，有效缓解当地"看病难"和"看病贵"等问题。

3. 生态效应

福建通过生态扶贫协作的方式，将其先进理念和丰富经验④移植到宁夏生态建设中。闽宁模式坚持扶贫与生态保护并行的原则，结合宁夏地区生态环境整体脆弱敏感的特点，在产业扶贫、贫困人口易地搬迁等过程中，充分考虑所存在地区的生态承载能力问题，避免因生态环境承载能力有限导致脱贫再返贫。闽宁两省区在认真研究宁夏生态特点的基础上，统筹规划，持续开展生态修复、农田林网、环境整治、小流域综合治理等工程，经过多年努力，宁夏地区生态环境得到明显改善⑤。生态环境改善不仅能够增加宁夏地区的投资吸引力，而且还能提高农产品品质，提高产品市场竞争力。此外，依据宁夏地区生态环境的特点，结合特色优势，延伸发展生态产业，构建有机生态链条，有效推动生态产业化和产业生态化，实现产业扶贫和生态环境改善的有机互动⑥。例如，闽宁镇实施"以果治荒"工程，在荒山荒坡大规模种植葡萄、枸杞等作物，不仅形成生态农业和旅游产业一体化，还增加当地绿植覆盖率，遏制水土流失，有效实现产业脱贫与生态保护深度融合并实现良性互动⑦。

---

① 据统计，福建省先后在宁夏援建学校 236 所。福建与宁夏对口扶贫协作 20 年回顾与总结 .http：//www.sohu.com/a/106783422_119727。

② 福建省鼓励优秀教师到宁夏支教，达 953 人次，培训教师 7251 人次。东西扶贫协作"闽宁模式"的成功经验，http：//topic.nxnews.net/2015/2015fj/fjx/201511/t20151106_3500259.html。

③ 截止到 2017 年，福建省共援建卫生项目 315 个，包括新建妇幼保健院、卫生院（所）和医护培训中心等。福建省选派 311 名医疗技术人员到宁夏帮助工作，定期开展培训，为贫困地区培育出一大批技术骨干。东西扶贫协作"闽宁模式"的成功经验，http：//topic.nxnews.net/2015/2015fj/fjx/201511/t20151106_3500259.html。

④ 早在 2000 年，福建就提出建设生态省的战略构想，强调"任何形式的开发利用都要在保护生态的前提下进行，使八闽大地更加山清水秀，使经济社会在资源的永续利用中良性发展"。福建省森林覆盖率连续 40 年保持全国第一。2016 年 9 月，福建省成为全国首个国家生态文明试验区。2017 年在国家首次发布的绿色发展指数中，生态文明建设年度评价结果位居全国第二位。引自从生态扶贫走向生态富民（qstheory.cn）。

⑤ 在闽宁模式推进的过程中，2012 年宁夏全区森林覆盖率为 11.9%，2020 年全区森林覆盖率升至 15.8%。数据源自 2013 年和 2021 年《宁夏统计年鉴》。

⑥ 菌草产业是闽宁对口扶贫的第一个产业，从帮助农民种菌草，到在当地建设菌草工厂，并逐步建立起完善的加工营销体系，构建起完整的菌草产业链条，既改善生态环境又增加收入。引自从生态扶贫走向生态富民（qstheory.cn）。

⑦ 盛晓薇，马文保."闽宁模式"：东西部扶贫协作对口支援的实践样本［J］.人民论坛·学术前沿，2021（04）。

闽宁模式已经成为地区间结对帮扶的实践样本和典型案例①，其之所以能够持续运行且成效显著，关键在于：一是创新工作理念，由"扶贫""协作"到"合作"。闽宁对口扶贫虽始于中央政府的政治动员，但随着工作逐步深入，闽宁两省区深化思想认识，将闽宁对口扶贫作为双方深入交流、实现共同发展的重要契机。基于此，福建省积极创新工作理念，坚持优势互补、长期合作、共同发展，将福建的先进技术、管理理念、人才、资金优势和宁夏的物产、区位优势相结合，辅助宁夏实现高层次独立自主发展，进而建立平等互利合作关系，促进共同发展。二是注重顶层设计，建立长效扶贫机制。在东西部扶贫协作战略大局指引下，闽宁两省区逐渐形成"联席推进、结对帮扶、产业带动、互学互助、社会参与"的运行机制，该机制是闽宁协作行稳致远的重要保障。其中，建立的联席会议制度②可共同协商工作内容、推动工作落实和监督工作成效，进而提高决策的科学性、可行性和有效性。

二、案例评析

（一）支援关系呈现网格化

闽宁扶贫协作中的结对帮扶，由最初的省级结对帮扶，逐渐纵向延伸，建立市、县、镇、村等层级的精准结对帮扶机制，充分延长协作链条，对口支援关系实现纵向贯通至基层③，横向扩展至教育、卫生、科技、文化等更多政府部门。此外，对口支援的最初阶段，支援主体只有政府，此时的对口支援是单纯的政府行为，随着对口支援的逐步深化，政府坚持市场在资源配置中起决定性作用的原则，积极引导企业参与，激活宁夏的基础性资源，发展和壮大宁夏优势特色产业；同时，政府重视发挥社会力量的作用，鼓励社会组织或个人参与投资置业项目、公益活动和消费扶贫等。通过不断激发市场和社会的潜在力量，闽宁对口协作扶贫已形成以政府为主导的市场、社会多元扶贫格局。

至此，闽宁对口支援关系呈现出网格化特点，通过建立精准结对帮扶关系、

---

① 在闽宁模式的催生下"闽宁示范村"模式在2018年被列入《中共中央 国务院关于打赢脱贫攻坚战三年行动的指导意见》，并在全国推广。

② 联席会议制度是指闽宁两省区每年轮流举办一次对口扶贫协作联席会议，由党委、政府的主要负责同志出席，总结对口扶贫协作经验和成效，商定当年的帮扶工作重点。引自丁惠：" '闽宁模式'：迈向共同富裕的实践"《福州党校学报》，2022年第1期。

③ 经过20多年的发展，福建省三个地市30多个县（市区）、85个乡镇、134个村（社区），先后与宁夏3个地市、9个贫困县、105个乡镇、129个行政村结成帮扶对子。引自"奋斗百年路 启航新征程——脱贫攻坚答卷·跨越山川"东西扶贫协作谱新篇_央广网（cnr.cn）。

充分发挥各支援主体的相对优势，减少信息不对称，促使资源高效高质流动，提高对口支援的质量和效率。

（二）支援内容和形式多元化

随着对口支援工作的逐步深入，支援内容愈加丰富，从无偿援助资金、物质拓展到援建基础设施、人才支援和干部挂职等，支援内容实现从物质到人力资本的转化。通过互派挂职干部、医生、教师及各类技术人员培训交流学习的方式，实现人员互动、技术互学、作风互鉴，提高思想认识及理念，优化人力资本结构和质量，为扶贫协作注入内生动力。

支援形式逐渐由单纯的资金和物质援助扩展到实业援助，逐步形成以产业扶贫为核心的综合扶贫方式。在大力扶持宁夏发展特色种植、特色养殖等基础产业的基础上，适时融入科技扶贫、就业扶贫和旅游扶贫等方式，延伸产业链条，构建一体化产业格局。此外，产业扶贫与"扶志扶智"[1]相结合，将扶贫领域由经济拓展至教育、医疗、就业等，促使闽宁协作构建起全方位、多层次、宽领域的协作格局，推动协作向更深层次发展。

（三）支援性质由单向帮扶转向互惠共赢

在对口支援初期，福建省通过无偿援助人财物这一救援式扶贫的形式开展工作，对口支援具有单向帮扶的性质。随着对口支援关系的逐渐深化，宁夏地区的"造血"能力有效提升，独立自主发展经济的能力明显提升，在对口支援关系中的地位逐渐上升，双方能够秉持优势互补的原则建立长期合作关系，实现互惠共赢。

闽宁扶贫协作历经二十多年，成效显著，积累诸多宝贵经验。虽然成绩喜人，但实践中仍存在许多不足，需要改进完善。一是顶层设计有待细化深化。新时代下，面临新形势、新任务，顶层设计需要响应时代需求，动态调整，更加精准地指导实践。同时健全激励约束机制，调动基层的主观能动性。二是预算透明度有待提高。目前扶贫资金预算信息公开相对较少，信息比较粗略，碎片化。后续应进一步提高扶贫资金预算透明度，及时通过官方网站公开年度预算，信息连续、完整，这样更有利于社会监督。

---

[1] 扶志就是扶思想、扶观念、扶信心，帮助贫困群众树立起摆脱困境的斗志和勇气；扶智就是扶知识、扶技术、扶思路，帮助和指导贫困群众着力提升脱贫致富的综合素质。引自扶贫先扶志 扶贫必扶智——公益——人民网（people.com.cn）。

第八章
中国对口支援案例分析（Ⅱ）

对口支援是在中央政府统一调控下，多个地方政府间多种投入要素融合的跨区域资源配置，体现了鲜明的中国特色政府间横向转移支付的制度传统。传统的对口支援模式具有持续性、稳定性、特定性，适用于长期性、区域性的任务，如援藏援疆、闽宁模式均属传统对口支援的典型实践。本章将中国对口支援案例分析拓展至适用于局部性、紧急性、阶段性任务的对口支援模式，以汶川特大地震灾后重建、武汉新冠病毒疫情、郑州抗洪抢险救灾为例，系统阐释应对突发自然灾害、突发公共卫生事件以及突发公共安全事件的对口支援案例，以期总结各类应急性对口支援的经验，为未来应对此类事件提供借鉴。

第一节 汶川地震灾后重建

一、案例基本情况

（一）汶川地震灾后重建的背景

随着现代社会生产力快速提升和人类对自然界的影响力日益增强，地震、洪水、干旱自然灾害的发生也愈发频繁，对经济社会活动的破坏力不断变大。由于自然灾害灾后重建直接关系受灾地经济发展状况、文化变迁进程、社会秩序安定乃至政治体制稳定，业已成为一项重要的政治与社会事务。如何不断改进自然灾后重建工作已成为现代国家亟须解决的问题。

2008年5月12日14时28分，四川省汶川县发生里氏8.0级特大地震，这是新中国成立以来破坏性最强、波及范围最广、救灾难度最大的一次地震。地震波及四川、甘肃、陕西、重庆等16个省（区、市）共417个县、4624个乡（镇）、

46574个村庄，灾区总面积达44万平方公里，受灾人口逾4561万人[①]。地震造成了严重经济损失：直接经济损失8451亿元，受灾工业企业直接经济损失1048.7亿元，其他经济损失830亿元，受损厂房5045.7万平方米，受损设备37.2万台（套）；城乡公共服务设施和基础设施损失惨重，347.6万户农房受损[②]，173.2万套城镇住房受损[③]；纳入国家规划的39个重灾县共计3340所学校、1738个医疗机构需要重建；农民失去宅基地12307亩，损毁耕地17.6万亩，数万城乡劳动者失业失地[④]。

地震给灾区群众城乡住房、公共基础设施、公共服务设施造成的巨大破坏使灾后恢复重建任务异常艰巨，而众多人员伤亡、支柱产业被摧毁以及生态损失和次生灾害威胁又给灾后恢复重建增添了极大困难。灾后恢复重建不仅需重建城乡住房，还面临基础设施重建、产业恢复重建、生态恢复重建和群众精神恢复重建等繁重任务。这些庞大的重建工作所需资金多、时间长。为此，国家发挥在全国范围内跨区域调配资源的主导作用，在汶川地震紧急救援与灾后重建中迅速跨区域调动大量的人力物力财力，指导和援助地方政府救灾活动。各级各地政府和社会各界为汶川灾后重建投入了大量援助资金，主要有：中央及各部委设立的各种专项资金[⑤]；以广东、山东为代表的对口援建省份的重建资金[⑥]；四川及其下属各级政府的援助资金[⑦]；社会组织的慈善资金[⑧]；各种贷款（含国际）。尽管汶川灾后重建也涉及非政府组织资金与社会捐助，但资金基本由政府主导分配使用。

然而，由于四川经济发展相对滞后，且地震重灾区大多是山区，灾后恢复

[①] 其中，被《汶川地震灾后恢复重建总体规划》列为极重灾区和重灾区的就达132596平方公里，包含51个县（市、区）、1271个乡镇、14565个行政村，总人口1986.7万人。在国家发改委《关于灾后恢复重建规划范围的意见》将10个极重灾县（市）和41个重灾县（市、区）共计51个县市、区全部纳入规划范围，灾后重建规划范围总面积13.19万平方公里，人口2123万人。汶川地震造成的人员经济社会损失详情如下：（1）人员伤亡：截止2008年9月12日，遇难人数达69227人，因灾受伤人数374643人，失踪人数17923人（民政部）；（2）建筑损失：截止2009年1月，共799间房屋坍塌，2500多间房屋不同程度损坏，1000多万人无家可归（民政部）；（3）农业损失：遭到破坏的农用耕地达6万公顷左右，被泥石流等次生灾害遭破坏的林地646万公顷左右（农业部协同林业局）；（4）工业损失：企业经济总损失2100亿元，四川省企业总损失近2000亿元，基本工业设施完全丧失生产能力（工信部）；（5）交通设施损失：在涵括四川、甘肃、陕西在内震灾区共20多条高速路、160余条国道及省道公路严重受损，公路累计受损里程超过5300公里，桥梁损坏近300座（交通部）；（6）电力通信设施损失：灾区基本电力、通信设施基本瘫痪，其中，四川省输变电线路受损3万余公里，受损固话、移动通信设施超过13000公里（工业与信息化部）。数据来源：国家发展改革委.关于灾后恢复重建规划范围的意见，2008-07-12。

[②] 其中126.3万户需要重建、221.3万户需要维修加固。
[③] 其中31.4万套需要重建、141.8万套需要维修加固。
[④] 据国家汶川地震专家委员会评估。
[⑤] 如文化部负责的灾区物质文化遗产抢救工程。
[⑥] 主要用于灾区基础设施的恢复重建。
[⑦] 主要用于对灾民日常生活的救助。
[⑧] 如香港乐施会、李连杰"壹基金"等。

重建难度很大。尤其是，灾后恢复重建涉及民众住房、基本公共设施和公共服务等方面，这也促使受灾地政府必须加强与辖区外政府、非政府组织的合作。

（二）汶川地震灾后重建的历程

1. 迅速实施汶川灾后重建对口支援

2008年"5·12"汶川特大地震灾害发生后，中央启动紧急对口支援。5月20日，民政部下达《关于实施对口支援四川汶川特大地震灾后工作的紧急通知》，要求河南等6省对口援助受灾市县。5月22日，下发《关于对口支援四川汶川特大地震灾区的紧急通知》，明确了对口支援的主要任务、具体安排和工作要求，确定由北京等21个省市分别对口支援四川省的一个重灾县。对口支援的实施是以各支援方人力、财力、智力的单向付出为实质内容。具体对口支援关系如表8-1所示。

表8-1　2008年21个省份分别对口支援四川省一个重灾县对口关系一览表

受灾县市（受援方）	支援县市（支援方）	受灾县市（受援方）	支援县市（支援方）
都江堰市	上海市	江油市	河南省
彭州市	湖南省	汶川县	广东省
温江区	黑龙江省	理县	福建
郫县	山西省	茂县	天津
大邑县	内蒙古	松潘县	安徽
崇州市	河北省	小金县	江西省
绵竹市	江苏省	黑水县	广西壮族自治区
什邡市	北京市	青川县	浙江省
安县	辽宁省	汉源县	湖北省
北川县	山东省	宝兴县	海南省
平武县	吉林省		

《国务院办公厅关于印发汶川地震灾后恢复重建对口支援方案的通知》（国办发〔2008〕53号）（以下简称《方案》）确定了具体的对口支援关系，如表8-2所示。

表8-2　2008年东部和中部地区18个省市对口支援四川省地震灾区对口关系一览表

受援方	支援方	受援方	支援方
北川县	山东省	茂县	山西省
汶川县	广东省	理县	湖南省
青川县	浙江省	黑水县	吉林省
绵竹市	江苏省	松潘县	安徽省
什邡市	北京市	小金县	江西省
都江堰市	上海市	汉源县	湖北省
平武县	河北省	崇州市	重庆市
安县	辽宁省	剑阁县	黑龙江省
江油市	河南省	彭州市	福建省

其中，单边支援是政治动员启动对口支援后在初始运行阶段的惯性运行，也反映了灾后恢复重建初期内部、外部环境和灾后恢复重建本身的客观需求。因此，单边支援在对口支援初始阶段的特殊需要下以这种特定的方式运行，取得了较好的政治、经济和社会效应，也为对口支援持续运行奠定了基础。这段时期，支援省市结合灾后恢复重建初期的任务和需要，按照国务院《方案》规定主要实施了以下3种类型的单边对口支援：项目援建、智力援建、产业帮扶。

一是项目援建。项目援建普遍采取两种方式：①由支援省市全额拨付建设资金，并负责全部建设项目设计、前期准备、施工、监理，经竣工验收合格后整体移交给受灾县市管理使用。这被称为"交钥匙工程"。②由对口支援省市提供建设资金，主要依靠受援县市负责建设项目设计、施工、监理等，并由受援县市进行竣工验收。这被称为"交支票工程"。可采取二者结合的援建方式，即在支援省市与受援县市协商援建项目时，确定哪些采用"交钥匙工程"方式、哪些采用"交支票工程"方式，采取这种类型的支援省市有安徽、山西、重庆、北京、河南、福建、吉林、江西。也可以"交支票工程"为主，即由受援县市根据自身情况提出援建请求，支援省市按事先确定的程序逐级审核，并按核定的投资额度根据工程进度拨付资金由受援县市组织建设。采取这类方式的有河北、辽宁、黑龙江。

二是智力援建。智力支援主要指支持帮扶受灾地区干部、专业人员等转变思想观念、提升业务素质和职业技能的支援方式。包括组织对受援县市的师资支援，开展对受援县市的医疗援助，进行公务员培训，提供职业岗位就业服务等。

三是产业帮扶。产业帮扶主要采取以下方式：①帮助受援县市销售产品，为受援地打通产品销路。②推广农业新技术。一些支援省市通过引入本省市的农业新技术帮助受援地改造传统农业生产方式和农业发展模式，提高农业生产水平和农产品质。③帮助受援县市建设工业园区。④扶持受援县市特色产业发展。

2. 明确汶川灾后重建对口支援机制

一是发布《汶川地震灾后恢复重建对口支援方案》（以下简称《方案》）。2008年6月11日，国务院发布《方案》，对对口支援提出了总体要求：加强领导、精心组织、依据规划、有序推进、统一政策、统筹安排、善始善终、搞好衔接；明确了两个具体要求：一是各支援省市每年对口支援实物工作量按不低于本省市上年地方财政收入的1%考虑；二是对口支援期限按3年安排。对口支援运作机制体现为三个"结合"，即"硬件"与"软件"结合、"输血"与"造血"结合、当前与长远相结合[①]。按"一省帮一重灾县"原则，确定东中部地区19个省

---

① 对口支援的行为按《方案》执行，参与对口支援的地方政府须按《方案》完成对口支援任务。

市对口支援受灾地区。对口支援共7项工作任务[①]，支援方聚焦受灾地区建设和修复房屋、城乡基础设施和公共服务设施，首先完成基本的恢复民生的住房和基础设施等方面的重建。同时，确定对口支援汶川地震灾区的内容方式：组织救援队、医疗队搜救被困群众，救治伤员，安排伤员及学生异地就学；召开临时工作会议，向各省分派任务，提供帐篷、粮食等救援物资；制定灾后救援政策，实行"一对一、几对一"的帮扶；恢复灾后居民住房建设、恢复教育等基础设施和公共服务建设；鼓励企业积极恢复发展。

二是发布《国家汶川地震灾后恢复重建总体规划》（以下简称《规划》）。2008年8月12日，国家汶川地震灾后重建规划组公布《规划（公开征求意见稿）》，《规划》指出灾区恢复重建资金总需求约1万亿元，资金来源包括中央财政、地方财政、对口支援、社会募集、国内银行贷款等。其中，财政资金是灾后重建的重要来源。截至2009年底，各省市对口支援汶川灾后重建金额744亿元，对口支援项目3424个。截至2010年9月底，共安排对口支援汶川灾后恢复重建资金843.8亿元，实施对口支援项目4121个，对口支援省市直接承担的恢复重建项目基本完成。截至2009年底，对口支援四川省受灾地区的18个省（市），已确定援建项目3118个，到位资金415.2亿元，开工2831个，其中完工1555个；建设合作产业园区18个，协议引进项目420个，投资总额500多亿元（见表8-3）。

表8-3　　　　　汶川地震社会各界资金与物资捐赠统计

省份	捐款总额	其他捐赠
香港	约12亿元	其他救灾物资折价2.3亿元
澳门	3.5亿元	救灾物资12吨
河北	22.1亿元	救灾物资折款1.9亿元
广东	5.8亿元	医疗救助队
天津	4.54亿元	救灾物资折价逾8272万元+救援队
北京	16.2113亿元	逾6000袋血液+医疗队
上海	11.43亿元	救灾物资54744.5吨+救援队+救护车
海南	1.033亿元	救灾物资1975万元
山西	4.5266亿元	救援队、机械
辽宁	8.03亿元	物折款0.48亿元+医疗队
浙江	12.5239亿元	物资价值3.024亿元
山东	7.8亿元	救援队、医疗队、大型机械

---

① 《方案》明确规定了对口支援的7项任务。主要有：（1）提供规划编制、建筑设计、专家咨询、工程建设和监理服务；（2）建设和修复城乡居民住房；（3）建设和修复学校、医院、广播电视、文化体育、社会福利等公共服务设施；（4）建设和修复城乡道路、供排水、供气、污水和垃圾处理等城乡基础设施；（5）建设和修复农业、农村等基础设施；（6）提供机械设备、器材工具、建筑材料等支持。选派师资和医务人员，人才培训、异地入学入托、劳务输入输出、农业科技等服务；（7）按市场化运作方式，鼓励企业投资建厂、兴建商贸流通等市场服务设施，参与经营性基础设施建设；（8）对口支援双方协商确定的其他内容。

续表

省份	捐款总额	其他捐赠
江苏	14.7亿元	救援队、医疗队、大型机械
广西	3.38亿元	救援队与医疗队
贵州	1.03亿元	物资折款1829.06万元+挖掘机
吉林	1.8亿元	物资折价6618.3万元
重庆	1.96亿元	15座战备钢桥+运输队+医疗队+救援队
湖南	4.74亿元	救灾物资+救援队+"机械"湘军
福建	9.5217亿元	救灾物资+抗震救灾队
江西	2.2亿元	救灾物资折价约3878万元+救援队+医疗队
河南	8.16亿元	物资折款6878.44万元+救援队
湖北	约3亿元	救援队+6批70多节车皮救灾物资
云南	3.38亿元	捐物折款2964万元
安徽	9.24亿元	救灾物资折价3380万元
黑龙江	1.23亿元	捐赠物资折款7327万元
新疆	1.37亿元	社会捐物折价近1310万元
西藏	0.236亿元	价值1200多万元救灾物品
宁夏	0.8651亿元	救援队
内蒙古	4.21亿元	社会捐赠物资折款8441万元
青海	0.112亿元	价值2300万元的救灾物资+医疗

数据来源：国家统计局网，《中国统计年鉴2008》《中国统计年鉴2009》。

（三）汶川地震灾后重建的成效

在全国各地通力协作下，各地尽力为灾区提供力所能及的人力物力财力支援，快速帮助灾区恢复重建，如期实现了"家家有房住、户户有就业、人人有保障、设施有提高、经济有发展、生态有改善"的恢复重建目标。

一是基础设施保障能力显著增强。恢复重建的基础设施包括交通、水利、通信、能源以及行政公用设施等。援建方在基础设施恢复过程中，坚持恢复功能与发展提高结合，一批基础设施重大项目相继建成，灾区基础设施保障能力显著增强。2011年9月底，四川省灾区的基础设施重建基本完成，灾区整体基础设施得以根本改善。截至2011年，灾区4847公里的国省干线及重要经济干线公路95.6%完工，29028公里农村公路重建全部完工，都江堰至映秀高速公路、成都至都江堰高速铁路建成运营，1222座震损水库、810公里震损堤防除险加固全部完工，1067个电网和电源重建项目96.9%完工，37个水厂重建全部完工。在城镇重建方面，北川、汶川、都江堰县城主要市政基础设施全面完成，青川县城框架基本形成，映秀、汉旺、水磨、街子镇建成旅游名镇或工业新镇，其他30个重点镇重建也基本完成。

二是住房修复重建工作顺利完成。地震发生后，破坏最明显的就是住房，政府将住房重建作为对口援建的重中之重，援建双方本着"安全、经济、实用、省地"

的原则，推进城乡居民住房重建。其中，针对城乡居民住房建设特点，制定相应的政府补助政策。一方面对农房重建，落实户均2万元的补助政策，并通过设立担保基金、协调金融机构贷款、减免相关规费及相互换工、邻里相助等办法，解决困难群众建房问题；另一方面对城镇住房重建，在每户平均补助2.5万元的基础上，给予建房的税费减免和房价政策性优惠补助。同时，在对口援建住房中实施科学规划和技术指导，使援建房屋符合抗震标准，排除受到灾害再次破坏的隐患。在这一过程中，灾区群众住房问题得以妥善解决，城乡居民居住条件比震前显著改善，住房布局更加合理，功能更加完备，配套服务更加齐全。三省灾区共维修加固农村住房292万户、城镇住房146万套；重建农村住房191万户、城镇住房近29万套。

三是公共服务设施功能明显提升。公共服务设施的恢复重建主要包括学校、医院、公共文化、体育设施、社会福利等方面。在恢复重建过程中学校和医院的恢复放在首要位置，公共服务设施重建严格按照建设标准和要求，提高抗震设防标准和建筑质量，将公共服务设施建成安全、牢固、让群众放心的建筑。对学校重建优先安排重建资金、优先审批重建项目、优先提供物资保障，规划重建的3002所学校、1362个医疗卫生机构、162个文化产业项目已基本完成。1575个文化市场服务网点已全部完成恢复重建并提供服务。灾区还建成了一批社会福利院、社区服务中心、敬老院、广播电视等配套服务设施，公共服务能力显著增强，基本公共服务均等化实现水平跃居西部地区前列。

四是经济可持续发展条件大幅改善。援建方将产业恢复重建、优化产业布局和转变经济发展方式结合，重建了受援地的优势产业。灾区产业发展已实现再生性跨越，纳入国家总体规划的2440户规模以上受损工业企业已全部恢复生产，如东汽集团通过结构调整、优化布局，在产能和销售收入再创历史新高。在产业规划过程中，产业调整优化。通过按照"一园一主业、园区有特色"的要求，建设特色产业园区和形成了一大批产业集群，淘汰了一些污染严重的企业。由于对农业生产设施恢复和努力提升农业服务体系能力，特色农产品生产基地也随之建成。通过加快旅游业基础设施和配套设施的建设，旅游业已经恢复到震前水平。在对口援建过程中提高了灾区经济可持续发展能力，一些主要的经济指标超过震前水平，呈现良好的发展态势。

二、案例评析

（一）汶川灾后恢复重建的经验

一是迅速启动了对口支援机制。由于突发自然灾害事发突然、演变迅速、危害性强，在救灾时仅依靠中央政府的转移支付、本地自有财力或社会捐赠资金无法使受灾地迅速走出困境。在这种紧急情况下，其他省份实施跨区域支援不仅可以为受灾地提供必要的财政援助，也可依据受灾的具体类型、情形和程度提供人员、物资、技术等全方位援助，从而在最短时间内减轻受灾地的人员伤亡和经济损失。汶川特大地震发生后，中央政府紧急启动了各省市对汶川的对口支援机制。国务院民政部下达《关于实施对口支援四川汶川特大地震灾后工作的紧急通知》，要求河南等6省对口援助地震受灾市县；随后下发《关于对口支援四川汶川特大地震灾区的紧急通知》，进一步明确了对口支援的主要任务、具体安排和工作要求，确定再由北京等21个省市分别对口支援四川省的一个重灾县。正是由于各省市及时调配人力物力财力实施对汶川地震灾区的横向转移支付，从而在最短时间内和最大程度上减少了人员伤亡，减轻了自然灾害造成的人员经济社会损失。

二是明确了对口支援总体方案。支持汶川灾后恢复重建须依靠中央政府综合调配资源的权威和能力，在更广泛的范围开展形式多样的灾后恢复重建。一方面，中央对地方财政转移支付从制度设计上定位于实现地区间基本公共服务均等化，体现为财力性转移支付和宏观调控的专项转移支付比例较大，其功能定位和机制设计均无法迅速转向兼顾汶川灾后恢复重建。因此，国务院设立740亿元灾后恢复重建基金。对中央而言，直接投入财政资金是支持灾后恢复重建的重要方面，否则会动摇中央财政的整体结构性功能；另一方面，中央政府在全国范围内跨区域调配各类资源，通过各省市组织人力、物力、财力对口支援汶川的方式实施灾后恢复重建，既有法律确定的主体资格，又是灾后恢复重建的实际需求。同时，参与汶川地震灾后恢复重建的对口支援的地方政府必须按《方案》完成对口支援任务。支援方首先完成基本的恢复民生的住房和基础设施的重建。此外，《汶川地震灾后恢复重建条例》（国务院令第526号）第六十三条规定中提出相关政府和部门要采取对口支援等多种形式支持地震灾区恢复重建[①]。

三是实现了跨区域政府间长期合作共赢。地方政府不仅服从中央政府的指令，还是地方公众利益的代理人，因此支援方政府还要谋求自身利益。在对口支援中，无偿的横向转移支付仅是完成上级任务而无助于支援方公众利益，因此支援方在完成基本的援建任务后也存在谋求一定利益的意愿，对口支援也就逐步演变为了对口合作。若支援方和受援方之间存在要素优势互补，可能促使支援方

---

① 《方案》总体符合财政均衡思想，初步搭建了地方财政横向转移支付的基本框架，体现了中央赋予地方政府适度自主权的空间，如支援额度上未规定上限体现了地方政府的独立性。但《方案》不是法律，本质上属于地方政府之间横向转移支付的框架仍存在诸多不足。如，支援方的确定标准采用"点名制"，而由于支援方的财政状况不断变动，应规定以地方财政能力高于全国平均财政能力为标准；对口支援资金额度的确定方法也较为简单，仅以地方财政收入为参照，而未落实到人均标准。

根据自身利益偏好寻求与受援方深层次合作，尤其在无偿对口支援三年时间结束后，灾区经济社会发展必须通过对口合作的方式进行。现实中，在灾后重建完成后，部分支援地政府本着互助共赢的原则，在协商的基础上又与受灾县市签订长期合作协议，继续向灾区县市提供有针对性支持，对口支援由灾后恢复重建转入了长期合作、市场主导、互利共赢的新阶段。对口合作的双方积极探索产业扶持模式，部分合作政府间创造性开展长期对口合作机制。这次灾后重建使传统对口支援模式已转变成为项目援建—产业帮扶—长期合作。

四是提升了对口支援的精准性。在汶川灾后恢复重建过程中，中央和省级政府较为充分考虑了灾区市县财力差异。为缓解经济困难地区政府灾后重建的财政配套压力，中央和四川省按"保证重点，兼顾一般"原则制定灾后恢复重建政策，在安排转移支付资金时将轻灾区一并纳入，区别不同情况统筹实施灾后恢复重建工作。尤其是，一些贫困的重灾区的经济发展能力受损严重，加之地方政府财力十分有限，仅靠自身财力恢复重建困难很大。对于这些经济欠发达和财力相对困难的灾区，由中央财政按总体规划和项目计划分步实施公共服务设施等方面的灾后重建项目，足额安排财政资金投入，原则上不应要求地方财政配套。以上做法极大促进了对口支援人力物力财力的供需匹配，有效提升了对口支援的政策效率。

（二）汶川灾后恢复重建的启示

汶川灾后恢复重建过程同时存在一些不足，主要体现为法律法规不健全、资金监管不到位、地方政府角色缺失、支援地激励不足等。一是法律制度管理制度不健全，缺乏有效的监督体系和绩效评估机制。灾后重建对口支援主要以中央意志为主导，通过落实相关法规或文件的形式实施，这表明当下仍尚未形成健全的资金筹集制度和横向转移支付制度，在政策实施上存在随意性、不确定性和不可操作性。二是资金监管不到位。审计署先后四次发布汶川抗震救灾资金物资审计情况公告，发现部分地方政府筹集上缴不及时、受援方政府挪用救灾资金、少数基层干部在救灾款发放中优亲厚友[1]，导致社会质疑政府监管赈灾善款和财政资金的能力[2]。三是地方政府角色缺失。一方面，地方政府间合作多基于应急救援背景与上级政府指示，支受双方仅通过口头承诺或协议确定灾后重建范围，而

---

[1] 审计署调查结果显示，存在项目虚报、假报，套取重建资金等现象。目前，接受的捐赠款物省级结存195.7亿元，市地级结存约121.63亿元，县（区）级结存76.74亿元，四川省一共有4.22亿元的捐赠资金结存在省级政府单位，审计抽查的汶川县六栋住房维修加固工程，报送的结算超过258万元，经审计核实，实际工程造价不足100万元。

[2] "80%地震捐款进国库网民担心慈善行为成纳税"，"四川赈灾款'监管严密'全国每人仅被挪用了1元"，"四川省纪委承认灾区帐篷确有非法流出""四川赈灾款挪用14亿"等相关报道不断出现在各大媒体和网络。

对合作项目隐含风险无可得知，且基于应急救援与上级指示的合作意向不具有法律约束力；另一方面，相关合作项目与工程及其资金使用也无具体部门核查评估，致使政府间合作流于形式。四是支援地激励不足。由于支受双方"省一县"行政体制和经济规模不对等，阻碍了两地之间由无偿援建向共赢合作的转化，对长期对口合作机制影响了不利影响。

第二节　武汉抗击新冠疫情

一、案例基本情况

（一）武汉抗击新冠疫情对口支援的背景

2020年新冠疫情是近百年来人类遭遇的影响范围最广的大流行病，为各国疫情防控带来了紧迫压力。突发的新冠疫情严重威胁人民群众的生命健康，影响社会公众的正常生产生活，尤其是给湖北省和武汉市的公共医疗卫生系统造成极大压力。由于暴发初期医疗经验、医务人员和医疗物资的短缺等导致治愈率低，湖北省确诊病例持续呈增长，急剧增加的患病人数和紧缺的医务人员致使医疗资源周转速度变慢，湖北省的医疗卫生系统难以长久维持超负荷运转。面临疫情引发的迸发式需求，仅依靠湖北省自身有限的力量和中央直接划拨资金或医疗资源，对湖北省的公共卫生服务供给能力是一次巨大的挑战，难以对疫情进行及时高效的防控和实现医疗救治，省际对口支援的实施已成必然。

武汉市作为初始暴发地疫情最为严重，得到了全国最优质的医疗资源和最充足的物资援助，局势也出现了好转，但湖北省其余十六地市的情况未见好转，对医疗资源的需求持续增长，现有设施在各方面也达不到疫情所需要求，这成为新冠疫情防控的薄弱之处。由于中央政府直接拥有的资源有限，仅依靠中央政府直接支援仍无法满足疫情救治需要。为降低中央政府的支援压力和支援风险，需要动员全国各省向湖北省对口支援，输送医疗物资和医务人员，解决人力、物力、财力紧缺的问题。为减弱疫情的传播蔓延，有效防控疫情，减少人员伤亡，恢复经济增长，中央政府组织协调各省份对口支援湖北省各地市，支援方各省份积极调集本省医疗资源赴湖北开展援助工作，地方政府间实现良性竞争与互助合作以及资源的再配置，将风险扁平化基层化，以一省包一市的方式，施行一对一的人力物力财力的对口支援。

（二）武汉新冠疫情对口支援的实施过程

为遏制疫情的传播蔓延，实现对疫情的有效防控，中央政府举全国之力，迅速动员全国各地力量，调集各省市的医务人员和医疗物资驰援湖北，并实施省际对口支援政策，在下级政府间实现跨区域的资源再配置和利益再分配。2月10日，国家卫健委建立新冠肺炎省际对口医疗救治工作机制，调动全国医疗资源和力量，全力赶赴湖北省和武汉市一线开展医疗救治，组织协调十九个省份对湖北省除武汉市外的16个市州及县级市进行对口支援，建立"一省包一市"的工作方案。此次对口支援参与主体众多，包括欠发达地区在内的各省市均有参与。具体支援关系如图8-1所示。

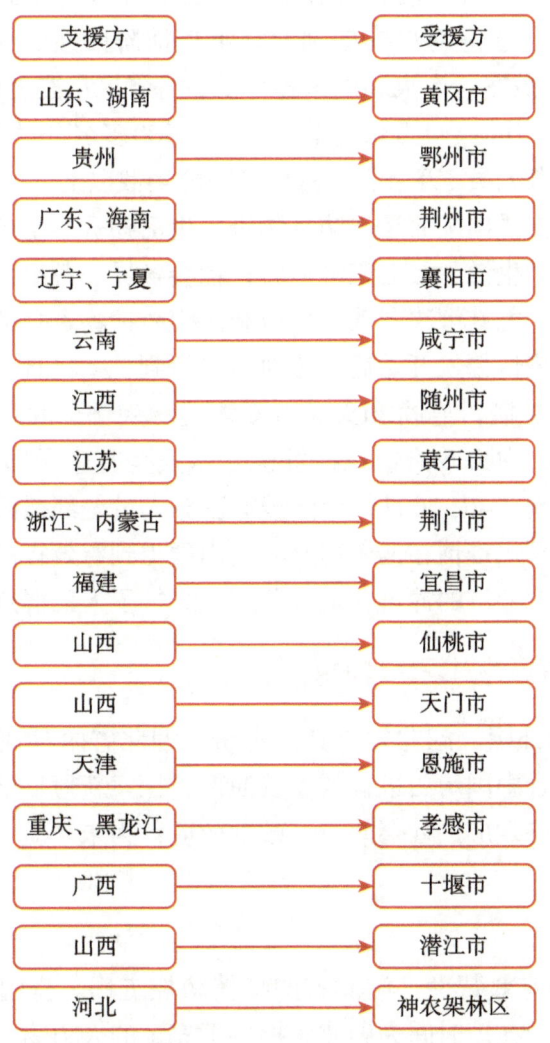

图8-1　省际对口支援湖北省医疗救治工作机制的具体支援关系

基于新冠疫情的特点，在对患者的医疗救治中产生了对医务人员、医疗物资等资源的迫切需求，中央政府基于湖北省急剧增加的医疗需求，组织全国各省市进行医务人员、医疗物资等方面的援助，以实现对疫情的有效防控。19个省市应令而动，迅速集结抗疫物资、医疗队伍、心理专家等人力物力，共同开展了新中国成立以来规模最大的医疗对口支援行动，对口支援湖北新冠疫情。自1月23日起，中央政府在全国范围内动员各省市调集优质医疗资源，以一省包一市的方式进行对口支援，部分省市当日便组建医疗队赶赴湖北开展援助和医疗救治；随后几天内，全国各省市也迅速组建医疗队援鄂，疫情相对不太严重且医疗资源充足的省区市还多次调集本省区市医务人员前往湖北支援。

我国在抗击COVID-19中实施的对口支援在短时间内动员一切可利用资源，针对性强，目标任务明确，湖北新冠疫情在三个月内实现了有效控制，时效性强，效率高，实现了省际对口支援湖北抗击疫情阶段性的任务目标。1月24日至3月1日，人民解放军、中央和国家各部委、各省区市充分调动全国优质资源，共派出344支国家医疗队、4万余名医务人员、900多名公共卫生人员驰援湖北，在武汉市驰援的医务人员3万余名，占据其中的半数以上。1月27日至3月19日，全国通过多种运输方式向湖北运送防疫物资、生活物资、生产物资，维持封城情况下人民的正常生产生活和社会正常运转；社会各界、各组织、各企业部门对湖北省开展大力援助，尤其解决了武汉床位和医疗防护物资短缺的问题。在各省市的全力支援下，从疫情暴发开始后实施对口支援到3月24日，湖北省除武汉市以外地市的疫情均被控制，连续20天没有新增确诊病例，武汉疫情也得到有效控制。3月17日开始，中央政府组织援鄂医疗队安全有序撤回，首批42支国家援鄂医疗队从武汉撤离。4月20日，全国援鄂医务人员全部撤回。在多方力量的共同援助下，湖北省新冠疫情在两个多月时间内便得到有效控制，尽量减少了疫情导致的人员伤亡和对经济的冲击，最大程度上维护了人民群众的生命健康权。

（三）武汉新冠疫情对口支援的成效

通过对中国和外国、湖北省与其他省份、湖北省内各地市的疫情控制情况进行对比分析，结合中国历史进程的发展演变，探索新冠疫情中的应急性对口支援的健康效应、经济效应、社会效应、政治效应，为未来应对此类突发性公共事件提供借鉴和启示。

1. 健康效应

对口支援措施有效帮助了湖北省的疫情防控工作。全国优质顶尖的专业医疗团队集聚湖北省，在短时间为湖北省提供了充足的人力物力财力支持，缓解了医疗资源短缺的局面，有效地保障医治效率和质量，收治率、治愈率明显上升；与国外相比，我国在人口基数大、初始确诊病例大、春节期间爆发人流量大、医疗经验相对欠缺的情况下，仍在两个月内基本控制了疫情的扩散和蔓延，减轻了人员伤亡，实现了最低的伤亡率，为世界抗击疫情共享了医疗经验，对口支援发挥了极大的医疗救助效果，健康效应显著。下面选择间接分析法进行研究。根据新增率、治愈率、死亡率等若干与疫情控制效果相关的健康指标的前后变化来推断健康效应，通过分别对中国、湖北省、省内各地市的不同健康效应进行对比研究，对对口支援的健康效应进行分析。

（1）对口支援对中国的健康效应分析。

2003年"非典"疫情和此次新冠疫情类似，虽然同为重大传染病疫情，但由于"非典"疫情中没有省际对口支援，因此疫情对中国的冲击以及控制程度也截然不同。在"非典"疫情的案例中，首例非典型肺炎病例在2002年12月15日发现，但直到次年的6月15日，内地的"非典"疫情才基本得到控制，期间累计病例5327例，累计病死率6.5%。与之相比，此次新冠疫情中感染人数更多，传染性更强，影响范围更广，防控难度也更高，冲击程度远超非典，但我国对新冠疫情的控制程度好于非典疫情时期，仅在3个月内就成功控制疫情。截至2021年1月1日，累计病死率5.3%，这是因为在此次新冠疫情中政府及时采取了封城、对口支援等行动，使抗击新冠疫情的控制时间和累计病死率远远低于抗击非典疫情。由于不同疫情防控措施带来不同的疫情控制效果，因此，对口支援具有显著的健康效应。

从全球角度来看，在此次新冠疫情中，不同国家采取了不同应对措施，也因此产生了不同的疫情控制效果。欧美等国面对疫情的态度与中国应对措施形成鲜明对比，下面选取美国、意大利和中国在疫情下采取的措施及疫情控制情况进行对比，探索对口支援的健康效应。

面对新冠疫情，中国政府迅速采取省际对口支援措施，积极开展援助工作对疫情进行防控，在最短时间内调集全国各地的大批医务人员、医疗物资以最快的速度赶赴湖北省，遏制了疫情向全国蔓延。意大利采取了封城、停产等措施，成为欧洲第一个"封城"的国家。在强有力的防控措施下，意大利的疫情很快得到了控制，在3月10日封锁18天后，意大利的新诊断病例呈下降趋势，只是疫情防控效果不如中国明显。而美国仅采取了货币政策和财政政策等经济刺激政策来抵御新冠疫情所带来的经济冲击，经济刺激政策虽暂时稳定了金融市场，但对于疫情控制没有明显效果，导致美国疫情大规模蔓延，确诊人数不断飙升，新增确诊人数居高不下。截至2021年1月7日，美国累计确诊人数已超过2000万人，累计死亡近37万人。与我国累计确诊8万余人、累计死亡4000余人相比，美国确诊人数是中国的上百倍，死亡人数是几十倍。一个人口稀疏、人口基数比中国少、传染性相对较弱、科技比中国发达、疫情暴发时间晚、拥有更丰富的抗疫经验的国家来说,本不应如此。可见,我国抗击疫情的对口支援更有效控制了疫情。

分别对美国、意大利、对口支援期间中国的每日新增、累计确诊和累计治愈人数等健康指标进行具体的对比,来更直观地探索对口支援在遏制疫情传播、降低患病率和病死率方面发挥的健康效应。由于1—4月为我国的疫情暴发阶段,同时也正处于省际对口支援期间,因此我国选取1—4月的每日新增确诊数据,而外国暴发时间晚两个月,因此选取3—6月的新增确诊数据。由图8-3和图8-4所示①。

通过对中国、美国、意大利的新增确诊病例进行对比,来分析在对口支援等防控措施下中国对疫情的控制效果。由图8-2可看到,我国疫情很快得到控制,每日新增很快在2月4日达到了峰值并开始下降②。反观国外,意大利的每日新增确诊虽有反复,但整体呈下降趋势,和美国的持续走高而后居高不下相比,意大利的疫情控制较好,这与意大利采取了封城等人员管控措施有关;由图8-4可以看出,意大利对疫情的控制强于美国但弱于我国,这与我国采取的对口支援等防控措施有关。我国在人口基数大、初始确诊病例大、春节期间暴发人流量大、医疗经验相对欠缺的情况下,仍在相对较短时间内集中全国资源有效控制全国疫情扩散,以最快速度完成最艰巨的任务,与国外抗疫形成显著对比,这与对口支援等疫情防控措施密不可分。毋庸置疑,对口支援发挥了显著的健康效应。

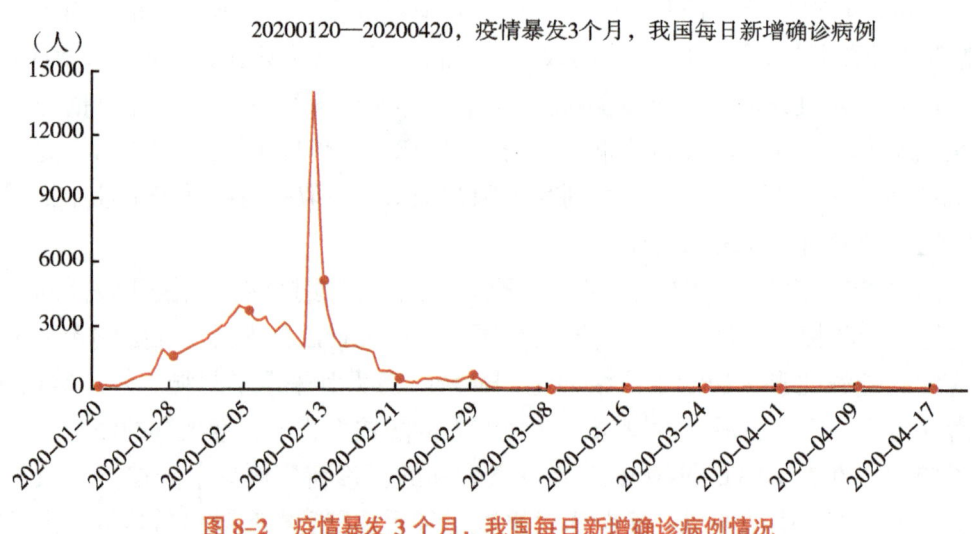

图8-2 疫情暴发3个月,我国每日新增确诊病例情况

---

① 由于美国的病例数远大于意大利和中国,确诊人数不在一个量级,如果选取同一坐标轴,会因美国病例过多,与别国基数不同,而无法对新冠疫情的控制效果做出直观具体的反映和对比,因此,对美国单独选取右侧坐标轴,我国和意大利均为左侧坐标轴。

② 在2月12日每日新增确诊病例陡然上升,出现了不正常的极高峰值,这是因为统计口径在发生了改变,临床诊断病例增加为确诊病例,因此每日新增确诊病例出现了不正常的增加。

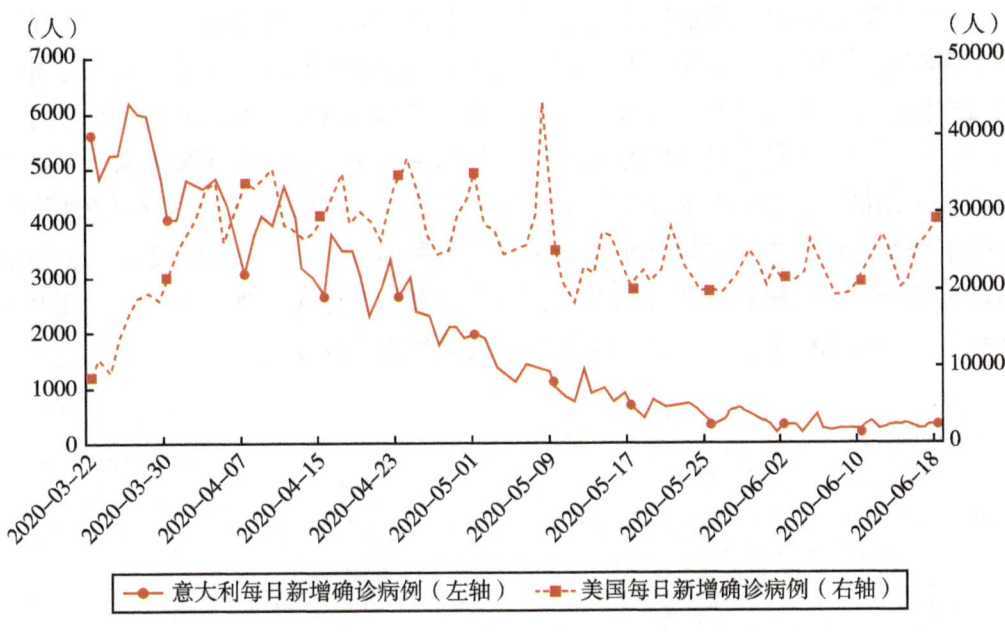

图 8-3 疫情暴发 3 个月，美国、意大利每日新增确诊病例情况

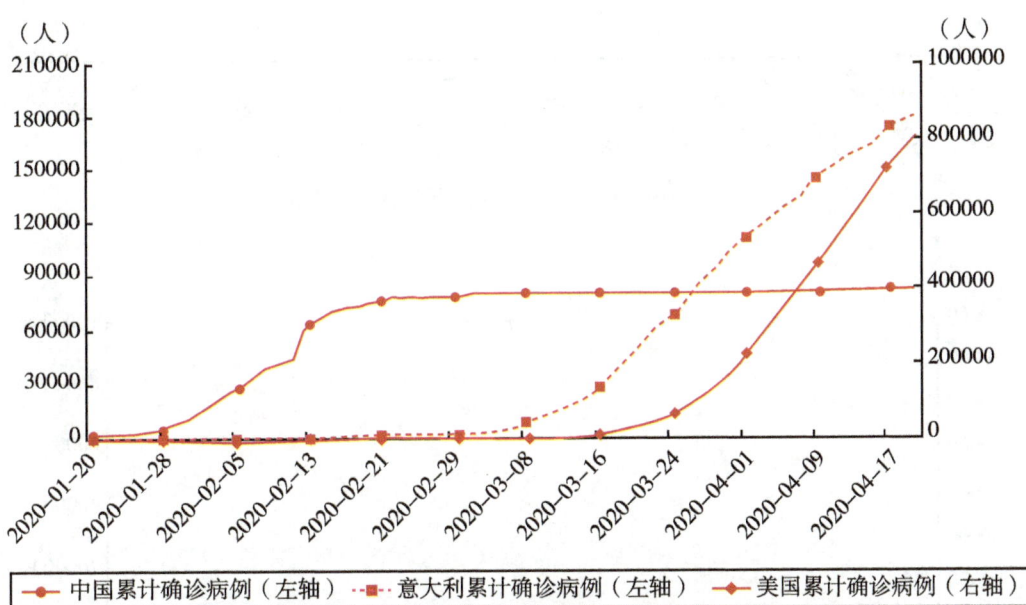

图 8-4 中国、美国、意大利新冠累计确诊病例

通过对比中国、美国、意大利的治愈病例，分析对口支援等防控措施对疫情发挥的医疗救助效果。如图 8-5 所示，我国对口支援对提高新冠肺炎治愈率发挥了巨大作用。2 月 10 日新冠肺炎医疗救治工作机制建立后，随着各省市驰援湖北，治愈率明显提高，体现了对口支援在医疗救助领域发挥的显著效应。由图

8-6所示，意大利和美国累计治愈病例平缓上升，治愈率并没有明显增加，意大利的医疗救助效果优于美国。将美国、意大利的治愈率同中国对比，印证了中国对口支援政策的有效性和正确性。中国的患病率和病死率为全球最低，证实了省际对口支援发挥了巨大的医疗救助效应。可以说，全球化背景下新冠肺炎不仅是一省或一国的事，没有任何国家、组织或个人能免受这一全球性流行病的影响，疫情不严重的地区应向疫情严重的地区提供力所能及的医疗资源援助。通过在全球范围检验对口支援发挥的健康效应，可看出对口支援可以遏制新冠肺炎的传播和蔓延，降低患病率和死亡率，维护社会民众的生命安全。

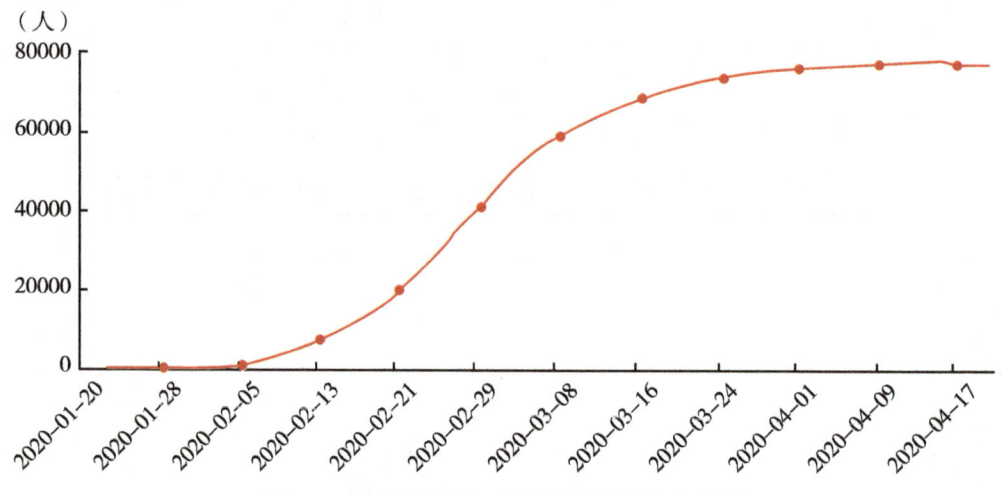

图 8-5 疫情暴发后 3 个月我国累计治愈病例

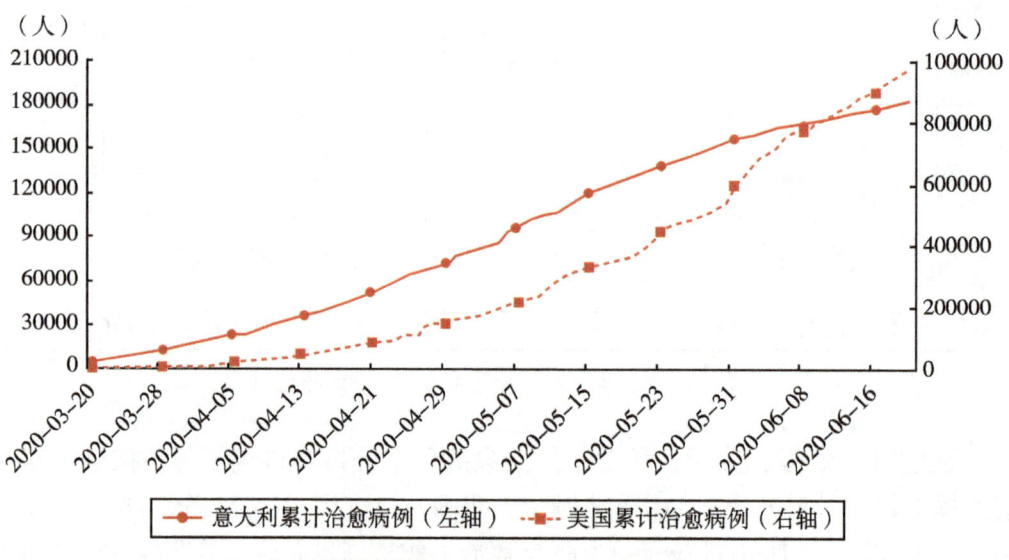

图 8-6 疫情暴发后 3 个月美国、意大利累计治愈病例

（2）对口支援对湖北省的健康效应分析。

接下来，对比分析实施对口支援的前后湖北省与其他省份的各项健康指标，研究对口支援在疫情期间及结束后对湖北省的健康效应。

首先将湖北省与其他省份的新增确诊对比，分析对口支援对湖北省疫情传播蔓延的控制效果。由于疫情于武汉暴发，湖北确诊人数与其他省份不在一个量级、难以比较，且湖北作为重灾区，医务人员和物资严重短缺，制约了接诊治疗病人和发现潜在新冠肺炎患者的能力。如图8-7所示，相比于其他省份，虽然湖北新增率在初期持续上升，但这与作为暴发地确诊人口基数大、疫情早已在本地传播有关。总体来看，随着对口支援的实施，湖北省新增率呈下降趋势且高于其他省份。疫情初期，由于其他省份确诊人数少、基数与湖北省不在同一量级，因此出现新增率猛增，而后新增率开始下降；湖北新增率在1月27日达到峰值，后随着各省市对口支援人员和物资驰援湖北，接诊病人和医疗救助能力显著提高，新增率开始下降。除了2月12日由于诊断标准发生变化导致的确诊人数激增，湖北省新增率自1月27日后总体呈下降趋势，且新增率下降趋势高于其他省份。图8-8也可证实这一观点，虽然湖北累计确诊的上升趋势高于其他省份，但其累计确诊上升趋势的变化速度慢于其他省份，证实了对口支援有效控制了湖北新冠疫情的传播蔓延，健康效应显著。

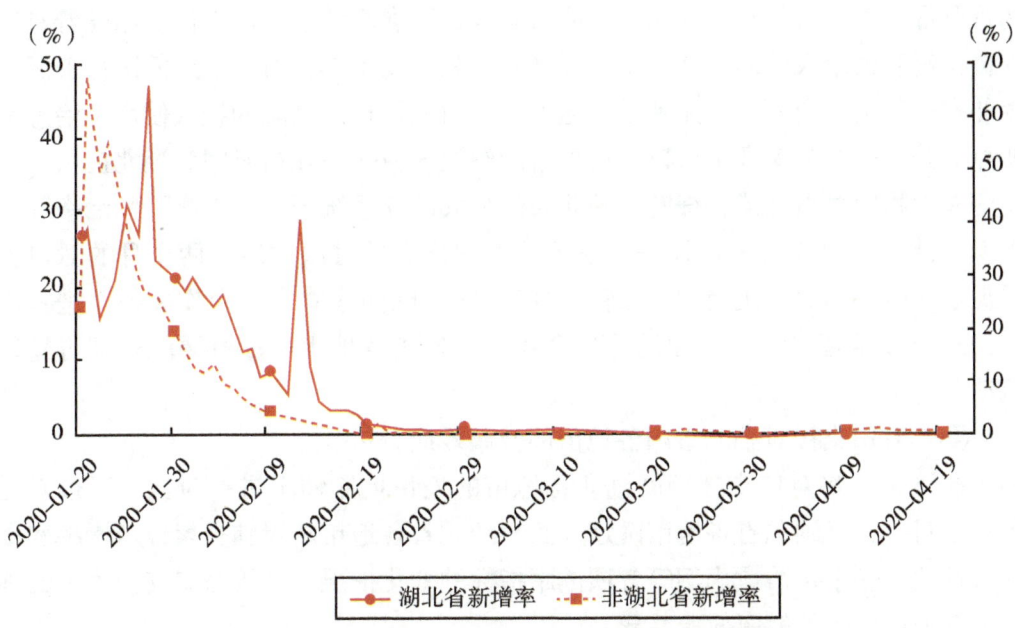

图 8-7　对口支援期间湖北省和非湖北省的新冠肺炎新增率对比

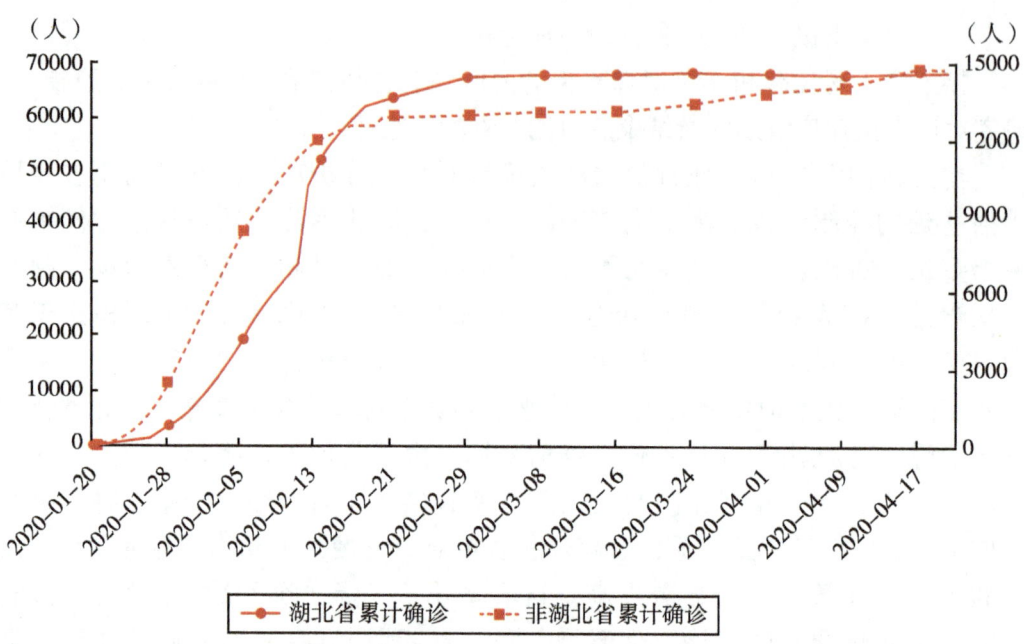

图 8-8 对口支援期间湖北省和非湖北省的新冠肺炎累计确诊对比

将湖北省与其他省份的治愈率进行对比，分析对口支援对湖北省疫情的医疗救助效果，如图 8-9 所示。由于湖北省作为重灾区，确诊人数基数大，难以迅速实现医疗资源全覆盖，各市的医院数量及床位远不及病者人数，医务人员和物资严重短缺，诊断和救助病人的能力有限，治愈率低于其他省份。但随着对口支援物资和医疗人员的抵达，全面开展收治和救助工作，对口支援的医疗资源对湖北省逐步实现全覆盖。尤其是，随着火神山和雷神山医院的投入使用，治愈率明显上升，这充分体现了对口支援显著的健康效应——在短时间为湖北提供了充足的人力物力财力支撑，缓解了湖北省的公共医疗系统压力，提高了收治率和治愈率。此外，对口支援在任务完成依然发挥显著的健康效应。两个月的对口支援促进了受援地的医疗水平提高，促使不同医院间建立定点合作关系，进行广泛的对口技术指导和多方面的业务合作，实现了各地市医疗资源的长期可持续流动。

（3）对口支援对湖北省内各地市的健康效应分析。

接下来，将对口支援期间湖北各地市的疫情控制情况进行对比，通过对比各省市对口支援湖北省各地市医疗人数、湖北省各地市新冠肺炎累计新增率和湖北省各地市剩余未治愈病例等各项健康指标的变化情况，分析对口支援力度的强弱对各地市产生的健康效应差异。

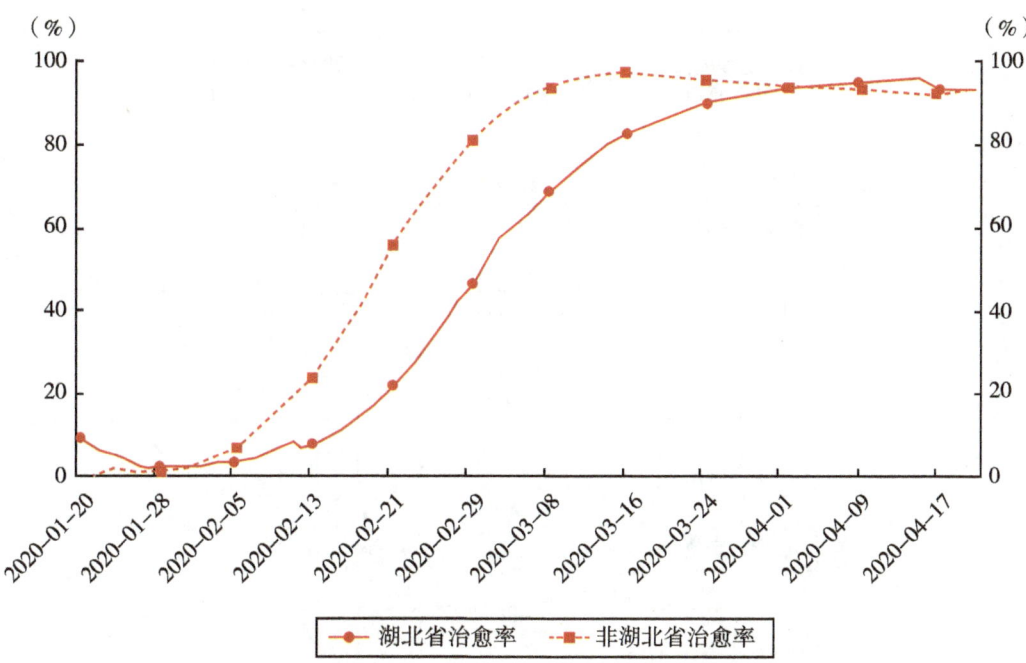

图 8-9　对口支援期间湖北省和非湖北省的新冠肺炎治愈率对比

如图 8-10 所示，由于武汉是暴发地和重灾区，全国优质顶尖的专业医疗团队和财力物力优先驰援武汉市，武汉的对口支援医疗人数是其他地市相应人数的几十倍甚至百倍，支援人数不在一个量级。正因如此，虽然武汉市初始确诊人数最多、蔓延最快，其他地市确诊情况与武汉根本不在一个量级，但如图 8-11 所示，与初期严峻的疫情形势和其他地市的新增率变化相比，武汉疫情控制得相对很好，这与对口支援存在密切关系。根据图 8-10 和图 8-11 可知，选取典型城市对其新增确诊率进行对比，分析对口支援力度不同带来的健康效应差异。如图 8-12 所示，选取宜昌、襄阳、武汉、荆州、黄冈、神农架 6 个城市进行比较，结合图 8-10 相应各地市对口支援医疗人数可看出，黄冈和荆州对口支援医疗人数较多，医疗水平较高，新增率控制较好；襄阳、宜昌次之，新增率控制情况也次之；而神农架地理位置特殊，暴发初期确诊很少，即便对口支援医疗人数仅 15 人，但由于地广人稀，人均医务人员资源水平较高，疫情仍控制得很好；武汉市作为暴发地，在确诊人数最多的情况下，疫情控制程度却并非最差，这与对口支援武汉的大量优质顶尖医疗人员和物资密不可分。可见，对口支援力度的强弱与其发挥的健康效应基本是成正比的，对口支援力度越大，越能更好遏制疫情传播，发挥更显著的健康效应。

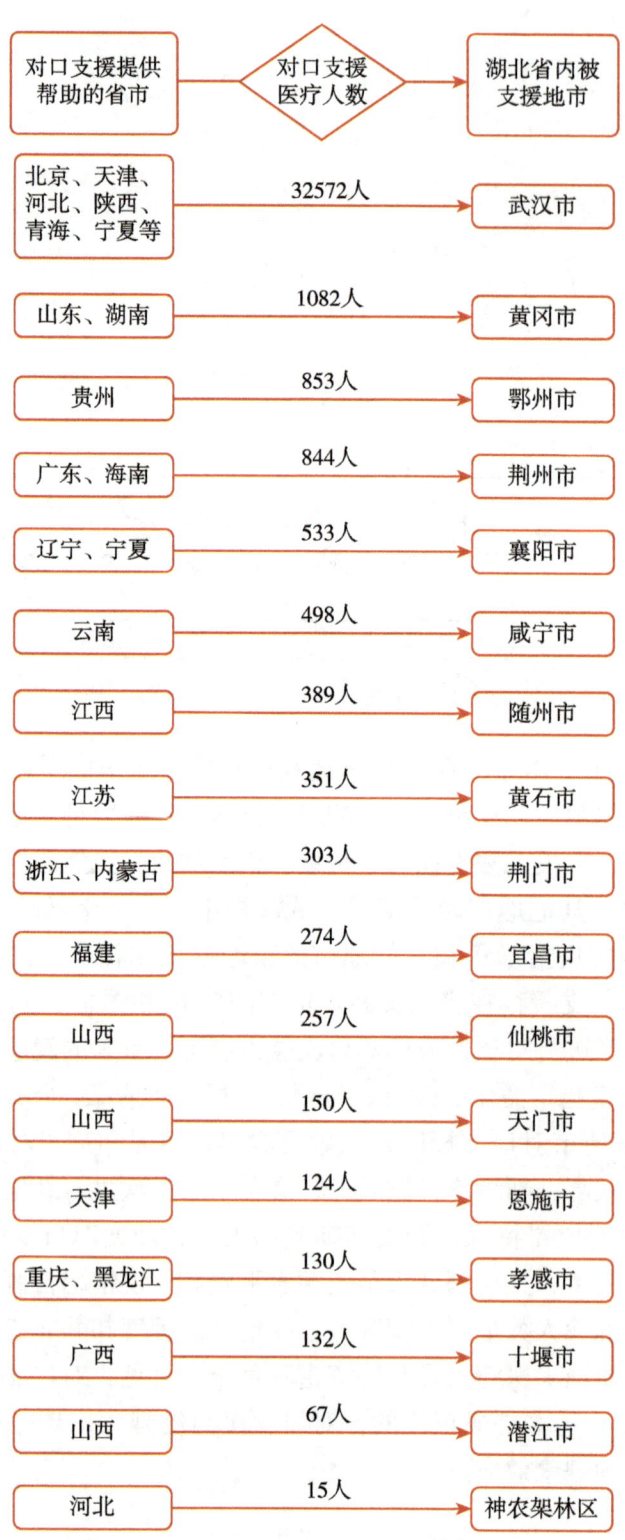

图 8-10 各省市对口支援湖北省医疗人数

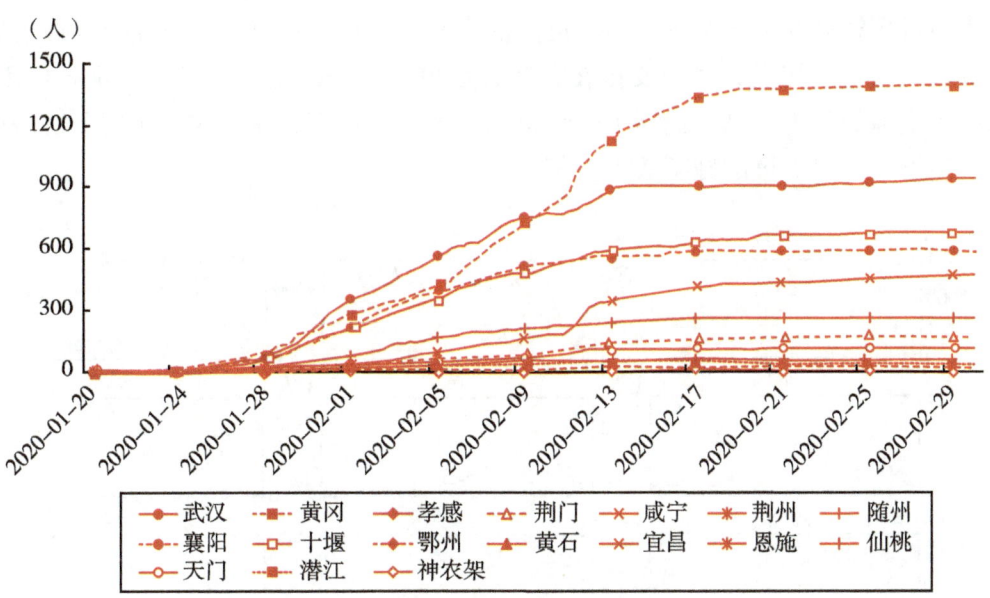

图 8-11 湖北省内各地市新冠肺炎累计新增率

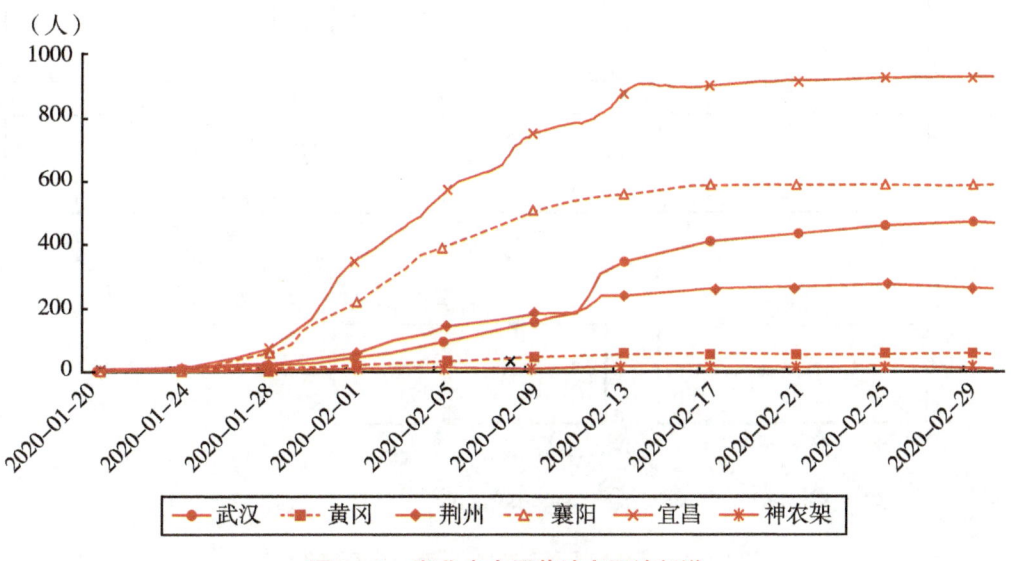

图 8-12 湖北省内显著地市累计新增

对湖北内各地市的未治愈病例变化情况进行对比，分析对口支援在医疗救助领域的健康效应。自2月10日后，19个省市开始大规模动员医务人员驰援湖北，对口支援医务人员从2月13日开始在支援城市开展工作，对口支援的健康效应开始发挥作用。如图8-13所示，随着对口支援医疗资源开始发挥作用，2月13日附近是抗击疫情的转折点，而转折点发生的原因就是对口支援。尽管当时湖北各地确诊病例总数仍迅速增加，但湖北各地市未治愈病例均开始下降，这说明对口支援对缓解公共卫生系统压力、提高治愈率、保证人民群众生命安全发挥了显著的健康效应。可见，对口支援在湖北各地市的抗击疫情中均发挥了重要作用，遏制了疫情的传播蔓延，提高了医疗救助水平和治愈率，从而成功实现了抗击疫情的转折，对口支援的健康效应显著。

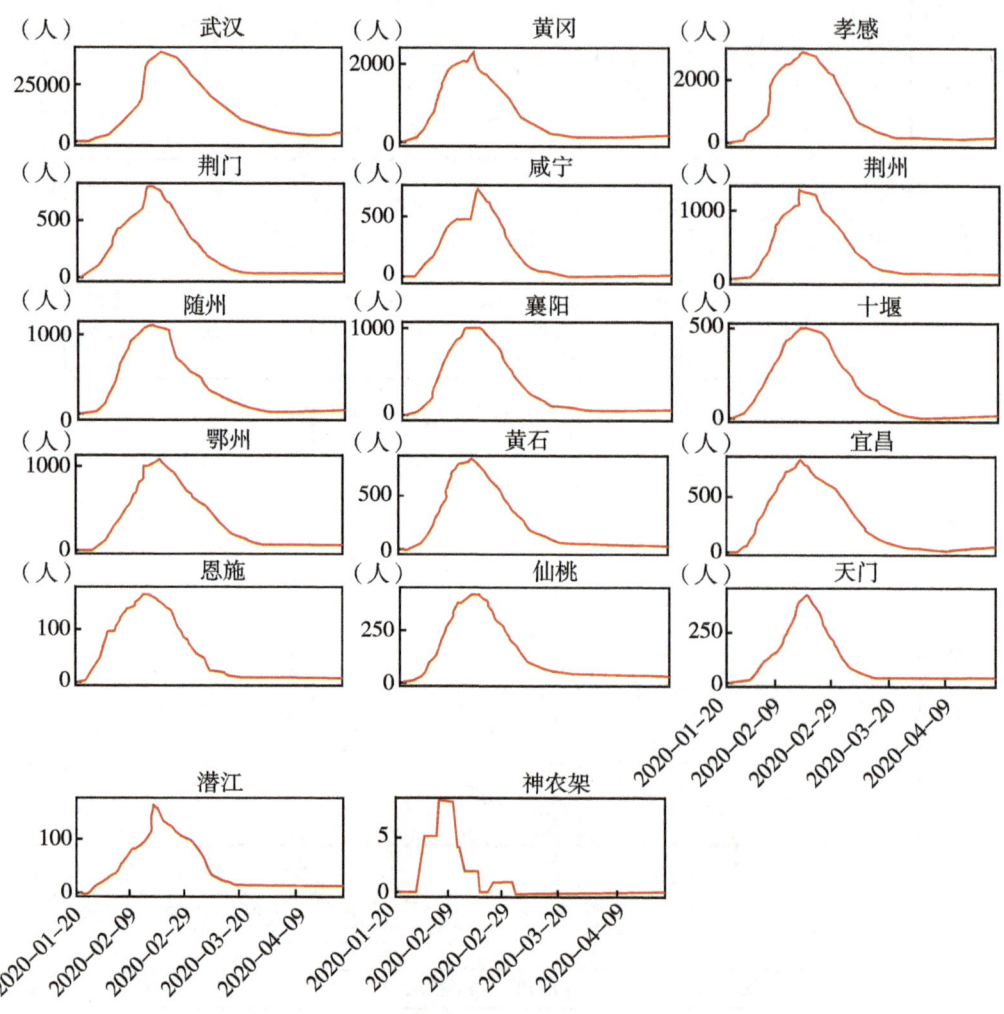

图 8-13 湖北省各地市剩余未治愈病例变化情况

本节对我国抗击COVID-19疫情中对口支援的健康效应进行了分析。通过对美国、意大利和中国的比较分析可看出，相比于采取了封城措施的意大利和未采取任何措施的美国，我国在封城、对口支援等措施下，疫情得到了更好的控制，患病率和病死率最低，经济波及相对较小，是最早重返正常生产生活轨迹的国家；在湖北省与其他省份的对比下可看出，对口支援在短时间内有效控制了疫情在全国的蔓延，满足了湖北对人员物资急剧增长的需求，提升了医疗救助水平，提高了收治率、治愈率，进一步巩固、深化中国文化"一方有难，八方支援"的精神内核，有效维护了社会秩序稳定，发挥了巨大的医疗救助效应和社会效应；通过对湖北内各地市的对比可看出，对口支援成功控制了湖北各地市的疫情，缓解了公共卫生系统压力，且对口支援力度越大，医疗救助成效越显著。

2. 经济效应

经济效应不是对口支援的直接效应。由于对口支援跨区域资源配置的规模之大和速度之快，极大提高了资源配置效率，在两个月的省际对口支援结束后，政府间长期合作关系仍保障了资源长期有序流动，对不同地区均产生了显著的持续发展效应，间接实现了经济效应、社会效应和政治效应。接下来，分析对口支援的经济效应。

从全球经济增长的角度看，2020年美国国内生产总值全年下降3.5%[1]，意大利全年国内生产总值下降8.8%[2]。与国外相比，我国在2020年第一季度的国内生产总值同比下降6.8%；随着对口支援取得阶段性胜利，第二季度国内生产总值同比上升3.2%；第三季度GDP增长接近5%；我国2020全年国内生产总值增长2.3%，在全球大国中是少见的正增长。可见，我国对口支援等疫情防控措施辅以配套的经济政策，不仅产生了明显的健康效应，也减少了经济损失，帮助恢复社会稳定和经济增长，发挥了显著的经济效应。

中央政府领导下的对口支援减轻了地方财政压力，将财政风险在全国范围内分摊，促进湖北省和我国的经济恢复正常的增长。对地方政府而言，新冠肺炎不仅花费大量的人力和财力，还要通过各种措施向中央国库筹资，各省市对口支援可以在一定程度上减轻湖北财政负担。2020年第一季度湖北省实现一般公共预算收入同比大幅下降47.6%，这无疑对湖北省政府而言是重大打击，湖北省一般公共预算支出同比下滑14.05%，但在疫情防控支出大幅增长情况下，远小于财政收入47.6%的下滑幅度；2020年上半年，湖北省一般公共预算收入下降38.4%，降幅较一季度收窄9.2个百分点，地方一般公共预算支出下降12.5%，降幅较一季度收窄1.6个百分点；2020年前三个季度，省级一般公共预算收入下降27.5%，地方一般公共预算支出下降9.8%；2020全年的湖北省地方一般公共预算收入同比下降25.9%，降幅比一季度收窄21.7个百分点，地方一般公共预算支出由一季度的下降转为同比增长5.9%。可见，对口支援增加了湖北省一般公共预算收入，降低了一般公共预算支出，发挥了显著的经济效应。

---

[1] 其中，第一季度下滑4.8%，第二季度同比下降9.5%，第三季度同比下降2.6%，尽管第四季度实现了增长，仍无法弥补疫情对二季度、三季度造成的巨大冲击。

[2] 其中，第一季度国内生产总值同比下降4.8%，第二季度下降了17.7%，第三季度下降了4.7%，第四季度同比下降2%。

随着对口支援的实施,作为疫情重灾区的湖北经济逐渐复苏。由于受到疫情冲击,湖北省经济大幅波动,2020年一季度全省GDP总值同比大幅下降39.2%;2020年上半年,湖北省地区生产总值同比下降19.3%,降幅较一季度收窄19.9个百分点;前三季度,全省GDP总量同比下降10.4%,降幅比一季度缩小28.8个百分点;2020全年,湖北省地区生产总值下降5.0%,降幅比一季度收窄34.2个百分点。整体来看,虽然湖北仍处于经济倒退阶段,但随着对口支援的实施,经济效应逐步显现。作为疫情暴发地、封控时间最长、重启时间最晚、疫情影响最大、经济受到重创的武汉在经过了一季度地区生产总值断崖式下跌40.5%的情况下,二季度逆势回弹并在第三季度实现了增长6.9%,在2020全年经济总量同比下降4.7%,较一季度降幅收窄35.8个百分点,经济实现大幅回升,逐渐恢复到疫情前正常增长,全国范围下的省际对口支援对武汉的经济效应显著[①]。

3. 社会效应

此次对口支援不仅遏制了疫情蔓延,减少人员伤亡和经济损失,还发挥了显著的社会效应。对口支援加强了各省之间、社会团体之间的信息共享,通过互联网等新媒体平台实现省际交流协作,促进了各领域、各组织之间的紧密联系,为以后应对此类事件提供了参考。2003年非典时期,抢购商品、哄抬物价、谣言扩散,市场秩序混乱,社会存在恐慌情绪;此次新冠疫情中,广大民众积极配合政府,社会舆论导向正确,社会秩序相对稳定,市场也未出现较大波动。可以说,对口支援在各省之间、社会团体之间的信息共享的前提下产生了良好社会效应。此外,对口支援通过遏制疫情蔓延、减少人员伤亡的健康效应和经济恢复增长效应,极大地消除了民众恐慌心理,增强了民众对对口支援的认同感,提高了民众对政府治理和中国制度的信心。广大群众主动规范自身行为,时刻保持理性,自发维护社会稳定,社会各组织、各部门正常运转,各项工作有序运行。可见,对口支援产生了显著的社会效应。

4. 政治效应

应急性对口支援机制是中国特有制度,通过集中全国范围内的资源共赴灾区,在全球抗击新冠疫情的大背景下创造了中国奇迹,在国际上展现了中国速度和中国实力,彰显了显著的政治效应。一是提升了民众的制度自信力。在抗击疫情中对口支援等政策使我国实现了疫情有效防控,最早恢复正常的生产生活和社会稳定发展,全国各族人民增强了对中国制度的认同感以及对国家能力的自信心,提升了民族自尊心、自信心和凝聚力。二是展现了中国国家治理体制的优越性。各级地方政府在对口支援下相互合作,以最快的速度完成最艰巨的任务,保

---

① 来自湖北省统计局。

证了受援地区的财政支出能力，促进了地区之间的协调发展，稳定了经济社会发展大局，体现了社会主义中国国家制度和国家治理体系的显著优势，凸显出中央政府的组织协调能力与地方政府在国家治理体系中的积极作用。尤其是，中央政府拥有最高权威，地方政府积极完成上级政府下达的政治任务，难为其他国家所模仿。三是增强了民众对对口支援政策的认同感。由于法律法规缺失和制度不健全，少部分民众不认可对口支援政策，尤其在面对新冠疫情时，部分民众出于自保动机质疑政策合理性。但对口支援在最短时间内集中全国力量，迅速控制住疫情的蔓延，降低人民的感染率和患病率，提高患者的治愈率，保证了人民群众的生命安全和身体健康，增强了民众对对口支援政策的认同感。

我国在抗击COVID-19疫情中的对口支援是一项具有重大经济政治社会意义的政府跨区域治理行为，具有显著的健康效应、经济效应、社会效应和政治效应。通过分析我国抗击COVID-19疫情中的对口支援运行机制及其健康、经济、社会、政治效应，总结应急性对口支援在此次实践的成功经验，对未来应对此类突发公共卫生事件以及优化对口支援的政策体系具有一定启示意义。

二、案例评析

（一）武汉新冠疫情对口支援的运行机制分析

我国在抗击COVID-19疫情中实施的对口支援及时阻断疫情在全国范围的传播。降低了人民的感染率和患病率，提高收容率、救治率和治愈率，实现了对口支援的各项政策目标，产生了显著有效的多重效应。接下来，对19省对口支援湖北省16个市州及县市的运行机制进行分析，系统阐释其目标机制、动力机制、执行机制和约束机制。多种机制相互影响发挥作用，共同促进省际对口支援的形成和顺利执行，保证对口支援顺利实现政策目标。

一是目标机制。由于新冠肺炎作为重大传染病，其传染性强、传播迅速、传播范围广，湖北省尤其是武汉市疫情防控呈现出复杂、多发、严峻的态势，人民群众的生命安全受到严重威胁，确诊患者的治愈率偏低、病亡率偏高，当地医疗卫生系统面临的压力陡增，医疗人员和医疗资源急缺，急需大量人力物力财力来防控疫情。在时间压力和高度不确定性的情况下，我国抗击COVID-19疫情中对口支援的目标机制是为了有效控制新冠疫情在湖北省的蔓延和扩散，削弱和控制疫情在全国范围内的扩散，降低人民的患病率和感染率；解决湖北省16个市州及县市医疗卫生资源等物资紧缺问题，通过省际对口支援及时响应合理均衡配置各项防控人力、物资资源，积极开展对疫情重灾区的救助工作；堵住湖北省16个市州及县市疫情防控的漏洞，整体性提升当地的医疗水平，保护人民群众的生命健康。

二是动力机制。我国抗击COVID-19疫情中对口支援的动力机制包括内部动力机制和外部动力机制。内部动力是区域内部产生的需要支援实施的力量，由区域自发产生。面对COVID-19疫情，各省份积极主动开展对口支援，对口支援任务不仅依靠强制执行，更是全国人民出于民族共同体意识的价值标准自主作出的选择。明智的自保动机也是对口支援发生的内在动力，只有通过对口支援尽快控制疫情的蔓延和扩散，才能降低疫情扩散或波及到本省份的不利影响。对口援助的外部动力根植于我国中央集权的政治制度。中央政府可以凭借全国统一领导的权威性，发挥单一制国家行政效率较高的体制优势，高效组织各省份开展对口支援，保证援助工作有效落地。现实中，中央政府直接"由上而下"向地方政府下达对口支援的行政指令，要求地方政府积极响应和严格执行，极大地促进了对口支援在最短时间内的有效实施。

三是执行机制。抗击COVID-19疫情中对口支援中实行"任务分解、级级落实"的执行机制，整体呈现了从"请援"到"指援"再到"支援"的运作方式。在此执行机制中，湖北省出于疫情的紧迫性和严重性向中央请求援助；中央政府收到请求后，结合实际形势开展对口支援，要求省级政府调集医疗资源进行跨区域配置；省级政府将任务进行细化，逐级向下分包，省以下各级政府负责落实工作，高效完成对口援助湖北省各地市的任务。此次疫情对口支援湖北的执行机制是自下而上的，湖北省基于本省实际，判断仅靠自身无法对疫情进行有效防控，因此向中央请求援助，这是"请援"。中央综合研判后决策，结合实际开展省际对口支援，向下级政府下达行政指令，要求省级政府调集医疗资源，通过任务下移方式自上而下执行。中央作为决策者、监督者和考核者，将对口支援的工作责任主体由中央落实到省市级，责任包干、逐级细化落实，确保目标顺利进行，这就是"指援"。面对新冠疫情，中央实施省际对口支援政策，将目标和任务下移至地方政府，呈现自下而上对政治任务的承接。各省均把此项工作列为政治任务，积极开展对口支援；省级政府再将援助目标细化至下级政府，组织地市级政府具体落实。通过目标和任务的细化分解和层层落实，19省迅速组建支援队伍积极开展对疫情灾区的救助，这是"支援"。

四是约束机制。我国抗击COVID-19疫情中对口支援的约束机制是中央政府以人事任免为核心的官员晋升机制。湖北疫情省际对口支援是由各省直接支援湖北各地市，同时由上级政府主导分配、下级政府通过目标分解将任务层层下移至基层和具体人员，责、权、利分明，各地市政府对负责范围内的工作严格落实，避免相互推诿和逃避责任；同时，党中央派出指导组赶赴一线对湖北对口支援工作进行监督考核，及时通过人事任免和奖惩方式管理官员，政府官员可通过高效完成任务而晋升，也会因工作过失受到处分。这种由党组织考核干部的人事任免制度形成了有效的对口支援激励约束机制，强化了支援省份之间的良性竞争，促使各级各地政府在良性竞争中加快实现了对口支援政策目标。

（二）武汉新冠疫情对口支援的启示

通过对武汉疫情中对口支援的研究，发现应急性对口支援还存在一定问题，针对相关问题提出政策建议，以期为未来再应对此类事件提供启示借鉴。

一是强化对口支援的资金监管力度。公众在疫情期间通过各种方式进行物资捐赠，但由于捐赠程序不规范，出现了如慈善机构额外收取费用、物资被浪费等问题；政府监管不力还导致有限资金未能投入到最需要的领域，抗疫资金未能发挥最大效用，政府公信力也因此受损。因而，政府应规范对口支援中慈善捐赠程序，加强资金筹集的法律保障和用途监管，提高抗疫资金和物资的使用效益。二是增强政府信息的真实性、完整性和透明度。由哄抢莲花清瘟胶囊等事件可看出，政府应提升公共信息公开透明度，因为没有政府的发声和权威媒体的正确引导，公众无法通过专业渠道获取正确信息，这往往会导致谣言传播，造成市场秩序混乱，影响社会安定团结，给本就繁重的疫情防控工作徒增阻碍。政府应建立疫情防控网络平台，实时发布疫情的准确信息，如通过网络媒介拓宽政府的发言渠道和民众的反馈渠道，提高政府应对舆情的能力。三是在政府执行过程中建构有效的激励约束机制。部分政府官员在抗击疫情过程中具有失职失责、不担当、不作为、推诿责任等情形，造成政府公信力受损。政府应明确对口支援的责任主体、目标及任务，规范对口支援的执行程序，加强对口支援各项资金的监管力度，既要严格问责有重大违纪现象的官员，也要表彰和提拔有突出贡献的官员，推动政府各部门恪守职责、积极履责，更好地实现对口支援政策目标。

第三节 郑州防汛抗洪抢险救灾

一、案例基本情况

（一）郑州防汛抗洪抢险救灾的背景

2021年7月18日18时至21日0时，河南省尤其是郑州市出现罕见持续强降水天气，成为有气象记录以来史上最强降雨。郑州全市普降大暴雨、特大暴雨，累计平均降水量449毫米，郑州市的郑州、登封、新密、荥阳、巩义五站日降水量超过有气象记录以来极值，20日16—17时郑州本站降雨量达201.9毫米，超过我国陆地小时降雨量极值①。在7月17—22日降雨过程中，河南省共20个国家气象站日降雨量突破建站以来历史极值②（见表8-4）。突如其来的严重水灾导致郑州市区以及部分农村地区出现严重内涝，铁路、公路及民航交通受到严重影响，威胁广大人民群众的生命财产安全。截至8月2日12时，河南省共有150个县（市、区）、1663个乡镇、1453.16万人受灾。河南全省组织紧急避险93.38万人，转移安置最高峰值147.08万人；倒塌房屋30106户、89001间；农作物成灾面积872万亩，绝收面积380万亩，直接经济损失1142.69亿元。此次特大洪涝灾害共造成302人死亡，50人失踪③。

表8-4　　　　　　　2021年7月20日极端日降水量监测结果

站名	当年值（毫米）	出现日期	历史极值（毫米）	出现日期
伊川	184.9	2021.07.20	154.4	1982.08.01
偃师	216.3	2021.07.20	109.4	1996.07.28
登封	169.2	2021.07.20	140.2	1996.08.03
嵩山	372.6	2021.07.20	153.5	1956.06.21
新密	206.1	2021.07.20	169.4	2005.07.22

资料来源：微博号-河南微政务。

为有效遏止此次严重水灾对人民群众的生命威胁和经济发展的负面影响，中央政府迅速启动防汛抗洪抢险救灾应急反应机制，一方面向河南省紧急下拨防汛救灾财政资金，财政部、应急管理部先后于7月21日、27日、30日紧急向河南省下达或预拨救灾补助资金1亿元④、财力补助资金30亿元⑤、中央自然灾害救灾资金10亿元⑥，支持河南省防汛抗洪抢险救援；另一方面，集中调派中央和各

---

① 以上数据来源于河南省气象台。另据郑州气象官方微博消息，7月17日20时至20日20时的三天过程降雨量达617.1mm，相当于以往一年的降雨量（郑州常年平均全年降雨量为640.8mm）。小时降水、单日降水均已突破1951年郑州建站来的历史记录。

② 数据来源于应急管理部官网。

③ 2021年8月2日下午，河南省政府新闻办召开新闻发布会，河南省长王凯参加发布会并介绍河南省汛情救灾最新情况。

④ 其中，中央自然灾害救灾资金6000万元，支持地方开展抗洪抢险救援工作和受灾群众救助工作；农业生产和水利救灾资金4000万元，支持灾区开展灾后农业生产恢复和水毁水利工程设施修复等工作。数据来源于国务院应急管理部官方网站。

⑤ 7月27日，为贯彻落实习近平总书记关于防汛救灾工作的重要指示精神和李克强总理重要批示要求，按照7月26日李克强总理主持召开的抗洪抢险救灾和防汛工作视频会议部署，财政部动支中央预备费，先拨付河南省财力补助资金30亿元支持灾后恢复重建工作，根据核灾情况再给予必要支持。

⑥ 7月30日，财政部、应急管理部向河南省再次预拨中央自然灾害救灾资金10亿元，支持和帮助地方做好防汛救灾工作，重点用于受灾群众转移安置和过渡期生活救助、倒塌损坏房屋恢复重建等方面。

省市的防汛抗洪抢险救灾队伍以及排涝设备等各类防汛物资和救灾资源，分批次、分地区地紧急跨区域支援河南省尤其是郑州市。经过十余日抢险救援的艰苦奋战，抢险救灾取得显著的积极成效①，郑州市进入全面恢复重建阶段②。根据应急管理部指令，2021年8月4日凌晨，跨区域增援河南防汛救灾工作的国家综合性消防救援队伍、国家安全生产应急救援队伍、应急排涝专业队伍、应急总医院医疗救援队等专业队伍，顺利完成工作任务后离豫归建。此次中央政府统一领导下、各省市政府具体组织实施的对郑州防汛抗洪抢险救灾的跨区域支援行动，有效保障了广大人民群众的生命财产安全，充分展现了中央政府强大的宏观调控、资源调配能力和高效的组织动员能力，以及中国特色国家治理体系的制度优势和文化优势。

（二）郑州防汛抗洪抢险救灾的过程

为支援河南省尤其是郑州市有效应对此次突如其来的重大水灾，国务院应急管理部门集中统一调派其他省市消防救援水上救援专业队伍，三次紧急跨区域增援河南省尤其是郑州市的防汛抗洪抢险救灾③。7月20日，国务院应急管理部连夜调派河北、山西、江苏、安徽、江西、山东、湖北7省消防救援水上救援专业队伍，1800名指战员、250艘舟艇、7套"龙吸水"大功率排涝车、11套远程供水系统、1.85万余件（套）抗洪抢险救援装备，紧急驰援河南防汛抢险救灾。应急管理部于7月22日22时，启动第二轮消防救援队伍跨区域增援行动，调派北京、上海、江苏、山东、湖南5省（市）消防救援水上救援专业队伍510名指战员、64台远程供水和排涝车辆以及100艘橡皮艇，连夜赶赴河南开展排涝抢险救灾，并向河南紧急调拨中央防汛物资④。截至7月23日15时，本轮已调派1200名指战员携带远程供水和排涝车辆等专业设备增援河南，全力开展排水排涝、清淤

---

① 截至7月27日12时，郑州市全域（含郊县）基站通信服务全部恢复。截止7月29日，全市规模以上工业企业复工复产率达90%以上；主城区110千伏及以上变电设施、10千伏主干网架全部抢修完毕，居民小区供电基本恢复；郑州公交、共享单车、出租车、长途客运等地面交通全部恢复；地铁除郑太高铁开行数量较少外，郑州枢纽其他高铁线路基本恢复到正常水平。以上资料来自郑州市人民政府官网、河南省通信管理局。

② 7月29日，郑州市灾后全面恢复工作推进会议召开。河南省委常委、郑州市委书记徐立毅主持会议并讲话。徐立毅强调，目前全市已进入全面恢复重建阶段。

③ 接报后，应急管理部主要负责同志和分管部领导立即赶到指挥中心，与河南省委主要负责同志视频会商，连线水利部、气象局和河南省防办、应急厅、消防救援总队负责同志，详细了解雨情、汛情、灾情，指导部署抢险救援处置工作。国家防总河南工作组已紧急赶赴现场协助开展抗洪抢险工作。河南省消防救援总队根据汛情发展，于7月20日提升战备等级，紧急调派焦作、许昌、漯河、新乡、商丘、驻马店6个支队共180名指战员、43辆消防车、22艘舟艇驰援郑州，开展人员搜救、排水排涝、转移群众等工作。截至21日5时，河南省消防救援队伍接报强降雨相关警情1496起，出动车辆3559辆次、指战员17280人次、舟艇2394艘次，共营救遇险被困群众5574人，疏散群众11397人。其中，郑州市消防救援支队共接警出动1205起，出动车辆2719辆次、指战员13186人次、舟艇2038艘次，营救遇险被困群众5093人，疏散群众10098人。

④ 应急管理部于第二轮跨区域增援中在7月23日继续增派救援力量。

除障和灾民救助、防疫消杀等恢复生产生活工作。此后，国务院应急管理部于7月23日、24日启动第三轮消防救援队伍跨区域增援行动，抽调森林消防队伍、国家安全生产应急救援队伍和湖北、陕西、江西、广东等省应急排涝专业队伍共1100余人，携264台套大流量排水装备，赶赴河南郑州、新乡、鹤壁执行排涝抢险任务（见表8-5）。

表8-5　各省市分批次、跨区域增援郑州市抗洪抢险救灾情况

跨区域增援行动批次	支援省份	救援人员（人）	救援车艇（辆、艘）	各类救援装置和设备（件、套）
第一次增援（7.20）	河北	389	127	4000余件防护、救生、破拆、排水、通信类装备器材
	江苏	489	166	12台远程供水泵组、5台"龙吸水"排涝车
	湖北	365	124	专用救援衣772套、救生抛投器28套、水上机器人3台、无人机17架、卫星电话19部、卫星便携站5个
	江西	392	120	专用救生衣490件、救生抛投器32套、无人机17架、卫星电话16部、卫星便携站4个、水上机器人2台
	安徽	300余	115	3台远程供水系统
	山东	274	93	4套远程供水系统
	山西	262	53	
第二次增援（7.22）	北京	161	43	防护、搜救、救生、破拆等器材3200余件（套）
	山东	283	68	7套远程供水系统和全国最先进的24辆大功率排涝车
	江苏	200余	10	携带24套远程供水泵组、10辆全地形车等装备
	上海	77	25	25台远程供水和排涝车辆
	湖南	56	11	
	应急管理部工程救援中心	102	30	急动力舟桥、全地形两栖救援车等装备30台（套）
第三次增援（7.23—24）	湖北、陕西江西、广东	1100余	264	264台（套）大流量排水装备

附注：此次12省市对河南省尤其是郑州市的防汛抗洪抢险救灾对口支援关系为：第一次跨区域增援行动中，安徽—郑州，江西（包括南昌、景德镇、九江、鹰潭、抚州5个支队）—郑州市金光路办事处、白沙镇、博学路办事处、豫兴路办事处、龙子湖办事处5地为救援重点，山东（包括济南、泰安、济宁、德州、聊城5个支队）——开封市（包括庄头镇湾李村、仓刘和仓李村）。另，湖北（包括机关、武汉、宜昌、襄阳、孝感、随州、训保支队）、河北（石家庄、邢台、邯郸、衡水等4个支队）、山西、江苏（包括南京、南通、泰州等9个支队）跨区域支援的具体对应关系尚不明确。第二次跨区域增援行动中，北京增援新乡，上海增援安阳，江苏、湖南跨区域支援的具体对应关系不明确。第三次跨区域增援行动中，湖北、陕西、江西、广东增援新乡。根据防汛救灾工作需要，国家防办、应急管理部会同国家粮食和物资储备局7月22日紧急调用中央防汛物资玻璃钢冲锋舟55艘、48马力操舟机50台、50马力操舟机5台、专用机油55箱、救生衣1000件，支持河南省抗洪抢险救灾工作（其中，新乡市玻璃钢冲锋舟40艘、48马力操舟机40台、专用机油40箱；鹤壁市玻璃钢冲锋舟15艘、48马力操舟机10台、50马力操舟机5台、专用机油15箱、救生衣1000件）。同时调用中央储备防汛抗旱物资100kW拖车柴油发电机组2台、大流量潜水电泵1台、移动排水单元2台，支持黄河水利委员会排涝抢险工作。以上资料来源于国务院应急管理部官方网站。

（三）郑州防汛抗洪抢险救灾的成效

2021年7月21日以来，国务院应急管理部工程救援中心、12省市水上消防救援的跨区域增援队伍在郑州、新乡、鹤壁、洛阳、安阳、许昌、开封等地历经十余日的艰苦奋战，持续进行抗洪抢险救灾行动。截至8月3日24时，共参加抗洪抢险行动1725起，营救遇险人员和转移疏散群众39221人，抽排积水4499万吨，清淤清障10万平方米，防疫消杀197万平方米，运送救灾物资664吨，为河南省防汛抗洪抢险救灾和保护灾区群众生命财产安全发挥了重要作用。加之河南省及郑州本地水上消防救援队伍的艰苦努力，截至8月2日12时，河南全省范围内已组织紧急避险93.38万人，转移安置最高峰值147.08万人①。其中，郑州市主城区基本完成积水抽排据②，郑州全域基站通信服务全部恢复③，全市地面交通已逐步恢复④，郑州枢纽高铁线路基本恢复到正常水平⑤，全市规上工业企业复工复产率达到90%以上⑥。郑州市整体转入恢复重建新阶段⑦。

二、案例评析

（一）郑州防汛抗洪抢险救灾的特点

1.中国特色政府间横向转移支付特征

在郑州防汛抗洪抢险救灾过程中，中央政府通过下达行政指令⑧，将防汛抗

---

① 2021年8月2日下午，河南省政府新闻办召开新闻发布会，介绍河南省汛情救灾最新情况，河南省长王凯参加发布会并介绍情况。
② 《郑州日报》消息，截至2021年7月30日，郑州主城区已基本完成积水抽排，全市主城区110千伏及以上变电设施、10千伏主干网架全部抢修完毕，居民小区供电基本恢复。
③ 截至2021年7月27日12时，除仍浸在水中等无法修复的146个基站外，郑州市所有基站抢通，郑州市全域通信服务恢复到灾前正常水平。
④ 截至7月27日16时，郑州市干线公路，灾毁路段1157处，已抢通492处；农村公路，灾毁路段6060处，已抢通2751处；郑州公交线路339条全部恢复运营，全线恢复运营线路285条、占84.07%，区间运营线路54条、占15.93%；全市长途客运已恢复营运线路395条。市内客运中心站、南站、西站水电均已恢复。
⑤ 2021年7月26日，记者从河南省政府新闻办新闻发布会上获悉，郑州市京广快速路隧道京广北路段、淮河路段和京广南路段三个路段基本完成排涝、车辆拖移及人员搜救任务；经过多部门和救援机构5天的不懈努力，共从三处隧道内拖移安置各类车辆247辆。另据郑州市铁路部门消息，截止2021年7月29日，中国铁路郑州局集团公司开行高铁列车324对，超过图定高铁列车数量八成。除郑太高铁开行数量较少以外，郑州枢纽其他高铁线路基本恢复到正常水平。
⑥ 据《郑州晚报》消息，截至2021年7月29日，全市规上工业企业复工复产率达到90%以上。
⑦ 2021年7月29日，郑州市灾后全面恢复工作推进会议召开。河南省委常委、郑州市委书记徐立毅在会议上强调，目前全市已进入全面恢复重建阶段。各级各部门和各级党组织、全体党员干部要提高政治站位，以对党和人民高度负责的态度，把打好打赢恢复重建这一灾后下半场战役的重大政治责任扛起来、完成好。
⑧ 主要代表机构是国务院应急管理部。

洪救灾支援任务分别下达给河北、山东、山西等12个省（自治区、直辖市），由各地政府具体组织人力（水上消防救援等专业队伍）、物力（远程供水、排涝等专业水上救援设备）和财力（社会捐赠等），对受灾地（河南省主要是郑州市）实施跨区域无偿援助。不难发现，此次对口支援是在中央政府统一调控下，多个地方政府间多种投入要素融合的跨区域资源配置，体现了鲜明的中国特色政府间横向转移支付的制度传统。一方面，这取决于对口支援行为主体间的关系。尽管对口支援属于上级政府决策、下级政府执行的政府行为，但下级政府是各类要素资源跨区域再配置的实施主体，在横向政府间的资源转移过程中发挥着主要的关键作用。另一方面，这取决于对口支援的内容。我国对口支援涵盖了抢险救灾、医疗卫生、教育科技以及经济发展等诸多内容，属于支援方政府直接或间接向受援方提供公共品与服务①，属于公共财政的范畴。在实践中，对口支援更多表现为财力人力物力等援助的结合（如调派专业技术队伍、党政干部、实施重点工程项目援建等），这些均属于跨区域政府间的要素资源分配活动。

2. 相对有限的支援主体特征

对口支援主要是中央政府从经济发达地区抽取人力物力或财政资源对欠发达地区定向帮扶的体制机制。而此次中央政府统一调派下各省市对郑州防汛抗洪抢险救灾的应急性支援主体主要限于河南邻近省份和部分发达省市②，支援范围呈现"由近及远"多批次的特点。在第一轮增援中，国务院应急管理部首先调派了河北、山西、江苏、安徽、江西、山东、湖北7个相邻或距离较近省份的水上救援专业队伍③；在第二轮增援中，应急管理部扩大了支援范围，进一步增调北京、山东、上海、江苏、湖南5省市的水上救援专业队伍④；在第三轮增援中，应急管理部一方面增派森林消防队伍、国家安全生产应急救援队伍，另一方面进一步扩大增援范围，调派湖北、陕西、江西、广东等省份的应急排涝专业队伍⑤。不难发现，距离受灾地的距离成为中央政府确定支援批次的重要依据。邻近省份可以发挥地理位置优势，在最短时间内将救灾应援力量投送到受灾地。其次，在对口支援郑州抗洪抢险救灾行动中，中央政府同样会考虑支援地的水上救援专业水平，如北京、上海、广东等省市虽然距离河南及郑州等受灾地较远，但这些省市抢险救援力量充足、救援队伍专业性强、各类救援装备先进，所以中央政府在

---

① 间接的援助方式主要是通过受援地政府来实现的。
② 邻近省份如河北、山西、山东、湖北、安徽，经济发达省份如北京、江苏、上海、广东。
③ 第一轮消防救援队伍跨区域增援行动包括1800名指战员、250艘舟艇、7套"龙吸水"大功率排涝车、11套远程供水系统、1.85万余件（套）抗洪抢险救援装备。
④ 其中，山东和江苏均参加了第一轮和第二轮消防救援队伍跨区域增援行动。
⑤ 第三轮消防救援队伍跨区域增援行动包括1100余人和264台（套）大流量排水装备。

确定邻近省份支援郑州后，迅速在第二轮和第三轮跨区域增援中调派以上发达地区救援力量，形成了"由近及远""先地理后经济"的对口支援顺序，最大化了各支援地的减灾效果。

3. 以人力和物力为主的要素资源特征

此次郑州水灾属于突发性公共安全事件，持续时间短、演变速度快、受灾人群多、经济损失大。在抗洪抢险救灾过程中，受灾地迫切需要大量的排涝等水上救援设备以及防护、救生、搜救、破拆、排水、通信等各类抗洪抢险救援装备，更需要大量的消防救援水上救援等经验丰富的专业消防人员，这些人员和装备是防汛抗洪抢险救灾的关键力量。基于此，中央政府迅速调派其他省份的消防救援水上救援专业队伍和各类防汛抗洪救灾装备紧急跨区域驰援郑州，各支援地与受援地通过沟通协商，获取了受灾地的通信、搜救、医疗以及生活物资等相关配套保障，且各支援地与受灾地的救援队伍在抢险救援过程中形成了良好的交流合作关系，实现了人力资源跨域配置的经济和社会效应。可见，此次中央政府统一领导下的各省市对郑州市的抗洪抢险救灾跨区域支援主要呈现人力支援与物力支援相结合的格局，并形成以人力支援为主的资源要素特征。

4. 持续时间较短的应急性对口支援特征

从具体实践看，对口支援往往表现为持续性、特定性的对口支援，适用于长期性、区域性任务（如援藏援疆等），以及阶段性、或然性的对口支援，适用于局部性、紧急性、阶段性任务（如抗震救灾等）。其中，后一种对口支援启动迅捷、方式灵活、见效迅速，往往在暴发突发公共安全事件时为中央政府采用，如武汉暴发新冠疫情后，中央政府迅速启动联防联控机制，集中全国优质医疗资源跨区域支援湖北疫情防控[1]。与之类似，此次中央政府统一领导下各省市对郑州市的抗洪抢险救灾跨区域支援明显属于应对局部性、紧急性、阶段性任务，呈现迅捷启动、人力支援、见效迅速的特点[2]。并且，从此次跨区域抢险救灾支援的内容来看，此次支援属于重大灾害救助类支援，呈现多地对一地的应急性支援

---

[1] 2020年1月24日，中央政府要求29个省（自治区、直辖市）组建援鄂医疗队，赴武汉、黄冈等地实施对口支援。1月28日，北京、上海等26个省（自治区、直辖市）共49支医疗队5600多人驰援湖北。此后，中央政府又统筹安排19个省份对口支援湖北省除武汉市以外的16个市州县。至此，湖北省对口支援实现全覆盖。

[2] 接报后，应急管理部主要负责同志和分管部领导立即赶到指挥中心，与河南省委主要负责同志视频会商，连线水利部、气象局和河南省防办、应急厅、消防救援总队负责同志，详细了解雨情、汛情、灾情，指导部署抢险救援处置工作。国家防总河南工作组已紧急赶赴现场协助开展抗洪抢险工作。2021年7月20日，应急管理部连夜调派河北、山西、江苏、安徽、江西、山东、湖北7省消防救援水上救援专业队伍作为第一批抗洪抢险救灾队伍紧急驰援河南省。据《郑州晚报》消息，截至2021年7月29日，全市规上工业企业复工复产率达到90%以上。2021年7月29日，郑州市灾后全面恢复工作推进会议召开。河南省委常委、郑州市委书记徐立毅在会议上强调，目前全市已进入全面恢复重建阶段。

特点，针对性和时效性较强，持续时间较短；与全国对武汉新冠疫情防控对口支援时间为83天不同①，此次12省市对河南省尤其是郑州市的抢险抗洪支援的持续时间仅14天左右，这是因为受灾地不需要消防救援水上救援队伍进行后期援建工作。

（二）郑州防汛抗洪抢险救灾的经验

1. 呈现出内容和目的的多元性

此次中央政府统一领导下的各省市对郑州市的跨区域支援属于应急性对口支援，应急性对口支援是在爆发突发公共事件时，中央政府统一领导并制定的临时性跨区域援助机制。由于突发公共事件事发突然、演变迅速、危害性强，在救灾时仅依靠中央政府的转移支付、本地自有财力或社会捐赠资金无法使受灾地迅速走出困境，在这种情况下，其他省份实施跨区域支援不仅可以为受灾地提供必要的财政援助，也可以依据受灾的具体类型、情形和程度提供人员、物资、技术等全方位援助，从而在最短时间内减轻受灾地的人员伤亡和经济损失。从支援方主体来看，这次对口支援是在应急管理部集中调派下、12个省市政府组织实施的对河南省尤其是郑州市的对口支援，跨区域支援任务是由各省市的抢险救援水上救援专业队伍来具体完成②。从支援的内容来看，此次对口支援属于重大灾害救助类，由于特大暴雨导致水灾，此次对口支援的应急性和针对性强，持续时间比较短，属于多个支援地对受灾地的无偿援助。可见，我国对口支援是一项集政治、经济、社会、文化等多重目的于一体的政策体系。

2. 体现了中国之治的制度优势

此次抗洪抢险救灾中迅速启动、运转有序且效果显著的对口支援充分彰显出中国之治的制度优势。中国特色集权式单一制国家结构，中央政府有着总揽全局、协调各方的领导作用，"自上而下"的政府管理体制保证了中央的行政权威和集中统一领导，通过层层分级形成了"下级服从上级，地方服从中央"的治理模式，使中央政策能在最短时间内得到地方政府的落实，为对口支援提供了制度基础、组织保障和经验遵循。当突发性公共安全事件发生时，以中央政府为主导、以地方政府为支援主体的对口支援机制可以发挥"集中力量办大事"的体制优势，中央政府在全国范围内统一调派各类要素资源，组织人力物力财力等应援力量跨区域支援受灾地。在此次突如其来的严重水灾救援中，中央政府审时度势，迅速通过行政命令调派12省市的专业救灾力量和防汛救灾物资，分批次、

---

① 2020年1月28日，26个省（自治区、直辖市）共49支医疗队驰援湖北，至4月20日，全国援鄂医务人员已全部撤回。此次武汉疫情防控跨区域增援持续83天左右。

② 如省消防救援总队及所属各地市消防救援支队和其他社会抢险救援力量。

跨区域紧急跨区域驰援河南，展现了强大的国家组织动员能力和资源跨区域调派能力，凸显出党中央集中统一领导下地方政府在国家治理体系中的积极效能，及其对中央政府政策的高效执行力。并且，此次应急支援也增强了不同区域地方政府的交流合作和相互学习，提高了受援地的灾害承受力和支援地的应急反应效率[①]。此外，人民解放军在抢险救援过程中发挥执行效率高、增援速度快、专业力量强的显著优势，有效保障了受灾地广大人民群众的生命财产安全，体现出"党对军队的绝对领导"的中国特色社会主义制度优势[②]。

3. 体现了中国特色社会主义文化优势

文化是一个国家、一个民族的灵魂，文化兴国运兴，文化强民族强（习近平，2017）。此次抗洪抢险救灾中，各省市在中央统一调派下，快速组织救援力量跨区域增援郑州，全国范围内各社会团体和个人也自发通过各种方式参与防汛抗洪抢险救灾，充分彰显出中国特色社会主义文化优势。一方面，这种文化优势将各支援省市在对口支援中的强制性政治任务转化为主动性道德义务，极大提高了各支援省市政府支援受灾地的政治主动性和支援效率。另一方面，"一方有难，八方支援"的互助文化对社会具有很强的渗透性和教育性，使广大社会组织和个人产生强大的共情能力，尤其抢险救灾中形成的勇于奉献、舍己为人、不怕牺牲的抢险救灾精神，引领着社会各界、各类组织及广大志愿者踊跃奔赴河南参加抗洪抢险救灾[③]，促使各类社会组织和个人也积极捐赠抗洪抢险救灾物资

---

① 截至2021年7月27日，河南省共有消防指战员7897人参与抗洪抢险救灾，其中，省外消防救援力量2676人，河南省消防救援总队5221人，消防车946辆、舟艇269艘、远程供水系统73套、排涝泵组251套。全省共计投入各种专业抢险队伍326支、3900余人，装备950余台（套）。此外，在河南省受灾地区的社会救援队伍263支、4824人，救援设备500余台（套）。

② 河南暴雨灾情发生后，中部战区迅速启动应急预案，紧急派出前方指挥部指挥，战区驻豫部队武警部队官兵和民兵3200多人、车船装备80余台，在10个地域同步投入抢险救灾。2021年7月21日凌晨，空降兵某旅接到中部战区命令后，出动650人、车辆38台迅速赶赴贾鲁河祥符区段的两处决口现场。战士们采用人工和机械相结合方式筑起长1.5公里、高1.2米的沙袋墙，目前已完成大部分河堤加高任务。截至7月27日，河南省共有解放军、武警部队和民兵预备役17636人，舟艇247艘，工程机械115台、车辆570台（次）参与救援（2021年7月27日河南省新闻办新闻发布会）。

③ 中国慈善联合会救灾委员会、郑州慈善总会等单位联合成立"7.20洪灾社会组织和志愿者协调中心（郑州）"，并发布《告广大社会组织、志愿者队伍和志愿者书》，号召各地社会组织、志愿者队伍、救援队前往河南一线救援。同时，郑州慈善总会将本部一楼大厅设为临时志愿者接待中心，接受全国救援队及郑州本地志愿者报名，进行救援行动。截至7月23日23时，登记报备救援队、社会组织、基金会等296个，其中139支队伍、救援人员2400人已到达前线，携带救援车辆527辆、各类舟艇294艘、发电机、帐篷、破拆装置、照明装置、救生圈、急救包、水泵等装备物资若干，开展社会协同、物资搬运、帐篷搭建、安全排查、群众转移、搜寻搜救等应急志愿服务。据不完全统计，各救援队完成救援任务232次，转移群众29000余人，转运矿泉水、食品等20000余件、其他物资若干。另有17支队伍在途，2支队伍返程，138支队伍备勤。7月21日至24日中午，不断有全国救援物资通过郑州慈善总会捐赠给市县区灾情严重地区，直接捐到本部的物资由各地赶来的志愿者有序进行物资接收、摆放、分发工作。

和资金①，加快了受灾地的救灾进展和生产恢复进程②。

（三）郑州防汛抗洪抢险救灾的启示

一是受灾初期抗洪抢险救灾力量不足。此次水灾突发性强、演变迅速导致郑州在短时间内对抗洪产生迸发式需求，迫切需要大量的水上救援专业人员和排涝、救生等装备。但由于郑州救援力量不足③，难以在短时间内进行大范围、高强度的抗洪抢险救灾，给人民群众生命财产安全造成了一定损失。未来应增加省市应急反应财政投入，充实消防救援水上救援队伍，升级各类专业装备。二是对口支援法律体系不明晰。完善的法律法规体系是保障对口支援机制高效运转、激励和约束地方政府实施横向转移支付的关键，推动对口支援从"政策性规范"转向"制度性规范"。此次对口支援中，受灾地与支援地之间在统一指挥、信息分享、资源调派、后勤保障等方面未有效衔接，部分支援地救灾队伍甚至无法解决后勤保障问题，导致各省难以形成救灾合力。应进一步从法律层面明确中央和地方、不同层级及不同区域政府在对口支援中的权责关系。三是相关信息公开程度不足。水灾初期，政府未及时公开受灾情况及具体应对举措，网络上出现了质疑声音④。政府应及时完整地公开灾害损失与应对举措，接受有关部门和人民群众的监督，这也利于实施危机管控和处置举措，稳定市场秩序与维护社会稳定。

---

① 截至2021年7月26日16时，河南省各类慈善组织、红十字会，共接收捐赠49.49亿元（定向捐赠4.18亿元、非定向捐赠45.31亿元），已拨付38.66亿元。全省民政临时救助3562人，救助对象房屋受损17439所，发放临时救助金371.9万元（7月28日）。

② 除各省消防救援队伍外，各地志愿者也纷纷加入到此次抗洪排涝救灾任务中。2021年7月21日11时，山东日照市消防志愿者协会鑫锐志愿服务队的5名应急志愿者携带3台排水机器人以及2辆水带铺设车，在开封协助消防救援力量开展排涝抢险工作。2021年7月21日凌晨1:30左右，山东省日照市方舟救援队8名队员携3台车、2辆冲锋舟以及发电机、油锯等24台（套）救援装备出发。中国国际救援中心日照应急救援支队迅速响应，于7月21日17时组织18名骨干队员，出动2辆装备车，发电机探照灯1套、大型抽水设备2套、携带冲锋舟1艘、马达1台、救生衣、浮力绳等救援物资50余件。截至7月21日上午9:35，菏泽总计已出动6个救援队（菏泽蓝天救援队、成武蓝天救援队、成武特战救援队、成武曙光救援队、定陶斑马救援队、曹县斑马救援队），救援人员共49人，其中退役军人8人，15辆车、8条救援船、1个排涝马达、1套通信电台、救生衣、救生绳索、救生圈等救援物资，已抵达郑州、荥阳、巩义等地展开救援。

③ 截至2021年7月27日，河南省共有消防指战员7897人参与抗洪抢险救灾，其中，省外消防救援力量2676人，河南省消防救援总队5221人，本地救援人员占比为66%。另，消防车946辆、舟艇269艘、远程供水系统73套、排涝泵组251套。全省共计投入各种专业抢险队伍326支、3900余人，装备950余台（套）。此外，在河南省受灾地区的社会救援队伍263支、4824人，救援设备500余台（套）。

④ 如郑州地铁五号线的抢险救援工作。自2021年7月17日以来，连降罕见特大暴雨造成郑州地铁发生积水。此次强降雨造成郑州地铁5号线五龙口停车场及其周边区域发生严重积水，7月20日18时许，积水冲垮出入场线挡水墙进入正线区间，造成郑州地铁5号线列车在海滩寺街站和沙口路站隧道列车停运。18时10分，郑州地铁下达全线网停运指令，共疏散群众500余人，其中12人经抢救无效死亡、5人受伤（均已送医）。

第九章

中德横向转移支付模式比较

德国横向转移支付制度因其有序的制度安排和有效的实施效果被学术界所称道,同时也成为其他国家特别是发展中国家处理同级政府间财政关系时学习和借鉴的范本。德国横向转移支付特指各州之间发生的财政资金的平行转移,是德国横向财政平衡体系的重要组成部分。

第一节 德国横向转移支付制度

一、德国横向转移支付制度的背景与目的

德国横向转移支付制度诞生于1955年,1970年正式开始实施。德国横向转移支付制度的产生有其特殊的背景,两德统一前,特定的政治、经济和社会条件共同孕育了德国转移支付制度。德国通过《德意志联邦共和国基本法》(以下简称基本法)明确规定了横向转移支付制度的目的。

(一)德国横向转移支付制度的背景

德国的"内在权利模式"是横向转移支付制度产生的必要条件。1871年普法战争结束,德意志帝国(西德)成立。西德以一元联邦制为国体,以议会共和制为政体。两者共同形成了特殊的"内在权利模式"(祝小芳,2005)。该模式将立法权上收至联邦,仅赋予州独立的司法、行政权。该模式下,德国各州政府不仅只是传统意义上联邦立法的"执行者",更是对涉及州利益立法的真正制定者。德国基本法第72条第2项规定:宪法修改或涉及州利益的法案的修订必须经联邦参议院批准后方可实施。可见,相较于美国三权分立模式,这反而使得德国各州

对联邦立法的影响力更大。"内在权利模式"将法律的执行权下放到州和地方，使其享有高度的财政自治权。德国也因此一度成为世界联邦国家中联邦收入集中程度最低的国家之一，在很长一段时间以内德国联邦财政收入占比接近35%，而美国与澳大利亚同期占比却达到60%。此种财政收入分配格局意味着德国联邦政府进行纵向财政转移支付能力十分有限，要达成各州间基本服务均等化需要依靠横向转移支付制度。

德国"宪政化传统"是横向转移支付制度产生的重要基石。德国长期以"宪政化"方式处理政府间财政关系，宪法体现联邦政府、州和地方政府的共同目标，也是各级政府在分权体制下必须遵守的最高准则。德国横向转移支付制度在设立之初便建立在最高法律之上的，是有法可依的。1955年基本法修订，横向转移支付制度作为横向财政平衡体系的重要组成部分被载入第107条。除宪法外，1970年正式生效的《财政平衡法》对转移支付的主体、程序、权责等具体问题进行规定。德国横向转移支付制度不仅有宪法为根基，也有专门法律加以补充。财政平衡在"内在权利模"式中能以法律的形式被确定，就意味着联邦内各地区就这一问题已达成高度共识，横向财政转移制度在高度法制化背景下运作，规范性、透明度都能较好地得以保障。

德国多层次财政平衡体系为横向转移支付制度产生提供了有力保障。横向转移支付制度仅为德国财政均衡体系的组成部分之一，是一种由宪法规定的显性水平均等化制度。财政均衡体系还包括增值税预平衡①制度和联邦政府的纵向转移支付制度。德国增值税为中央与地方共享税，分成比例由联邦和各州定期协商来确定，一般而言协商频率为两年一次，增值税预平衡制度作为横向转移支付的前置条件，实则是一种隐性水平均等化制度（Watts and Hobson，2000）。增值税预平衡制度使得联邦各州以人均所得税和营业税计算财政收入能力达到全国平均水平的92%以上；而联邦政府对州的纵向拨款在州际横向转移支付完成后开展，使得各州财力水平达到基本均衡。

综上所述，德国横向转移支付产生存在诸多使其得以在全联邦达成意见共识并持续发挥作用的条件，最重要因素是德国内在权利模式、宪政化传统，增值税预平衡制度和联邦政府的纵向转移支付制度为代表的多层次财政平衡体系为该制度持续运转提供了有力保障。另外，从原始禀赋来看，德国天然的单一民族构成和西德各州间有限的州际经济水平差距也降低了政策推行的难度。

---

① 增值税预平衡：指德国州级所有增值税收入75%按照各州人均增值税额与各州居民人数进行分配，另外25%部分用于各州之间财政均衡，分配给收入能力较弱的州，人均税收能力低于既定标准的州均有资格从该部分资金中获得补助，这部分增值税收入的分配被称为"增值税预平衡"。

（二）德国横向转移支付制度的目的

德国横向转移支付的目的自其创立伊始便被表述在最高法律中，基本法第107条指出"横向均衡的目的是实现州际财力的均等化"。具体而言，德国横向转移支付制度目的可以阐述为以下三方面。

其一，该制度旨在减弱州政府之间的财政差异。在任何权力下放系统中，一部分政府总会面临着相较于其他地方政府而言的财政劣势。此处的财政劣势指地方政府财政收入能力不足以满足相对较高的支出需求，表征地方政府财政状况的一种方法是比较收入能力与支出需求间的差距，横向转移支付制度通过将处于财政优势地方政府的资金输入处于劣势的地方政府，使得各州财力至少达到全联邦平均水平的95%以上。

其二，该制度旨在提供全联邦较均等的公共服务。水平均等化的宪法规定提供了将各州财政捆绑在一起的"胶水"，最终结果是公共基础设施和政府服务的高度统一（Watts and Hobson, 2000）。内在权利模式下，德国的财政权被下放到地方，由地方政府负责提供核心的公共服务。横向转移支付制度一定程度保证了公民在本国任何地区居住，都能获得大致相同的公共服务，包括数量和质量两个方面。

其三，该制度旨在保护税收的横向公平原则。全联邦内不同地区居民按照同样税率纳税，也应当享受基本相同的公共服务。但各地方财政管辖区域内财力水平或是提供相同公共服务的成本并不相等，横向转移支付制度在这个意义上起到确保纳税人的公平，维护税收横向公平原则的作用。

二、德国横向转移支付制度的设计与实施

（一）德国横向转移支付制度的基本流程

在时间维度上，德国横向转移支付根据资金供求模式和激励机制的不同大致可划分为两个阶段（见表9-3），第一个阶段是1970—2004年，第二个阶段是2005年至今。无论在哪一阶段，德国横向转移支付的基本流程主要包含以下三步（见图9-1）。

图9-1　德国横向转移的基本流程

下面以德国在第一阶段推行的横向转移支付制度为例,逐一进行说明:

第一步,分别测算各州财力指数和平衡指数。

财力指数体现了本州实际财政收入能力,其计算方法是增值税预平衡产生的财政收入加上地方财政收入的一半。用公式表示为:

财力指数=增值税预平衡产生的财政收入+50%×地方财政收入

平衡指数体现了州要达到联邦平均财政支出水平所需要的财力,其计算方法是本州财政平衡收入与本州地方财政平衡收入之和。其中,本州财政平衡收入=按加权人口计算的全国州级财政收入人均水平×本州加权人口数;州内地方政府财政平衡收入=按加权人口计算的全国地方政府财政收入人均水平×本州各地方加权人口数。加权人口数指实际人口数与加权系数的乘积,加权系数按照城市化程度和人口规模设定,数值上等于城市化系数、人口总量系数与人口密度系数三者的乘积。如表9-1所示,汉堡、柏林、不莱梅三个城市州的城市化程度加权系数设定为1.35,其余一般州设定为1.00;人口总量系数根据本州(市)人口数,从5000人以下至50万人以上分为六档;人口密度系数仅适用于人口数超过50万的州(市),分为三档。

表9-1 德国州级财政平衡收入的人口加权系数

城市化系数		人口总量系数		人口密度系数	
州类型	系数	人口数目(人)	系数	每平方公里人数(人)	系数
城市州	1.35	5000以下	1.00	1500—2000	1.02
一般州	1.00	5000—1.5万	1.10	2000—3000	1.04
		1.5万—8万	1.15	3000以上	1.06
		8万—40万	1.20		
		40万—50万	1.25		
		50万以上	1.30		

第二步,比较财力指数和平衡指数,以判定"富裕州"和"困难州"。若该州财力指数大于平衡指数,说明其财力供大于求,判定其为富裕州;若该州财力指数小于平衡指数,说明其财力供不应求,判定其为困难州(见图9-2)。

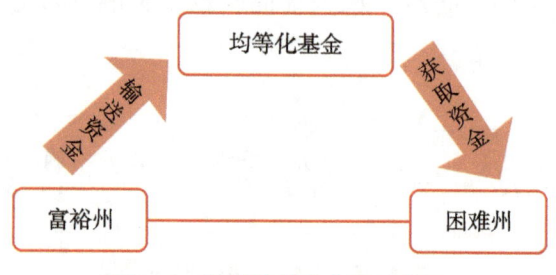

图9-2 均等化基金分配示意图

第三步，确定转移支付规模。横向转移支付是借助于均等化基金进行的，富裕州向基金内输送资金，困难州从基金内获取资金（见图9-2），以使得联邦内各州财力水平均达到全国人均财政支出平均水平的95%。财力指数超出平衡指数的部分并非全额贡献，财力指数不足平衡指数的部分也并非全额获得补助。横向转移支付资金的供求按照超额累进的方式，其支付规模的计算方法如表9-2所示。

表 9-2 横向转移支付资金的供求

（财力指数/平衡指数）	转移支付规模	典例
困难州——资金需求端		
（0，0.95）	一次性补足至95%水平，再按照差额的37.5%予以资助	若原比例为0.92，调整后两者之比为 95%+5%×37.5%=96.875%
[0.95，1.00）	按照差额的37.5%予以资助	若原比例为0.95时，调整后两者之比为 95%+5%×37.5%=96.875%
富裕州——资金供给端		
[1.00，1.01）	按照超出部分的15%提供资助	若原比例为1.015，调整后两者之比为100%-（101%-100%）×15%=99.850%
[1.01，1.10）	按照超出部分的66%提供资助	若原比例为1.05，调整后两者之比为108%-1%×15%-66%×（105%-101%）=105.210%
[1.10，∞）	按照超出部分的80%提供资助	若原比例为1.13，调整后两者之比为113%-1%×15%-9%×66%-（113%-110%）×80%=104.510%

1990年，东部德国与西部德国合并，原东德14个专区合并五个州（勃兰登堡州、梅克伦堡—前波美拉尼亚州、萨克森州、萨克森—安哈尔特和图林根州）加入西德，德国完成统一。统一后的德国虽然仍为单一民族国家，但两德地理及意识形态上的长期对立持续半个世纪，由此产生的隔阂难以在短时间内消除。此外，东德五州社会经济发展水平与西德各州差距明显。

东德虽早在1990年便加入西德，但东部各州直至1995年方正式加入州际财政平衡体系，这得益于"团结协议Ⅰ"（Solidarity Pact Ⅰ）的生效。1990—1995年被称为过渡阶段。在此阶段，东部州不参与横向转移支付，而由联邦政府直接给予财政援助，1991年起联邦政府向其提供1000亿马克以上的纵向拨款，联邦财政不堪重负。为缓解联邦财政压力并加快东德地区向市场经济转轨，1993年德国公布新《财政平衡法》，将东德五州纳入财政平衡体系，该法于1995年的1月1日正式生效。

过渡阶段之后十年（1995—2004年），横向转移支付资金在包含东部州在内的全联邦内参照上述规则进行分配。但在此分配方法下，德国各州的财力指数排序发生扭曲。财力指数与平衡指数比值相对较大的州可能在横向转移支付后反而变为较小的一方。相关数据也支持了这一结论，根据 Gunlicks（2000）测算，以 1995 年为例，财力指数排名靠前的西部六州中有五个经过财政平衡后排名大幅下降，特别是原排名第二的黑森州甚至变动至最后一位，而东排名均有提升，特别是原排名倒数第二的梅克伦堡—前波美拉尼亚州一跃至第四。这直接导致了巴登—符腾堡、巴伐利亚和黑森西部三州先后于 1998 年、1999 年向联邦法院提出要求对《财政平衡法》进行"法规范审查"，即判定其是否违反基本法相关规定，并最终促成了"团结协议Ⅱ"（Solidarity Pact Ⅱ）的出台。

（二）横向转移支付制度的现行方案（2005 年至今）

2001 年 6 月 23 日，参照德国联邦宪法法院的建议，联邦政府与各州政府协商后决定对原横向转移支付制度进行改革，并一致通过"团结协议Ⅱ"，此协议自 2005 年生效，旨在控制横向转移支付再分配力度，缓解东西部各州间财政利益的冲突。同时，通过法律规定"州际财政平衡不得改变各州财力指数的排序"。改革后横向转移支付的机制框架仍保持不变，但在具体方法上作出调整，主要包括以下四个方面：

第一，改变财力指数计算权重，将州内地方财政收入权重由 50% 调整至 64%。第二，引入激励机制，财力指数计算时，对于地方财政收入增加超过平均值的部分予以 12% 扣除（Lenk and Kaiser，2004），这意味着允许富裕州保留相当部分的收入增加额在本州内使用，起到鼓励增收的作用（见表 9-3）。第三，平衡指数中城市化系数增加三个档次，即对梅克伦堡—前波莫瑞州、勃兰登堡州、萨克森州在计算本州地方财政平衡收入时加权系数分别为 105%、103%、102%。第四，横向转移支付资金的供求由"超额累进法"转换为"轴对称线性累进法"，困难州的最高边际补偿率下降，富裕州的最高边际贡献率下降（王德祥、李昕，2017）。

表 9-3　横向转移支付制度变迁

年份 信息	第一阶段 1970—1994 年	1995—2004 年	第二阶段 2005 年至今
参与者	原西德十一州	原西德十一州+原东德五州	
相关协议		"团结协议Ⅰ"	"团结协议Ⅱ"
横向转移支付资金供求	"超额累进法"		"轴对称线性累进法"
州内地方财政收入权重	50%		64%
是否存在激励机制	否		是

(三)德国横向转移支付的资金规模

虽然横向转移支付制度广泛存在于加拿大、澳大利亚和美国在内的其余联邦制国家,但这些国家以纵向的联邦拨款为主体,相较而言德国则更加依赖这一"水平"再分配形式(Seidel and Dieter,1999)。德国横向转移支付资金通过联邦结算中心在州际直接划拨。德国统一之前,横向转移支付在德国财政平衡体系中占据重要位置。横向转移支付资金一直稳定在10亿—20亿欧元,占政府间转移支付规模比重均超过60%,其绝对规模和相对规模都超过联邦政府的纵向拨款。直至德国统一前的1989年,原西德横向财政平衡的相对规模仍高达56.9%。

统一当年,德国横向财政平衡的相对规模就开始下降,1992年,联邦政府拨款的绝对规模就已经超过了横向转移支付,横向转移支付的相对规模也缩减至45.9%(王玮,2015)。此后,横向转移支付的相对规模进一步下降,1994年横向转移支付的相对规模已不足28%。

1995年东德五州加入财政平衡体系后,纵向转移支付依然发挥主导作用,横向转移支付居次要地位。以1995年为例,全国横向转移支付数额仅为57亿欧元左右,而仅东部地区特别需求联邦拨款规模就超过72亿欧元,联邦拨款数额总量约为130亿欧元,是横向转移支付资金的两倍有余。此后十多年德国横向转移支付的相对规模虽略有波动,但始终保持在33%—40%稳定区间(见图9-3)。2012年横向转移支付相对规模超过40%,2016年再次超过联邦拨款,德国横向转移支付再次成为德国财政平衡体系的中坚力量。

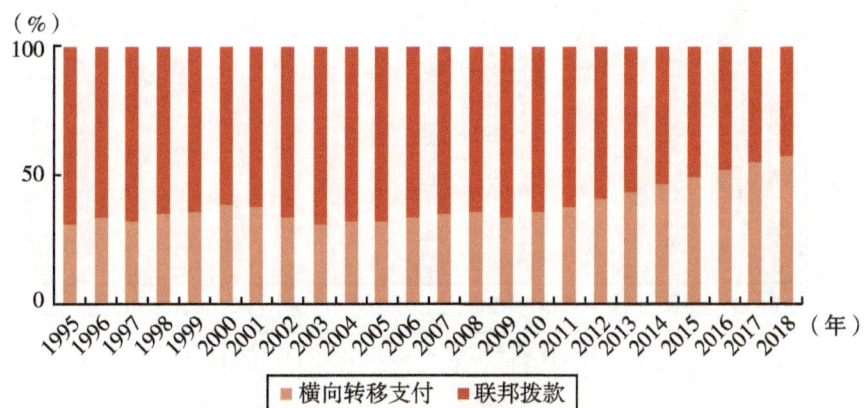

图9-3 德国横向财政转移支付相对规模的变迁

资料来源:https://www.bundesfinanzministerium.de/Web/DE/Themen/Oeffentliche_Finanzen/Foederale_Finanzbeziehungen/Laenderfinanzausgleich/laenderfinanzausgleich.html。

三、德国横向转移支付制度的政策效果

（一）德国横向转移支付制度的正向效果

德国横向转移支付制度就实践效果而言颇为成功。在两德统一前，横向转移支付制度一方面使富裕州和困难州的财政收入与财政需求更加匹配，另一方面使州际财力状况更接近于联邦各州的平均水平，促进州际基本服务均等化的目标达成。

在两德统一后，横向转移支付制度一方面进一步缩小了东西部地区的差异，一定程度上保证了联邦内部社会的和谐，另一方面加速了东部州经济结构的转型。图9-4展示了2018年德国各州财力指数占联邦平均水平的变化情况，通过富裕州与困难州之间资金转移横向转移支付，各州均衡财力指数均基本达到95%以上。图9-5展现了2005—2018年横向转移支付前德国东部五州财力指数变化。财力指数表示的是该州财力水平占全国平均水平比例，东部五州财力指数均呈现上升趋势。特别是勃兰登堡州，横向转移支付资金分配前2005年该州的财力水平仅为全国平均水平的84.9%，经过10余年的发展，2018年该财力指数已达91.4%，这一飞跃与横向转移支付制度密不可分，横向转移支付制度的存在使得基本公共服务在全联邦范围实现一体化，为东部州的经济转型发展提供有效助力。

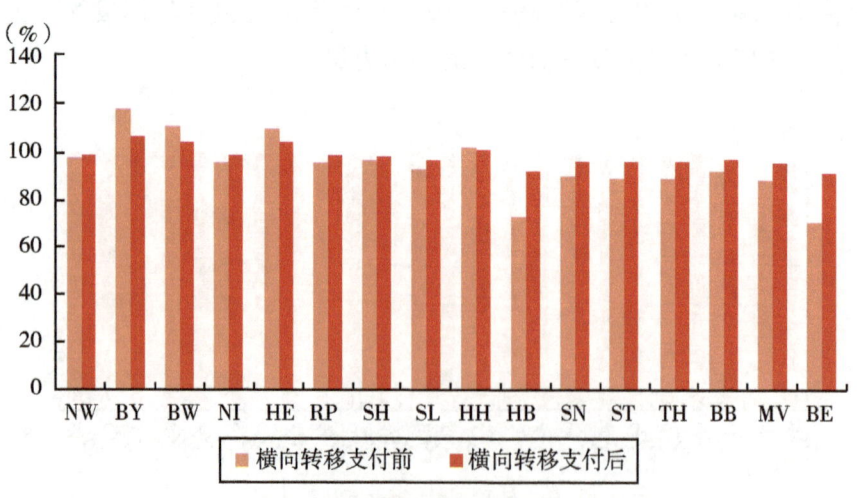

图9-4　2018年德国各州横向转移支付平衡效果

注：图中字母缩写对应的各州全称分别是：北莱茵—威斯特法伦（NW）、巴伐利亚州（BY）、巴登州（BW）、萨克森（NI）、黑森州（HE）、莱茵兰—普法尔茨（RP）、石勒苏益格—荷尔斯泰茵（SH）、萨尔州（SL）、汉堡（HH）、不莱梅（HB）、萨克森州（SN）、萨克森—安哈尔特（ST）、图林根（TH）、勃兰登堡（BB）、梅克伦堡—前波美尼亚（MV）、柏林（BE）。

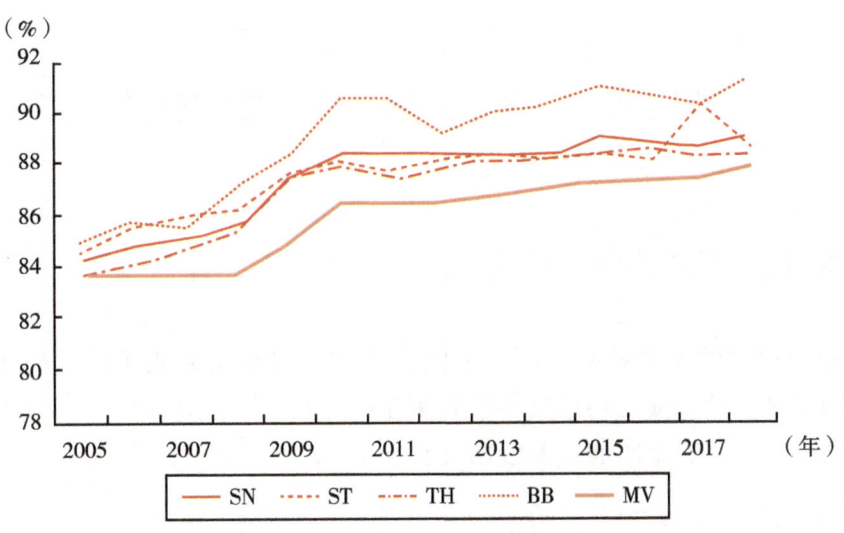

图 9-5 2005—2018 年德国东部五州财力指数变化

注：图中字母缩写对应各州的全称分别是：萨克森州（SN）、萨克森—安哈尔特（ST）、图林根（TH）、勃兰登堡（BB）、梅克伦堡—前波美尼亚（MV）、柏林（BE）。

（二）德国横向转移支付制度的负向效果

德国横向转移支付制度并非完美无缺，当前横向转移支付制度是德国在实践的摸索中不断改革的结果。其产生的负向效果主要体现在以下两个方面：

一是过于强调绝对公平，效率不足。"团结协议Ⅱ"推行之前，"超额累进法"的存在扭曲了各州的财力指数的排序，且横向转移支付制度对于新增财政收入没有激励作用，勤奋的州可能存在负收益，而懒惰的州可能从中获益。具体来讲，年度财政收入的增加，对于"富裕州"而言只能获得其中的一小部分，对于"困难州"而言则会减少其从横向转移支付中获得的收入。因此，此种制度安排存在"搭便车"的风险，每个州都想"不劳而获"。州州都想搭便车，则无便车可搭。

二是引发东西部州之间摩擦，加重西部各州财政负担。统一后的德国，西部州向东部州庞大的横向转移支付，极大地加重的西部诸州的财政负担。西部部分州"困难州"的身份被东部州挤占，无法继续获得横向转移支付的资金，东西部州政府间围绕横向转移支付问题时有摩擦。包括黑森在内的西部三州向联邦法院提出"法规范审查"要求便是东西各州之间财政利益矛盾激化的体现。"团结协议Ⅱ"的实施一定程度上减轻了西部州的财政负担，缓解了东西部州政府间的关系。

第二节　中德横向转移支付模式比较

一、中德横向转移支付模式的共性

中德两国虽然国情各有不同，但资金大致流向也均为从相对富裕地区流向相对贫困地区。两国横向转移支付模式都至少存在以下三种功能，即基本公共服务供给功能、政治安定职能以及经济增长功能。

（一）基本公共服务供给功能

中德横向转移支付模式的资金都存在提供基本公共服务的用途。从中国实践来看，我国特殊区域援助类的对口支援中相当一部分资金用于提供基本公共服务，地区间资源不对称一定程度上导致基本公共服务供给水平的差异，而对口支援目的就是进一步缩小地区间基本公共服务供给水平的差异，以达到基本公共服务均等化的目标；而重大灾害救助类对口支援的资金支出结构偏向于基础设施建设，保障受援地当地居民的基本生活条件。以2008年对四川震区的对口支援为例，资金总量的60%以上用于居民住房与基本设施建设，教育、医疗等公共服务投资占比约为21%和16%[1]。德国横向转移支付模式则直接以宪法的形式规定其主要目的是州际财政能力的均等化，地方政府财力的差异实为导致不同地区公共服务水平均等化实现程度差异的根本原因（花中东，2010），而财政均等化是实现基本公共服务均等化的前提和条件（张恒龙、陈宪，2007）。

（二）政治安定功能

中德横向转移支付模式同样具备政治安定的功能。具体而言，对口支援这一中国式横向转移支付具备明显的"政治动员性"特征，其所包含的两种类型都具备政治安定的功能：抗震救灾、扶贫攻坚等阶段性、或然性的横向转移支付旨在化解局部困难，稳定民心；而援藏援疆等长期性、特定性的横向转移支付则有助于促进民族团结。德国横向转移支付在源起之初便旨在稳定国内政治局势，缓解原西德各州之间的人口迁移潮。两德合并后，将原东德五州加入横向转移支付体制中，由于此五州的社会经济发展水平普遍远落后于原西德诸州，因此在横向

---

[1] 数据整理自2008年《四川省统计年鉴》。

转移支付体制中扮演"困难州"的角色，接受资金援助。在此基础上，联邦德国对其行政管理、经济制度和财政体制进行了全方位重建，逐步建立起规范严格的财政制度，极大地稳定了东德五州的社会形势，促进了国家团结，困难州的居民清楚地看到富裕州居民为其福祉所作出的贡献（Boadway and Shah，2007）。横向转移支付很大程度上意味着无偿的单边付出，具备鲜明的政治色彩，更是在结合了充分的情感动员后才得以有效实施的道德行为（夏少琼，2013）。换言之，中德横向转移支付模式都以国家民族情感为起点，起到了增进地区间横向联系，增强国家统一民族团结意识，增强国家凝聚力向心力的作用。

（三）经济增长功能

中德横向转移支付模式同样具备经济增长的功能。从我国实践效果来看，重大灾害救助类的对口支援（如汶川地震），横向转移支付具有力挽狂澜、帮助受灾地区恢复基本经济增长的功能。以山东省对口援建的北川羌族自治县为例（见图9-6），受地震灾害影响，2007年城镇居民人均可支配收入为8750元，2008年下跌25.71%，经过三年援建后，2011年为14660元，2012年为17136元，除2018年外，其余各个年份增长趋势与其所在的绵阳市平均水平基本一致。2007年农村居民纯收入2831元，2008年因政策扶持而保持增长，全年农民人均纯收入较同期增加362元[①]，与其所在的绵阳市农村人均纯收入增长趋势对比可知，北川农村居民人均纯收入水平基本未受到灾害影响。特殊区域援助类（边疆和少数民族地区援助，扶贫攻坚等）的对口支援对经济增长和产业优化均有着显著正向影响（杨明洪、孙继琼，2009；刘金山、徐明，2017；董珍、白仲林，2019），人民的收入水平和生活质量得到显著提升。

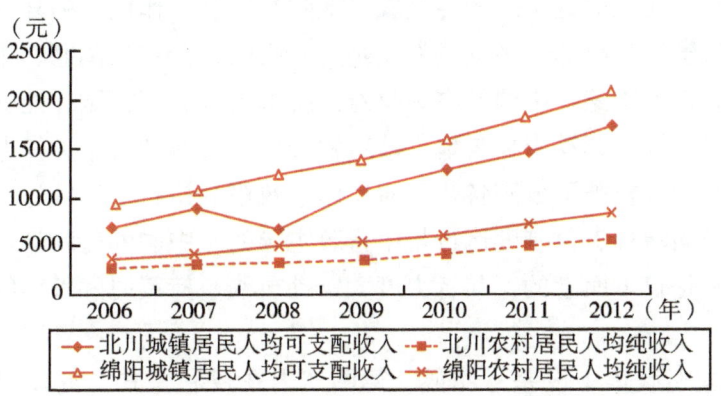

图9-6　北川羌族自治县居民收入水平变化

---

① 资料来源：2009年绵阳年鉴—北川羌族自治县—社会生活。

同样，德国横向转移支付模式也促进了"困难州"社会经济发展水平的提高。以原东德五州为例（见图9-7），"团结协议Ⅱ"推行初期，五州财力指数均值约为84.20%，2005—2010年上升超过四个百分点，其后虽有波动但一致稳定在88%左右，2018年突破89%。

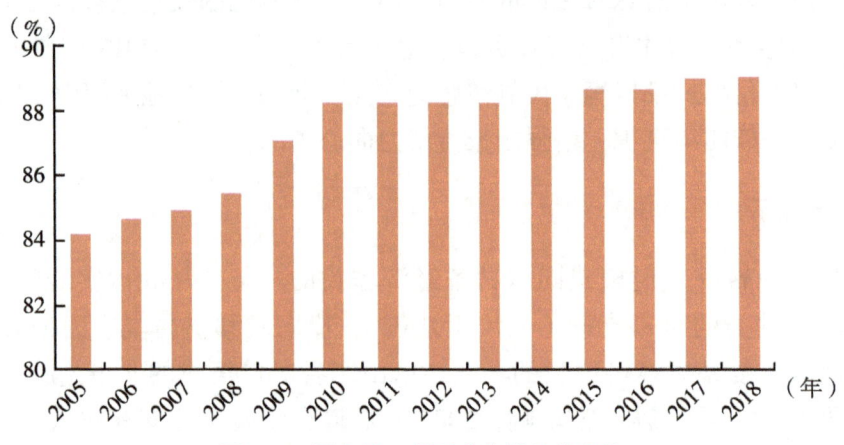

图9-7 原东德五州财力指数均值变化

二、中德横向转移支付模式的区别

（一）政策背景不同

两国横向转移支付制度的政策背景有所不同。德国基本属于单一民族，中国幅员辽阔是典型的多民族国家，多民族国家的政策制定和推行需要兼顾各方考虑。但我国统一文化绵延不断的传统较好地弥补了这一作用。另外一个不可忽视的因素是国家国体与政体，中国是人民民主专政的社会主义国家，德国则为资产阶级专政的联邦制国家。中国的中央政府的统筹力度高于德国，能够充分发挥社会主义制度优越性、调动中央与地方政府积极性，具有"集中力量办大事"的能力。而德国的行政权被下放到各州政府，国家政策的执行必须经过各州的审批方可通过。而横向转移支付制度运行是由行政主导的，中国的行政运行是自上而下的，而德国则是自下而上的，前者力度大、动员快、持续时间长等特征是后者不可比拟的。

中德两国财政集中度差异明显。德国"内在权利模式"的设定使其财政收入集中度较低。东西德国合并之前，德国州际财政能力差距十分有限，基准的横向转移支付模式稳步推行20年，即便在东德五州加入后，各州间财政能力差距仍为有限，如图9-7所示，2005年东德五州的财力指数均值已达到全国平均水平的84%以上。因此，在相当一段时间内，德国横向转移支付是其财政平衡体系的中坚力量。而我国地区间财政能力差距较大，财政收入集中度较高，中央掌握着大于支出责任的财权，财政资金通过纵向转移支付的方式下放到地方，使得地方有着与支出责任相当的财权。因此，我国横向转移支付在现阶段只起到对纵向转移支付的补充作用，且部分表现为阶段性、或然性的横向转移支付（如抗震救灾、扶贫攻坚等紧急性、阶段性对口支援项目）。

（二）法制规范程度不同

两国横向转移支付的法制规范程度存在着较大差异。中国对口支援是一种非公式化、非法制化的转移支付，其受援方与支援方的判定完全取决于行政指令，项目实施过程亦是由行政手段规定的，支援方往往将对口支援当作"政治任务"来完成。横向转移转移支付持续的时长、资金拨付的比例、矛盾的协商处理机制等均缺乏客观标准，缺乏相关的法律予以必要的规范和约束，其执行过程的司法监督过程也呈现出明显的缺位。虽然对口支援汶川地震灾区行动中，国家出台了《重建条例》和《对口支援方案》等文件，但距离法制化的目标仍有相当长的距离（丛树海，2002）。

而德国模式则表现出鲜明的公式化、程式化、法制化特征，德国横向转移支付制度不仅有在基本法中就被明确定义，而且有财政平衡法对转移支付的主体、程序、权责、监督等具体问题进行了具体规定。德国横向转移支付制度在高度法制化背景下运作，规范性强、透明度高、有法可依、有法必依、执法必严。

（三）制度设计不同

两国的横向转移支付制度设计的不同主要体现在资金转移模式、协调机制和管理主体中。

两国横向转移支付的资金转移模式存在差异，中国式横向转移支付的资金转移模式呈现出"多元化"特征（见表9-4）。即不仅存在同级政府间横向转移支付，也有降级次政府间横向转移支付，还有降多级次政府间横向转移支付等形式。以对口支援西藏为例，一方面存在"省对省"的资金转移模式，资金从省财政部门直接转移到西藏自治区财政部门，具体方式可分为两种：一是实质为县区级政府间的横向转移支付，如图9-8实心箭头所示，资金由支援省下属市区传送到省财政厅，再由省财政厅传送至受援省财政厅，最后根据县区之间的对应关系由受援省财政厅将资金下放；二是实质为省政府间的横向转移支付，如图9-8空心箭头所示，资金直接从支援省省级预算中安排。另一方面存在着"省对县""省对市"和"市对区县"等降次级政府间甚至降多次级政府间资金转移模式。同时,还有一种与之共存的资金转移模式,"部门对部门"模式,该模式下资金直接由支援方某系统转移至受援方某系统中,其过程不再经过相关财政部门。德国横向转移支付资金模式则呈现出"一元化"特征,如表9-4和图9-2所示,资金都是从"困难州"流向"富裕州",通过州际财力均等化,达到基本公共服务均等化的目标。

表9-4　　　　　中德横向转移支付的资金转移模式比较

模式	特征	资金转移模式	定位	转出层级
德	一元化	"州对州"	同级政府间	州
中	多元化	"省对省"	同级政府间	省
		"省对县"	降多次级政府间	
		"省对市"	降级次政府间	
		"市对区县"		市
		"部门对部门"	部门间	某部门

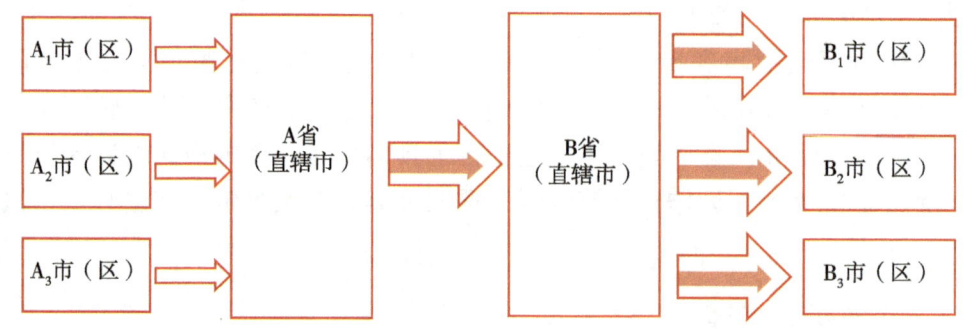

图9-8　"省对省"资金转移模式

两国横向转移支付的协调机制存在差异,横向转移支付本质上存在着"劫富济贫"的性质,因而其实施过程中各地区间不可避免地存在着利益冲突。中国模式的"政治动员性"特征具体表现为政治优先和中央主导,这与单一体制优势共同决定了我国具备"集中力量办大事"的能力,具有相当程度的润滑作用。德国横向转移支付存在着较为完善的协调机制,制度运行过程中所出现的冲突可先通过行政、司法协商予以调节;若难以调和,则可进一步寻求宪法法院释宪或裁决(王玮,2010),实践经验来看,这一机制较好地化解了矛盾,推动了制度的平稳运行。

两国横向转移支付的管理主体存在差异。中国式横向转移支付存在着多头管理的现象,尽管20世纪80年代初国家曾明确对口支援由国家经委牵头、国家计委和国家民委共同负责，但政府机构改革中国家经委被撤销，且对口支援的范围不断扩大，参与到对口支援中来的政府部门数目增多，人力、物力和财力开始在各部门、各行业和各系统自行管理并在内部转移（见表9-4），总体缺乏明确的部门统筹规划和监管。德国模式具备较明确的管理主体，德国联邦政府设立了联邦结算支付中心，各州也设立了财政管理计算中心，负责财政平衡资金的计算与划拨，同时专门为财政工作建立了预算、结算和记账自动系统（HKR），以提供判定困难州、富裕州所需的各类数据。

第十章

中国对口支援横向转移支付制度的改革完善

中国对口支援横向转移支付改革是一个系统性工程，不仅需要健全完备的制度保障，不断夯实主体内容形式，也需要各级政府精心组织实施，切实发挥对口支援政策的经济社会效能。本章主要从对口支援横向转移支付的法律法规体系、主体内容方式、组织实施保障方面对改革进行前瞻。

第一节 完善对口支援横向转移支付的法律法规体系

完善的法律法规体系是保障对口支援全面有序开展的重要制度基础。经过多年的实践，我国对口支援逐渐由试验政策上升为国家政策，初步形成了以《民族区域自治法》《汶川地震灾后恢复重建对口支援方案》《全国对口支援三峡库区合作规划（2014—2020年）》《中共中央 国务院关于新时代推进西部大开发形成新格局的指导意见》[①]为代表的一系列法律法规政策体系，有效保障了对口支援的规范有序进行。但也要看到，我国对口支援法律法规政策体系的实体内容仍有待进一步细化，运作程序也有待进一步规范，需要从总体法律法规、财政转移支付法、预算法等层面不断建议完善。

一、加快对口支援立法

要加快对口支援立法，提升对口支援在国家法律体系中的地位。尽快由中

---

① 指导意见第三十五条"帮扶政策"：深入开展对口支援新疆、西藏和青海等省藏区以及对口帮扶贵州等工作。继续实施中央和国家机关及企事业单位等定点帮扶。支持军队发挥优势，积极参与西部大开发。推动统一战线继续支持毕节试验区改革发展。鼓励东中部城市帮助边境城市对口培训亟需的管理和技术人才。鼓励企业结对帮扶贫困县（村）。进一步推动从中央和国家机关、东部地区选派优秀干部到西部地区挂职任职，注重提拔使用在西部地区作出突出贡献的优秀干部。继续做好公务员对口培训工作。

央层面出台对口支援的专门性法律，从政策目标、基本原则、组织领导、内容方式、规划编制、实施程序、条件保障等方面完善对口支援制度的顶层设计与基本框架。具体来说：

一是要做好顶层设计。要立足长远，充分体现对口支援的系统性和艰巨性，推动政府和社会力量共同参与，明确对口支援的主体责任，从法律层面解决部门之间、央地之间、政府和社会、企业之间，以及个人的主体责任和边界。

二是要理顺工作机制。充分体现全国一盘棋的理念，科学规划并有效地统筹资源和整合力量，促进各类帮扶规划与当地规划相衔接，避免各自为政和资金项目不配套。

三是要明确权利义务。支援方与受援方的权利与义务规范是对口支援立法的核心，也是贯穿对口支援立法的主线[①]。要充分发挥我国集中力量办大事的体制机制优势，进一步明确、细化支援地和受援地的在对口支援过程中的法律责任和义务[②]，提高对口支援专门性法律的针对性和可执行水平。

四是要规范工作程序。要以提升对口支援政策的经济社会效能为主旨，逐层级地将专门性法律规定落实到对口支援政策决策、执行以及考核等全过程，不断提升对口支援各环节的整体政策效果，确保整个对口支援体系下各环节均有法可依、有章可循、有序运转。

五是要加强工作保障。为确保对口支援工作有序进行，承担对口支援任务的经济发达地区的政府应当根据本地国民经济和社会发展计划，将对口支援纳入省级经济和社会发展计划，并明确有关部门和地方政府在支援资金、物资以及经济技术协作等方面制定一个合理可行的具体的援助计划（见专栏10-1）。

◇ 专栏 10-1

全国对口支援三峡库区合作规划（节选）

八、组织保障和政策支持

（一）加强对口支援三峡库区合作工作的指导与协调。

国务院三峡工程建设委员会负责全国对口支援三峡库区合作工作的组织领

[①] 王永才.对口支援民族地区的法理基础与法治化探索[J].中央民族大学学报（哲学社会科学版），2014，41（05）.

[②] 根据一般的法理，援助方的权利主要包括：及时了解受援方的基本情况与实际需求，享受国家和地方的优惠政策，要求受援方提供各种必要条件及协助；援助方的义务主要包括：遵守当地法律与政策，履行企业的社会责任，严格执行援助计划，依法纳税义务，优先招收本地的劳动力进入企业工作；受援方的权利主要包括：参与援助规划的制定，参与援助项目的建设与管理等；受援方的义务主要包括：配合与协助义务，优化投资软环境等。参考熊文钊、田艳，《对口援疆政策的法治化研究》，《新疆师范大学学报》（哲学社会科学版），2010年第31卷第3期。

导。三峡办负责全国对口支援三峡库区合作工作的推动和协调，制定年度工作计划，明确工作重点，对年度计划实施情况进行督促和检查，发现重大问题要及时向国务院报告；研究对口支援三峡库区合作工作中出现的新情况、新问题，并提出解决问题的政策措施；负责建立由国家有关部门、支援省（区、市）政府、中央企业、受援省（市）和库区县（区）政府组成的对口支援三峡库区合作工作联络机制，组织开展信息沟通与交流；会同地方和有关部门，举办各种形式的对口支援合作活动。

（二）加大国家有关部门和中央企业支援库区合作工作力度。

国家有关部门要将全国对口支援三峡库区合作工作纳入本部门议事日程，明确分管领导、办事机构和联络人员；要配合三峡后续工作规划实施，指导湖北省、重庆市加大对三峡库区的支持力度，并在项目审批、人才、技术等方面予以支持；部门之间要就三峡库区发展中遇到的困难和问题，加强沟通与协调，形成解决问题的合力。科技部、农业部要加强对三峡库区特色农业发展的指导和支持；商务部要加强对三峡库区商贸物流业发展的规划指导，会同地方政府组织开展对口支援三峡库区各类招商引资项目洽谈会；人民银行、银监会要鼓励和指导金融机构加快金融产品和服务方式创新，加大对库区经济社会发展的支持力度；国资委要引导和支持中央企业在三峡库区积极开展对口支援合作；国家旅游局要指导三峡库区旅游发展规划的实施工作。中国长江三峡集团公司重点做好坝区所在地夷陵区、秭归县的对口支援合作工作。

（三）深化支援省（区、市）对口支援三峡库区合作工作。

继续保持全国21个省（区、市）、10个大城市对口支援三峡库区县（区）的结对关系（结对关系表附后）。支援省（区、市）要把对口支援三峡库区合作工作纳入本级政府工作议事日程，明确分管领导和机构职能，完善工作制度，强化省（区、市）对口支援合作领导小组的统筹协调，定期召开由援受双方分管领导参加的省级对口支援合作联席会议；要与受援县（区）共同研究制定对口支援合作的中长期规划和年度计划，建立点对点的项目合作机制和目标任务考核机制，研究提出对口支援合作绩效评估办法；要探索建立全社会支持三峡库区扶贫开发和生态环境保护的机制和措施，发挥企业和社会团体的作用。支援省（区、市）要加大对口支援三峡库区合作工作力度，并将政府财政资金纳入预算。

（四）强化湖北省、重庆市在对口支援三峡库区合作工作中的作用。

湖北省、重庆市肩负着组织协调支援与受援工作的双重责任。要强化省级对口支援合作联席会议制度，明确对口支援合作管理机构的职责；要制定本行政区域内对口支援合作的中长期规划和年度计划，建立对口支援合作年度目标管理和考评机制，明确本行政区域内有关市（区）、部门和企业对口支援库区的目标和任务，指导库区县（区）搞好招商引资项目的策划和论证。湖北省继续执行全省对口支援三峡库区结对方案和对口支援任务包干指导性方案，即实际到位资金按现有基数年均增长5%—10%；重庆市继续执行主城区对口支援三峡库区重点移民区县的工作机制，主城区在本级财政收入中按一定比例安排对口支援合作资金。

(五)强化库区县(区)在受援工作中的作用。

三峡库区发展主要依靠当地广大干部群众的自身努力和艰苦奋斗。库区县(区)政府要切实转变政府职能,规范政府行为,创新服务方式,强化诚信意识和合作意识,营造公平、公开、公正的投资环境;要主动与支援省(区、市)加强工作联系和沟通,建立受援工作协调机制,强化对口支援合作项目立项、实施、竣工验收的全过程管理,全力做好受援服务工作。

资料来源:《全国对口支援三峡库区合作规划(2014—2020年)》。

二、加快财政转移支付法立法进程

财政转移支付是分税制财政体制的核心内容之一,是调节各级政府之间财力纵向与横向不均衡的一个重要工具。1994年分税制财政体制改革后,我国逐步建立健全了较为规范的转移支付制度,形成了以一般性转移支付和专项转移支付为主要内容的纵向转移支付体系。2019年,为与财政事权和支出责任划分改革相衔接,新设了共同财政事权转移支付。根据全国财政决算数据,2021年全国财政转移支付总额为82152.34亿元,一般性转移支付、共同财政事权转移支付、专项转移支付占全部转移支付的比重分别为:49%、42%、9%[1],对推动基本公共服务均等化和经济高质量发展发挥了重要作用。

需要特别指出的是,上述财政转移支付数据仅反映了我国纵向财政转移支付的运行情况。由于缺少横向财政转移支付制度的法律规定,对口支援项目资金支出散混在各地财政预算中的"一般公共预算"支出之中,无法受到有效的人大监督、审计监督和社会公众监督。

为此,建议加快财政转移支付立法进程,通过立法明确财政转移支付的目标、方式、范围、资金来源和规模以及具体的分配办法等,从而实现转移支付的规范化、公开化、透明化,同时,在《财政转移支付法》中明确对口支援横向转移支付的相关规定。实际上,早在2003年,第十届全国人大常委会在立法规划中列入的76件立法项目中就已包含《财政转移支付法》[2],只不过当时将《财政转

---

[1] 数据来源:2021年全国财政决算数据,财政部。

[2] 第十届全国人大常委会立法规划76件立法项目中分两类,其中第一类为本届内审议的法律草案,共59件,具体包括宪法及相关法类(10件)、民法商法类(10件)、行政法类(16件)、经济法类(14件)、社会法类(6件)、刑法类、诉讼和非诉讼程序法类(3件);第二类为研究起草、成熟时安排审议的法律草案,共17件,具体包括:农民合作经济组织法、期货交易法、不动产登记法、融资租赁法、行政程序法、政务信息公开法、禁毒法、税收基本法、财政转移支付法、国民经济动员法、西部开发促进法、反洗钱法、自然保护区法、海岛保护法、国家赔偿法(修订)、行政诉讼法(修订)、监督法。

移支付法》列为第二类，属于"研究起草、成熟时安排审议的法律草案"。全国人大常委会预算工委也启动了该法的起草工作，但此后更多停留在理论讨论层面，尚未有实质性进展。

三、完善预算法有关对口支援的法律规定

我国预算法第三十九条规定，"中央预算和有关地方预算中应当安排必要的资金，用于扶助革命老区、民族地区、边疆地区、贫困地区发展经济社会建设事业。"从法律上明确了地方政府对革命老区、民族地区、边疆地区、贫困地区的对口支援责任。但关于地方政府的收支范围，预算法第七条指出，"地方各级一般公共预算包括本级各部门（含直属单位）的预算和税收返还、转移支付预算。地方各级一般公共预算收入包括地方本级收入、上级政府对本级政府的税收返还和转移支付、下级政府的上解收入。地方各级一般公共预算支出包括地方本级支出、对上级政府的上解支出、对下级政府的税收返还和转移支付。"从中不难理解，地方的一般公共预算支出中的转移支付，仅指"对下级政府"的纵向转移支付，并未包含对口支援的横向转移支付。这一点，也可以从《预算法实施条例》第九条规定中得到印证，"预算法第十六条第二款所称一般性转移支付，包括：（一）均衡性转移支付；（二）对革命老区、民族地区、边疆地区、贫困地区的财力补助；（三）其他一般性转移支付。"

因此，建议结合我国对口支援实践，待条件成熟修订预算法时，明确有关地方政府对口支援的预算法规定，增加有关对口支援横向转移支付的法律表述，完善对口支援横向转移支付的法律规范。

第二节　充实拓展对口支援的主体内容形式

我国当下对口支援政策的执行主体愈发多元，不仅有中央政府及其部门，也有受援地政府及其部门、支援地地方政府及其部门，还有支援地的事业单位、国有企业以及社会组织等主体，对口支援各主体之间相互促进、优势互补，放大了对口支援的政策效果。对口支援政策的执行形式也愈发多样，除东西部以扶贫协作外，还出现了省内对口支援、单位之间对口支援、部门内部对口支援等多种形式，各类对口支援模式互相衔接补充、交叉融合，形成了网络化对口支援格局。在对口支援内容上，已由初期的物资、设备等"硬件"扩展到人才、技术、

管理等"软件",从经济合作扩展到经济、教育、医疗卫生、产业、干部、人才、科技、文化等各类对口支援相结合。总体来看,经过几十年不断发展,我国对口支援的主体愈发多元、形式更加丰富、内容不断拓展,基本实现了对口支援政策的体系化、制度化、系统化。但不容忽视的是,对口支援作为一项我国长期坚持实施的系统性政策体系,仍要不断提升各支援主体之间、支援方式之间、支援内容之间的耦合度。

一、强化对口支援主体的协同配合

经过多年的实践探索,我国对口支援政策执行主体的范围不断扩大、数量逐渐增多,不仅包括中央政府及其部门,也有地方政府及其部门,以及支援地的事业单位、国有企业以及社会组织等。以对口援疆为例,援助方不仅包括19个经济相对发达的省市[①],还包括部分中央和地方国有企业,以及教育部、国家发展和改革委员会、财政部、人力资源和社会保障部等国家部委。尽管各支援主体都能充分发挥各自特色和优势,有效开展基础设施建设、教育、医疗等方面的援助及产业支持活动,但有时也会出现援助方之间协同不够、援助项目重叠或绩效不突出等问题。

因此,一方面要加强统筹,形成对口支援合力。中央政府和主要支援地政府作为对口支援的关键主体,要发挥在对口支援中的主导作用,建立科学高效的对口支援资源调配机制。要多领域、全方位在文化交流、资源整合、措施帮扶上开展协作[②]。另一方面,支援地和受援地的政府、事业单位、国有企业以及社会组织等主体要进一步实现优势互补,整合系统内各类帮扶资源,提高各类资源跨区域配置效率,解决好帮扶资源分散的问题。要提升协作效率,完善协作机制,

---

① 19省市对口新疆各地州名单如下:安徽省对口支援和田地区皮山县;北京市对口支援和田地区和田市、墨玉县、和田县、洛浦县和兵团农十四师;福建省对口支援昌吉回族自治州的昌吉市、玛纳斯县、呼图壁县、奇台县、吉木萨尔县、木垒县6个县市;广东省对口支援喀什地区疏附县、伽师县、兵团农三师图木舒克市;河北省对口支援巴音郭楞蒙古自治州、兵团农二师;河南省对口支援哈密地区、兵团农十三师;黑龙江省对口支援阿勒泰地区福海县、富蕴县、青河县和新疆生产建设兵团十师;湖北省对口支援博尔塔拉蒙古自治州及兵团农五师;湖南省对口支援吐鲁番地区;吉林省阿勒泰地区;江苏省对口支援克孜勒苏柯尔克孜自治州阿图什市、乌恰县,伊犁哈萨克自治州霍城县、农四师66团、伊宁县、察布查尔锡伯自治县;江西省对口支援克孜勒苏柯尔克孜自治州阿克陶县;辽宁省对口支援塔城地区浙江省对口支援阿克苏地区的1市8县和新疆生产建设兵团农一师的阿拉尔市;山东省对口援助喀什地区疏勒县、英吉沙县、麦盖提县、岳普湖县;山西省对口支援农六师五家渠市、昌吉回族自治州阜康市;上海市对口支援喀什地区巴楚县、莎车县、泽普县、叶城县;天津市对口支援和田地区的民丰、策勒和于田三个县;浙江省阿克苏地区1市8县和新疆生产建设兵团农一师的阿拉尔市;深圳市对口支援喀什市、塔什库尔干县。

② 2001年对口支援工作开始时,基本模式是"一对一",当时确定了清华大学、北京大学等13所支援高校对口支援发展相对滞后的13所西部高校。2010年,教育部采取"多对一"模式,支援高校的数量逐渐增多。

避免多头分散。当下，可以尝试出台政策鼓励经济发达省份的企业等市场主体参与到边境地区、民族地区或革命老区的经济发展进程，推动形成政企结合、激励有效、优势互补、合作共赢的市场化对口支援机制，塑造对口支援的经济社会合力和协同发展效能。

二、强化对口支援政策与国家重大战略部署的结合

党的十九大报告中鲜明提出了"中国特色社会主义进入新时代，我国社会主要矛盾已经转化为人民日益增长的美好生活需要和不平衡不充分的发展之间的矛盾"的重大判断。这一重大判断为新时代的经济建设、政治建设、文化建设、社会建设和生态文明建设指明了新的发展方向。为解决"不平衡不充分的发展"问题，党中央提出了新时代坚持和发展中国特色社会主义的基本方略，推出一系列重大战略部署。对口支援作为中国特色社会主义的一项制度安排，可以充分整合不同地区资源，调动多方积极性，为国家重大发展战略实施发挥重要支撑作用。共同富裕是社会主义的本质要求，是人民群众的共同期盼。面对不同地区、不同群体、不同行业之间收入差距较大的客观现实，我国广泛开展的对边疆地区对口支援和东西部扶贫协作，为提高居民收入水平，取得脱贫攻坚决定性胜利发挥了重要作用。2016年7月，习近平总书记在东西部扶贫协作座谈会上进一步指出，"东西部扶贫协作和对口支援，是实现先富帮后富、最终实现共同富裕目标的大举措，必须长期坚持下去"。

实施区域协调发展战略，是贯彻新发展理念、建设现代化经济体系的重要组成部分。近年来，我国深入实施区域重大战略和区域协调发展战略，有力推动各地区合理分工、优势互补，区域协调发展体制机制更加健全，经济增长潜力进一步显现，区域发展新格局逐步构建。从"十四五"时期推动区域协调发展的重点任务可以看出，多项区域发展战略均要求"完善对口支援、对口帮扶等机制""深化与东部地区对口合作"等内容，因此，要进一步推动对口支援政策与东西部协作战略以及完善对革命老区、边境地区、生态退化地区、资源型地区和老工业基地以及脱贫攻坚[①]等国家发展战略的配合，通过对口支援加快东西部间

---

① 山东将援疆工作与喀什地区脱贫攻坚规划紧密结合、与年度扶贫工作安排紧密结合、与基层贫困群众实际需求紧密结合，聚焦深度贫困地区和特殊贫困群体，助力英吉沙县实现脱贫摘帽，统筹疏勒、岳普湖、麦盖提三县脱贫攻坚成果巩固提升，进一步加大投入力度，助力打好脱贫攻坚战。坚持把更多资金及资源向深度贫困村和贫困人口倾斜，安排援疆资金3.5亿元，建成富民安居房2.78万套，惠及群众11.1万余人；投入7600万元着力实施人居环境改善提升工程，支持对口4县2000户贫困户（困难农户）发展庭院经济。实施"助力百村万户脱贫"工程，对每村增加投入100万元，重点支持乡村环境改善提升和脱贫帮扶。资料来源：人民日报，2020年9月30日第17版。

经贸、技术、教育、医疗、文化等多方面互动协作,推动对口支援全面深入发展(见专栏10-2)。

◇ 专栏 10-2

"十四五"时期推动区域协调发展的重点任务

"十四五"时期做好区域协调发展工作,我们将坚持以习近平新时代中国特色社会主义思想为指导,全面贯彻党的十九大和十九届二中、三中、四中、五中全会精神,立足新发展阶段,贯彻新发展理念,构建新发展格局,尊重客观规律、发挥比较优势,按照宜水则水、宜山则山、宜粮则粮、宜农则农、宜工则工、宜商则商的要求,深入实施区域协调发展战略,健全更加有效的区域协调发展新机制,推动我国区域发展更加协调、更有效率、更高质量。

（一）推进西部大开发形成新格局

西部大开发要强化举措抓重点、补短板、强弱项,提高政策精准性,推动形成大保护、大开放、高质量发展的新格局。一是筑牢生态安全屏障。进一步加大水土保持、天然林保护等重点生态工程实施力度,加快推进国家公园体系建设,加强青藏高原、祁连山等保护修复。二是加大开放力度。积极参与和融入共建"一带一路",大力推进西部陆海新通道建设,优化中欧班列组织运营模式,构建包括自由贸易试验区、内陆开放型经济试验区等在内的多层次开放平台。三是构建现代化产业体系。提升创新发展能力,充分发挥比较优势,推动具备条件的产业集群化发展,提升能源资源开发利用效率。四是强化基础设施规划建设。加强横贯东西、纵贯南北的运输通道和沿边、跨境、旅游等基础设施建设,加快川藏铁路等重大工程规划建设,完善综合枢纽布局,系统布局新型基础设施。五是推动区域合作发展。推进成渝地区双城经济圈建设,加强西北地区与西南地区合作互动。六是提升民生保障水平。补齐教育、医疗等民生领域短板,完善社会保障体系,提升基本公共服务均等化水平。

（二）推动东北振兴取得新突破

东北振兴要从"五大安全"战略高度出发,着力破解体制机制障碍,着力激发市场主体活力,着力推动产业结构调整优化,走出一条质量更高、效益更好、结构更优、优势充分释放的发展新路。一是深化重点领域改革。以混合所有制改革为突破口深化国资国企改革,完善国有企业现代企业制度和市场化经营机制,优化调整国有经济布局,支持民营经济发展壮大。二是建设开放合作发展新高地。深化与东部地区对口合作,加大对内开放合作力度。推进与周边国家经贸合作,提升东北亚国际合作水平。三是推动产业结构调整升级。支持装备制造、汽车、石化等传统优势产业改造升级,因地制宜培育壮大新一代信息技术、生物医药、新能源、寒地冰雪等新兴产业。四是构建高质量发展的区域动力系统。建设沈阳等现代化都市圈,推动哈长、辽中南等城市群和辽宁沿海经济带发展,巩固国家粮食安全"压舱石"地位,筑牢祖国北疆生态安全屏障。五是完善基础设施补齐民生短板。加快推进交通、能源、水利、信息等领域重点项目建设，完善区域基础设施网络。推进乡村振兴，提升民生保障能力。

（三）开创中部地区崛起新局面

中部地区要以高质量发展为主线，在自主创新上下功夫、在区域协调上求突破、在生态绿色上做文章、在内陆开放上找出路、在服务共享上出实招，推动综合实力和竞争力再上新台阶，在全面建设社会主义现代化国家新征程中作出更大贡献。一是大力推动制造业高质量发展。积极承接国内外产业转移，加快数字化、网络化、智能化技术在各领域的应用，推动制造业发展质量变革、效率变革、动力变革。二是促进城乡融合发展。全面推进乡村振兴，积极主动融入区域重大发展战略，推进省际协作和交界地区协同发展。三是推进内陆高水平开放。加快内陆开放通道和对外开放平台建设，积极参与"一带一路"国际合作，培育市场化法治化国际化营商环境。四是加强生态环境保护与修复。推动资源节约集约利用，加快形成绿色生产方式和生活方式，促进人与自然和谐共生，建设绿色发展的美丽中部。五是做好民生领域重点工作。着力补齐民生短板，完善社会保障体系，加强和创新社会治理，更好满足人民对美好生活的需要。

（四）鼓励东部地区加快推进现代化

东部地区要发挥改革开放先行、创新要素集聚、现代制造领先等优势，提升科技创新能力，培育壮大高质量发展动力源，更高层次参与国际经济合作和竞争，在全国率先实现高质量发展。一是创新引领实现优化发展。深化科技体制改革，加强科技成果转化，打造具有全球影响力的创新平台。加快培育世界级先进制造业集群，推动工业化、信息化融合发展。二是建立全方位开放型经济体系。打造对外开放新优势，全面提升对外开放水平，形成与国际投资贸易通行规则相衔接的制度创新体系。三是构建高质量发展动力系统。深入实施京津冀协同发展、粤港澳大湾区建设、推进海南全面深化改革开放、长三角一体化发展等重大战略，支持经济发展优势地区提高经济和人口承载能力。支持深圳建设中国特色社会主义先行示范区、浦东打造社会主义现代化建设引领区、浙江高质量发展建设共同富裕示范区。深入推进山东新旧动能转换综合试验区建设。

（五）发展海洋经济建设海洋强国

坚持陆海统筹，走依海富国、以海强国、人海和谐、合作共赢的发展道路，高质量发展海洋经济，坚定维护海洋权益，加快建设海洋强国。一是建设现代海洋产业体系。围绕海洋工程、海洋资源、海洋环境等领域，突破一批关键核心技术。做强船舶制造、海工装备等全球海洋竞争优势企业，培育壮大海洋生物医药、海水淡化等新兴和前沿产业，推进海洋能规模化应用，促进海洋渔业持续健康发展。完善海洋经济布局，发展北部、东部、南部三大海洋经济圈，建设一批高质量海洋经济发展示范区。二是打造可持续海洋生态环境。构建沿海、流域、海域相统筹的海洋空间治理体系。除国家重大项目外，全面禁止围填海。拓展入海污染物排放总量控制范围，协同推进入海河流和排污口精准治理。强化重点海域和突出环境问题治理，推进海域海岛精细化管理。加强风险管控，提升抵御台风、风暴潮等海洋灾害能力。三是深度参与全球海洋治理。积极参与国际海洋治理机制和相关规则制定与实施，构建海洋命运共同体。坚决维护国家海洋权益，增强国家海洋软实力。共建21世纪海上丝绸之路，巩固拓展蓝色伙伴关系，建设"冰上丝绸之路"，提高参与南极保护和利用能力。

（六）支持特殊类型地区发展

统筹支持欠发达地区、革命老区、边境地区、生态退化地区、资源型地区、老工业城市等特殊类型地区发展，切实维护生态安全、边疆安全和能源资源安全。做好易地扶贫搬迁后续帮扶、以工代赈和消费帮扶等工作，推动巩固拓展脱贫攻坚成果同乡村振兴有效衔接。统筹推进革命老区振兴，因地制宜发展特色产业，传承弘扬红色文化，完善基础设施和基本公共服务。统筹发展和安全，增强边境地区自我发展能力，提高人口和经济支撑能力，确保边疆巩固和边境安全。完善对口支援、对口帮扶等机制，强化智力扶持，加强重点领域合作。推进生态退化地区综合治理和生态脆弱地区保护修复，推动生态保护和经济发展迈上新台阶。支持资源型地区经济转型，建设可持续发展示范区和转型创新试验区，实施采煤沉陷区综合治理和独立工矿区改造提升工程。推动老工业城市转型发展，统筹推进制造业竞争优势重构和工业遗产保护利用，促进产业转型升级示范区高质量发展。

（七）健全区域协调发展体制机制

建立区域战略统筹机制，加快构建各区域间融合互动发展新模式。健全市场一体化发展机制，促进各类要素有序自由流动。深化区域合作机制，加强城市群内部、省际交界地区合作。优化区域互助机制，更好促进发达地区和欠发达地区共同发展。健全区际利益补偿机制，积极探索生态地区、粮食主产区等补偿方式。完善基本公共服务均等化机制，提高基本公共服务统筹层次。创新区域政策调控机制，建立健全区域政策与其他宏观调控政策联动机制。健全区域发展保障机制，加快建立促进区域协调发展的法律法规体系。

资料来源："十四五"规划《纲要》解读文章之21丨深入实施区域协调发展战略，国家发展和改革委员会。

三、强化支援方与受援方利益的结合

随着对口支援政策不断成熟，对口支援的方式也逐渐增多。在经济高质量发展背景下，除进一步做好智力支援[①]、产业支援、民生改善、文化教育支援、

---

① 智力支援一直是对口支援工作的重要内容。比如，自1985年党中央、国务院提出"智力援藏"战略、创办"西藏班"起，"智力援藏""智力援疆"就成为援建工作的重要内容。人才智力支援涵盖了行政管理、教育、科技、医疗卫生、文化等领域，有效促进了受援地的人才培养储备。

产业合作、消费帮扶①、劳务协作等以受援地为主受益的对口支援外，还应重视支援方与受援方利益的结合，探索探索产业合作、共建园区、飞地经济等利益共享的对口支援新模式。

一是构建良性产业转移机制，在产业合作中实现利益共享。东中西部地区地方政府要充分利用对口支援区域合作平台机制，将对口支援与地区产业转移的工作相结合，积极构建良性产业转移机制。在平等自愿、合理有效的原则下，以受援地区产业发展需要为基础，优先转移有利于受援地区长期发展的产业；鼓励东部沿海地区经济效益优势大的龙头企业作为产业转移的重点对象，为受援地区带去优良的技术、设备、人才和经验，切实优化受援地区的产业结构，变"单向输血"为"循环造血"，提升受援地区经济内生发展动力，实现合作利益共享。

二是发挥双方优势，资源互补，共建产业园区。可以充分发挥支援方的人力资源、资本、技术优势和受援方的土地及劳动力资源优势，结合受援方区位和产业优势，双方共建产业园区、共同制定产业园区发展规划，用"政府＋市场"的手段吸引经营主体进入园区经营，推动受援地区经济发展。

三是推动跨区域经济合作，探索"飞地经济"模式。支援方和受援方地方政府可以打破行政区划界限，创新跨区域合作模式，探索政府引导、企业参与、优势互补、利益共享的"飞地经济"合作，加强跨地区产业集聚、人才、项目、管理、信息等方面的合作与交流，共谋发展，互利共赢（见专栏10-3）。

◆ 专栏10-3

关于支持"飞地经济"发展的指导意见（节选）

二、完善"飞地经济"合作机制

支持"飞地经济"合作方共同研究商定规划建设、运营管理、利益分配等事项，签订规范、详细、可操作的合作协议，做到分工明确、权责对等、共建共享。

支持合作方创新合作模式，允许以资金、技术成果、品牌、管理等多种形式参与合作；如各方共同组建市场化运营主体的，应符合《公司法》等相关法律规定。支持各方合理分担园区建设运营成本，征地拆迁、基础设施建设、招商引资、社会管理、环境保护等事项产生的投入和费用，由合作方根据协议商定分摊比例。

支持合作方建立常态化的议事协调机制，加强在产业发展、功能布局等方面的政策对接，及时研究解决园区建设、项目引进和运营管理中的问题。支持合作方共同建立园区管理委员会，选派干部到园区任职、挂职，不断创新管理体制，完善组织架构。

---

① 消费帮扶是社会各界通过消费来自贫困地区和贫困人口的产品与服务，帮助贫困人口增收脱贫的一种扶贫方式，是社会力量参与脱贫攻坚战的重要途径。

请园区所在地政府提供相关公共服务和保障。合作各方要做好政策衔接和统筹协调，促进跨区域转移项目落地和正常运营。

鼓励按照市场化原则和方式开展"飞地经济"合作。鼓励合作方共同设立投融资公司，采取政府和社会资本合作（PPP）等模式，吸引社会资本参与园区开发和运营管理。提高园区专业化运行水平，支持通过特许经营、政府购买服务等方式，将园区部分或全部事务委托给第三方运营管理，条件成熟地区可探索园区管理与日常运营相分离。

三、强化资源高效集约节约利用

园区建设用地原则上使用所在地土地指标，原则上应依托现有各类开发区（园区）开展"飞地经济"合作，如涉及征地拆迁、土地整理等事务，相关工作由所在地政府负责。加强耕地资源保护，防止在园区建设过程中违规侵占永久基本农田。充分利用未利用地资源，加强未利用地的生态保护和开发利用。加强土地集约节约利用，制定相关行业建设用地控制标准，提高土地投资强度，设置合理的建筑密度和容积率，鼓励和推广多层厂房建设。

强化绿色发展理念，鼓励建设绿色园区，推进节能、节水、减排和资源综合利用，严格执行能耗、水耗、环保等政策，禁止不符合国家和地方产业政策的项目入驻园区，避免低水平重复建设。

围绕改善环境质量目标，依法开展规划环评并优化规划编制和实施。园区环境质量实行属地化管理，由所在地政府负责，园区环境污染防治监管、污染减排和达标排放监管、排污许可证核发监管、环境执法等各项环境管理事项由所在地环保部门负责。

五、加快统一市场建设

支持合作方优化行政审批流程，逐步探索行政许可跨区域互认，推进转移企业工商登记协调衔接。

支持合作方开展质检、通关、市场执法等领域的标准对接和结果互认。

六、支持在各类对口支援、帮扶、协作中开展"飞地经济"合作

在对口支援（对口帮扶、对口协作）中，支持援受双方发展"飞地经济"，积极发挥市场机制，探索互惠互利的合作模式。鼓励援助方输出成熟的园区管理经验，选派干部到园区任职、挂职。

在东西部扶贫协作中，支持结对双方共建飞地园区，加强产业合作，引导企业参与，促进产业转移，积极吸纳贫困地区劳动力就业。

支持通过"飞地经济"模式，探索完善异地开发生态保护补偿机制，在生态受益区共建合作园区，健全保护区与受益区的利益分配机制。

在推动长江经济带发展战略中，鼓励上海、江苏、浙江到长江中上游地区共建产业园区，共同拓展市场和发展空间。

资料来源：《关于支持"飞地经济"发展的指导意见》（发改地区〔2017〕922号）。

第三节 完善对口支援的组织保障机制

全面改革完善我国对口支援政策体系，只有法律体系保障和主体内容形式拓展还不够，还需要各级政府精细化组织实施对口支援，将法律规定和政策举措有效落细落实。全面落实落细对口支援的组织实施保障主要包括建立健全对口支援政策激励约束机制、建立健全对口支援政策监督考核机制、建立健全对口支援干部人才和财力保障机制三个方面。

一、建立健全对口支援政策激励约束机制

有效的激励机制可以激励支援地政府及各类企事业单位积极主动开展对口支援。上级部门或支援地政府应在组织实施对口支援的同时，通过制定激励性考核制度，在经济、产业、财税等政策向支援地倾斜，构建支援地与受援地等各方均受益的对口支援运转机制，在中央与地方、地方之间与地方内部形成相互协作与共同发展的关系，加快欠发达地区的经济社会全面发展，将央地、地方间关系由监管与竞争变为援助与协作，形成新时代区域协同发展新格局。比如，根据浙江省对口工作领导小组办公室下达的《浙江省东西部扶贫协作2020年度工作任务书》，明确指出"根据全国扶贫开发工作会议精神和国务院扶贫办部署要求，2020年东西部扶贫协作各项帮扶力度原则上不低于2019年。2020年度省下达各设区市任务指标参照2019年度，各市要进一步聚焦结对帮扶地区，保持力度不减、标准不降，抓紧抓早、落实落细，各项指标实际完成情况原则上较2019年有一定幅度增长。"

同时，还需要约束地方政府在对口支援过程中的机会主义行为。大量研究表明，各地区在发展过程中存在对资本、劳动、技术、数据等生产要素的争夺，甚至造成了地区分割及地方保护主义等问题。应通过对口支援过程约束地方政府过度竞争行为，促进支援地和受援地的经济融合、产业互补、要素共享，提升两地经济社会协同程度，实现经济的良性竞争和区域协调发展。

二、建立健全对口支援政策监督考核机制

完善对口支援监督考核机制的主要目标是提升对口支援政策的多重效能。

在对口支援的实施过程中，中央政府统筹负责对口支援的顶层设计，各受援地和支援地政府要进一步强化组织领导，一方面，建立健全好党政"一把手"定期互访和督导制度，形成并强化对口支援两地主要负责部门的联合工作机制，全面落实对口支援全域结对帮扶工作。另一方面，可以通过监督巡查、年度考核以及对考评结果的反馈，促进对口支援及其相关政策调整优化，使对口支援的机制启动、政策制定、实施评估、监督考核等过程形成完整闭环的法律流程（见专栏10-4）。此外，支援地和受援地在支援协作时要更加注重与本地重大经济政策和重点支出项目的衔接，形成支援地和受援地两方相关部门事前协商的有效决策机制，制定更加符合双方经济社会发展实际需求的可行协作援助方案。

◇ 专栏10-4

对对口帮扶、对口支援考核工作的监管

一、监督检查对象

各有关市、县（市、区）经济合作部门，业务承担人员。

二、监督检查内容

（一）事中监督内容

1.工作目标任务考核，主要考核本年度无偿援助资金、企业合作项目到位资金、人才合作交流、考察互访、劳务合作、信息报送等指标完成情况。

2.工作绩效评估，主要是考核资金援助、企业合作、人才交流等指标占受援地当年实际到位比例、与上年同期比较、效益贡献度等方面。

（二）事后监督内容

1.是否按照省政府要求，落实对口帮扶工作机构、人员编制、工作经费等基础性保障。是否按照省办要求制定相关政策、办法等制度，有关制度是否贯彻执行落实到位。

2.是否按照省办年度工作计划，在资金援助、企业合作、人才培训、考察互访、劳务合作、信息报送等方面制定相应的工作计划，是否严格按照计划执行。

三、监督检查方式

（一）事中监督和事后监督相结合。事中监督以年终考核评估为主，重点检查领导重视程度，考核资金到位及项目实施情况；事后监督注重制度执行，重点督促落实制度、办法是否建立、是否按制度办事、用制度管事。

（二）普遍自查与随机抽查相结合。以各市为主开展自查，重点对年度资金到位、项目实施、对专项资金使用管理、对项目质量、安全等情况开展自查自评，并形成书面材料。我省会同四川省有关部门每年（一般安排在三季度）随机抽查20%左右的市、州对口帮扶工作开展情况，分析存在的问题和不足，提供相关监督信息，并对完善有关工作提出改进建议。

（三）现场检查与非现场检查相结合。非现场检查通过检查报送的各类数据、报表和报告等，分析判断存在疑点和问题并及时提出质询；现场检查指通过不定期督查，直接深入对口地区及业务工作部门实地进行制度、业务检查，项目分析，实施跟踪问效和全面监督检查。

四、监督检查措施

（一）现场抽查考察已实施的帮扶项目。

（二）评估上报年终总结材料及各类报表。

（三）对有关人员询问、质疑等。

五、监督检查程序

（一）各市经合部门按照通知要求对年度工作进行自评，提供年终工作总结、统计表及项目绩效分析表上报省经合办。

（二）省经合办对上报材料按考核办法进行汇总、考核，评出等次，考核结果报办领导审定。

（三）年度考核结果以省对口支援和山海协作领导小组名义送各有关市人民政府，并在"经合网"上公布。

六、监督检查处理

（一）对上报年终总结材料及各类项目统计表格不符合要求的，在规定期限内填报完整。

（二）对发现的明显违规行为的，如项目实施违规、数据瞒报虚报、发生项目安全事故等，根据情节，采取通报批评、取消评选先进单位和先进个人资格等处罚措施。

资料来源：浙江省省经合办责任清单，https://www.zjzwfw.gov.cn/art/2014/10/28/art_72543_37943.html。

三、建立健全对口支援干部人才和财力保障机制

开展对口支援是党中央作出的重大战略决策。要激励支援地积极主动地支持对口地区经济社会各项事业发展，提升教育科技人才等方面的支援力度，不断增强受援地区群众的幸福感和获得感。一方面，应按照"实事求是、厉行节约、保障必需"的原则，结合年度工作安排和受援地实际情况，有效保障支援机构工作正常运转、援建项目建设有序实施、援建干部生命财产安全，为援建干部人才解决后顾之忧。另一方面，强化各类支援资金的使用监管，提高援建资金使用绩效。各地可以结合经济社会发展实际，制定可行的对口支援协作资金和项目管理办法，进一步规范各类支援资金的使用和管理，确保对口支援协作资金重点投向精准扶贫项目等民生社会事业领域，投向受援地急需、当地群众急盼的民生实事项目（见专栏10-5）。

◇ 专栏 10-5

青岛市对口支援财政专项资金使用管理办法

第一章 总则

第一条 为进一步加强和规范青岛市对口支援财政专项资金（以下简称"对口支援资金"）管理，提高资金使用绩效，确保资金安全、高效运行。根据《中华人民共和国预算法》《青岛市与受援地区扶贫协作和对口支援财政专项资金使用管理办法》（青扶贫办〔2018〕31号）《贵州省财政厅贵州省扶贫开发办公室关于印发〈贵州省东西部扶贫协作资金管理办法〉的通知》（黔财农〔2019〕40号）《安顺市人民政府工作规则》以及有关扶贫开发方针政策要求，结合安顺脱贫攻坚实际，制定本办法。

第二条 青岛市对口支援资金是指由青岛市各区（市）从财政年度预算中安排的财政帮扶资金，主要用于对口支援安顺市扶贫协作任务的政府援助资金。

第三条 坚持资金使用精准，在精准识别贫困人口的基础上，把资金使用与建档立卡结果相衔接，与脱贫成效相挂钩，切实使资金惠及贫困人口，确保脱贫有成效。

第四条 对口支援资金的使用，遵循"谁实施、谁管理、谁负责"的原则，市县两级监察、财政、审计和扶贫部门协同负责监督。

第五条 本办法适用于分配、管理和使用对口支援资金的单位和个人。

第二章 资金分配与下达

第六条 市扶贫办、市发改委，市财政局于每年4月底前联合行文，向青岛市扶贫协作工作办公室申报年度帮扶项目和资金分配使用计划。

第七条 青岛市扶贫协作工作办公室对申报的年度帮扶项目和资金分配使用计划进行审定并确认资金拨付。由青岛市财政局拨付至安顺市财政局，入市级财政国库，纳入市级财政统筹管理。

第八条 对到账的青岛市对口支援资金，市扶贫办于一个月内提出资金分配计划报市人民政府，按分工由分管副市长审定或签批，市财政局按分管副市长审定的方案或签批的意见办理。

第九条 对由县（区）组织实施的项目资金由市财政局会同市扶贫办联合行文将对口支援资金下达到县（区），市级财政下达专项指标文件后，在5个工作日内将资金拨付到县（区）财政局。县（区）财政局收到资金后，根据年度项目实施计划，会同县（区）扶贫办及时将资金下达项目实施主管部门和乡镇。

第十条 对由市本级组织实施的对口支援项目，由项目实施单位拟定项目实施方案报市扶贫办审批，并填写《青岛市对口支援财政专项资金拨付申请表》经市扶贫办、市财政局审核同意后拨付资金。

第三章 资金的使用

第十一条 青岛市对口支援资金主要用于我市受帮扶的贫困地区，重点向深度贫困地区倾斜、向当年拟减贫摘帽推出县倾斜、向易地扶贫搬迁安置点倾斜。

第十二条 青岛市对口支援资金按照国家、省、市扶贫开发政策要求，结合当地扶贫开发工作实际，围绕培育和壮大贫困地区特色产业、改善公益性生产生活条件、增强贫困自我发展能力和抵御风险能力等方面，因地制宜确定对口支援资金使用范围。青岛市对口支援资金使用范围主要包括：

（一）扶持贫困县（区）因地制宜发展种植业、养殖业、民族手工和乡村旅游业等；

（二）贫困县（区）的危房改造、乡村道路、生态建设、环境保护等公益性项目；

（三）贫困县（区）的教育、科技、文化、卫生以及劳务就业培训等社会事业项目；

（四）围绕符合国家产业政策的特色优势产业、服务业、高新技术产业和产业园区等项目；

（五）易地扶贫搬迁安置点教育、医疗等配套设施建设；

（六）符合扶持贫困县（区）要求的其他项目。

第十三条 严禁用于下列各项支出：

（一）行政事业单位人员工资或办公经费；

（二）城市广场和公园、各类娱乐设施；

（三）购买交通工具或通信设备；

（四）各种奖金、津贴和福利补助；

（五）弥补企业亏损；

（六）修建楼、堂、馆、所及住宅；

（七）弥补预算支出缺口和偿还债务；

（八）大中型基本建设项目；

（九）城市基础设施建设；

（十）与东西部协作和对口支援工作无关的其他支出。

第四章 资金的管理和监督

第十四条 市、县（区）扶贫部门负责青岛市对口支援资金的管理使用，青岛市对口支援资金实行专账管理、专项核算。确保专款专用，不得缓拨、挤占、挪用。

第十五条 市县要建立青岛市对口支援资金使用台账，并将相关项目实施及资金使用信息录入扶贫资金动态监控系统，按要求将青岛市对口资金使用情况报市扶贫办、市财政局和对口帮扶城市。

第十六条 全面推行公开公示制度。资金项目政策文件、管理制度、资金分配结果、项目实施情况等信息及时向社会公开，接受社会监督。

第十七条　对口支援资金使用管理的相关部门根据以下职责分工履行管理职责。

（一）市扶贫办负责拟定青岛市对口支援资金分配方案报市政府审定或签批，市、县扶贫、财政部门负责青岛市对口支援资金的使用管理、绩效评价、监督检查等工作，按照权责对等原则落实监管责任。

（二）市财政局按照市政府签批意见及时下达拨付资金，市、县（区）财政部门加强对青岛市对口支援资金的监督管理。

（三）青岛市对口支援资金使用单位应自觉接受各级审计机关、纪检监察机关的监督检查。

（四）项目实施完成后，由项目所在地县（区）扶贫办负责组织对项目进行验收，出具年度项目绩效评价报告，送市扶贫办、市财政局审核；市级项目由市扶贫办负责组织验收，出具年度项目绩效评价报告。项目验收情况于次年2月底前报青岛市扶贫协作工作办公室、青岛市财政局备存。

（五）如需调整或变更已经确认的对口支援项目，由项目所在地的市、县（区）扶贫办提出调整报告，由市扶贫办报青岛市扶贫协作工作办公室批复同意后及时按调整后的项目实施。

第十八条　对于弄虚作假，套取、贪污青岛市对口支援资金，或者违反政策规定导致项目建设出现严重问题的，依照有关法律法规追究当事人责任。

资料来源：《青岛市对口支援财政专项资金使用管理办法》。

附　录

关于开展东西部地区人才市场建设
对口支援试点工作的通知

中华人民共和国人力资源和社会保障部

（人办发〔1996〕83号　1996年11月7日）

江苏省、陕西省、广东省、贵州省人事厅：
　　为了进一步贯彻落实党的十四届五中全会和中央扶贫开发工作会议的精神，做好东西部地区的人才供求余缺调剂和人才市场建设对口支援工作，促进区域经济协调发展，人事部决定开展东西部地区人才市场建设对口支援的试点工作，以积累经验，加以推广。现将有关事项通知如下：
　　一、经协商，首批试点单位为江苏省扬州市、泰州市、苏州市和常州市，陕西省汉中市和安康地区，广东省中山市和南海市，贵州省遵义地区和黔东南自治州的人才流动服务机构。
　　二、东西部地区人才市场建设对口支援的试点单位，要围绕人才市场建设的总体思路和对口地区的实际情况努力开拓，大胆实践，积极主动地采取多种形式开展人才流动和人才市场建设的对口支援工作。重点是选派干部到对口单位考察学习，交流借鉴人才市场建设工作中行之有效的经验和做法；根据对口支援地区的人才资源状况，开展人才余缺调剂工作；进行经营管理人才的对口交流，帮助对口支援地区提高经营管理水平和企业经营效益，改进经营管理方法；开展人才技术的智力支援工作；组织科技人员通过技术咨询、技术改造等形式，帮助中西部地区提高产品的技术含量，增强市场竞争力；通过委托培养、在职培训等多种形式，有计划地培训对口地区的人才等。通过开展这些工作，带动两地人才供需信息的交流，促进两地人才市场建设的共同发展，为对口支援地区的经济服务。
　　三、开展试点工作的地区要切实把试点工作摆到重要议事日程，纳入全局工作中统筹安排。各试点单位的主管部门要高度重视这项工作，加强对试点工作的指导和管理，制定详尽可行的试点方案，明确试点目标，认真组织实施。

四、各试点单位应加强横向联系，互相交流，并定期将试点工作的做法、经验、问题等情况书面报送我部流动调配司，以便我们了解和掌握试点工作的有关情况和要求，上下一心，形成合力，确保试点工作的稳步推进。

关于东部和中部地区十九省市扶贫系统对口支援地震灾区有关事宜的通知

（国开办发〔2008〕48号　2008年6月18日）

东部和中部地区十九省市扶贫（经济协作）办：

根据国务院抗震救灾总指挥部《汶川地震灾后恢复重建对口支援方案》，东部和中部地区的19个省市作为支援方，对口支援遭受地震灾害严重的四川18个县（市）及甘肃、陕西省受灾严重地区（对口支援安排见附件）。

国务院抗震救灾总指挥部确定的对口支援方案，对组织实施的基本原则作了如下规定：一是坚持一方有难、八方支援，自力更生、艰苦奋斗的方针；二是由中央负责统筹协调、组织对口支援工作；三是按照"一省帮一重灾县"的原则，依据支援方经济能力和受援方灾情程度，合理配置力量，建立对口支援机制；四是明确对口支援期限按3年安排；五是要求坚持"硬件"与"软件"相结合，"输血"与"造血"相结合，当前和长远相结合，调动人力、物力、财力、智力等多种力量，优先解决灾区群众基本生活条件。

按照国务院抗震救灾总指挥部提出的上述原则和要求，结合扶贫系统自身实际，现就扶贫系统对口支援的有关事宜通知如下：

一、对口支援的组织形式

扶贫系统的对口支援，要纳入本省市统一的框架机制组织实施。在此框架内，19省市的扶贫（经济协作）办，重点向受援方县（市）扶贫系统倾斜，积极提供各项支持。

二、对口支援的主要内容

（一）按照"整村推进"要求，建设和修复贫困村生产生活损毁设施。

（二）提供劳动力转移培训、农业科技等服务。

（三）实施产业化扶贫的各项工作，特别是为扶贫龙头企业的恢复重建提供支持。

（四）提供"周转牛""周转羊""周转猪"等方式的支持。

（五）双方协商的其他对口支援内容。

三、对口支援的投入

各支援省市扶贫（经济协作）办应本着"积极主动、形式多样、突出重点、注重实效"的原则，尽最大可能和力量支持受援方搞好灾后恢复重建工作。每年具体投入资金物资的数额，由对口支援双方研究协商，并报国务院扶贫办抗震救灾工作领导小组备案。

请各省市将对口支援工作开展情况及时报我办。

专此通知。

国务院办公厅关于印发新时代中央国家机关及有关单位对口支援赣南等原中央苏区工作方案的通知

国办发〔2021〕15号

各省、自治区、直辖市人民政府，国务院各部委、各直属机构：

《新时代中央国家机关及有关单位对口支援赣南等原中央苏区工作方案》已经国务院同意，现印发给你们，请认真贯彻执行。

国务院办公厅

2021年4月21日

（此件公开发布）

新时代中央国家机关及有关单位对口支援赣南等原中央苏区工作方案

按照党中央、国务院决策部署，2013年以来中央国家机关及有关单位与赣南等原中央苏区加强工作对接，积极推进对口支援工作，助力受援地如期打赢脱贫攻坚战，振兴发展取得重大成效。为贯彻落实《国务院关于新时代支持革命老区振兴发展的意见》（国发〔2021〕3号）有关部署，扎实推进新时代中央国家机关及有关单位对口支援赣南等原中央苏区工作，现制定以下工作方案。

一、总体要求

以习近平新时代中国特色社会主义思想为指导，全面贯彻党的十九大和十九届二中、三中、四中、五中全会精神，认真落实党中央、国务院关于新时代支持革命老区振兴发展的战略部署，立足新发展阶段、贯彻新发展理念、构建新发展格局，充分发挥中央国家机关及有关单位职能作用，激发赣南等原中央苏区内生发展动力，努力构建人才、产业、项目、创新等相结合的对口支援工作格局，探索新时代推动革命老区高质量发展、逐步实现共同富裕的有效途径。

二、工作安排

对口支援赣南等原中央苏区工作，对口支援单位包括63个中央国家机关及有关单位，受援地包括江西省赣州市、吉安市、抚州市和福建省龙岩市、三明市所辖共43个县（市、区）。工作期限为2021年至2030年。其中，国家发展改革委、中央组织部作为牵头部门，负责对口支援工作的组织协调和统筹指导，并结合自身职能全面开展对口支援相关工作，不安排具体对口支援关系；其他61个对口支援单位与受援地具体结对安排如下：

（一）赣州市18个县（市、区）。

国务院国资委、国家药监局——章贡区（含赣州经济技术开发区）

证监会、中国民航局——南康区

科技部、自然资源部——赣县区

财政部、新华社——瑞金市

工业和信息化部、海关总署——龙南市

农业农村部、国家能源局——信丰县

广电总局、中科院——大余县

教育部、全国工商联——上犹县

生态环境部、体育总局——崇义县

交通运输部、供销合作总社——安远县

银保监会、进出口银行——定南县

商务部、开发银行——全南县

人力资源社会保障部、水利部——宁都县

国家卫生健康委、国家粮食和储备局——于都县

民政部、国家烟草局——兴国县

审计署、市场监管总局——会昌县

中央宣传部、国家统计局——寻乌县

司法部、国家乡村振兴局——石城县

（二）吉安市8个县（区）。

税务总局——吉州区

招商局集团有限公司——青原区

中国人民保险集团股份有限公司——吉安县

国家国防科工局——吉水县

人民银行——新干县

国家铁路局——永丰县

社科院——泰和县

国家林草局——万安县

（三）抚州市5个县。

中国旅游集团有限公司——黎川县

农业发展银行——南丰县

国家民委——乐安县

国家文物局——宜黄县

中央统战部——广昌县

（四）龙岩市7个县（市、区）。

国家电网有限公司——新罗区

文化和旅游部——永定区

国务院台办——漳平市

中国建筑集团有限公司——长汀县

退役军人部——上杭县

国家开发投资集团有限公司——武平县

住房城乡建设部——连城县

（五）三明市5个县。

国家中医药局——明溪县

华润（集团）有限公司——清流县

应急部——宁化县

中国国家铁路集团有限公司——泰宁县

中粮集团有限公司——建宁县

三、工作要求

（一）完善工作机制。国家发展改革委、中央组织部要加强统筹协调，会同各对口支援单位和受援地明确工作总体目标和重点任务，扎实推进落实对口支援各项工作任务。各对口支援单位要加强与受援地沟通协商，健全领导有力、联系紧密、运转高效的工作推进机制。江西、福建等有关省份和受援地要落实主体责任，明确任务分工，加强沟通衔接，参照本方案推进省级部门和企事业单位对口支援革命老区，确保对口支援工作取得实效。

（二）落实重点任务。各对口支援单位要结合自身职能和优势，充分考虑受援地比较优势和发展需要，以干部挂职、人才培训、营商环境营造、产业和创新平台建设等为重点，科学编制并推动落实对口支援实施方案。要把红色资源作为坚定理想信念、加强党性修养的生动教材，选派优秀干部到赣南等原中央苏区和其他革命老区挂职锻炼。要聚焦提升内生发展动力，支持受援地培训一批专业技术人才，推广一批改革创新举措，实施一批有利于推动高质量发展的政策与项目。支持其他革命老区重点市县学习借鉴赣南等原中央苏区经验做法，结合中央国家机关及有关单位选派干部挂职锻炼，探索建立合作机制。

（三）加强督促评估。国家发展改革委、中央组织部要及时跟踪对口支援工作进展情况，加大督促检查力度，定期组织工作成效评估，并将评估结果纳入地方政府绩效评价考核体系。重大问题及时向国务院报告。

国务院办公厅关于开展对口帮扶贵州工作的指导意见

(国办发〔2013〕11号 2013年2月4日)

各省、自治区、直辖市人民政府,国务院各部委、各直属机构:

贵州是我国西部多民族聚居的省份,也是贫困问题最突出的欠发达省份。贫困和落后是贵州的主要矛盾,加快发展是贵州的主要任务。贵州尽快实现富裕,是西部和欠发达地区与全国缩小差距的一个重要象征,是国家兴旺发达的一个重要标志。开展对口帮扶贵州工作,促进贵州经济持续健康发展,是先富帮后富、逐步实现共同富裕的重要举措。根据《中共中央 国务院关于深入实施西部大开发战略的若干意见》(中发〔2010〕11号)、《国务院关于进一步促进贵州经济社会又好又快发展的若干意见》(国发〔2012〕2号)有关要求,经国务院同意,现就开展对口帮扶贵州工作提出以下指导意见:

一、总体要求

(一)指导思想。高举中国特色社会主义伟大旗帜,以邓小平理论、"三个代表"重要思想、科学发展观为指导,紧紧抓住国家深入实施西部大开发战略、加大支持贵州经济社会发展力度的历史性机遇,充分发挥对口帮扶双方积极性,以提升受帮扶地区自我发展能力、保障和改善民生为核心,帮扶工作重点向贫困地区、基层一线倾斜,着力改善当地群众生产生活条件,提升基本公共服务水平;着力促进双方经贸合作,支持受帮扶地区构建具有自身特色和比较优势的产业体系;着力加强人才培养与交流,强化科技、人才支撑能力;着力建立健全对口帮扶长效机制,形成共谋发展、共同进步的对口帮扶工作新格局,推动贵州努力走出一条符合自身实际和时代要求的发展之路,与全国同步实现全面建成小康社会目标。

(二)基本原则。

——统筹规划,有序推进。科学编制对口帮扶规划,做好与国家总体规划和相关专项规划的衔接,精心组织,周密安排,明确任务,务求实效,推动对口帮扶工作有力有效有序开展。

——面向基层,民生优先。始终把保障和改善民生放在对口帮扶工作首位,资金、项目重点向集中连片特殊困难地区、农村、基层倾斜,着力解决好各族群众最关心最直接最现实的利益问题。

——优势互补,夯实基础。坚持帮扶方加大支持力度与受帮扶地区自力更生相结合，遵循经济规律和市场规律，将帮扶方的资金、技术、人才、管理等优势与受帮扶地区的资源、劳动力、市场等优势结合起来，大力发展特色优势产业，加强基础设施建设，不断提高受帮扶地区自我发展能力。

——完善机制，互惠互利。建立帮扶资金稳定增长机制，建立和完善帮扶资金、项目管理制度和工作机制，创新对口帮扶方式，完善合作机制，拓宽合作领域，提升合作层次，实现互利共赢。

（三）主要目标。到2020年，在国家和社会各界支持下，通过自身努力和帮扶方大力支援，力争使贵州受帮扶地区城乡居民基本生产生活条件明显改善，基本公共服务水平和均等化程度显著提高；集中连片特殊困难地区扶贫攻坚工作取得突破性进展，扶贫对象大幅减少；特色优势产业体系基本形成，经济发展质量和效益明显提高，综合竞争力显著增强。

二、时间安排和结对关系

（一）时间安排。对口帮扶工作期限初步确定为2013—2020年。2013年6月底前为工作启动阶段，主要任务是明确对口帮扶关系，建立工作机制，制定规划和相关工作制度。从2013年下半年开始，全面组织实施对口帮扶工作。

（二）对口帮扶结对关系。综合考虑原有东西协作扶贫关系、帮扶方财力状况、受帮扶地区困难程度以及双方合作基础等因素，确定对口帮扶工作由辽宁、上海、江苏、浙江、山东、广东等6个省（直辖市）的8个城市，分别对口帮扶贵州的8个市（州）。即：上海市对口帮扶遵义市，大连市对口帮扶六盘水市，苏州市对口帮扶铜仁市，杭州市对口帮扶黔东南州，宁波市对口帮扶黔西南州，青岛市对口帮扶安顺市，广州市对口帮扶黔南州，深圳市对口帮扶毕节市。

三、规划指导和资金管理

（一）制定对口帮扶规划。帮扶方有关方面要会同受帮扶地区组织编制本省（直辖市）、计划单列市对口帮扶规划，先期开展编制2013—2015年帮扶工作计划，而后以5年为周期编制规划，经贵州省人民政府协调平衡后，报本省（直辖市）、计划单列市人民政府批准实施，并报国家发展改革委备案。贵州省人民政府负责汇总提出对口帮扶总体规划，并报国家发展改革委备案。帮扶方要适时会同贵州省人民政府开展规划实施情况评估。

（二）加强资金管理。帮扶方每年在财政预算内安排一定数额的帮扶资金。2013年各帮扶方安排的帮扶资金（按实物工作量计算，下同）原则上不低于3000万元，以此为基数，以后年度可在双方协商一致的基础上加大支持力度。原有东西协作扶贫帮扶城市2012年度帮扶资金总量高于3000万元的，可以原帮扶资金总量为基数。

帮扶资金主要用于重点民生工程、干部和人才培养交流、必要的基础设施、产业发展以及社会事业领域，具体内容和实施方式经双方充分协商后确定。国家对贵州的专项资金投入，在不改变分配渠道、不改变使用方向的前提下，可结合对口帮扶规划与帮扶资金统筹使用。

四、重点任务

（一）深入推进扶贫开发攻坚。重点加强对8市（州）处于武陵山片区、乌蒙山片区、滇桂黔石漠化片区内有关县（市、区）的帮扶力度。支持受帮扶地区整合资源、创新体制机制，集中人力财力物力，开展扶贫攻坚会战。大力发展县域经济，推进农业结构调整，支持发展产业化经营，着力提高农业产业化水平，积极拓宽农民增收渠道。

（二）增强基本公共服务能力。支持受帮扶地区加快健全基本公共服务体系，加强教育、卫生、文化、就业、社会保障、基层组织等领域的公益性服务设施建设，重点推进农村饮水、道路、供电、水利等基础设施建设，不断提升服务质量和水平，努力与全国人民同步实现基本公共服务均等化。

（三）深化经济技术交流合作。发挥市场机制作用，以产业为纽带，加强对口帮扶双方在能源、矿产资源及精深加工、农产品加工、民族制药、特色轻工、新型建材、装备制造、旅游文化等领域的合作力度，推进受帮扶地区有序承接产业转移。鼓励帮扶方在受帮扶地区共建开发区、产业园区和外贸基地，共同招商引资，共同经营管理；对共建的园区，可比照国家级经济技术开发区予以指导和服务。对口帮扶期间，对园区内入驻的企业加大财税支持力度。鼓励通过技术培训、合作入股等方式在受帮扶地区推广新工艺及适用技术、管理模式，提高产业技术含量和发展水平。

（四）加强干部和人才培养交流。鼓励帮扶方与受帮扶地区开展干部双向挂职交流工作，加大基层干部培养力度。依托国家重大人才工程和"西部之光"、博士服务团等人才工作项目，组织实施"贵州专门人才培训工程"、"院士专家援黔行动计划"、领导干部培训计划，支持贵州各类人才队伍建设，重点支持培养急需紧缺专业人才。根据帮扶方吸纳劳动力的能力，组织受帮扶地区富余劳动力到帮扶方培训、就业。推进实施教育扶贫工程，每年选送一批贫困家庭学生赴帮扶方接受免费职业教育。支持建设遵义干部学院。

五、组织领导

（一）加强领导，精心组织。帮扶方要明确单位负责本省（直辖市）、计划单列市对口帮扶工作的管理、协调和落实。贵州省要指定相应机构负责对口帮扶工作的组织和协调。受帮扶的各市（州）要明确一位负责同志和相应单位负责本地区对口帮扶工作，保障帮扶工作落到实处。

（二）健全制度，强化管理。贵州省以及8市（州）承担对口帮扶工作的机构要加强制度建设，建立对口帮扶信息通报、统计监测、监督检查、考核评估制度，重要情况要及时通报有关地区和部门。严格管理制度，加强对各类帮扶资金和项目的管理，切实提高资金使用效益。帮扶资金不得用于各级党政机关办公楼和其他楼堂馆所建设，严禁搞面子工程、形象工程和政绩工程。

（三）加强指导，督促落实。国家发展改革委要会同有关部门、地方研究提出对口帮扶贵州的政策措施，指导科学编制对口帮扶规划，组织协调对口帮扶工作中的重大问题并做好督促检查，重要情况及时报告国务院。

国务院办公厅关于开展对三峡工程库区
移民工作对口支援的通知

（国办发〔1992〕14号　1992年3月27日）

各省、自治区、直辖市人民政府，国务院各部委、各直属机构：

三峡工程库区移民，涉及湖北、四川两省十九个县（市）。这些县（市）多数地处贫困山区，移民数量大，安置任务艰巨。做好三峡库区移民工作，不仅是湖北、四川两省的任务，也需要各地区、各部门的广泛支持。经国务院同意，现将开展对三峡工程库区移民工作对口支援的有关问题通知如下：

各地区、各部门的对口支援要从实际出发，在安排基本建设、技术改造和其他投资开发项目以及在横向经济合作、引进外资、人才培训、干部交流等方面，对三峡工程库区各县（市）移民工作给予重点支援。国务院各部门在安排计划时，要结合三峡工程库区移民，多摆些项目。其他省、自治区、直辖市的有关部门，要在互惠互利的基础上，积极开展与三峡工程库区各县（市）的经济、技术合作。

对口支援要有组织、有计划地进行，工作要扎实，讲求实效。对口支援的协调工作，由国务院三峡工程移民试点工作领导小组负责。各地区、各部门可派人到三峡工程库区考察，了解情况，选择对象，协商对口支援办法。三峡工程库区各县（市）也可根据当地需要与可能，自找对口支援单位。为做好这项工作，国务院三峡工程移民试点工作领导小组，拟在今年适当时候召开会议，总结交流各地区、各部门开展对三峡工程库区移民工作对口支援的经验。

湖北、四川两省及其有关部门和地区，要按照开发性移民方针，充分利用当地资源，积极配合国务院各部门的支援活动，做好本省、本部门、本地区的支援三峡工程库区移民规划，并在安排资金、物资、技术和干部的支援上，适当予以倾斜，认真抓出成效，带头把对口支援三峡库区移民的工作做好。

国务院办公厅关于印发发达省（市）对口支援四川云南甘肃省藏区经济社会发展工作方案的通知

（国办发〔2014〕41号　2014年8月11日）

各省、自治区、直辖市人民政府，国务院各部委、各直属机构：

《发达省（市）对口支援四川云南甘肃省藏区经济社会发展工作方案》已经国务院同意，现印发给你们，请认真贯彻执行。

发达省（市）对口支援四川云南甘肃省藏区经济社会发展工作方案

根据党中央、国务院的部署和要求，为加快推动四川、云南、甘肃省藏区（以下称三省藏区）经济社会发展，现就开展发达省（市）对口支援三省藏区工作制定以下工作方案。

一、重要意义

三省藏区在全国经济发展、社会稳定和生态保护大局中具有特殊重要地位。中央第五次西藏工作座谈会召开以来，三省党委、政府认真贯彻落实党中央、国务院各项方针政策和决策部署，建立了省内其他地区对口帮扶本省藏区工作机制，取得了一定的成效。但是，三省藏区经济社会发展仍然面临特殊困难和问题，维护社会稳定、保障改善民生、保护生态环境、实现全面建成小康社会的任务十分繁重，亟需进一步加大帮扶力度。抓紧组织开展发达省（市）对口支援三省藏区工作，并与东西扶贫协作、省内对口帮扶结合起来协同推进，有利于推动三省藏区科学发展、加快改变落后面貌、提高公共服务能力、持续改善民生，是加强民族间地区间交往交流交融、增强"四个认同"的有效途径，对于促进三省藏区跨越式发展、维护社会稳定和长治久安，具有重要和深远的意义。

二、总体要求

（一）指导思想。以邓小平理论、"三个代表"重要思想、科学发展观为指导，全面贯彻党的十八大、十八届三中全会和中央第五次西藏工作座谈会精神，落实党中央、国务院决策部署，从共享发展成果、促进民族团结、维护社会稳定、保障生态安全的高度出发，围绕增强受援地自我发展、可持续发展能力，开展发达省（市）对口支援三省藏区工作，充分调动各方面积极性，支持三省藏区培育发展特色优势产业，提高基层教育、就业、医疗卫生等公共服务水平，加强生态建设和环境保护，加大人才引进和培养力度，深化民族间地区间交往交流交融，为促进三省藏区跨越式发展和长治久安注入新的活力。

（二）基本原则。

——科学规划，有序实施。立足当前，兼顾长远，科学编制对口支援规划，明确支援目标、重点任务和建设时序，做好与国家和地方规划的衔接，精心组织实施，有序开展对口支援。

——突出重点，注重实效。以民生援助、智力援助和产业援助为重点，向基层、农牧区和贫困人口倾斜，统筹整合、严格管理、高效使用对口支援资金与其他支持资金，切实解决好藏区群众最关心、最直接、最现实的利益问题，不得搞楼堂馆所、政绩工程、形象工程。

——培育产业，夯实基础。充分发挥对口支援的桥梁纽带作用，尊重市场规律，推动受援地有序开发优势资源，积极培育壮大比较优势明显、市场前景广阔、关联带动性强的特色产业，增强人才、科技支撑，实现援受双方优势互补、合作共赢，不断提高受援地自我发展能力。

——保护生态，保持特色。坚持生态保护与经济建设相协调，现代化与民族特色相统一，项目建设与地方特色相结合，促进经济建设、民生改善与优秀民族文化传承同步协调推进。

——完善机制，着力创新。更好发挥援受双方各级政府主导作用，强化组织领导，创新援助模式，建立完善人才、教育、产业支援协调推进的工作机制，探索建立合作开发、群众参与、成果共享的长效机制。

（三）工作目标。到2020年，经过援受双方共同努力，力争使三省藏区城乡居民收入较快增长，生产生活条件明显改善，基本公共服务能力显著提高，生态环境持续向好，特色优势产业加快发展，自我发展能力明显增强，社会更加和谐稳定，各民族的向心力和凝聚力进一步加强，为助推三省藏区跨越式发展和长治久安提供重要支撑。

三、时间安排与结对关系

（一）时间安排。发达省（市）对口支援三省藏区工作期限暂定为2014年至2020年。2020年以后的工作，将根据实施情况另行研究。

（二）结对关系。综合考虑东西扶贫协作基础、支援省（市）财力状况和三省藏区困难程度等因素，按照一省（市）对一州的原则，确定由天津市、上海市、浙江省、广东省（含深圳市）对口支援三省藏区4个藏族自治州和2个藏族自治县。具体结对关系为：

——天津市对口支援甘南藏族自治州和天祝藏族自治县；

——上海市对口支援迪庆藏族自治州；

——浙江省对口支援阿坝藏族羌族自治州和木里藏族自治县；

——广东省（含深圳市）对口支援甘孜藏族自治州。

此外，天津市、上海市、浙江省继续做好东西扶贫协作机制下对甘肃省、云南省、四川省藏区以外其他贫困地区的帮扶工作。

四、重点任务

（一）大力扶持教育发展。统筹扶持受援地校舍、教学仪器设备、教学资源等硬件建设和教师培养培训、管理能力提升等软件建设，重点支持藏区双语教育、中等职业教育、异地办班和人才培养工作。扩大支援省（市）与受援地的双向教育交流，鼓励支援省（市）高校和中等职业学校扩大面向三省藏区的招生规模。鼓励采取交流培养、合作办学、"一对一"帮扶等方式开展教育援藏。

（二）支持培育优势产业。积极扶持受援地发展现代农牧业，建设生态型农牧业示范园区，大力发展农畜产品、藏药、绿色食品、少数民族特需商品和民族手工艺品等特色加工业，努力打造名优品牌。积极推进生态旅游合作，加强规划指导和人才支持，支持旅游基础设施建设、特色旅游商品开发和相关服务业发展，打造和推广一批精品旅游线路。支持生态功能重要、生态环境脆弱或自然条件恶劣的受援县，在省内适宜地区建设"飞地产业园区"。鼓励在三省藏区从事优势资源开发的中央企业主动承担帮扶藏区州、县的任务，通过合资合作、参股改制等市场运作方式扶持当地特色优势产业发展，探索建立资源开发利益共享机制。

（三）努力促进就业创业。大力扶持受援地特色优势产业特别是劳动密集型产业发展，努力开拓就业渠道，为当地增加就业岗位，鼓励和引导藏区高校毕业生在受援地就业创业。通过订单式培养等多种方式，有针对性地开展国家通用语言文字、就业技能等培训工作，引导受援地群众转变就业观念，不断提升就业能力和水平。加强劳务合作，在援建项目中尽可能多地吸纳当地劳动力，建立援受双方人力资源市场联动机制，引导和有序组织藏区富余劳动力到支援省（市）就业创业。

（四）加强生态建设和环境保护。帮助和引导受援地转变发展观念，按照主体功能区定位，积极探索和推行绿色发展模式。大力开展生态建设和环境保护合作，提高受援地环境监管能力，加强资源开发中的生态环境保护与恢复工作，促进区域生态环境改善和生物多样性保护。

（五）增强基层公共服务能力。以提高基层公共服务能力和水平为重点，加强受援地农牧区医疗卫生、劳动就业、文化、社会保障、基层组织等公益性设施建设，积极参与农牧区水、电、路等民生基础设施建设，改善当地群众特别是贫困村群众生产生活条件。鼓励支援省（市）企业、社会组织和志愿者到三省藏区参与各类公益活动。

（六）深化经济技术和人才交流。充分发挥对口支援桥梁纽带作用，广泛开展产学研、技工贸合作，鼓励支援省（市）引导本地企业到受援地投资兴业，参与优势资源开发或深加工，延伸产业链。援受双方根据受援地实际需要，开展干部双向挂职，组织规划、设计、施工、管理等专业技术人员开展短期援助，实施专业技术人才支援交流计划。加强受援地基层党政干部、专业技术人才、新型农牧民培训，创新人才培养方式。

五、保障措施

（一）建立协调机制。中央西藏工作协调小组经济社会发展专项工作小组（以下简称经济社会发展组）负责指导协调对口支援三省藏区工作。支援省（市）和四川、云南、甘肃三省政府要建立和完善对口支援领导工作机制，明确工作机构，负责本省（市）对口支援工作的管理、协调和落实。各受援州、县要发挥主体作用，建立和完善由援受双方共同参与的对口支援领导工作机制，协调落实本地区对口支援各项工作。

（二）制定支援规划。支援省（市）会同受援地组织编制本省（市）对口支援规划，明确重点领域和项目，经受援地所在省发展改革部门综合平衡后，报经济社会发展组审核，由支援省（市）人民政府批准实施。2014—2015年，援受双方编制2年期对口支援计划。2016—2020年，编制5年期对口支援规划，并适时组织规划实施情况评估。根据需要，支援省（市）还可会同受援地编制人才交流、就业、培训、教育等对口支援专项规划或实施方案，协助受援地做好当地经济社会发展中长期规划。依据对口支援规划，支援省（市）会同受援地及时编制下达对口支援年度计划。

（三）安排支援资金。天津市、上海市和浙江省要按照东西扶贫协作机制要求，统筹考虑三省藏区以外其他贫困地区的平衡关系，与受援省协商确定对口支援三省藏区资金规模。广东省（含深圳市）要按照承诺，安排对口支援资金。

（四）做好协调服务。国务院有关部门要加强政策支持、业务指导和协调服务，指导做好对口支援规划与国家有关规划的衔接。除党中央、国务院有明确要求外，各部门不得向支援省（市）或受援地下达对口支援任务。四川、云南、甘肃三省和受援地政府要加强与国务院有关部门、支援省（市）沟通协调，建立对口支援项目绿色审批通道，积极做好规划组织实施工作，提供优质高效服务。

（五）加强监督检查。援受双方要严格执行国家有关资金项目管理等方面的法律法规，强化监督检查，确保建设质量和资金安全。建立健全考核评价、监督检查、统计报告、信息通报、违规责任追究等工作制度，及时掌握对口支援工作进展，推动对口支援各项工作有序开展。经济社会发展组要加强对对口支援三省藏区工作的跟踪分析与督促检查，协调解决工作中出现的困难和问题，重大问题及时向国务院报告。

国务院办公厅关于印发汶川地震灾后恢复重建对口支援方案的通知

(国办发〔2008〕53号　2008年6月11日)

各省、自治区、直辖市人民政府，国务院各部委、各直属机构：

《汶川地震灾后恢复重建对口支援方案》已经国务院同意，现印发给你们，请认真贯彻执行。

汶川地震灾后恢复重建对口支援方案

灾后恢复重建是一项十分艰巨的任务。为举全国之力，加快地震灾区灾后恢复重建，并使各地的对口支援工作有序开展，经党中央、国务院同意，建立灾后恢复重建对口支援机制。

一、灾后恢复重建对口支援的基本原则

(一)坚持一方有难、八方支援，自力更生、艰苦奋斗的方针，承担对口支援任务的有关省市积极为灾区提供人力、物力、财力、智力等各种形式的支援；受援地区树立地方为主的思想，充分发挥干部群众的积极性，互帮互助，苦干实干，生产自救，重建家园。

(二)根据各地经济发展水平和区域发展战略，中央统筹协调，组织东部和中部地区省市支援地震受灾地区。

(三)按照"一省帮一重灾县"的原则，依据支援方经济能力和受援方灾情程度，合理配置力量，建立对口支援机制。在具体安排时，尽量与安置受灾群众阶段已形成的对口支援关系相衔接。

(四)对口支援期限按3年安排。在国家的支持下，集各方之力，基本实现灾后恢复重建规划的目标。

二、对口支援安排方案

(一)支援方。

东部和中部地区共19个省市，考虑海南省的实际情况不作安排；同时考虑重庆市是

直辖市,且与四川的历史联系,西部地区安排重庆市承担对口支援任务。支援省市为19个,即广东、江苏、上海、山东、浙江、北京、辽宁、河南、河北、山西、福建、湖南、湖北、安徽、天津、黑龙江、重庆、江西、吉林。

(二)受援方。

根据国家地震局提供的汶川地震烈度区划和四川省提供的受灾县(市)灾情程度,将四川省北川县、汶川县、青川县、绵竹市、什邡市、都江堰市、平武县、安县、江油市、彭州市、茂县、理县、黑水县、松潘县、小金县、汉源县、崇州市、剑阁县共18个县(市),以及甘肃省、陕西省受灾严重地区作为受援方。

(三)对口支援安排。

考虑支援方的经济实力和受援方的灾情程度,兼顾安置受灾群众阶段已形成的对口支援格局,对口支援安排如下:

1. 山东省——四川省北川县
2. 广东省——四川省汶川县
3. 浙江省——四川省青川县
4. 江苏省——四川省绵竹市
5. 北京市——四川省什邡市
6. 上海市——四川省都江堰市
7. 河北省——四川省平武县
8. 辽宁省——四川省安县
9. 河南省——四川省江油市
10. 福建省——四川省彭州市
11. 山西省——四川省茂县
12. 湖南省——四川省理县
13. 吉林省——四川省黑水县
14. 安徽省——四川省松潘县
15. 江西省——四川省小金县
16. 湖北省——四川省汉源县
17. 重庆市——四川省崇州市
18. 黑龙江省——四川省剑阁县
19. 广东省(主要由深圳市)——甘肃省受灾严重地区
20. 天津市——陕西省受灾严重地区

(四)未纳入对口支援的受灾县(市、区)由所在省人民政府组织本省范围内的对口支援。

社会各界及境外提出对口支援的,由受灾省人民政府统筹安排。

三、对口支援的内容、方式和任务

坚持"硬件"与"软件"相结合,"输血"与"造血"相结合,当前和长远相结合,调动人力、物力、财力、智力等多种力量，优先解决灾区群众基本生活条件。对口支援的内容和方式有：

（一）提供规划编制、建筑设计、专家咨询、工程建设和监理等服务。

（二）建设和修复城乡居民住房。

（三）建设和修复学校、医院、广播电视、文化体育、社会福利等公共服务设施。

（四）建设和修复城乡道路、供（排）水、供气、污水和垃圾处理等基础设施。

（五）建设和修复农业、农村等基础设施。

（六）提供机械设备、器材工具、建筑材料等支持。选派师资和医务人员，人才培训、异地入学入托、劳务输入输出、农业科技等服务。

（七）按市场化运作方式，鼓励企业投资建厂、兴建商贸流通等市场服务设施，参与经营性基础设施建设。

（八）对口支援双方协商的其他内容。

基层政权建设由中央和地方财政为主安排，各级党政机关办公设施不列入对口支援范围。

各支援省市每年对口支援实物工作量按不低于本省市上年地方财政收入的1%考虑。具体内容和方式与受援方充分协商后确定。

四、工作要求

（一）加强领导，精心组织。灾后恢复重建工作复杂，任务艰巨，支援和受援双方要按照中央统一部署，设立机构，协调配合，抓好各项措施落实。为争取时间，支援方要尽早参与规划设计等前期工作。

（二）依据规划，有序推进。灾后恢复重建要严格按照灾后重建规划布局、选址要求和各类建设标准组织实施。制订科学合理的建设计划，防止盲目建设，防止盲目攀比。

（三）统一政策，统筹安排。为鼓励对口支援的积极性，中央统一研究制定对口支援的优惠政策。同时要对中央财政建设资金、对口支援资金、社会捐助资金以及受灾地区自筹资金统筹安排，合理使用，严格管理，精打细算，努力提高资金使用效益。

（四）善始善终，搞好衔接。在安置受灾群众阶段已经部署的帐篷、活动板房等对口支援工作，要继续按照原工作部署完成。灾后恢复重建阶段对口支援的各项工作统一按此次安排方案执行。

国务院办公厅关于印发中央国家机关及有关单位对口支援赣南等原中央苏区实施方案的通知

（国办发〔2013〕90号　2013年8月22日）

各省、自治区、直辖市人民政府，国务院各部委、各直属机构：

《中央国家机关及有关单位对口支援赣南等原中央苏区实施方案》已经国务院同意，现印发给你们，请认真贯彻执行。

中央国家机关及有关单位对口支援赣南等原中央苏区实施方案

中央国家机关及有关单位（以下称支援单位）对口支援赣南等原中央苏区有关县（市、区），是《国务院关于支持赣南等原中央苏区振兴发展的若干意见》（国发〔2012〕21号，以下简称《意见》）的明确要求，对于充分调动各方面积极性，形成整体合力，共同推动赣南等原中央苏区加快振兴发展，具有重要意义。为推进对口支援工作有序开展，现制定以下实施方案。

一、总体要求

（一）指导思想。高举中国特色社会主义伟大旗帜，以邓小平理论、"三个代表"重要思想、科学发展观为指导，紧紧围绕《意见》确定的目标任务，以提升受援地自我发展能力为重点，充分发挥支援单位职能优势，切实加大对口支援力度，帮助解决发展中的突出困难和问题，努力构建人才、技术、产业、项目相结合的对口支援工作格局，推动赣南等原中央苏区实现全面振兴和跨越式发展。

（二）基本原则。

——科学谋划，有序实施。支援单位要根据职能特点和受援地发展需要，科学制定对口支援工作方案，明确工作重点，确定分步推进的时间表，确保对口支援工作扎实有序开展。

——统筹兼顾，突出重点。支援单位要按照《意见》要求，结合自身优势，着眼受援地长远发展，统筹开展对口支援工作。要坚持把保障和改善民生、提升基本公共服务水平摆在突出位置，全面增强受援地自我发展能力和可持续发展能力。

——创新方式，多措并举。支援单位要在总结以往对口支援工作经验的基础上，创新对口支援方式，通过人才交流、培养培训、技术支持、产业扶持、项目引导等多种形式，着力支持受援地优化发展环境，推动对口支援工作深入开展。

——加强协作，形成合力。支援单位和受援地人民政府要加强组织领导，搞好协调配合，完善工作机制，推动对口支援任务全面落实。受援地要大力弘扬苏区精神，自力更生、艰苦奋斗，充分发挥主动性和创造性，推动对口支援工作取得实效。

（三）工作目标。到2020年，通过支援单位、江西省、相关设区市和受援地的共同努力，使受援地有效解决突出的民生问题和制约发展的薄弱环节，干部人才队伍素质全面提升，基本生产生活条件明显改善，公共文化服务体系切实加强，特色优势产业加快发展，自我发展能力和可持续能力显著增强，为实现赣南等原中央苏区与全国同步全面建成小康社会目标提供重要支撑。

二、时间安排和结对关系

（一）时间安排。对口支援工作期限初步确定为2013年至2020年，2020年以后根据实施情况另行研究。

（二）支援单位。发展改革委、中央组织部牵头，中央宣传部、中央统战部、教育部、科技部、工业和信息化部、国家民委、公安部、民政部、司法部、财政部、人力资源社会保障部、国土资源部、环境保护部、住房城乡建设部、交通运输部、水利部、农业部、商务部、文化部、卫生计生委、人民银行、审计署、国资委、海关总署、税务总局、工商总局、质检总局、新闻出版广电总局、体育总局、安全监管总局、食品药品监管总局、统计局、林业局、旅游局、法制办、台办、银监会、证监会、保监会、粮食局、能源局、国防科工局、烟草局、铁路局、民航局、文物局、扶贫办、供销合作总社、开发银行、农业发展银行参加，共计52个支援单位。

（三）受援地。江西省赣州市所辖18个县（市、区），以及参照执行对口支援政策的吉安市吉州区、青原区、吉安县、吉水县、新干县、永丰县、泰和县、万安县和抚州市黎川县、南丰县、乐安县、宜黄县、广昌县等13个特殊困难县（区），共计31个县（市、区）。

（四）结对原则。对赣州市18个县（市、区）原则上各安排两个支援单位进行对口支援。对吉安市、抚州市的13个特殊困难县（区）各安排一个支援单位进行对口支援。在具体对口支援安排上，充分考虑支援单位职能优势与受援地的比较优势和发展需要。

（五）结对安排。发展改革委、中央组织部为对口支援工作牵头部门，负责对口支援工作的组织协调和统筹指导，并结合自身职能全面开展对口支援工作，不再安排具体对口支援关系。其他支援单位的结对安排如下：

1.赣州市18个县（市、区）。

工业和信息化部、公安部、国资委——章贡区（含赣州经济技术开发区）

财政部、银监会——瑞金市
证监会、民航局——南康市
科技部、国土资源部——赣县
农业部、能源局——信丰县
新闻出版广电总局、安全监管总局——大余县
教育部、法制办——上犹县
环境保护部、体育总局——崇义县
交通运输部、供销合作总社——安远县
海关总署、食品药品监管总局——龙南县
保监会、台办——定南县
商务部、开发银行——全南县
人力资源社会保障部、水利部——宁都县
卫生计生委、粮食局——于都县
民政部、烟草局——兴国县
审计署、质检总局——会昌县
中央宣传部、统计局——寻乌县
司法部、扶贫办——石城县

2.吉安市特殊困难县（区）。

税务总局——吉州区
旅游局——青原区
住房城乡建设部——吉安县
国防科工局——吉水县
人民银行——新干县
铁路局——永丰县
工商总局——泰和县
林业局——万安县

3.抚州市特殊困难县。

文化部——黎川县
农业发展银行——南丰县
国家民委——乐安县
文物局——宜黄县
中央统战部——广昌县

三、主要任务

（一）加大人才技术支援。组织开展支援单位和受援地干部的双向挂职、两地培训，各支援单位要选派优秀干部到受援地挂职。实施专业人才培养计划，加快培养受援地经济社会发展亟需的技能型人才。鼓励高层次人才投资创业，支持引进领军型人才，帮助

建设高素质企业家队伍。加强技术指导，推动科研机构、高等院校开展多种形式的交流和科研合作，引导鼓励科技型企业到受援地发展。

（二）加强业务指导与支持。各支援单位要结合自身职能，紧紧围绕受援地经济社会发展需求，加强业务指导，在政策实施、项目安排、资金投入、体制创新等方面给予积极支持，帮助受援地加快振兴发展。

（三）帮助解决发展难题。各支援单位要加强与受援地的沟通，全面了解受援地经济社会发展特别是民生方面面临的突出困难和问题，充分发挥部门优势，积极协调和有效调动社会各方面力量，整合各种资源，加大对受援地支持力度，合力破解制约受援地经济社会发展的重大难题。

（四）支持中央企业开展帮扶活动。支持中央企业在赣州发展，开展帮扶活动。鼓励中央企业自主与赣州市有关县（市、区）形成帮扶关系，通过参与地方资源开发、产业发展和重大项目建设，实现互利双赢、共同发展。中央企业帮扶工作由国资委具体负责。

四、组织领导

对口支援是一项系统工作，各支援单位和受援地人民政府要高度重视，加强协调，周密安排，扎实工作，力求取得实效。

（一）精心组织实施。各支援单位要按照《意见》精神和本实施方案要求，抓紧与江西省、相关设区市及受援地人民政府协商制定工作方案并组织实施；每年年初要对对口支援工作进行部署，明确年度工作目标和任务，力争每年有实质性进展。江西省和赣州市、吉安市、抚州市人民政府要建立健全工作机制，加强与有关部门的沟通衔接，并参照本实施方案，组织安排本省、市的相关部门和单位对口支援原中央苏区有关县（市、区）。各受援地要主动配合和支持支援单位的工作，积极作为、不等不靠，合力推动对口支援工作顺利开展。

（二）加强督促落实。各支援单位要将本单位对口支援工作方案及年度工作安排、完成情况及时报送发展改革委、中央组织部。发展改革委、中央组织部要按照职能分工，加大督促检查力度，定期对对口支援工作进行总结和效果评估，适时对对口支援工作进行考核，确保对口支援工作取得实效。

福建省、广东省要参照本实施方案，研究制定本省对口支援省内原中央苏区工作方案，明确工作目标和任务，加强人才、技术、产业、项目等方面的对口支援，支持受援地加快振兴发展。

国务院关于全国对口支援三峡库区合作规划（2014—2020年）的批复

（国函〔2014〕96号　2014年7月30日）

三峡办：

你办会同有关方面编制的《全国对口支援三峡库区合作规划（2014—2020年）》收悉。现批复如下：

原则同意《全国对口支援三峡库区合作规划（2014—2020年）》，请认真组织实施。

全国对口支援三峡库区合作规划（2014—2020年）

在党中央、国务院的正确领导下，在有关省（区、市）、部门和单位的共同努力下，三峡库区百万移民搬迁安置任务已如期完成，全国对口支援三峡库区工作进入了新阶段。继续开展全国对口支援三峡库区工作，有利于加快库区移民安稳致富，增强库区经济发展活力，促进库区社会和谐稳定；有利于加强库区生态环境保护，保障三峡水库水资源安全；有利于探索建立新型区域合作关系，对口支援双方携手共促区域协调发展；有利于传承全国一盘棋的优良传统，弘扬社会主义集中力量办大事的优越性。

为做好新时期全国对口支援三峡库区工作，进一步创新对口支援工作机制，加强对口支援合作，制定本规划。

一、三峡库区发展现状和面临形势

自1992年党中央、国务院作出开展全国对口支援三峡库区移民工作的重大决策以来，三峡库区城乡面貌和居民生活水平发生了根本性变化。2012年，三峡库区地区生产总值4986亿元，人均29583元，扣除物价因素，分别比1992年增长了15.9倍和14.7倍。全国对口支援三峡库区工作为库区经济社会发展作出了较大贡献，2008—2012年，为三峡库区引进资金总额1049亿元（其中：社会公益类项目资金23亿元，经济建设类项目资金1026亿元）。库区基础设施和社会事业蓬勃发展，城乡面貌焕然一新，人民生活水平显著提高，百万移民已从搬迁安置转入安稳致富的新阶段。

目前，三峡库区发展面临着难得的机遇。一是随着三峡后续工作开展和集中连片特殊困难地区扶贫政策的实施，国家将进一步加大对三峡库区的支持力度，为库区经济社会发展带来新的机遇；二是全国已进入转变发展方式、加快产业结构调整和转移的关键时期，承接产业转移、培育特色产业，为库区产业发展带来新的机遇；三是全国人力资源供需的变化，为库区发挥人力资源优势、深化与发达地区的劳务合作带来新的机遇。

同时，三峡库区发展也面临着挑战。一是自然生态环境现状与国家对三峡库区主体功能区规划要求还有差距，库区人多地少、环境承载压力大的基础性矛盾没有改变；二是经济社会发展基础与全面建成小康社会的目标还有较大差距，贫困面广、城乡居民收入低、产业发展基础薄弱、公共服务能力低的现状亟待改善。

库区的稳定和发展，既需要当地广大干部群众的自身努力和艰苦奋斗，也需要国家部委及有关地方、单位的继续支持和帮助，要继续按照"优势互补、互惠互利、长期合作、共同发展"的思路，做好对口支援合作工作。

二、总体思路和主要目标

（一）指导思想。

以邓小平理论、"三个代表"重要思想和科学发展观为指导，深入贯彻落实党的十八大、十八届二中、三中全会精神和党中央、国务院决策部署，坚持解放思想、与时俱进、求真务实，拓展合作领域，创新合作模式，完善合作机制，以提升库区发展能力为核心，结合三峡后续工作规划实施，在库区特色优势产业发展、移民小区帮扶和农村扶贫开发、基本公共服务能力建设、就业培训和就业服务、生态环境保护和治理等方面迈出新步伐，开创全国对口支援三峡库区合作工作发展新局面。

（二）基本原则。

互动发展，合作共赢。充分发挥各自优势，实现对口支援合作从单方受益为主向双方共赢的转变，构建良性互动的发展格局。

与时俱进，开拓创新。抓住区域合作新机遇，开拓工作新思路，探索协作新模式，完善利益共享新机制，增强对口支援合作的平衡性、协调性和可持续性。

保障民生，基层为先。把保障和改善民生作为对口支援合作的重要内容，在资源配置上向移民小区和村组倾斜，提高基层公共服务能力，改善居民基本生活条件，让库区居民直接受惠、长期受益。

政府引导，市场主导。发挥政府引导和扶持作用，构建交流与合作的服务平台，让市场在资源配置中起决定性作用，发挥社会组织和企业在对口支援合作中的主体作用。

（三）主要目标。

通过规划实施，努力使库区群众基本生活有保障、劳动就业有着落、脱贫致富有盼头，同心同德建设和谐稳定的新库区；支持每个县（区）至少形成1—2个特色优势产业，明显提升库区生态农业、旅游业、商贸物流业等产业发展水平和竞争力；对口支援双方政府积极组织开展劳务合作，基本消除移民家庭零就业现象；努力使库区自我发展能力显著提高，公共服务和城乡居民生活水平达到或接近全国平均水平，与全国同步建成小康社会，实现经济繁荣、社会和谐、生态良好、人民安居乐业。

（四）规划范围。

支援方包括21个省（区、市）、10个大城市，国家有关部门和单位；受援方包括三峡库区19个县（区），即湖北省宜昌市夷陵区、秭归县、兴山县，恩施土家族苗族自治州巴东县；重庆市巫山县、巫溪县、奉节县、云阳县、万州区、开县、忠县、石柱土家族自治县、丰都县、涪陵区、武隆县、长寿区、渝北区、巴南区、江津区。

三、支持引导产业发展

（一）支持发展生态农业。

做大做强以柑橘为主的水果产业，大力发展茶叶、榨菜、中药材、肉牛、肉羊等特色农产品，稳定生猪生产，拓展农产品深加工，加强生态环境保护，推进品牌建设，提高农产品附加值。继续支持库区改变耕作和养殖方式，加强配套基础设施建设，促进生态农业园（区）建设。积极引进适用技术和优良品种，推进农畜品种改良，结合土地消纳能力，提升规模养殖效益。深化产学研合作，因地制宜，促进农业现代化。

国家有关部门要继续加强对库区农业发展的支持，推进水利等基础设施建设，完善农业技术的推广和培训体系，培育特色优势农业产业；根据三峡后续工作规划确定的生态农业园建设重点，在实施农业综合开发、农村基础设施改造、小型农田水利建设等专项时，加大对园区道路、供电、高效节水灌溉、泵站、灌排渠系、温室、圈舍、污废物收集处理及综合利用等设施建设的支持力度。

支援省（区、市）要发挥本省（区、市）在农业技术、人才、管理、营销等方面的优势，推介生态农业建设和管理经验，积极引导库区各类农民合作社发展、鼓励共建行业协会，指导库区开展农产品病虫害检测防疫、农产品质量安全检测、农业环境监测、农产品供销信息等服务平台建设和农业技术推广体系建设，帮助库区搭建农产品展销平台和建立电子商务网络，支持库区龙头企业在本省（区、市）设立农产品直销点、专营点。

（二）支持发展旅游业。

促进库区旅游业发展的统筹和资源整合，拓宽资金渠道，完善基础设施和配套设施建设，全面提升观光旅游，深化发展邮轮游艇旅游，大力促进休闲度假旅游，积极推动生态旅游、民俗旅游、乡村观光休闲为一体的乡村旅游发展，实现旅游产品多样化和旅游产业升级。

国家有关部门和湖北省、重庆市要加强对库区旅游产业发展的规划指导，加快编制完成长江三峡风景名胜区规划和优化库区旅游发展规划，明确库区旅游业发展定位、空间布局、景点开发、线路修订、市场营销、两省市协作等重点内容。

支援省（区、市）要结合结对帮扶县（区）实际，指导当地编制旅游重点景区建设规划；组织和引导本省（区、市）旅游龙头企业到库区合作开发旅游资源、打造特色旅游产品；支持库区举办各类旅游产品推介会、主题节活动；综合运用本省（区、市）各种宣传媒介，深度推介库区旅游产品，实现旅游产品互推、客源市场互动；帮助库区培训旅游管理人才和一线服务技能人员，支持库区旅游从业人员到本省（区、市）学习、交流和考察。

（三）支持发展商贸物流业。

统筹规划建设枢纽型物流园区、物流基地和专业物流配送节点。积极引导和整合物流企业在交通条件较好的秭归、巴东、万州、涪陵等地集聚发展，鼓励大型物流企业到库区设立分支机构、与当地企业合资合作或兼并重组，清除影响地区间商贸流通的制度性约束。

支援省（区、市）要鼓励本地商贸企业与库区建立长期稳定的业务合作关系，采取建立专营店、专业市场等多种措施，畅通流通渠道，减少流通环节，降低流通成本，为库区各类农产品到本省（区、市）销售提供便利。

（四）搭建制造业合作平台。

以库区中心城市产业园区为平台，建立利益共享机制，引导支援省（区、市）企业到产业园区投资建厂，不断增强制造企业的自主创新能力和核心竞争力，在坚持符合土地利用总体规划、严格保护耕地、节约集约用地的前提下，推动制造业集群发展。大力开展产品设计、品牌建设、产品营销和人才管理等方面的交流与合作。科学引导对口支援双方进行产业园区共建。

支援省（区、市）和湖北省、重庆市要充分利用各类招商引资平台，创新联合引资、互荐引资、发布招商信息方式，建立招商服务网络，共同办好库区各类招商推介活动。支援省（区、市）要结合自身的产业优势，对到库区投资的本地企业加强引导和服务。库区政府要为到库区投资的企业营造良好的投资环境，提供优质的服务。

同时，三峡库区作为国家重点的淡水资源库，产业布局必须充分考虑对生态环境的影响，严格控制化工、医药、电子等污染较重的产业项目，禁止有可能发生重大污染事故的产业项目进入库区，以保护三峡水库生态环境。在规划设计和建设中严把安全生产关，当规划设计与安全生产发生矛盾时，要严格遵守"安全生产，生命至上"的原则，坚持安全第一。

四、推进移民小区帮扶和农村扶贫开发

（一）实施移民小区帮扶工程。

支援省（区、市）要把实施移民小区帮扶工程作为对口支援合作的一项重要任务，确定1-2个移民小区，派遣专家和相关专业人员进行实地调研，摸清情况，根据移民小区存在的突出问题，制定帮扶规划和方案，明确帮扶重点和任务；结合用工需求，面向移民小区招工和开展就业培训，开拓"走出去"的就业渠道，帮助移民实现稳定就业。库区要加强移民小区社区管理人员的交流与培训，组织到支援省（区、市）学习先进的管理理念和技能，派遣本地社区管理人员到帮扶小区挂职，提高移民小区管理水平。

（二）重点支持农村小型基础设施建设。

国家有关部门和湖北省、重庆市在安排各类相关建设资金时，要把重点放在与库区贫困地区、贫困人口生产生活条件密切相关的农村饮水安全、农村电网改造、农村沼气、农村水电、小型农田水利设施、中小型水源工程建设、小流域治理等方面；在安排财政专项扶贫资金时，继续扶持库区中的集中连片特殊困难地区县和国家扶贫开发工作重点县。

（三）扶持致富带头人创业。

支援省（区、市）要发挥资金、技术、信息等方面优势，重点帮扶移民小区、贫困山区致富带头人创业。湖北省、重庆市要在三峡后续工作中制定扶持致富带头人创业发展的具体办法和措施，采取"请进来""走出去"的方式加强对致富带头人的培训，帮助致富带头人选择好的项目，在资金、技术和销售渠道等方面给予支持，鼓励和引导金融机构对符合条件的库区贫困地区劳动者创业就业提供小额贷款支持。

（四）广泛动员和鼓励社会力量参与库区农村扶贫开发。

支援省（区、市）要充分发挥社会组织和团体的作用，构建三峡库区扶贫志愿者服务网络，引导扶贫志愿者到库区服务，形成社会各界广泛参与库区农村扶贫开发的新格局；结合武陵山区、秦巴山区集中连片特殊困难地区的扶贫开发工作，组织科技特派员扶贫团到秭归县、巴东县、丰都县、石柱土家族自治县、武隆县、云阳县、奉节县、巫山县、巫溪县开展科技创业扶贫试点工作。在三峡库区的中央企业，要承担起更多的社会责任，积极主动制定扶贫方案，明确帮扶重点，开展定点扶贫。

五、提高基本公共服务能力

（一）继续支持库区基础教育。

支援省（区、市）要鼓励本地学校与库区学校开展"一对一""结对子""手拉手"活动，通过教学现场观摩、远程培训等方式，开展库区教师培训；建立教师岗位聘用、业绩考核与支教经历直接挂钩等机制，在教师专业技术职务晋升方面向有支教经历的教师倾斜，支持优秀校长、教师到库区支教。国家有关部门要大力支持库区基础教育，在项目安排上继续向库区倾斜。

（二）支持库区提升职业教育水平。

支援省（区、市）、国家有关部门要帮助库区职业院校调整专业和课程设置，开发实用性教材，为库区培养市场适用人才；以"双师型"教师为重点，支持职业院校加强师资队伍建设。支援省（区、市）要每年邀请库区教师到本省（区、市）学习交流，派骨干教师赴库区支教。

（三）加大对库区医疗卫生支持力度。

支援省（区、市）要组织本省（区、市）医疗卫生机构到库区对口帮扶，与有条件的库区县级医院建立远程会诊系统，组织专家到库区进行义诊或医疗讲座，开展基层医务人员交流，为库区基层医务人员开展培训；要发挥在办院理念、人才、技术、设备等方面的优势，与库区医疗卫生机构共建特色诊室。湖北省、重庆市在实施医疗和公共卫生服务体系建设、安排补助资金时，继续向库区倾斜。

（四）支持库区科技、文化、体育等领域发展。

支援省（区、市）应利用自身优势，加强对库区基层科技、文化、体育等专业人员的培训，与库区开展文化、文物保护、体育的合作与交流。国家有关部门要继续加大对库区农村科技服务体系的支持，关心库区基层文化、教育事业发展，加强对文物保护利用的指导与支持；在开展使用体育彩票公益金支持公益性体育设施建设等项目时，继续向库区倾斜。

（五）支持库区加快完善社会保障体系。

拓宽库区社会保障资金筹资渠道，加大经费保障力度，做到应保尽保，确保城乡居民最低生活有保障。支援省（区、市）要以扶老、助残、救孤、济困为重点，帮助库区政府加快建立健全社会救助体系和养老服务体系。湖北省、重庆市要按照规定做好外出务工人员基本养老保险关系转移接续相关工作，维护库区外出务工人员养老保险权益；在实施"金保工程"二期、"社会保障人才队伍建设工程""社会保险百千万人才队伍建设工程"时，重点向库区倾斜。

六、强化就业培训服务

（一）支持库区强化就业培训。

要支持库区开展以提高就业能力为目的的职业技能培训，采取当地培训与异地培训等多种形式，重点开展生态农业技能培训、劳务经纪人培训、安全技能培训、创业带头人培训等。支援省（区、市）要结合本地企业招工用工实际，在库区或依托本地职业院校、职业教育实训基地和各类培训机构开展技能培训。国家有关部门在落实职业培训和职业技能鉴定补贴政策、建设创业孵化示范基地时，继续向库区倾斜。

（二）支持库区提高就业服务能力。

支持库区加强公共就业和人才服务机构以及基层平台建设，进一步完善和提高就业机构服务能力。支援省（区、市）要对在本地务工的库区人员开展就业指导、社会保障、法律咨询等服务，帮助库区政府在当地建立就业服务站点；指导库区政府开发公益性岗位，重点解决库区零就业家庭中就业困难人员的就业问题。国家有关部门要加大对库区公共就业服务和人才服务体系建设的支持力度，帮助库区政府开发和完善就业信息服务平台。

（三）积极开展劳务输出合作。

支援省（区、市）要为库区提供就业岗位与就业信息，有计划地组织本地企业到库区招募员工；可采取定向招生、定向培训的方式，为库区学生提供高、中等职业教育和就业培训，并会同库区政府在按国家规定免学费和给予国家助学金的基础上，适当给予住宿费、交通费等补助；为库区学生提供有针对性的就业岗位信息，并在就业方面提供便利，帮助库区学生尽快融入当地社会。库区各级政府要配合支援省（区、市）做好在库区的招生、招工工作，力争招生规模达到准备就业的应届初高中毕业生的20%。对口支援双方要建立劳务输出合作机制。

七、加强生态环境保护和治理

（一）支持库区水环境保护。

国家有关部门要把库区水污染防治作为支持库区工作的重点，继续安排好库区城镇污水和垃圾处理设施及配套管网建设，加快城镇污水处理设施升级改造，出水水质达到国家和地方水污染物排放标准，加强污泥处理处置设施建设，保障污泥安全处理；在开展农村环境综合整治、农业面源污染防治、农村沼气建设、农村清洁工程、种养殖业废弃物资源化利用等方面，继续对库区给予支持；结合水环境保护要求和土地纳污能力，划定畜禽禁养、限养区，适度控制养殖规模，畜禽养殖场应配套建设废弃物处理和储存设施；落实最严格水资源管理制度，加强饮用水水源规范化建设、入河排污口监督管理、水污染防治的指导、监督和检查，支持库区开展农林环境综合整治和水环境监测网络的能力建设；加强巡航执法，严禁客货船舶倾泻废弃物。湖北省、重庆市要会同航运部门，搞好库区船舶废弃物接收站点、油污及化学品运输船舶清污基地、船舶污染物集中转运站（场）和船舶突发性污染事故应急设备库建设。

支援省（区、市）要发挥拾遗补阙作用，为库区开展水污染防治提供技术指导，支持两地污水处理设施管理和技术人员开展交流合作；发挥环保科技优势，为在库区推广应用清洁生产、节水和污水资源化利用、农业面源污染防治、测土配方施肥等技术提供支持。库区政府和支援省（区、市）要鼓励专业化公司赴库区，以特许经营、政府购买服务等方式，经营乡镇污水和垃圾处理厂。支援省（区、市）可在库区选择1-2个村民居住相对集中的乡村，开展低成本、易维护的污水或垃圾处理示范工程建设。

（二）支持三峡生态屏障区建设。

国家有关部门要在生态环境保护、水土保持、湖泊湿地保护与修复、自然保护区建设、风景名胜区建设、油气管道维护、水产种质资源保护区建设、森林公园建设、地质灾害防治等方面，加大对三峡库区的支持力度，做好水源涵养地、生物多样性保护区、水土保持等工作；要在推进保护母亲河行动中，动员青少年和社会各界为三峡生态环境建设与保护献爱心、作贡献。支援省（区、市）要结合农村扶贫开发，重点支持库区生物质能综合利用、太阳能、省柴节煤灶等项目建设。

（三）探索生态环境保护的合作新模式。

支援省（区、市）要鼓励本地环保企业积极参与库区节能技术和环保技术的改造，以及电力、水泥等行业的烟尘脱硫脱硝技术改造，鼓励企业为库区开展节能环保技术的有偿服务；要充分发挥社会组织和社会团体的作用，动员群众以不同方式关注和参与库区生态环境建设与保护。国家有关部门要支持对口支援双方开展碳排放权交易试点工作。

八、组织保障和政策支持

（一）加强对口支援三峡库区合作工作的指导与协调。

国务院三峡工程建设委员会负责全国对口支援三峡库区合作工作的组织领导。三峡办负责全国对口支援三峡库区合作工作的推动和协调,制订年度工作计划,明确工作重点,对年度计划实施情况进行督促和检查,发现重大问题要及时向国务院报告;研究对口支援三峡库区合作工作中出现的新情况、新问题,并提出解决问题的政策措施;负责建立由国家有关部门、支援省(区、市)政府、中央企业、受援省(市)和库区县(区)政府组成的对口支援三峡库区合作工作联络机制,组织开展信息沟通与交流;会同地方和有关部门,举办各种形式的对口支援合作活动。

(二)加大国家有关部门和中央企业支援库区合作工作力度。

国家有关部门要将全国对口支援三峡库区合作工作纳入本部门议事日程,明确分管领导、办事机构和联络人员;要配合三峡后续工作规划实施,指导湖北省、重庆市加大对三峡库区的支持力度,并在项目审批、人才、技术等方面予以支持;部门之间要就三峡库区发展中遇到的困难和问题,加强沟通与协调,形成解决问题的合力。科技部、农业部要加强对三峡库区特色农业发展的指导和支持;商务部要加强对三峡库区商贸物流业发展的规划指导,会同地方政府组织开展对口支援三峡库区各类招商引资项目洽谈会;人民银行、银监会要鼓励和指导金融机构加快金融产品和服务方式创新,加大对库区经济社会发展的支持力度;国资委要引导和支持中央企业在三峡库区积极开展对口支援合作;国家旅游局要指导三峡库区旅游发展规划的实施工作。中国长江三峡集团公司重点做好坝区所在地夷陵区、秭归县的对口支援合作工作。

(三)深化支援省(区、市)对口支援三峡库区合作工作。

继续保持全国21个省(区、市)、10个大城市对口支援三峡库区县(区)的结对关系(结对关系表附后)。支援省(区、市)要把对口支援三峡库区合作工作纳入本级政府工作议事日程,明确分管领导和机构职能,完善工作制度,强化省(区、市)对口支援合作领导小组的统筹协调,定期召开由援受双方分管领导参加的省级对口支援合作联席会议;要与受援县(区)共同研究制定对口支援合作的中长期规划和年度计划,建立点对点的项目合作机制和目标任务考核机制,研究提出对口支援合作绩效评估办法;要探索建立全社会支持三峡库区扶贫开发和生态环境保护的机制和措施,发挥企业和社会团体的作用。支援省(区、市)要加大对口支援三峡库区合作工作力度,并将政府财政资金纳入预算。

(四)强化湖北省、重庆市在对口支援三峡库区合作工作中的作用。

湖北省、重庆市肩负着组织协调支援与受援工作的双重责任。要强化省级对口支援合作联席会议制度,明确对口支援合作管理机构的职责;要制定本行政区域内对口支援合作的中长期规划和年度计划,建立对口支援合作年度目标管理和考评机制,明确本行政区域内有关市(区)、部门和企业对口支援库区的目标和任务,指导库区县(区)搞好招商引资项目的策划和论证。湖北省继续执行全省对口支援三峡库区结对方案和对口支援任务包干指导性方案,即实际到位资金按现有基数年均增长5%—10%;重庆市继续执行主城区对口支援三峡库区重点移民区县的工作机制,主城区在本级财政收入中按一定比例安排对口支援合作资金。

（五）强化库区县（区）在受援工作中的作用。

三峡库区发展主要依靠当地广大干部群众的自身努力和艰苦奋斗。库区县（区）政府要切实转变政府职能，规范政府行为，创新服务方式，强化诚信意识和合作意识，营造公平、公开、公正的投资环境；要主动与支援省（区、市）加强工作联系和沟通，建立受援工作协调机制，强化对口支援合作项目立项、实施、竣工验收的全过程管理，全力做好受援服务工作。

国家有关部门，支援省（区、市）政府，湖北省、重庆市和库区县（区）政府要做好本规划与三峡后续工作规划在实施中的衔接工作，在项目安排、建设内容等方面避免重复建设和损失浪费，充分发挥各项建设资金的效益。

库区受援区县与支援省区市对口支援合作结对关系表

库区受援区县	重点结对支援省区市
夷陵区	黑龙江省、上海市、青岛市
秭归县	江苏省、武汉市
兴山县	湖南省、大连市
巴东县	北京市
巫山县	广东省、广州市、深圳市、珠海市
巫溪县	吉林省
奉节县	辽宁省
云阳县	江苏省
万州区	上海市、天津市、福建省、南京市、宁波市、厦门市
开县	四川省
忠县	山东省、沈阳市
石柱土家族自治县	云南省、江西省
丰都县	河北省
涪陵区	浙江省
武隆县	江西省、云南省
长寿区	广西壮族自治区
渝北区	安徽省
巴南区	河南省

注：1.湖北省对口支援本省三峡库区各区县，重庆市对口支援本市三峡库区各区县。
2.江津区属对口支援范围，未明确重点结对支援省区市。

中办、国办印发《关于进一步加强东西部扶贫协作工作的指导意见》

新华社北京12月7日电 近日,中共中央办公厅、国务院办公厅印发《关于进一步加强东西部扶贫协作工作的指导意见》,并发出通知,要求各地区各部门结合实际认真贯彻落实。

《关于进一步加强东西部扶贫协作工作的指导意见》全文如下。

东西部扶贫协作和对口支援,是推动区域协调发展、协同发展、共同发展的大战略,是加强区域合作、优化产业布局、拓展对内对外开放新空间的大布局,是打赢脱贫攻坚战、实现先富帮后富、最终实现共同富裕目标的大举措。为全面贯彻落实《中共中央、国务院关于打赢脱贫攻坚战的决定》和中央扶贫开发工作会议、东西部扶贫协作座谈会精神,做好东西部扶贫协作和对口支援工作,现提出如下意见。

一、总体要求

(一)指导思想。全面贯彻党的十八大和十八届三中、四中、五中、六中全会精神,以习近平总书记扶贫开发重要战略思想为指导,牢固树立新发展理念,坚持精准扶贫、精准脱贫基本方略,进一步强化责任落实、优化结对关系、深化结对帮扶、聚焦脱贫攻坚,提高东西部扶贫协作和对口支援工作水平,推动西部贫困地区与全国一道迈入全面小康社会。

(二)主要目标。经过帮扶双方不懈努力,推进东西部扶贫协作和对口支援工作机制不断健全,合作领域不断拓展,综合效益得到充分发挥,确保西部地区现行国家扶贫标准下的农村贫困人口到2020年实现脱贫,贫困县全部摘帽,解决区域性整体贫困。

(三)基本原则。

——坚持党的领导,社会广泛参与。帮扶双方党委和政府要加强对东西部扶贫协作和对口支援工作的领导,将工作纳入重要议事日程,科学编制帮扶规划并认真部署实施,建立完善机制,广泛动员党政机关、企事业单位和社会力量参与,形成帮扶合力。

——坚持精准聚焦,提高帮扶实效。东西部扶贫协作和对口支援要聚焦脱贫攻坚,按照精准扶贫、精准脱贫要求,把被帮扶地区建档立卡贫困人口稳定脱贫作为工作重点,帮扶资金和项目瞄准贫困村、贫困户,真正帮到点上、扶到根上。

——坚持优势互补,鼓励改革创新。立足帮扶双方实际情况,因地制宜、因人施策开展扶贫协作和对口支援，实现帮扶双方优势互补、长期合作、聚焦扶贫、实现共赢，努力探索先富帮后富、逐步实现共同富裕的新途径新方式。

——坚持群众主体，激发内生动力。充分调动贫困地区干部群众积极性创造性，不断激发脱贫致富的内生动力，帮助和带动贫困人口苦干实干，实现光荣脱贫、勤劳致富。

二、结对关系

（四）调整东西部扶贫协作结对关系。对原有结对关系进行适当调整，在完善省际结对关系的同时，实现对民族自治州和西部贫困程度深的市州全覆盖，落实北京市、天津市与河北省扶贫协作任务。调整后的东西部扶贫协作结对关系为：北京市帮扶内蒙古自治区、河北省张家口市和保定市；天津市帮扶甘肃省、河北省承德市；辽宁省大连市帮扶贵州省六盘水市；上海市帮扶云南省、贵州省遵义市；江苏省帮扶陕西省、青海省西宁市和海东市，苏州市帮扶贵州省铜仁市；浙江省帮扶四川省，杭州市帮扶湖北省恩施土家族苗族自治州、贵州省黔东南苗族侗族自治州，宁波市帮扶吉林省延边朝鲜族自治州、贵州省黔西南布依族苗族自治州；福建省帮扶宁夏回族自治区，福州市帮扶甘肃省定西市，厦门市帮扶甘肃省临夏回族自治州；山东省帮扶重庆市，济南市帮扶湖南省湘西土家族苗族自治州，青岛市帮扶贵州省安顺市、甘肃省陇南市；广东省帮扶广西壮族自治区、四川省甘孜藏族自治州，广州市帮扶贵州省黔南布依族苗族自治州和毕节市，佛山市帮扶四川省凉山彝族自治州，中山市和东莞市帮扶云南省昭通市，珠海市帮扶云南省怒江傈僳族自治州。

各省（自治区、直辖市）要根据实际情况，在本行政区域内组织开展结对帮扶工作。

（五）开展携手奔小康行动。东部省份组织本行政区域内经济较发达县（市、区）与扶贫协作省份和市州扶贫任务重、脱贫难度大的贫困县开展携手奔小康行动。探索在乡镇之间、行政村之间结对帮扶。

（六）深化对口支援。对口支援西藏、新疆和四省藏区工作在现有机制下继续坚持向基层倾斜、向民生倾斜、向农牧民倾斜，更加聚焦精准扶贫、精准脱贫，瞄准建档立卡贫困人口精准发力，提高对口支援实效。北京市、天津市与河北省扶贫协作工作，要与京津冀协同发展中京津两市对口帮扶张承环京津相关地区做好衔接。

三、主要任务

（七）开展产业合作。帮扶双方要把东西部产业合作、优势互补作为深化供给侧结构性改革的新课题，研究出台相关政策，大力推动落实。要立足资源禀赋和产业基础，激发企业到贫困地区投资的积极性，支持建设一批贫困人口参与度高的特色产业基地，培育一批带动贫困户发展产业的合作组织和龙头企业，引进一批能够提供更多就业岗位的劳动密集型企业、文化旅游企业等，促进产业发展带动脱贫。加大产业合作科技支持，充分发挥科技创新在增强西部地区自我发展能力中的重要作用。

（八）组织劳务协作。帮扶双方要建立和完善劳务输出精准对接机制，提高劳务输出脱贫的组织化程度。西部地区要摸清底数，准确掌握建档立卡贫困人口中有就业意愿和能力的未就业人口信息，以及已在外地就业人员的基本情况，因人因需提供就业服务，与东部地区开展有组织的劳务对接。西部地区要做好本行政区域内劳务对接工作，依托当地产业发展，多渠道开发就业岗位，支持贫困人口在家乡就地就近就业。开展职业教育东西协作行动计划和技能脱贫"千校行动"，积极组织引导贫困家庭子女到东部省份的职业院校、技工学校接受职业教育和职业培训。东部省份要把解决西部贫困人口稳定就业作为帮扶重要内容，创造就业机会，提供用工信息，动员企业参与，实现人岗对接，保障稳定就业。对在东部地区工作生活的建档立卡贫困人口，符合条件的优先落实落户政策，有序实现市民化。

（九）加强人才支援。帮扶双方要选派优秀干部挂职，广泛开展人才交流，促进观念互通、思路互动、技术互学、作风互鉴。采取双向挂职、两地培训、委托培养和组团式支教、支医、支农等方式，加大教育、卫生、科技、文化、社会工作等领域的人才支持，把东部地区的先进理念、人才、技术、信息、经验等要素传播到西部地区。加大政策激励力度，鼓励各类人才扎根西部贫困地区建功立业。帮扶省市选派到被帮扶地区的挂职干部要把主要精力放到脱贫攻坚上，挂职期限原则上两到三年。加大对西部地区干部特别是基层干部、贫困村创业致富带头人培训力度。

（十）加大资金支持。东部省份要根据财力增长情况，逐步增加扶贫协作和对口支援财政投入，并列入年度预算。西部地区要以扶贫规划为引领，整合扶贫协作和对口支援资金，聚焦脱贫攻坚，形成脱贫合力。要切实加强资金监管，提高使用效益。

（十一）动员社会参与。帮扶省市要鼓励支持本行政区域内民营企业、社会组织、公民个人积极参与东西部扶贫协作和对口支援。充分利用全国扶贫日和中国社会扶贫网等平台，组织社会各界到西部地区开展捐资助学、慈善公益医疗救助、支医支教、社会工作和志愿服务等扶贫活动。实施社会工作专业人才服务贫困地区计划和扶贫志愿者行动计划，支持东部地区社会工作机构、志愿服务组织、社会工作者和志愿者结对帮扶西部贫困地区，为西部地区提供专业人才和服务保障。注重发挥军队和武警部队在西部贫困地区脱贫攻坚中的优势和积极作用，因地制宜做好帮扶工作。积极组织民营企业参与"万企帮万村"精准扶贫行动，与被帮扶地区贫困村开展结对帮扶。

四、保障措施

（十二）加强组织领导。国务院扶贫开发领导小组要加强东西部扶贫协作的组织协调、工作指导和考核督查。东西部扶贫协作双方要建立高层联席会议制度，党委或政府主要负责同志每年开展定期互访，确定协作重点，研究部署和协调推进扶贫协作工作。

（十三）完善政策支持。中央和国家机关各部门要加大政策支持力度。国务院扶贫办、国家发展改革委、教育部、民政部、人力资源社会保障部、农业部、中国人民银行等部门要按照职责分工，加强对东西部扶贫协作和对口支援工作的指导和支持。中央组织部要统筹东西部扶贫协作和对口支援挂职干部人才选派管理工作。审计机关要依法加强对扶贫政策落实情况和扶贫资金的审计监督。纪检监察机关要加强扶贫领域监督执纪问责。

（十四）开展考核评估。把东西部扶贫协作工作纳入国家脱贫攻坚考核范围，作为国家扶贫督查巡查重要内容，突出目标导向、结果导向，督查巡查和考核内容包括减贫成效、劳务协作、产业合作、人才支援、资金支持五个方面，重点是解决多少建档立卡贫困人口脱贫。对口支援工作要进一步加强对精准扶贫工作成效的考核。东西部扶贫协作考核工作由国务院扶贫开发领导小组组织实施，考核结果向党中央、国务院报告。

人力资源社会保障部办公厅 国家发展改革委办公厅 国家乡村振兴局综合司关于进一步推进东西部人社协作的通知

（人社厅函〔2022〕173号　2022年11月23日）

各省、自治区、直辖市及新疆生产建设兵团人力资源社会保障厅（局）、发展改革委、乡村振兴局：

东西部协作是巩固拓展脱贫攻坚成果和全面推进乡村振兴的重要力量，是支持西部地区建设，推动区域协调发展、协同发展、共同发展，缩小发展差距，实现共同富裕的重要举措。为贯彻党中央、国务院关于深化东西部协作的决策部署，切实发挥人社部门在东西部协作中的作用，现就进一步推进东西部人社协作有关事项通知如下：

一、工作目标

进一步健全东西部人社协作体制机制，创新协作方式，强化服务保障，提升协作效率，构建集劳务协作、品牌打造、技能培训、技工院校建设、人才交流于一体的东西部人社协作新格局，扎实巩固拓展人社脱贫攻坚成果，助力全面推进乡村振兴。

二、工作任务

（一）创新协作方式。各地要充分发挥区域间互补优势，积极整合帮扶资源，丰富协作形式。西部地区要指导国家乡村振兴重点帮扶县、大型易地搬迁安置区等重点地区与结对帮扶县（市、区）在就业、技工教育和技能培训、人才引智等方面加强工作联动。东部地区要将劳务协作、技能提升、人才支援等列入东西部协作重要内容，加大资金、资源、项目投入。鼓励结对关系调整前的东西部协作结对地区通过市场化方式继续保持协作关系。有条件地区可与劳动力流动较多的其他地区建立健全市场化协作机制。

（二）健全东西部劳务协作机制。西部地区要摸清本地脱贫人口和防止返贫监测对象外出务工意愿，建立有意愿外出人员清单；东部地区要挖掘本地区企业用工需求，动态归集发布适合脱贫人口和防止返贫监测对象的就业岗位，形成岗位需求清单。依托东西部协作机制，搭建完善用工信息对接平台，推动输出地、输入地信息共享、培训协同、高效对接。优化完善劳务协作机制，对受疫情、重大自然灾害影响的输出地及时开展劳务协作定向援助，对输入地及时分流承接压力，结合实际调整劳务协作目标任务。东部地区要落实稳岗责任，努力将脱贫人口稳在企业，稳在岗位。对吸纳协作地区脱贫人口和防止返贫监测对象就业成效明显的企业，可给予一定支持。加大易地扶贫搬迁就业帮扶力度，强化精准就业培训和劳务对接，依托东西部协作机制有序组织搬迁劳动力外出务工。按照已形成的协作帮扶关系，以国家乡村振兴重点帮扶县为重点，开展乡村与街道的精准对接，帮助愿意从事家政服务的农村转移劳动力直达家政社区服务网点就业。

（三）着力发展劳务品牌。各地要充分发挥东西部劳务协作作用，健全劳务品牌建设机制，扩大劳务品牌就业规模和产业容量，提高就业质量。鼓励各地积极参加劳务品牌发展大会，建成一批具有鲜明地域特色、过硬技能特征和良好市场口碑的劳务品牌，进一步带动就业创业，助推地区产业发展。鼓励东西部协作地区为家政劳务品牌搭建对接渠道，支持家政劳务品牌在家政服务劳务对接助力乡村振兴行动中发挥作用。

（四）促进就业帮扶车间稳固发展。各地要进一步发挥东西部人社协作机制在建立、稳定和发展就业帮扶车间方面的作用，全面摸底排查就业帮扶车间运营情况，做到基础底数清、政策落实清、经营状况清，确保完成就业帮扶车间数量稳定在3万个以上、吸纳脱贫人口和防止返贫监测对象就业数量稳定在40万人以上的年度目标。积极推动帮扶车间发展成为吸纳就业的产业，把易地搬迁安置区配套帮扶车间作为重点，支持帮扶车间扩大生产规模、延长产业链条，推动从单一生产类型、单一产业环节向综合工厂转型，促进聚集发展，提高产业集中度。

（五）大力实施以工代赈。各地要将以工代赈作为促进脱贫群众就近就业增收、提高劳动技能的一项重要举措。要在政府投资的重点工程项目和农业农村基础设施建设领域中，按照"应用尽用、能用尽用"的原则，大力实施以工代赈，充分挖掘工程项目用工潜力，为当地脱贫人口和防止返贫监测对象等群体提供规模性务工岗位。东部地区要充分发挥优势，积极吸纳西部省份外出务工人员参与当地工程项目建设，推动更多帮扶项目按照以工代赈方式实施，充分吸纳脱贫人口和防止返贫监测对象、农民工等重点群体务工就业。以工代赈项目要广泛组织脱贫人口和防止返贫监测对象和其他就业困难群体参与务工，合理确定劳务报酬发放标准和规模，尽可能提高以工代赈项目劳务报酬发放比例，最大程度发挥"赈"的作用。各地要统筹各类培训资金和资源，联合施工单位对以工代赈务工人员开展劳动技能培训和安全生产培训，帮助其掌握实际操作技能。

（六）加强技工教育培训协作交流。各地要建立健全以促进就业和适应产业发展、满足市场需求为导向的技工教育培训体系。西部地区要依托现有资源，新建、改（扩）建一批技工院校和职业培训机构，鼓励各级各类企业举办或参与举办技工院校，支持民办技工教育发展，不断提升自主发展能力。东部地区要鼓励本地技工院校、企业与西部地区技工院校开展校校合作、企校合作，扩大在西部地区招生和培训规模；支持各类培训机构到西部开展职业技能培训，推动培训资源共建共享，加大对搬迁群众的技能培训力度，提升训后上岗率。

（七）强化人才协作和智力支持。各地要通过实施人才双向挂职、"组团式"人才支援、柔性引才等方式,持续为脱贫地区人才队伍注入新力量。东部地区要加大人才选派力度,选派教育、医疗、产业、科技、管理等领域专业技术人才到西部地区开展帮扶工作;要鼓励各类专家到西部开展专题讲座、现场指导、技术咨询等活动,扶持基层重点领域、特殊区域和关键岗位专业技术人才培训工作,为西部培养培训一批急需紧缺和骨干专业技术人才。西部地区要加大政策保障力度,为帮扶人才提供便利和支持。

(八)持续深化东西部协作考核评价。各地要对照东西部协作考核评价发现的问题,扎实推进整改落实,助力协作地区牢牢守住不发生规模性返贫的底线。强化协作帮扶责任落实,定期组织开展对接调研,共同协调研究谋划推动重点工作。各地人力资源社会保障、发展改革、乡村振兴部门要优化对接机制,加强统筹协调和工作配合,推动协作帮扶顺利开展。东部地区要谋划推动好重大发展项目,提供强有力的协作支持。西部地区要强化发展主体责任,为帮扶项目落地创造良好条件。

三、工作要求

(一)加强组织领导。各地人力资源社会保障、发展改革、乡村振兴部门要加强协调联动,落实帮扶责任,积极拓展帮扶领域、健全帮扶机制、优化帮扶方式,因地制宜开展各类对接活动。要准确把握东西部协作工作方向,聚焦协作重点,坚持以发展的办法创新深化协作帮扶,不断提升协作工作质量水平。省级人力资源社会保障部门每年12月15日前将年度工作推进和落实情况报送人力资源社会保障部乡村振兴办。

(二)强化服务保障。鼓励劳务输出人数较多的地区,在劳务输入地建立综合性务工服务站(点),进一步强化输出输入联络对接,实地了解外出务工脱贫人口和防止返贫监测对象在输入地的就业状况、生活情况,做好后续跟踪服务,确保输得出、稳得住。东部地区输入地要畅通脱贫人口和防止返贫监测对象流入渠道,帮助其方便就业、稳定就业、维护合法权益,将在本地务工的脱贫人口和防止返贫监测对象全部作为工作对象,纳入稳岗就业服务范围。

(三)营造良好氛围。各地人力资源社会保障部门要牵头梳理总结东西部人社协作典型经验,充分利用网络、电视等多种媒体,广泛开展宣传,并及时报人力资源社会保障部乡村振兴办。我们将通过简报、报纸、官微等途径,摘登宣传各地经验做法。

卫生部、国家民委、教育部印发《关于加强少数民族地区医学教育工作的意见》和《关于内地省市对口支援少数民族地区发展医学教育试行方案》的通知

（1980年5月26日）

为了加强少数民族地区医学教育工作，我们在对西北五省区进行调查研究的基础上，1979年7月在新疆召开了少数民族地区医学教育工作座谈会，根据中央〔1979〕52号文件精神，草拟了《关于加强少数民族地区医学教育工作的意见》和《关于内地省市对口支援少数民族地区发展医学教育试行方案》，会后，又征求了有关省、市、自治区卫生局和高、中等医学院校的意见，做了进一步修改。现将这两个文件发给你们，请结合实际情况研究试行，并请注意总结经验。

关于加强少数民族地区医学教育工作的意见

加强少数民族地区医学教育工作，是贯彻落实党的民族政策，提高少数民族地区科学文化水平，改变卫生面貌，巩固边防，加快我国社会主义现代化建设的一项重要任务。

建国以来，在党中央、国务院的亲切关怀下，少数民族地区的医学教育事业有了较大的发展。五个民族自治区和八个省的民族自治州相继建立高等医学院校17所、中等卫生学78所，并建立蒙医、藏医、维医等民族医学的教学、科研和医疗卫生机构。据不完全统计，这些地区的高等医学院校共培养了各族学生12000余人，其中少数民族学生2000余人，约占毕业生总数的六分之一，中等卫生学校共培养各族学生61000余人，其中少数民族学生15000余人，约占毕业生总数四分之一，为少数民族地区初步培养了一支医药卫生技术队伍，对发展我国医疗卫生事业作出了一定的贡献。

但是，近十多年来，由于林彪、"四人帮"的干扰破坏，少数民族地区的医学教育事业受到了严重摧残，使少数民族地区与内地省、市在医学教育和医疗卫生工作上已缩短了的差距又拉大了，这与当前四个现代化的要求不相适应。为改变少数民族地区医学教育的落后状况，加速培养少数民族医药卫生人才，根据党的十一届三中全会、四中全

会、五中全会和五届人大二次会议精神，现提出以下几点意见：

一、认真落实党的民族政策，发展民族医学教育

发展边疆和少数民族地区医学教育，必须坚决贯彻执行党的十一届三中全会、四中全会、五中全会的精神，认真落实党的民族政策，努力发掘整理、提高民族医学，大力培养少数民族医药卫生技术人员，是改变少数民族地区卫生面貌的重要措施。少数民族地区高等医药院校要从当地实际情况出发，每年要保证招收适当数量的少数民族学生，逐步达到与本地区少数民族人口相应的比例。同一地区人数较多的民族也要照顾人数较少的民族，使他们都有学习的机会。中央民族学院要恢复医预班，并于1982年恢复招生。各省（区）民族学院也要办好附中和预科班，预科班专门招收边远地区和文化教育落后的山区、牧区中的少数民族中优秀的中学生，补习汉语和文化科学知识，帮助他们升入高、中等医学院校学习。这些地区的高、中等医学院校应继续采取补习汉语和必要的基础知识，学制可以适当延长。有民族师资条件的学校可以用民族语言授课，在边境牧区可根据需要，举办牧区医士和妇幼医士班，从牧区直接招生，结业后仍回原地区工作。对来自边疆地区的学生，家庭确有困难的要妥善予以解决。

民族医药学是我国少数民族劳动人民数千年来与疾病做斗争的经验总结，是中国医药学宝库的组成部分。各省、自治区必须把继承发掘整理提高少数民族医学，作为落实党的民族政策的大事来抓，努力使民族医学与现代医学相结合。

目前，已经开设蒙医、藏医、维医专业的学校和已经开设医学系的民族学院，要努力提高教学质量。各地要积极创造条件建立与健全民族医学科研机构，集中发挥老民族医生的作用，配助手，带徒弟，搞好医、教、研三结合，争取尽快把民族医学的基本理论和临床经验整理出来。

二、贯彻党的知识分子政策，做好支边人员的工作

长期以来，支援边疆和少数民族地区的大部分教师，他们勤勤恳恳地工作，为建设边疆培养少数民族干部作出了贡献。各省、自治区要认真贯彻落实党的知识分子政策和干部政策，在政治上要信任他们，热情关怀他们的成长，注意吸收其中的优秀分子入党；在生活上给予适当照顾，安排好支边人员的家属、子女的学习、工作和生活；工作上要为他们创造良好的学习条件和工作环境，使他们能够发挥自己的长处，在学术上有所成就；对于那些长期扎根边疆，为发展民族地区的医疗卫生事业作出贡献的同志，应该给予表扬，其中有突出成绩的应在政治上给予适当安排。

对于教师的晋升、晋级制度，各级卫生行政部门要认真贯彻执行，对于长期扎根边疆的教师，工资可以适当高于内地教师。要特别注意培养少数民族的专家教授，关心少数民族卫生干部的成长。

三、大力提高教师队伍的水平

结合少数民族地区的现代化建设，五个民族自治区和有条件的自治州，都要认真办

好高、中等医学院校，使之成为该地区培养医药卫生干部的中心。办好医学院校的关键是提高教师的水平，各有关党委，各有关卫生、教育部门，都要重视起来，坚持国家帮助和自力更生相结合的方针，共同努力，加速少数民族地区师资队伍的建设。根据中央〔1979〕52号文件精神，全国边防工作会议确定，内地省、市实行对口支援边境和少数民族地区，建议北京支援内蒙古，河北支援贵州，江苏支援广西、新疆，山东支援青海，天津支援甘肃，上海支援云南、宁夏，全国支援西藏，内地省市高、中等医学院校要与对口支援的省（自治区）的高、中等医学院校挂钩联系，每年要接收民族地区教师进修学习。并根据需要选派技术专家到少数民族地区讲学，做学术报告，相互交换资料、图书、标本、模型。对口单位可组织科研协作，交流经验，互相学习，取长补短，共同提高。对民族地区的缺门和薄弱学科。内地医药院校可选拔学有专长的同志去帮助工作二至三年，把当地卫生技术人员培养起来，其具体措施由挂钩地区互相协商解决。内地省份的民族自治州学校的挂钩支援单位，由本省作出妥善安排。

民族地区的高等医学院校要举办中等卫校师进修班，帮助提高中等卫生学校师资水平。卫生部所属的高等医药院校也要招收一些少数民族学生，毕业后充实少数民族地区高、中等医学院校的师资队伍。

四、制定好少数民族地区医学教育发展规划

各省、自治区要根据调整、改革、整顿、提高的方针，结合少数民族地区的实际情况，对高、中等医学院校的布局、专业设置和发展规模不合理的要做一些必要的调整。以便有计划按比例的稳步发展。特别要注意发展民族医学专业，蒙医、藏医、维医专业分别由内蒙古、青海、新疆来办。各校在上级主管部门统一规划下，搞好五定，即定规模、定专业、定学制、定编制、定基地。要集中力量重点投资建设一批学校，发挥老校潜力，同时根据需要与可能，有计划、有步骤地发展新学校，增设新专业。鉴于少数民族地区学生文化基础差，分班教学和用两种语言授课的特点，教职员编制比例应比内地院校稍大一些。

五、切实解决少数民族地区医学院校的经费、基建和设备问题

少数民族地区医学教育事业的发展，是实现医学科学现代化的重要组成部分。办好边疆少数民族地区高、中等医学院校，要靠当地各族人民发扬艰苦奋斗、自力更生的革命精神，同时，国家也要采取积极扶持，重点照顾的措施。少数民族地区工农业基础差、底子薄。交通不便，人力、物力、财力都十分缺乏，为使少数民族地区医学教育能够较快地发展起来，建议国务院有关部门和有关省、自治区在安排国家预算时，对少数民族地区医学教育的发展和需要，给予必要的照顾，各自治区在安排少数民族地区建设投资时，要适当考虑高、中等医学院校的建设。

少数民族地区高、中等医学院校中，少数民族学生申请人民助学金时，在和一般学生同等条件下，应优先给予照顾。

国家物资总局、教育部、卫生部要考虑少数民族地区校址偏僻，路途遥远的特点，

在分配教学设备和交通工具时，给予重点照顾。

六、重视使用少数民族语言和翻译出版医学书籍

目前，少数民族地区医学院校采取民族语言授课太少，少数民族医学参考书籍和通俗读物甚缺，不能适应广大卫生干部和赤脚医生学习的需要。各地人民政府，应当积极采取措施，恢复和建立民族语文的翻译出版机构。蒙文教材由内蒙古自治区出版发行；藏文由西藏自治区和青海省出版发行；维文由新疆维吾尔自治区出版发行；朝鲜文由吉林省出版发行。争取尽快完成教材的翻译、管理出版工作。所需要经费由地方经费和民族事业费中统筹解决。

七、各有关部门要帮助医学院校解决好教学基地

目前，少数民族地区高、中等医学院校普遍缺乏教学实习基地，是影响教学质量的因素之一。鉴于医学是一门实践性很强的学科，高等医学院校除附属医院外，各民族地区卫生局应确定较好的医院作为教学基地，并保持相对稳定。地、市、州、盟所属综合医院和医疗卫生机构应该作为中等卫生学校的教学实习基地，在规定的医院编制外，建议增加百分之十二至十五的教学编制，并授予承担教学任务的医药技术人员相应的教学职称，妥善解决好实习学生的住房问题。

八、坚持党的领导，统一管理体制，整顿好领导班子

加强党的领导是做好少数民族地区医学教育工作的根本保证。目前，民族地区高、中等医学院校管理体制不统一，领导班子不健全，对学校的建设和发展很不利。根据少数民族地区医学教育的特殊情况，应发挥中央和地方，卫生部门和教育部门的积极性，加强对医学教育工作的领导，少数民族地区中等卫生学校有关管理体制问题建议由自治区（省）人民政府考虑决定。

要切实整顿好学校的领导班子，院校一级和下属业务部门的领导班子要有懂业务的干部，要有少数民族干部，要有中青年干部。领导班子要精干，对于那些不称职的，闹派性的、群众意见很大的干部要进行教育或调整。真正建立起在政治和业务上强有力的，有技术专家参加并能发挥作用的领导班子。

全国各少数民族地区医学教育工作者，要进一步贯彻党的十一届五中全会精神，坚持四项基本原则，同心同德，艰苦奋斗，为发展边疆少数民族地区医学教育事业，改变卫生面貌，保卫祖国边防，实现社会主义现代化作出贡献。

关于内地省市对口支援少数民族地区发展医学教育试行方案

少数民族地区的现代化建设，是我国四个现代化的重要组成部分。发展边疆少数民族地区医学教育事业，要靠当地各族人民发扬艰苦奋斗、自力更生的革命精神，同时，

国家必须采取积极扶持、重点照顾的政策。五届人大政府工作报告中提出："诚心诚意地积极帮助少数民族发展经济建设和文化建设，这是国家在民族工作方面的重大任务，也是加强边疆建设和巩固国防的重大任务"。各有关人民政府，各有关部门，从中央到地方都要重视起来，坚持国家帮助和自力更生相结合的方针，共同努力，加速少数民族地区医学教育的建设，不断提高各族人民的文化和健康水平。

根据中央〔1979〕52号文件精神，建议内地省市对口支援边境和少数民族地区：北京支援内蒙古，河北支援贵州，江苏支援广西、新疆，山东支援青海，天津支援甘肃，上海支援云南、宁夏，全国支援西藏。为了落实内地省、市对口支援少数民族地区医学教育的建议，现提出以下几项措施：

一、内地省、市对口支援少数民族地区的高、中等医药院校和医疗卫生科研机构之间的长期协作计划和具体支援办法，由双方省、市、自治区卫生局协商拟定。

二、内地省、市要积极帮助少数民族地区培训提高当地的特别是少数民族卫生技术人员和医药院校师资的业务水平。内地省、市每年制订进修生招生计划时，应将对口支援的省、自治区列入招收计划，其具体比例和人数由双方卫生局协商确定。

三、内地省、市根据对口支援的省、自治区医药卫生事业的发展需要，有计划地选派专家和高级卫生技术人员到少数民族地区去讲学、做学术报告，其经费由接受单位支付。

四、内地省、市有关高、中等医药院校和对口支援的省、自治区高、中等医药院校之间，提倡相互交换有关情报资料、医书、教材、标本、模型、教学设备等，交换时可收成本费。可组织对口交流教学经验，以提高教学水平。

五、内地省、市与对口支援的省、自治区，应有计划地组织医、教、研等方面开展协作和学术交流，召开学术会议时，可邀请对口支援单位参加。

六、少数民族地区高、中等医药院校可根据需要，有计划、有目的地组织领导干部、教师和专家到对口支援内地省、市参观学习。要讲求实效，借以提高本地区医学教育质量。

七、内地省、市要有计划地选派学有专长的技术专家、教师到少数民族地区对口支援单位帮助工作二至三年，把当地卫生技术干部培养起来再回去，其工资差额由接受单位按当地工资标准予以补齐。

八、内地省市高等医院校每年应到对口支援的少数民族省、自治区内招收一定数量的少数民族优秀学生（医预班结业学生或高中毕业生），毕业后仍分配回原地区，补充高、中等医药院校教师队伍。

中共中央办公厅、国务院办公厅关于推动东西部地区学校对口支援工作的通知（摘要）

（厅字〔2000〕13号　2000年4月6日）

各省、自治区、直辖市党委和人民政府，中央和国家机关各部委，军委总政治部，各人民团体：

西部大开发战略能否顺利实施，在很大程度上取决于劳动者素质的提高，取决于各类人才培养的数量和质量。由于历史的原因，西部贫困地区教育水平相对落后，教育基础较为薄弱，难以适应西部大开发的需求。为此，党中央、国务院决定，在中央对西部地区教育事业继续加大扶持力度的同时，启动实施"东部地区学校对口支援西部贫困地区学校工程"和"西部大中城市学校对口支援本省（自治区、直辖市）贫困地区学校工程"（以下简称"两个工程"），进一步动员东部地区和西部大中城市的各方面力量，大力支援西部贫困地区的教育事业。现就有关问题通知如下：

一、充分认识实施"两个工程"、推进教育对口支援工作对实施西部大开发战略的重大意义。多年来，在党中央、国务院的领导下，东部有关省、直辖市及计划单列市对口支援西部贫困地区义务教育工作取得了明显的成绩。特别是1996年以来，党中央、国务院在开展有组织、有计划、大规模扶贫开发的同时，组织沿海地区对口支援贫困地区教育，有关地区各级党委和政府高度重视，认真落实，进一步促进了贫困地区教育事业的发展，为东西扶贫协作开辟了新途径。但是，西部贫困地区普及义务教育仍然面临一些困难和问题。各级党委和政府要从加快实施西部大开发的战略高度，认识加快西部地区教育特别是基础教育事业发展的重要意义，为西部大开发战略的实施创造条件，提供人力和智力资源支持。

二、"东部地区学校对口支援西部贫困地区学校工程"的实施范围，按照《国务院办公厅转发国务院扶贫开发领导小组关于组织经济较发达地区与经济欠发达地区开展扶贫协作报告的通知》（国办发〔1996〕26号）确定的开展扶贫协作的对口关系实施；"西部大中城市学校对口支援本省（自治区、直辖市）贫困地区学校工程"的实施范围，由有关省、自治区、直辖市确定相应对口支援关系。对口支援的学校之间要结成对子，受援学校应是义务教育阶段相对薄弱的学校。除义务教育外，在职业教育和高等教育方面也可以做些力所能及的工作。

三、实施"两个工程"，要以选派教师和管理人员到贫困地区任教、任职，帮助提高学校教育质量和管理水平为重点，同时向受援学校无偿提供闲置的教学仪器设备、教具、图书资料等，帮助改善办学条件。鼓励东部地区和西部大中城市的学生把用过的课本和多余的文具、衣物捐赠给对口支援学校的学生。

四、实施"两个工程"要以东部地区为西部地区教育发展做贡献，以西部大中城市为西部贫困地区教育发展做贡献为指导思想，不增加被支援地方的经济负担。到贫困地区支教的教学和管理人员经费由支援地区负担，教师支教期间只转临时行政、组织关系，支教教师的隶属关系不变。实施对口支援的有关省、自治区、直辖市及计划单列市要制定优惠政策鼓励教师到贫困地区学校任教，要把支教工作作为教师职务评定、转正定级的重要依据。受援的地区要在生活和工作条件等方面给参加支教人员提供方便。

五、对口支援的有关省、自治区、直辖市及计划单列市党委和政府要根据本通知要求，把教育对口支援工作列入议事日程，加强领导。援助方和受援方要协商制定校对校的具体实施方案，加强协调，沟通信息，总结经验，积极组织"两个工程"的实施并将有关情况及时报教育部和国务院扶贫开发领导小组。

关于实施"对口支援西部地区高等学校计划"的通知

(教高〔2001〕2号　2001年5月10日)

有关省、自治区、直辖市教育厅(教委)、中国科学院人事教育局,有关高等学校:

实施西部大开发战略,加快中西部地区发展,是我国迈向现代化建设第三步战略目标的重要部署。积极发展西部地区高等教育,加快培养急需的高级专门人才,是实施西部大开发战略的重要任务。为此,我部决定,在"十五"期间,实施"对口支援西部地区高等学校计划"(以下简称"对口支援计划"),现将有关事项通知如下:

一、根据西部地区重点建设高校(简称受援高校)的学科特点和意愿,北京大学、清华大学等13所高校被指定为支援高校(见附件)。支援高校采取一对一的方式,实施对受援高校的支援和全方位合作。

二、实施"对口支援计划"要以人才培养工作为中心,以学科专业建设、师资队伍建设、学校管理制度与运行机制建设为重点,争取用五年的时间,使受援高校的教学、科研和管理水平有较大提高,为受援高校的长远发展奠定坚实基础。

三、接本通知后,支援高校与受援高校应抓紧启动并积极开展相关工作,要在深入调查研究和充分协商的基础上,尽快签订对口支援协议,并报我部审批。对口高校都要积极筹集资金,保证"对口支援计划"的顺利实施,其中,以支援高校为主的支援与合作项目,所需经费由支援高校从各条渠道筹集的资金中统筹安排。受援高校内部基本建设和派出教师进修、攻读学位等费用,主要从西部重点建设高校专项资金中自行解决。

四、我部将在教育事业发展、资金分配、教学科研项目、学科建设、人才培养基地建设、国际交流与合作等方面对"对口支援计划"的实施给予倾斜政策。支援高校要积极主动地与受援高校保持联系。鼓励支援高校围绕受援高校所在地区的经济和社会发展中的关键问题,开展多种形式的科学研究,为当地的经济社会发展献计献策。

五、有关教育行政部门要为"对口支援计划"的实施提供政策支持和便利条件。支援高校与受援高校要加强对"对口支援计划"实施工作的领导,学校主要负责同志要主管这项工作,制定切实可行的措施和办法,在组织上和制度上保证对口支援协议的顺利执行。实施"对口支援计划"的情况和问题,请及时报告我部。

六、实施西部大开发战略,加快培养急需的各类人才是关键。我部所属各高等学校都有支援西部高教事业发展的义务和责任,都应积极承担西部高校教师的培训和教学任务，努力完成我部下达的支援西部高校建设的任务。

实施"对口支援计划"，是我部为落实西部大开发战略而采取的一项重要举措。希望有关部门和高等学校，从我国改革开放和现代化建设的全局出发，开拓进取，扎实工作，为整体提高西部地区高等教育办学水平和教育质量，加快西部高等教育改革和发展作出贡献。

关于东西部地区学校对口支援工作的指导意见

(教基〔2000〕20号)

经国务院同意,现将《关于东西部地区学校对口支援工作的指导意见》印发给你们,请遵照执行。

关于东西部地区学校对口支援工作的指导意见

根据《中共中央办公厅、国务院办公厅关于推动东西部地区学校对口支援工作的通知》(厅字〔2000〕13号)精神和实施"东部地区学校对口支援西部贫困地区学校工程""西部大中城市学校对口支援本省(自治区、直辖市)贫困地区学校工程"(以下简称"两个工程")的要求,为了确保"两个工程"的顺利实施,现提出如下实施意见:

一、指导思想

从实际出发,发挥优势,量力支持,相互学习,加强交流;东部地区和西部大中城市要为西部贫困地区教育发展做贡献;东部地区和西部大中城市学校支教的人员,要学习贫困地区学校教师的艰苦奋斗精神和朴实的工作作风,贫困地区学校教师要学习支教教师和管理人员的无私奉献精神和教学及管理经验;以学校之间对口支援为基本形式,以贫困地区为支援对象,以义务教育阶段相对薄弱学校为重点,促进贫困地区学校管理水平和教育质量的提高;不增加受援地区的经济负担。

二、实施范围

(一)"东部地区学校对口支援西部贫困地区学校工程"对口支援的实施范围,按照《国务院办公厅转发国务院扶贫开发领导小组关于组织经济较发达地区与经济欠发达地区开展扶贫协作报告的通知》(国办发〔1996〕26号)确定的开展扶贫协作的对口关系实施,即北京市支援内蒙古自治区,天津市支援甘肃省,上海市支援云南省,广东省支援广西壮族自治区,江苏省支援陕西省,浙江省支援四川省,山东省支援新疆维吾尔自治区(包括新疆生产建设兵团),辽宁省支援青海省,福建省支援宁夏回族自治区,大连、青岛、深圳、宁波市支援贵州省。"西部大中城市学校对口支援本省（自治区、直辖市）贫困地区学校工程"由内蒙古自治区、广西壮族自治区、重庆市、四川省、贵州省、云南省、陕西省、甘肃省、青海省、宁夏回族自治区、新疆维吾尔自治区（包括新疆生产建设兵团）等省（自治区、直辖市）人民政府确定相应对口支援关系。

（二）东部地区有关省（直辖市）各选择100所学校、计划单列市各选择25所学校，与对口支援西部地区有关省（自治区）选择的相应数量的贫困地区学校，结成"一帮一"的对子。先行试点，以后逐步扩大。西部大中城市支援学校数量与本省（自治区、直辖市）贫困地区受援学校的相应数量和对口支援关系，由有关省（自治区、直辖市）人民政府确定。"两个工程"的受援学校原则上不应重复。

（三）受援地区原则上应是2000年前尚未普及九年义务教育的国家及省级贫困县。为便于工作，应适当考虑受援地区的交通、气候、语言、生活条件等因素。

（四）选择受援学校以义务教育阶段学校为重点，集中支援国家及省级贫困县的相对薄弱学校。小学校均规模一般在200人以上，本省（自治区、直辖市）范围内的对口受援学校规模可适当缩小。

（五）在职业教育和高等教育方面做力所能及的支援工作。

三、期限和目标

"两个工程"的实施暂分为两期，每期两年左右，从2000年开始启动。第一期结束前一个月，第二期支援学校和受援学校名单应予确定。通过"两个工程"的实施，逐步构建起东部地区、西部大中城市支援西部贫困地区学校的桥梁，进一步促进贫困地区义务教育的普及和教育教学质量的提高，缩小东西部地区教育水平的差距，着重在基础教育方面为西部大开发提供支持。

四、援助任务

（一）支援学校选派政治思想好、作风正派、业务能力强、身体健康的教师和管理人员（包括退休人员）到受援学校任教或担任校领导职务，帮助提高受援学校教育质量和管理水平。受援学校可选派中青年教师到支援学校学习和培训，具体人数由有对口支援关系的双方协商确定。

（二）向受援学校无偿提供闲置的教学仪器设备、教具和图书资料等，包括使用过但仍可用的计算机、电视机、录像机等。

（三）双方学校可开展"手拉手"活动。支援学校学生可自愿向受援学校贫困学生提供用过的课本和多余的文具、玩具及衣物等。

（四）其他多种形式的对口支援。

五、有关政策

（一）到贫困地区支教的教学和管理人员工资、差旅费、保险费、医疗费、各项补贴等，按照有关规定应由财政负担的费用由支援地区的财政部门负担。

（二）受援地区应在基本生活和工作条件等方面给参加支教的人员提供方便，免费提供住宿。受援学校教师到支援学校学习培训的费用原则上由支援地区财政部门负担。

（三）实施对口支援的有关省（自治区、直辖市）及计划单列市人民政府应在职务评聘、转正定级等方面制定优惠政策，鼓励教师和管理人员到贫困地区学校任教，对做出显著成绩的要予以表彰奖励。到贫困地区对口支教人员的有关待遇可参照《中共中央办公厅、国务院办公厅关于转发中共中央组织部、国家教育委员会、人事部〈关于从党政机关和事业单位选派人员支援基层教育工作请示〉的通知》（中办发〔1996〕23号）中有关支教人员待遇方面的规定执行。

（四）自东部地区支援省（直辖市）及计划单列市至西部地区受援省（自治区）的援助物资的运输费用，原则上由东部地区支援方负担，在西部地区受援省（自治区）内的运输费用由受援省（自治区）负担。

（五）各有关部门对东西部地区学校对口支援工作，要高度重视，给予大力支持。在对口支援方案实施过程中，对于地方政府遇到的困难，要尽可能帮助解决。

六、组织领导

（一）全国教育对口支援工作由教育部牵头，国务院扶贫开发领导小组协助，中组部、国家发展计划委员会、财政部、人事部等部门参与，共同组织实施。

（二）对口支援的省（自治区、直辖市）及计划单列市人民政府要把教育对口支援工作列入议事日程，确定相应的部门负责组织实施"两个工程"，作为东西扶贫协作和落实西部大开发战略部署的重要工作抓紧抓好。

（三）对口支援的省（自治区、直辖市）及计划单列市人民政府要根据本通知精神，迅速行动，与对方共同协商制定具体实施方案；西部地区的省（自治区、直辖市）也要抓紧制定本地大中城市学校对口支援贫困地区学校的实施方案。请有关省（自治区、直辖市）及计划单列市人民政府将对口支援实施方案及对口支援学校名单报教育部、国务院扶贫开发领导小组。

（四）各地要不断地总结教育对口支援工作的经验，宣传先进典型，迅速排除困难，将有关情况及时报教育部、国务院扶贫开发领导小组。

关于印发《城乡医院对口支援工作管理办法（试行）》的通知

（卫医管发〔2009〕72号　2009年7月27日）

各省、自治区、直辖市卫生厅局、财政厅局、中医药管理局，新疆生产建设兵团卫生局、财务局：

为贯彻落实深化医药卫生体制改革意见，加强和规范城乡医院对口支援管理工作，我们制定了《城乡医院对口支援工作管理办法（试行）》。现印发给你们，请遵照执行。

第一章　总则

第一条　为贯彻落实《中共中央 国务院关于深化医药卫生体制改革的意见》（中发〔2009〕6号）和《国务院关于印发医药卫生体制改革近期重点实施方案（2009—2011年）的通知》（国发〔2009〕12号），进一步加强和规范城乡医院对口支援管理工作，提高县级医院服务能力和水平，方便群众看病就医，减轻群众经济负担，制定本办法。

第二条　城乡医院对口支援是指支援医院与受援医院（包括有条件的乡镇卫生院）结成长期稳定的对口支援和协作关系，帮助受援医院提高服务能力和水平，改善和加强管理。通过3年对口支援，争取受援县级医院达到二级甲等医院的医疗水平，并持续改进和提高。

第三条　每所城市三级医院应当与3所左右县级医院（包括有条件的乡镇卫生院）建立对口支援协作关系。受援医院包括县医院和县中医院。二级以上医疗卫生机构对口支援乡镇卫生院的管理办法另行制定。

第四条　东部地区的医院在完成本省（直辖市）范围内对口支援任务的同时，承担一定的支援西部地区县级医院的任务。具体管理办法另行制定。

第五条　对口支援工作应当以国家扶贫开发工作重点县为重点，逐步扩展到省定贫困县和民族自治县（旗）、陆路边境县。各省（自治区、直辖市）结合本地实际，组织开展对其他县的对口支援工作。

第六条　对口支援工作应当坚持和体现公立医院的社会责任和公益性，不以营利为目的，不增加受援地区和单位的经济负担。

第七条　对口支援工作应当与县级中医院建设、农村中医药人才培养等工作紧密结合，加大对中医专科的扶持，研究推广中医、民族医适宜诊疗技术，充分发挥中医药在农村卫生中的作用。

第二章 行政部门职责与任务

第八条 对口支援工作实行归口管理、分级负责的原则。

卫生部、国家中医药管理局负责制定对口支援工作总体规划，协调、部署全国性的和跨省（自治区、直辖市）的对口支援工作，对各地的工作进行指导、监督和评估。

省级卫生行政部门、中医药管理部门负责制定本省（自治区、直辖市）对口支援工作规划、方案并组织实施，进行监督指导和考核评估，组织完成卫生部、国家中医药管理局下达的对口支援任务。

地级卫生行政部门负责组织实施所辖区域内的对口支援工作，配合省级卫生行政部门协调支援受援双方建立稳定的对口支援关系。

县级卫生行政部门负责组织制定工作计划、确定工作目标，指导受援医院落实对口支援任务，负责对口支援工作的日常监督管理。

第九条 卫生行政部门应当会同相关部门共同设立对口支援工作协调管理机构，建立健全工作制度，完善协调工作机制，开展信息报送和新闻宣传工作。

第十条 卫生行政部门将对口支援工作纳入支援医院和受援医院目标责任制。医院等级复核和评审评价工作要将支援医院完成对口支援工作任务情况作为重要指标。

第十一条 卫生行政部门应当组织有关专业的医务人员，对对口支援工作进行技术指导。

第十二条 对口支援工作所需工作补助经费由省级财政、卫生行政部门根据实际需要和当地支出水平以及财力情况等合理核定。地方财政安排的补助经费主要用于补助支援医院为派出医师安排的有关人员经费补贴。中央财政对困难地区给予补助。

第三章 城乡医院职责与任务

第十三条 对口支援双方应当明确负责对口支援工作的主管领导和具体负责人员，建立沟通和协调机制，明确年度和中长期目标、任务内容、支援方式、双方的权利和义务等，制订工作计划和方案，签订对口支援协议书并切实履行。

第十四条 支援医院应当针对受援医院的实际和当地群众的需求，帮助受援医院建设一批特色和重点科室，培养一批骨干和科室带头人，提高医院管理水平。

第十五条 支援医院应当选派以高年资主治医师和副主任医师为主的经验丰富的医务人员参加对口支援工作。支援工作以城市医院医务人员定期到县医院驻点进行支援为主要形式，所选专业以医疗为主，兼顾护理、医技、管理和其他方面。

第十六条 对口支援双方应当协商确定派驻医务人员的专业、数量和时间，统筹安排医务人员工作。在确保支援工作的持续性和稳定性的前提下，医务人员可定期分批轮换，但每批连续工作时间不得少于六个月。

第十七条 支援医院可以同时采取选派医务人员指导县医院业务和管理工作、免费接收县医院医务人员进修、对县医院医务人员进行培训等形式，对县医院进行支援。

第十八条　支援医院负责派驻医务人员参加对口支援工作期间的工资待遇，确保其福利水平，保留其岗位、职务不变。

第十九条　支援医院应当把派驻医务人员在对口支援工作中的表现纳入定期考核。对工作成绩突出者，应当在岗位聘用、职称晋升、进修学习、提拔任用等方面优先考虑。

第二十条　受援医院应当有计划地选派医德医风好、业务素质高的年轻医务人员，到支援医院进行为期半年以上的进修，支援医院应当积极支持。

第二十一条　受援医院应当根据工作需要，为对口支援创造必要的支撑条件。应当妥善安排派驻医务人员的工作与生活，提供必要的工作和生活条件，确保工作顺利开展。

第四章　医务人员职责与任务

第二十二条　医务人员应当根据卫生行政部门的要求和所在医院的安排，参加对口支援工作。城市医院医师在晋升主治医师或副主任医师职称前，应当到农村累计服务一年。

第二十三条　派驻医务人员应当根据自己的专业特长，指导受援医院提高常见病、多发病和疑难重症的诊治水平；组织开展查房、会诊、手术示范、病例讨论、专题讲座、技术培训，帮助提高人员素质；参加巡回医疗、健康教育和公共卫生服务；帮助受援医院完善工作制度和技术操作规程，规范和改进管理。

第二十四条　派驻医务人员应当遵照医疗技术分类分级管理的规定，帮助受援医院开展适宜技术和新技术、新业务，拓展服务范围。

第二十五条　受援医院派往支援医院进修和培训的医务人员应当遵守有关要求，认真完成进修和培训任务。

第二十六条　派驻医务人员应当自觉接受当地卫生行政部门和受援医院的管理，遵守受援医院的规章制度，不得收取受援医院发放的奖金、津贴等任何费用。

第五章　考核评估

第二十七条　省级卫生行政部门应当会同有关部门对中央和省级卫生行政部门安排的对口支援工作进行绩效考核。

第二十八条　卫生行政部门应当会同有关部门定期对对口支援工作进行督导检查。

第二十九条　督导检查情况和考核评估结果应当作为支援医院和受援医院领导班子考核、医院等级复核和评审评价等工作的重要内容。

第三十条　医师完成对口支援任务的情况作为医师定期考核的重要内容。受援医院负责派驻医务人员的日常管理，应当及时将有关情况通报支援医院，并在其支援工作结束时出具书面考核意见，按照省级卫生行政部门的规定审核后，纳入其个人档案。

第三十一条　卫生行政部门对在对口支援工作中成绩突出、作出重大贡献的单位和个人给予表扬和奖励。

第六章　监督管理

第三十二条　城市医院拒绝参加对口支援工作或未按要求完成对口支援任务的，未按对口支援要求给予受援医院以应有支持的，由其主管卫生行政部门通报批评，情节严重的追究单位主要负责人的责任，不得参加医院等级复核和评审。

第三十三条　因受援方原因未能完成对口支援任务的，由主管卫生行政部门责令其限期整改，情节严重的追究受援单位主要负责人的责任。

第三十四条　受援医院以对口支援为由，擅自开展未被核准的诊疗项目的，主管卫生行政部门应当责令其限期改正，逾期未改的，依法进行处理。

第三十五条　对没有正当理由拒不参加对口支援工作，或未按要求完成对口支援工作任务的医务人员，由支援医院按照有关规定严肃处理，其中医务人员为医师的，医师定期考核结果判定为不合格。

第三十六条　对于违反廉洁行医制度的派驻医务人员，由支援医院依照相关规定予以处理，受援医院应当给予相应协助。涉及违法违规的，按照有关法律法规处理。

第三十七条　对不按规定使用资金等违纪的行为，应当严肃处理；构成犯罪的，移交司法机关依法处理。

第七章　附则

第三十八条　本办法适用于各级各类公立医院。

第三十九条　本办法自2009年8月1日起施行。

卫生部办公厅关于印发《2010年中西部地区二级以上医疗卫生机构对口支援乡镇卫生院项目管理方案》的通知

(卫办农卫发〔2010〕140号 2010年8月17日)

河北省、山西省、内蒙古自治区、吉林省、黑龙江省、安徽省、江西省、河南省、湖北省、湖南省、广西壮族自治区、海南省、重庆市、四川省、贵州省、云南省、陕西省、甘肃省、青海省、宁夏回族自治区、新疆维吾尔自治区卫生厅（局）：

根据《财政部 卫生部关于下达2010年公共卫生专项资金的通知》（财社〔2010〕90号）要求，为顺利实施二级以上医疗卫生机构对口支援乡镇卫生院项目，我部组织制定了《2010年中西部地区二级以上医疗卫生机构对口支援乡镇卫生院项目管理方案》。现印发给你们，请遵照执行。

实施二级以上医疗卫生机构对口支援乡镇卫生院项目是增强乡镇卫生院基本医疗和公共卫生服务能力的重要途径，是推进深化医药卫生体制改革的重要举措，是优化城乡卫生资源配置的重要内容。各地要认真落实本项目管理方案，创新工作方式，开拓工作思路，结合实际制订项目实施方案，扎实推进项目各项工作，努力使财政投入取得实效。

2010年中西部地区二级以上医疗卫生机构对口支援乡镇卫生院项目管理方案

为进一步贯彻落实《中共中央 国务院关于深化医药卫生体制改革的意见》（中发〔2009〕6号），提高农村卫生服务人员专业技术水平，进一步推进建立城市医疗卫生机构对口支援乡镇卫生院的制度，从整体上提高乡镇卫生院的卫生服务能力和水平，中央财政安排专项资金，继续用于中西部地区开展"二级以上医疗卫生机构对口支援乡镇卫生院项目"工作。

一、项目目标

在2004—2009年工作基础上，在中西部地区21个省（区、市）开展二级以上医疗卫生机构对口支援乡镇卫生院项目工作，提高乡镇卫生院的整体队伍素质和服务水平，加快建立对口支援乡镇卫生院的长效机制。

二、项目范围和内容

（一）项目范围。中西部地区21个省（区、市）的592个国贫县。允许项目省（区、市）将部分受援期满3年的国贫县调整为边远少数民族县和省贫县，具体调整县数不超过总数的20%，项目总县数要与国贫县数量保持一致。

（二）项目内容。

1.由项目省（区、市）二级以上医疗卫生机构对口支援乡镇卫生院，为期1年。

2.每所乡镇卫生院由二级以上医疗卫生机构组派3人医疗队进行对口支援，其中应当包括1名从事妇产科的人员。在具体人员选择上，省级卫生行政部门应当根据卫生院的实际需求合理确定支援人员的专业类别。

3.支援队员应当按照支援、受援双方协议要求提供相应的基本医疗卫生服务，帮助卫生院建立完善管理制度，强化卫生院的内部管理。

4.支援队员在支援工作期间的人事关系仍保留在原单位，各项工资福利待遇保持不变。受援卫生院不向支援队员发放补贴及奖金，但应当为支援队员食宿提供便利。

5.本项目中的支援队员支援工作时间计算为支农时间，要保证每批支援队员轮换时间不得少于6个月。

三、项目组织实施

（一）组织形式。项目省（区、市）要切实做好对口支援乡镇卫生院工作的组织领导、宣传发动和具体实施工作，进一步扩大项目的实际效果。

（二）资金安排。具体补助标准由省（区、市）财政、卫生行政部门确定。中央财政按照每所乡镇卫生院派驻3人，每名支援队员每年2万元的标准给予补助。

四、项目执行时间

（一）项目省（区、市）应当在2010年10月31日前制订具体的实施方案。

（二）2011年1月1日前，项目省（区、市）应当将人员派驻到乡镇卫生院开展工作，并与上一批支援队员做好衔接工作；2011年12月31日前完成本年度支援计划，并做好项目总结和考核等工作。

五、项目监督与评估

（一）地方各级卫生行政部门要按照卫生部制定的《中央补助地方公共卫生专项资金二级以上医疗卫生机构对口支援乡镇卫生院项目管理办法》（卫办农卫发〔2009〕113

号）组织实施本项目。

（二）项目省（区、市）卫生行政部门负责对口支援工作的监督管理和总体评估工作，制定切实可行的监督评估方案并组织实施。县级卫生行政部门负责支援队员的日常管理和考核工作。

（三）项目实施期间，卫生部将对项目实施的效果进行检查。

关于深化城乡医院对口支援工作进一步提高县级医院医疗服务能力的通知

(卫医管发〔2012〕60号 2012年9月17日)

各省、自治区、直辖市卫生厅局、中医药管理局,新疆生产建设兵团卫生局,部属(管)医院,各军区、各军兵种联(后)勤部卫生部,总参管理保障部、总装后勤部卫生局,总后勤部直属卫生单位:

按照深化医改和公立医院改革的有关要求,各地卫生行政部门和医院认真组织实施"万名医师支援农村卫生工程",积极开展城乡医院对口支援活动,军队医院积极开展对口支援西部地区县医院工作,进一步加强对西部地区的支援力度,县级医院医疗服务能力明显提升,农村群众看病就医的可及性不断增强。根据国务院《"十二五"期间深化医药卫生体制改革规划暨实施方案》(国发〔2012〕11号)及有关文件的要求,为深化城乡医院对口支援工作,进一步提高县级医院医疗服务能力,现就有关工作通知如下:

一、坚持对口支援工作的原则要求

各地各医院要在总结多年开展对口支援工作经验的基础上,进一步提高思想认识,按照《关于实施"万名医师支援农村卫生工程"的通知》(卫医发〔2005〕165号)、《城乡医院对口支援工作管理办法(试行)》(卫医管发〔2009〕72号)、《关于东西部地区医院省际对口支援工作有关问题的通知》(卫医管发〔2009〕93号)和《关于进一步加强军队医院对口支援西部地区县医院工作的通知》(卫医疗〔2007〕56号)确定的原则和"保基本、强基层、建机制"的要求,把这项工作与深化医改、公立医院改革发展、推进农村居民重大疾病医疗保障工作紧密结合起来,围绕受援医院整体达到二级甲等和90%的病人看病就医不出县域的工作目标,加强组织领导,落实工作责任,认真做好组织实施工作。

二、推动三级医院与县级医院建立更紧密联系

(一)帮助受援医院研究制订发展规划。按照县级医院的功能定位,结合县域经济社会发展状况、地理环境和交通条件、服务人口和医疗服务需求等因素,支援医院要指导和协助受援医院研究制订受援医院及其重点专科的中长期发展规划和年度计划,协商制订对口支援工作规划,明确总体目标和年度任务,为组织实施提供技术支持和帮助。

（二）实行管理人员双向挂职。支援医院要选派有丰富管理经验的医务人员到县级医院任院长、副院长或科室主任、副主任。要在提供技术帮扶的同时，帮助受援医院完善管理制度，规范医院管理。县级医院要选派业务骨干和管理干部到支援医院相应科室和部门进修、学习或挂职，支援医院要给予大力支持。

（三）积极开展分级医疗和双向转诊。县级医院开展常见病、多发病诊疗和危急重症病人的救治，以及疑难疾病接治转诊。支援医院和受援医院要建立分工协作机制，逐步形成基层首诊、分级医疗、双向转诊、急慢分治的就医格局。

（四）探索建立支援医院和受援医院合作共赢的机制。支援医院和受援医院可以通过建立医疗联合体、医院集团、托管等形式，探索建立相对紧密的关系，促进形成纵向联合体和责任共同体，增强农村群众对县级医院的认可度，提高医疗卫生服务体系整体效率，形成优质医疗资源流动下沉的长效机制。

三、全面提高县级医院医疗服务能力

（一）加强对县级医院重点专科的扶持力度。支援医院和受援医院要根据受援医院近三年县外转诊率前4位的病种、国务院和卫生部要求纳入重大疾病医疗保障范围的20种重大疾病，结合医院发展需求，制订临床重点专科建设计划。鼓励采用"团队帮扶"的模式，帮助受援医院加强重点专科建设，以专科建设带动受援医院服务能力和水平的全面提升。

（二）提高县级医院的医疗技术水平。支援医院的派驻人员要在受援医院参与门诊与病房排班、值班等工作，积极推广应用适宜医疗技术，为当地群众提供优质的医疗服务。派驻医务人员可以在具备条件的受援医院开展本医院和受援医院经批准开展的适宜医疗技术和手术。支援医院通过手术示范、技术指导和人员培训等方式，提高受援医院医疗技术水平。

（三）做好县级医院人才培养工作。支援医院和派驻医师要通过组织查房、手术示教、疑难病例和死亡病例讨论等形式，以及住院医师规范化培训等途径，提高受援医院医务人员业务素质和技术水平。结合县级医院骨干医师培训项目，受援医院可以选派医疗团队到三级医院进修培训，三级医院要实行"团队对团队"的导师制方式，培训受援医院的骨干人才。

（四）积极推进远程医疗工作。支援医院和受援医院要建立完善远程医疗系统，开展远程会诊、远程诊断、远程病理、远程教育、远程培训等，特别是要开展疑难危重病例远程会诊。要制定完善远程会诊的制度规范，利用现代信息技术进步成果，充分发挥优质医疗资源的辐射和带动作用。

（五）提高县域中医药服务能力。在对口支援中医院和综合医院中医科工作中，要积极利用当地中医药资源，充分发挥中医简便验廉的特点和优势，提高辨证论治水平和中医临床疗效，促进中医药进基层、进农村，为人民群众提供高水平的中医药防病治病服务。

四、做好农村居民重大疾病医疗保障相关工作

省级卫生行政部门和中医药管理部门要根据本地实际,研究确定承担任务的定点医院和疾病病种。在调查的基础上,确定受援医院承担的具体任务和要求。要以重大疾病诊治需求为导向,加强重点专科建设和人才培养。要按照病种分级诊疗和转诊标准,一般大病原则上尽可能在县级医院诊治,复杂疑难病例转诊到三级医院。受援医院要配合做好筛查与治疗等环节的衔接,加强对筛查异常和确诊病例的管理,保证确诊病例得到及时有效的后续治疗。支援医院要组织县级医院按照卫生部制定印发的临床路径、技术规范,根据本地实际情况和按病种付费的要求,细化实施适应基本医疗需求、符合县级医院实际、采用适宜技术的标准化诊疗方案,开展临床路径管理,实行单病种质量控制。重大疾病临床诊疗专家组要会同支援医院,通过疑难重症病例会诊、巡诊等方式,帮助县级医院做好工作。

五、进一步加强对口支援工作的组织管理

(一)形成对口支援的工作合力。卫生行政部门要对对口支援工作任务进行协调管理,尽可能确定一个部门统筹管理。部属(管)医院在完成卫生部布置的工作任务的同时,承担所在地方的对口支援工作任务。

(二)加强对口支援的经费保障。按照政策规定,政府负责医院支农等公共服务的政府投入。卫生行政部门和中医药管理部门要积极协调相关部门,保障医院开展对口支援所需经费,并逐步提高标准。

(三)完善对口支援管理。要建立对口支援工作责任制和激励约束制度、会商和协调制度、信息报送和分析通报制度、督导检查和评价制度等。三级医院医务人员在县级医院工作满3个月,县级医院医务人员进修6个月及以上,经考核合格者,视为全年继续医学教育学分达标。要充分利用城乡医院对口支援信息管理系统和卫生部网站的城乡医院对口支援信息查询窗口,对对口支援工作进行精细化管理。

关于继续开展东西部地区医院省际对口支援工作的通知

（卫办医管发〔2012〕108号　2012年9月17日）

各省、自治区、直辖市卫生厅局、中医药管理局，新疆生产建设兵团卫生局，各军区、各军兵种联（后）勤部卫生部，总参管理保障部、总装后勤部卫生局，总后勤部直属卫生单位：

按照深化医药卫生体制改革的总体部署，2009年9月以来，东部9省（市）组织辖区三级医院对口支援西部8省（区）和新疆生产建设兵团的县级医院，军队医院继续支援西部地区县级医院，取得了明显成效。根据《中共中央 国务院关于深化医药卫生体制改革的意见》和《国务院关于印发"十二五"期间深化医药卫生体制改革规划暨实施方案的通知》（国发〔2012〕11号）要求，"十二五"期间继续开展东西部地区医院省际对口支援工作（以下简称东西部对口支援）。现就有关工作通知如下：

一、继续组织开展东西部对口支援

根据三年来东西部对口支援开展情况和有关地方卫生行政部门、中医药管理部门及医院的意见，决定按照《关于东西部地区医院省际对口支援工作有关问题的通知》（卫医管发〔2009〕93号），继续安排东部9省（市）对口支援西部8省（区）和新疆生产建设兵团，即：

北京市支援内蒙古自治区，天津市支援甘肃省，辽宁省支援青海省，上海市支援云南省，江苏省支援陕西省，浙江省支援贵州省，福建省支援宁夏回族自治区，山东省支援新疆生产建设兵团，广东省支援广西壮族自治区。

援藏、援疆工作和军队医院对口支援西部地区县级医院工作按照现有政策和安排组织实施。

二、明确东西部对口支援的工作任务

（一）东西部对口支援是一项长期任务。对口支援省份的卫生厅局、中医药管理局和对口支援医院要协商制订对口支援工作长期规划和年度计划，结合卫生部关于推进农村居民重大疾病医疗保障工作的要求，明确总体目标和不同阶段的重点工作任务，提高对口支援的针对性和实效性。通过西部省（区）、新疆生产建设兵团的自身努力和东部省

（市）的支援，争取人口30万以上的县至少有一所医院整体达到二级甲等医院标准，已经达到二级甲等医院标准的，要继续加强受援医院能力建设，基本实现大病不出县的工作目标。

（二）支援医院要帮扶受援医院加强以人才、技术、重点专科为核心的县级医院能力建设。双方要协商确定人才培养、技术引进、专科建设的具体内容和进度节点。要把提升管理水平放在更加突出的地位，受援医院要从支援医院选请有管理经验的业务骨干担任院长、副院长或科主任，实行任期目标责任制。

（三）支援医院和受援医院要积极组织开展多种形式的交流。支援医院要通过接收受援医院人员挂职、参观培训等形式，帮助受援医院相关人员更新观念，开拓视野，提高工作能力。结合实施县级医院骨干医师培训项目等继续医学教育工作，按照"缺什么补什么"的原则，5年内受援医院所有领导班子成员、50%以上的业务技术骨干要到支援医院挂职、进修培训或考察学习，重点提升县级医院医务人员的临床专科技术水平。

（四）支援中医医院、中西医结合医院和民族医院，要注重保持发挥中医药特色优势，不断提高中医临床疗效和中医药服务能力。

三、完善东西部对口支援的工作制度

（一）对口支援省份的卫生厅局、中医药管理局要按照国家有关政策要求，在调研考察和协商的基础上，签订"十二五"期间省际对口支援协议。要在对既往对口支援工作进行考核评价基础上，研究确定新一轮医院间对口支援与协作关系。

（二）支援医院与受援医院要在对口支援省份协议的框架内，签订对口支援协议，明确"十二五"期间目标任务和年度重点工作安排。要建立医院院长、对应职能部门和科室的定期沟通协商制度和重大事项协调机制。

（三）建立东西部对口支援信息报送制度。卫生部建立东西部地区医院省际对口支援信息管理系统，方便各级卫生行政部门、中医药管理部门及时了解情况。请各相关省份卫生厅局、中医药管理局和医院按要求报送相关信息。

四、进一步完善有关政策措施

（一）派驻医务人员在西部省（区）县级医院工作的时间，作为晋升中高级职称前到农村服务工作的时间进行累计。工作满3个月者，可视为全年继续医学教育学分达标。

（二）东西部省份卫生厅局、中医药管理局共同负责东西部对口支援的组织实施工作。东西部对口支援情况分别纳入相应省份对口支援工作整体进行组织和评价。相关工作要作为医院领导班子考核、医院等级复核和评审评价等工作的重要内容。

（三）派驻医务人员要自觉接受当地卫生行政部门、中医药管理部门和受援医院的管理。在其支援工作结束时，由受援医院出具书面考核意见，按有关规定审核后纳入医师个人档案。对工作成绩突出者，支援医院应当在进修学习、岗位聘用、提拔任用等方面优先考虑。

卫生部办公厅关于印发《2009年中西部地区二级以上医疗卫生机构对口支援乡镇卫生院项目管理方案》的通知

（卫办农卫发〔2009〕212号 2009年12月2日）

河北省、山西省、内蒙古自治区、吉林省、黑龙江省、安徽省、江西省、河南省、湖北省、湖南省、广西壮族自治区、海南省、重庆市、四川省、贵州省、云南省、陕西省、甘肃省、青海省、宁夏回族自治区、新疆维吾尔自治区卫生厅（局）：

近日，中央财政下达了二级以上医疗卫生机构对口支援乡镇卫生院项目资金。为保证项目顺利实施，现将《2009年中西部地区二级以上医疗卫生机构对口支援乡镇卫生院项目管理方案》印发给你们，请遵照执行。

实施二级以上医疗卫生机构对口支援乡镇卫生院项目是提高乡镇卫生院服务能力，统筹城乡卫生资源，贯彻落实医药卫生体制改革的重要举措。各地要高度重视，加强领导，统筹协调，认真组织制定实施方案，加强监督检查，确保对口支援乡镇卫生院工作取得实际成效。

2009年中西部地区二级以上医疗卫生机构对口支援乡镇卫生院项目管理方案

为进一步贯彻落实《中共中央 国务院关于深化医药卫生体制改革的意见》，统筹城乡卫生资源，中央财政安排专项资金，在中西部地区开展"二级以上医疗卫生机构对口支援乡镇卫生院项目"工作。

一、项目目标

通过开展二级以上医疗卫生机构对口支援乡镇卫生院项目，引导城市较为优质的医疗卫生资源到农村服务，帮助提高乡镇卫生院的服务能力，使农民群众就近获得安全、有效、方便、快捷的医疗卫生服务。

二、项目范围和内容

（一）项目范围。

中西部地区21个省（区、市）的592个国贫县。允许项目省（区、市）根据实际情况将部分受援时间满3年的国贫县调整为边远少数民族县和省贫县，调整县数不得超过总数的20%，项目总县数要与国贫县数量一致。

（二）项目内容。

1. 由项目省（区、市）二级以上医疗卫生机构对口支援乡镇卫生院，为期一年。
2. 每所乡镇卫生院由二级以上医疗卫生机构组派3人医疗队进行对口支援，其中应包括一名从事公共卫生相关工作的人员，负责指导乡镇卫生院和村卫生室开展基本公共卫生服务项目。在具体人员选择上，省级卫生行政部门应根据卫生院的实际需求合理确定支援人员的专业类别。
3. 支援队员主要通过提供医疗、公共卫生服务，培训专业知识，协助业务制度建设等方式开展支援工作。
4. 支援队员在支援工作期间的人事关系仍保留在原单位，各项工资福利待遇保持不变。受援卫生院不向支援队员发放任何补贴及奖金，在食宿等方面提供便利条件。

三、项目资金安排

对派出支援队员的卫生机构给予适当补助（含交通和伙食补贴等），补助标准由省（区、市）财政、卫生部门确定。中央财政按照每所乡镇卫生院派驻3人，每名支援队员每年1.8万元的标准给予补助。

四、项目执行时间

2010年1月1日前，项目省（区、市）应将人员派驻到乡镇卫生院开展工作，并与上一批支援队员做好衔接工作。

五、项目组织管理

（一）各级卫生行政部门要按照卫生部制定下发的《中央补助地方公共卫生专项资金二级以上医疗卫生机构对口支援乡镇卫生院项目管理办法》（卫办农卫发〔2009〕113号）组织实施本项目。

（二）项目省（区、市）卫生厅负责制定具体的实施方案并组织实施，承担项目监督管理和总体评估工作。项目结束后向卫生部农村卫生管理司提交本年度项目总结报告。县级卫生行政部门负责对支援队员的日常管理和考核工作。

（三）项目实施期间，卫生部将对项目实施的成效进行检查。

关于印发加强三级中医医院对口帮扶贫困县县级中医医院工作方案的通知

（国中医药医政发〔2019〕7号　2019年6月18日）

各省、自治区、直辖市中医药管理局、扶贫办：

为贯彻落实党中央、国务院关于打赢脱贫攻坚战的决策部署，根据中央扶贫开发工作会议精神和健康扶贫有关要求，2016年五部门联合印发《关于加强三级医院对口帮扶贫困县县级医院工作方案的通知》，对334个贫困县中医医院进行了对口帮扶。在此基础上，国家中医药管理局、国务院扶贫办制定了《加强三级中医医院对口帮扶贫困县县级中医医院工作方案》，将全部贫困县县级中医医院纳入对口帮扶，有效提升贫困地区中医药服务能力，积极助力农村贫困人口脱贫。现将方案印发给你们，请认真组织落实。实施过程中的有关问题、建议和工作情况请及时与相关部门联系。

国家中医药管理局联系人：医政司　程　强

电话：010-59957816

传真：010-59957693

国务院扶贫办联系人：政策法规司　江如贵

电话：010-84419707

传真：010-55627512

加强三级中医医院对口帮扶贫困县县级中医医院工作方案

为贯彻落实党的十九大精神和党中央、国务院关于打赢脱贫攻坚战三年行动的决策部署，深入实施健康扶贫工程，进一步加强贫困县县级中医医院对口帮扶工作，提升贫困地区基层中医药服务能力，制定本方案。

一、总体要求

（一）指导思想

以习近平新时代中国特色社会主义思想为指导，深入贯彻党的十九大精神和党中央、国务院脱贫攻坚决策部署，统筹对口帮扶贫困县县级中医医院的各方力量，实现贫困县县级中医医院对口帮扶工作全覆盖，进一步提升贫困县中医药服务能力和水平，助力健康扶贫，为减少因病致贫、因病返贫贡献中医药力量。

（二）帮扶目标

到2020年，通过精准对口帮扶，每年帮助贫困县县级中医医院"解决一项医疗急需，突破一个薄弱环节，带出一支技术团队，新增一个服务项目"。贫困县县级中医医院中医药服务能力明显提高，常见病、多发病、部分危急重症的诊疗能力显著提升，管理水平进一步改善，贫困县县级中医医院力争达到二级水平，30万人口以上的力争达到二级甲等水平，贫困县群众中医药服务获得感明显增强。

二、工作任务

（一）签订对口帮扶协议。省级中医药主管部门要按照本方案确定的对口帮扶关系（见附件1），协调、指导贫困县县级中医医院与支援医院和贫困县政府针对中医医院发展短板签订对口帮扶协议（模板见附件2），明确对口帮扶总体目标、时间节点、任务内容、量化考核评价指标，将帮扶任务具体到科室、项目、技术等。多家支援医院共同帮扶同一家贫困县县级中医医院的，省级中医药主管部门要组织各方协商确定主责医院，明确各方职责，共同签订对口帮扶协议。

（二）开展驻点帮扶。支援医院要每年派出至少3名医务人员组成的团队进行驻点帮扶，并由派驻人员担任受援医院的副院长及学科带头人。多家医院对口帮扶1家贫困县县级中医医院时，共同协商确定派驻医务人员的专业和数量分配，每批医务人员连续工作时间不得少于6个月。

对于"三区三州"的贫困县县级中医医院，原则上要以中东部地区三级医院为主、本省（区）三级医院为辅联合开展对口帮扶，中东部地区三级医院为主责医院。

对于西藏自治区和四省藏区等高海拔地区贫困县县级中医医院的帮扶，可结合当地实际，在支援医院深入实地调研并与受援医院协商一致基础上，采取驻点帮扶或接受医务人员进修、开展管理人员轮训、推广适宜技术、加强远程医疗等形式进行。支援医院每年要定期赴受援医院开展巡回诊疗、教学查房、适宜技术推广、临床带教等工作。

（三）提升专科服务能力。支援医院要根据受援医院的功能定位、建设发展实际，结合当地群众健康状况、疾病谱和医疗服务需求，帮助提升受援医院中医专科（专病）诊疗能力，加强近三年县外转出率排名前5-10个病种的相关临床和辅助科室建设，提升整体医疗服务能力和管理水平。

（四）培养专业技术人才。支援医院要采取"派下去""请上来"等方式，发挥中医药传承与创新"百千万"人才工程（岐黄工程）培养对象作用，通过教学查房、手术带教、学术讲座、接受进修等形式，每年为受援医院培训至少3名骨干医师或者其他医学专业技术人员，显著提升受援医院医务人员运用中医药技术方法的能力和现代诊疗技术的水平。

（五）提高医院管理水平。支援医院要帮助受援医院完善各项管理规章制度，加强医院和科室内部管理，对管理人员进行轮训，扶志扶智相结合，显著提高受援医院管理法制化、科学化、规范化水平，有效提升中医内涵。有条件的，双方医院可采取委托经营管理、组建医联体等方式进行深度合作。

（六）开展中医远程医疗服务。支援医院要与受援医院建立中医远程医疗服务关系，充分发挥"互联网+"作用，2019年底前实现贫困县县级中医医院远程医疗全覆盖。支援医院要通过远程诊断、远程会诊、远程查房、远程监护、远程教学等形式，推动中医医疗服务与中医药教育培训相结合。贫困县县级中医医院要加强宣传引导，发挥主观能动性，有效提高远程医疗系统利用率。有条件的地区尽快铺设远程医疗专网，保证服务效果，推动各项保障政策形成合力。

（七）方便人民群众看病就医。支援医院要结合贫困县群众实际医疗需求，定期派出医疗队，为贫困县群众提供集中医医疗、康复、养生保健于一体的中医药服务。支援医院要与受援医院定期开展医疗下乡，组织巡回义诊，使贫困县群众在"家门口"就能享受到优质便捷的中医药服务。

三、工作要求

（一）加强组织领导。各级中医药主管部门要充分认识贫困县县级中医医院对口帮扶工作的重要性，将贫困县县级中医医院对口帮扶工作纳入健康扶贫总体工作统筹安排，认真落实本方案和《关于再次调整部分三级医院帮扶贫困县县级医院对口关系的通知》有关要求，实现贫困县县级中医医院对口帮扶全覆盖，突破基层中医药服务能力提升薄弱环节。支援医院要将帮扶贫困县县级中医医院作为履行社会责任和体现公益性的重要内容，实行一把手负责制，每年安排院领导前往受援医院开展调研、督导，认真落实帮扶任务。受援医院要将对口帮扶作为助力脱贫攻坚的重点工作，深入研究影响自身发展的困难和问题，明确发展目标和方向，通过帮扶切实提升中医诊疗能力。

（二）强化督导考核。各地要建立网络报告和现场核查相结合的监督管理模式，严格考核支援医院派驻人员数量、在岗情况、派驻时间以及帮扶工作开展情况，及时纠正派驻人员不到位、帮扶科室不匹配、帮扶工作开展不力等问题。省级中医药主管部门要切实行履职责，按照健康扶贫、《城市三级中医医院对口支援县中医医院考核指标体系》有关要求，对辖区内贫困县县级中医医院对口帮扶双方医院工作情况进行监督和指导。有关省级中医药主管部门以辖区内贫困县中医医院为主体，收齐签订的对口帮扶责任书，汇总后于2019年7月30日前报国家中医药管理局医政司备案，并于每年11月25日前将本省（区、市）对口帮扶工作整体评估报告报国家中医药管理局医政司。

（三）完善保障激励机制。省级中医药主管部门要将贫困县县级中医医院对口帮扶工作与中央组织部援藏援疆援青工作、政府间对口支援、扶贫开发等有关工作统筹安排，保障贫困县县级中医医院驻点帮扶人员待遇。支援医院要保障派出人员各项福利待遇不变，并给予一定补贴，对工作优秀的人员在职称晋升、岗位聘用、提拔任用、各级人才培养项目和各项评优评先时予以优先考虑。受援医院要为驻点帮扶人员提供必要的工作、生活和安全保障。

（四）加强宣传引导。各级中医药主管部门要坚持正确舆论导向，做好政策解读，充分发挥新闻宣传和舆论引导作用，利用多种媒体形式，加大宣传报道力度，做好典型挖掘和经验推广，开展贫困县县级中医医院对口帮扶系列宣传活动，营造良好舆论氛围。

参考文献

[1] 白洁.我国生态补偿横向转移支付制度研究[D].中国财政科学研究院，2017.

[2] 毕彦珍.我国横向转移支付法律制度研究[D].郑州大学，2011.

[3] 蔡璟孜.横向财政均衡理论框架下我国省际间对口支援研究[D].复旦大学，2012.

[4] 财政部.刘昆：健全现代预算制度[EB/OL].（2022-11-04）.http://www.mof.gov.cn/zhengwuxinxi/caizhengxinwen/202211/t20221104_3849848.htm.

[5] 曹宇莲，哈巍.振兴中西部高等教育路在何方？——高校对口支援效果评估[J].中国高教研究，2022（12）.

[6] 常修平.我国财政横向转移支付制度的构建研究[D].西南财经大学，2013.

[7] 陈华恒.对口支援机制对汶川地震灾区都江堰市农业恢复重建的效果评估[D].四川农业大学，2011.

[8] 陈升，毛咪，刘泽.灾后重建能力与绩效的实证研究——以汶川地震灾区县级政府为例[J].中国人口·资源与环境，2014，24（08）.

[9] 陈升，唐元杰.地震灾后重建绩效测量——以汶川、玉树、芦山地震为例[J].重庆大学学报（社会科学版），2018，24（06）.

[10] 陈挺，何利辉.中国生态横向转移支付制度设计的初步思考[J].经济研究参考，2016（58）.

[11] 成丹.激励机制、协同治理与横向转移支付[J].地方财政研究，2017（08）.

[12] 程广斌，程楠.新一轮19省市对口援疆：进展、问题与推进措施[J].石河子大学学报（哲学社会科学版），2014，28（03）.

[13] 储德银，迟淑娴.转移支付降低了中国式财政纵向失衡吗[J].财贸经济，2018（09）.

[14] 丛树海.财政支出学[M].中国人民大学出版社，2002.

[15] 单云慧.新时代生态补偿横向转移支付制度化发展研究——以卡尔多—希克斯改进理论为分析进路[J].经济问题，2021（02）.

[16] 邓晓兰，黄显林，杨秀.积极探索建立生态补偿横向转移支付制度

[J].经济纵横,2013(10).

[17] 丁忠毅.府际协作治理能力建设的阻滞因素及其化解——以对口支援边疆民族地区为中心的考察[J].理论探讨,2016(03).

[18] 董铭胜.闽宁对口扶贫协作大事记[N].新消息报,2016-07-19.

[19] 董珍,白仲林.对口支援、区域经济增长与产业结构升级——以对口援藏为例[J].西南民族大学学报(人文社科版),2019(03).

[20] 杜尚儒."闽宁模式"书写东西产业扶贫协作新范本[J].新西部,2017(11).

[21] 杜振华,焦玉良.建立横向转移支付制度实现生态补偿[J].宏观经济研究,2004(09).

[22] 付玉翡.对口援疆政策的实施与成效考察研究[D].新疆师范大学,2013.

[23] 高培勇,中国社会科学院财经战略研究院课题组,张蕊.完善预算体系加快建立现代预算制度[J].中国财政,2015(01).

[24] 高玉.新一轮对口援疆中产业援疆的路径选择[J].新疆农垦经济,2016(12).

[25] 葛乃旭,杨留花.建立我国横向转移支付制度的方案设计研究——借鉴德国转移支付制度改革最新经验[J].地方财政研究,2014(04).

[26] 谷成,蒋守建.我国横向转移支付依据、目标与路径选择[J].地方财政研究,2017(08).

[27] 顾华详.国家对口援疆制度与机制设计研究[J].湖南财政经济学院学报,2015,31(02).

[28] 国家统计局住户调查办公室.中国农村贫困监测报告2018[M].中国统计出版社,2018.

[29] 韩一多,付文林.垂直财政不对称与收入不平等——基于转移支付依赖的门槛效应分析[J].财贸经济,2019(06).

[30] 何军,李志浩,张研,丁磊.同心逐梦绘"疆"来——新一轮对口援疆"国家行动"综述[J].党员之友(新疆),2021(08).

[31] 何遐祥.横向财政转移支付法律制度研究[J].甘肃政法学院学报,2006(05).

[32] 贺贵成."输血"变"造血""有限"变"无限"——我省第二批对口援藏干部人才助推藏区跨越发展纪实[J].四川党的建设(城市版),2014(06).

[33] 侯尤峰.对口援藏政策与西藏现代化发展研究[D].中南民族大学,2018.

［34］侯景新，张志军，郑志国.东部西进战略［M］.南宁：广西人民出版社，2001.

［35］胡联合，胡鞍钢，徐绍刚.贫富差距对违法犯罪活动影响的实证分析［J］.管理世界，2005（06）.

［36］黄艳芳.对口支援运行机制探析［J］.经济视角（中旬），2011（06）.

［37］花中东，刘忠义.省际间对口支援政策促进地方经济增长效应实证研究——以四川灾区的例［J］.滁州学院学报，2012，14（01）.

［38］花中东，周理瑞.省际间对口支援政策与转移支付制度的互补效应研究［J］.商业时代，2014（07）.

［39］花中东，周理瑞.四川灾区对口援助的财政均等化效应研究［J］.安庆师范学院学报（社会科学版），2014，33（02）.

［40］花中东.对口支援促进基本公共服务均等化效应分析——以四川地震灾区为例［J］.西安财经学院学报，2010，23（05）.

［41］贾海薇.中国的贫困治理：运行机理与内核动力——基于"闽宁模式"的思考.治理研究，2018（06）.

［42］蒋宇.闽宁合作的多元化发展趋势及目前存在的问题［J］.农业科学研究，2011，9（03）.

［43］李春梅，师晓娟，李青芮.改革开放四十年我国援藏政策研究［J］.西藏大学学报（社会科学版），2018，33（03）.

［44］李国平，汪海洲，刘倩.国家重点生态功能区转移支付的双重目标与绩效评价［J］.西北大学学报（哲学社会科学版），2014（01）.

［45］李国政.国家主导与地方互动：西藏扶贫开发的内在逻辑——以"对口援藏"为例［J］.新疆农垦经济，2013（01）.

［46］李玲艳.构建对口支援新疆绩效评价体系探讨［J］.新疆农垦经济，2015（02）.

［47］李梦珂.对口援藏政策实施研究［D］.西藏大学，2018.

［48］李娜，余翔.关于中国政府对口支援政策的讨论——从应急性政策到常规性社会政策［C］//Jiangxi University of Finance and Economics，Shanghai Second Polytechnic University，Capital University of Economics and Business，Beijing Jiaotong University，Bohai University.Proceedings of the 2011 International Conference on Information，Services and Management Engineering（ISME 2011）（Volume3）.Scientific Research Publishing，2011.

［49］李楠楠.对口支援机制：法学检视、困境与出路［J］.地方财政研究，2020（12）.

［50］李齐云，汤群.基于生态补偿的横向转移支付制度探讨［J］.地方财政研究，2008（12）.

［51］李庆滑.我国省际对口支援的实践、理论与制度完善［J］.中共浙江省委党校学报，2010，26（05）.

［52］李秋蒙，王浩.中国贫富差距问题分析［J］.学理论，2018（07）.

［53］李群，张雅慧.我国对口援藏政策完善研究［J］.西藏科技，2019（07）.

［54］李群.从对口援藏到横向转移支付制度的构建——基于国家财政均衡体系的视角［J］.西藏科技，2019（09）.

［55］李瑞昌.界定"中国特点的对口支援"：一种政治性馈赠解释［J］.经济社会体制比较，2015（04）.

［56］李瑞昌.中国特点的对口支援制度研究——政府间网络视角［M］.复旦大学出版社，2016.

［57］李万慧，于印辉.横向财政转移支付：理论、国际实践以及在中国的可行性［J］.地方财政研究，2017（08）.

［58］李曦辉.对口支援的分类治理与核心目标［J］.区域经济评论，2019（02）.

［59］李祥云，徐淑丽.我国政府间转移支付制度的平衡效应——基于2000—2010年省际面板数据的实证分析［J］.中南财经政法大学学报，2012（04）.

［60］李翔.中央长期建疆理念下对口援疆工作成效及思考［J］.新疆社科论坛，2015（01）.

［61］李延成.对口支援：对帮助不发达地区发展教育的政策与制度安排［J］.教育发展研究，2002（10）.

［62］李勇.中国东西扶贫协作的政策背景及效果分析［J］.老区建设，2011（14）.

［63］李中锋，高婕.对口援藏建设项目组织实施方式：演进特征、动力机制及优化研究［J］.西南民族大学学报（人文社科版），2020，41（06）.

［64］林柏英.闽宁形成对口扶贫协作机制［J］.发展研究，1999（02）.

［65］刘金山、徐明.对口支援政策有效吗？——来自19省市对口援疆自然实验的证据［J］.世界经济文汇，2017（04）.

［66］刘溶沧，焦国华.地区间财政能力差异与转移支付制度创新［J］.财贸经济，2002（06）.

［67］刘铁.从对口支援到对口合作的演变论地方政府的行为逻辑——基于汶川地震灾后恢复重建对口支援的考察［J］.农村经济，2010（04）.

［68］刘铁.对口支援的运行机制及其法制化：基于汶川地震灾后恢复重建的实证分析［M］.法律出版社，2010.

［69］刘铁.试论对口支援与分税制下财政均衡的关系——以《汶川地震灾后恢复重建对口支援方案》为例的实证分析［J］.软科学，2010，24（06）.

［70］刘忠勉.对口支援运行机制研究［D］.兰州大学，2012.

［71］卢文秀，吴方卫.生态补偿横向转移支付能缩小城乡收入差距吗？——基于2000—2019年中国典型流域生态补偿的经验证据［J］.财政研究，2022（07）.

［72］路春城.论我国横向财政转移支付法律制度的构建——基于汶川震后重建的一点思考［J］.财政监督，2009（01）.

［73］罗萍，王珏杰.东部带动和支持西部发展的方式和经验研究——对闽宁对口帮扶协作发展的经验总结［J］.现代经济信息，2015，1（08）.

［74］吕冰洋.国家能力与中国特色转移支付制度创新［J］.经济社会体制比较，2021（06）.

［75］马国林.东西扶贫协作典范［J］.农村工作通讯，2009（02）.

［76］马海涛，任致伟.我国纵向转移支付问题评述与横向转移支付制度互补性建设构想［J］.地方财政研究，2017（11）.

［77］马戎.新疆对口支援项目实施情况的调查分析［J］.中央民族大学学报（哲学社会科学版），2014，41（01）.

［78］马宇飞."对口援疆"20年：实践与启示［J］.实事求是，2018（01）.

［79］麦尔哈巴·赛莱.对口援疆政策的执行研究［D］.华北电力大学（北京），2019.

［80］缪小林，王婷，高跃光.转移支付对城乡公共服务差距的影响——不同经济赶超省份的分组比较［J］.经济研究，2017（02）.

［81］倪锋，张悦，于彤舟.汶川大地震对口支援初步研究［J］.经济与管理研究，2009（07）.

［82］钱海燕，陈永盾.区域间义务教育均衡的促进——基于个人所得税横向转移支付的设想［J］.平顶山学院学报，2020（05）.

［83］任恒，王宏伟.稳定、平衡与发展：建设中国特色对口支援制度的三重使命［J］.新疆社会科学，2020（06）.

［84］沈文伟，黄月珍.中国灾区重建对口支援政策之分析——以汶川地震为例［J］.浙江工商大学学报，2012（04）.

［85］石绍宾，樊丽明.对口支援：一种中国式横向转移支付［J］.财政研究，2020（01）.

［86］史晓琴，樊丽明，石绍宾.中国抗击新冠肺炎疫情中对口支援何以发生——公共经济学视角的分析［J］.财政研究，2020（08）.

［87］宋宁宁.我国省以下横向转移支付制度研究［D］.暨南大学，2019.

［88］宋艳波.构建横向转移支付制度的动力机制探讨［J］.经济研究参考，2014（41）.

［89］孙海英.中央政府实施对口支援政策的效应及基本经验研究［J］.临沂大学学报，2013，35（03）.

［90］孙肖.对口援疆与少数民族农牧民自我发展能力的提升［J］.中南民族大学学报（人文社会科学版），2012，32（03）.

［91］孙宗鹤.国务院办公厅印发《科技领域中央与地方财政事权和支出责任划分改革方案》［EB/OL］.（2019-06-01）.http：//news.gmw.cn/2019-06/01/content_32884148.htm.

［92］谭书先，赵晖.对口支援的政治认同构建——一项基于新冠肺炎疫情时期的网络舆情分析［J］.江海学刊，2020（04）.

［93］汤玉刚，李一花，石绍宾，毛捷等.中国政府预算改革发展年度报告2020——聚焦地方政府债务管理［M］.中国财政经济出版社，2021.

［94］田昕，于亚滨.医疗人才组团式援藏对口支援模式主要做法与成效分析［J］.西藏研究，2017（04）.

［95］王达梅.构建横向援助机制，推进基本公共服务均等化［J］.西北师大学报（社会科学版），2009，46（02）.

［96］王恩奉.建立横向财政转移支付制度研究［J］.改革，2003（01）.

［97］王刚.西藏和平解放至改革开放前党的援藏工作研究［D］.吉林大学，2013.

［98］王珺鑫，王磊.中国连片贫困地区对口支援政策的减贫效应评估及优化取向——基于省际对口支援西藏的准自然实验［J］.产业经济评论（山东大学），2021（02）.

［99］王磊，黄云生.对口支援资源配置的效率评价及其影响因素分析——以对口支援西藏为例［J］.四川大学学报（哲学社会科学版），2018（02）.

［100］王磊.贫困地区对口支援行为减贫绩效评价及其影响因素分析——基于西藏240户脱贫户的调查数据［J］.干旱区资源与环境，2021（11）.

［101］王鹏，李明.我国政府间高等教育财政横向转移支付模式研究——基于外溢性补偿的视角［J］.高教探索，2012（05）.

［102］王瑞丰.汶川地震灾后对口支援的思考与对策探究［J］.四川行政学院学报，2008（05）.

［103］王玮.中国能引入横向财政平衡机制吗？——兼论"对口支援"的改革［J］.财贸研究，2010，21（02）.

［104］王小林，谢妮芸.东西部协作和对口支援：从贫困治理走向共同富裕

[J].探索与争鸣,2022(03).

[105]王颖,董垒.我国灾后地方政府对口支援模式初探——以各省市援建汶川地震灾区为例[J].当代世界与社会主义,2010(01).

[106]王玮."对口支援"不宜制度化为横向财政转移支付[J].地方财政研究,2017(08).

[107]王颖,董垒.我国灾后地方政府对口支援模式初探——以各省市援建汶川地震灾区为例[J].当代世界与社会主义,2010(01).

[108]王禹澔.中国特色对口支援机制:成就、经验与价值[J].管理世界,2022(06).

[109]魏华祥、马瑞萍、尚勇.加强东西扶贫协作,缩小区域经济发展差距[J].理论前言,2003(12).

[110]吴昊,陈娟.基本公共服务均等化的实现路径新探[J].云南社会科学,2017(02).

[111]吴开松,侯尤峰.对口援藏政策属性与评价原则[J].学习与实践,2017(02).

[112]吴伟.对口支援的经济绩效及影响因素研究[D].中南民族大学,2016.

[113]伍文中,张杨,刘晓萍.从对口支援到横向财政转移支付:基于国家财政均衡体系的思考[J].财经论丛,2014(01).

[114]伍文中.从对口支援到横向财政转移支付:文献综述及未来研究趋势[J].财经论丛,2012(01).

[115]伍文中.横向财政转移支付制度应走向规范化[J].中国财政,2011(23).

[116]伍文中.构建有中国特色的横向财政转移支付制度框架[J].财政研究,2012(01).

[117]夏少琼.对口支援:政治、道德与市场的互动——以汶川地震灾后重建为中心[J].西南民族大学学报(人文社会科学版),2013,34(05).

[118]肖铖,谢伟民.教育援藏的制度建构逻辑及其启示——以西藏高等教育对口支援体系为研究对象[J].云南民族大学学报(哲学社会科学版),2014,31(05).

[119]谢芬,肖育才.对口支援与民族地区发展研究——兼论我国"对口支援"体制改革取向[J].光华财税年刊,2013.

[120]谢伟民,贺东航,曹尤.援藏制度:起源、演进和体系研究[J].民族研究,2014(02).

［121］辛允星，李春艳.政府主导型灾后重建中的"公正性"困境——以汶川5·12地震为例［J］.贵州师范大学学报（社会科学版），2018（06）．

［122］熊文钊，田艳.对口援疆政策的法治化研究［J］.新疆师范大学学报（哲学社会科学版），2010，31（03）．

［123］熊羽.绩效导向的对口支援模式研究［J］.财政监督，2017（13）．

［124］徐丽娟.完善财政转移支付制度研究——横向转移支付制度设计［D］.山西财经大学，2016.

［125］徐明、刘金山.省际对口支援如何影响受援地区经济绩效——兼论经济增长与城乡收入趋同的多重中介效应［J］.经济科学，2018（04）．

［126］徐明.财政转移支付带来了地区生产效率提升吗？——基于省际对口支援与中央转移支付的比较研究［J］.统计研究，2022（09）．

［127］徐明.城镇化中的增长与城乡消费差距——来自省际对口支援影响新疆发展的证据［J］.产业经济评论，2022（05）．

［128］徐明.省际对口支援与地方政府支出结构［J］.财经论丛，2023（04）．

［129］徐明.省际对口支援与农户生活水平提升——基于消费视角的实证检验［J］.财经研究，2022（02）．

［130］徐阳光.对口支援与横向财政转移支付立法问题研究［J］.经济法学评论，2011（11）．

［131］徐阳光.横向财政转移支付立法与政府间财政关系的构建［J］.安徽大学学报（哲学社会科学版），2011（05）．

［132］徐志民.中共中央援藏工作述论［J］.济南大学学报（社会科学版），2012，22（03）．

［133］夏征农，陈至立.大辞海［M］.上海：上海辞书出版社，2014.

［134］闫卫华.关于对口支援西部地区高校的思考［J］.中国高教研究，2008（01）．

［135］闫义夫.十九省"对口支援"湖北应对新冠肺炎疫情的运作机理及政治保障［J］.社会科学家，2020（04）．

［136］杨道波.地区间对口支援和协作的法律制度问题与完善［J］.理论探索，2005（06）．

［137］杨道波.对口支援和经济技术协作法律对策研究［J］.中央民族大学学报，2006（01）．

［138］杨富强.改革开放以来援藏政策实践研究［D］.西北民族大学，2007.

［139］杨吉安.我国横向转移支付立法探讨［D］.华南理工大学，2021.

［140］杨龙，郑春勇.地方合作对政府间关系的拓展［J］.探索与争鸣，

2011（01）.

［141］杨梅.对口回归区域支援走向合作——应急性对口支援机制发展趋势探析［J］.陕西行政学院学报，2013，27（02）.

［142］杨明洪，张营为.对口支援中不同利益主体的博弈行为——以对口援藏为例［J］.财经科学，2016（05）.

［143］杨明洪，刘建霞，曹黎.横向转移支付视角下的省内对口援藏制度研究［J］.西南民族大学学报（人文社会科学版），2021，42（04）.

［144］杨明洪，刘建霞.横向转移支付视角下省市对口援藏制度探析［J］.财经科学，2018（02）.

［145］杨明洪，刘建霞.省市对口援藏制度及其演化分析［J］.民族学刊，2019，10（01）.

［146］杨明洪."对口援藏"的概念反思：边疆治理政治话语的建构逻辑［J］.西藏研究，2020（06）.

［147］杨明洪."组团式"医疗人才援藏：对口援藏机制创新及其实践效应的调查与分析［J］.中国藏学，2018（04）.

［148］杨明洪.对口援藏机制创新与绩效提升："组团式"教育援藏的调查与分析［J］.西北民族大学学报（哲学社会科学版），2021（01）.

［149］杨苏琳.中国特色对口支援模式回顾与评述［J］.学理论，2014（21）.

［150］杨晓萌.中国生态补偿与横向转移支付制度的建立［J］.财政研究，2013（02）.

［151］杨亚辉.对口支援的法制化［J］.劳动保障世界（理论版），2012（06）.

［152］姚鹏，牛靖.对口支援政策能促进企业升级吗？［J］.产业组织评论，2021（03）.

［153］姚原.关于我国建立横向转移支付制度的探讨［J］.财会研究，2010（09）.

［154］叶秀娟，张建勤.贫富差距对中国社会发展的影响与对策［J］.当代世界与社会主义，2014（03）.

［155］尹振东，汤玉刚.专项转移支付与地方财政支出行为——以农村义务教育补助为例［J］.经济研究，2016（04）.

［156］于永利.灾后对口支援的模式与合作化转向［J］.今日中国论坛，2013（17）.

［157］于永利.对口支援向对口合作的演进研究［D］.复旦大学，2014.

［158］俞晓晶.从对口支援到长效合作：基于两阶段博弈的分析［J］.经济体制改革，2010（05）.

［159］袁广达，杜星博，孙笑.流域生态补偿横向转移支付标准量化范式——基于生态损害成本核算的视角［J］.财会通讯，2021（11）.

［160］袁广达，仲也，郭译文.基于太湖流域生态承载力的生态补偿横向转移支付研究［J］.南京工业大学学报（社会科学版），2021（02）.

［161］岳红举，单飞跃.政府性基金预算与一般公共预算统筹衔接的法治化路径［J］.财政研究，2018（01）.

［162］曾水英，范京京.对口支援与当代中国的平衡发展［J］.西南民族大学学报（人文社科版），2019，40（06）.

［163］占堆，李梦珂，毛改玲.对口援藏政策变迁研究［J］.西藏大学学报（社会科学版），2018，33（02）.

［164］张斌，赵国春.对口支援政策的生态环境效应评价［J］.地方财政研究，2019（06）.

［165］张绘.民族地区流域生态补偿规模与结构调整——以长江上游西部五省区为例［J］.中南民族大学学报（人文社会科学版），2023，43（03）.

［166］张谋贵.建立横向转移支付制度探讨［J］.财政研究，2009（07）.

［167］张圣.建立我国横向转移支付制度研究［D］.山东大学，2011.

［168］张少云.论援疆工作的历史发展、特点及成效［J］.实事求是，2017（02）.

［169］张天悦.从支援到合作：中国式跨区域协同发展的演进［J］.经济学家，2021（11）.

［170］赵明刚.中国特色对口支援模式研究［J］.社会主义研究，2011（02）.

［171］张营为.关于对口援藏问题的调查与思考［J］.西藏研究，2016（01）.

［172］赵桂芝，寇铁军.我国政府间转移支付制度均等化效应测度与评价——基于横向财力失衡的多维视角分析［J］.经济理论与经济管理，2012（06）.

［173］赵晖，谭书先.对口支援与区域均衡：政策、效果及解释——基于8对支援关系1996—2017年数据的考察［J］.治理研究，2020，36（01）.

［174］郑春勇.对口支援中的"礼尚往来"现象及其风险研究［J］.人文杂志，2018（01）.

［175］郑雪梅.生态补偿横向转移支付制度探讨［J］.地方财政研究，2017（08）.

［176］郑阳阳.我国横向财政转移支付法律制度研究［D］.山东财经大学，2018.

［177］中共中央文献研究室.习近平关于社会主义文化建设论述摘编［M］.北京：中央文献出版社，2017.

［178］钟慧笑.对口援疆历史进程［J］.中国民族教育，2016（12）.

［179］钟开斌.控制性多层竞争：对口支援运作机理的一个解释框架［J］.甘肃行政学院学报，2018（01）.

［180］钟开斌.对口支援：起源、形成及其演化［J］.甘肃行政学院学报，2013（04）.

［181］钟开斌.对口支援灾区：起源与形成［J］.经济社会体制比较，2011（06）.

［182］钟晓敏，岳瑛.论财政纵向转移支付与横向转移支付制度的结合——由汶川地震救助引发的思考［J］.地方财政研究，2009（05）.

［183］周理瑞，花中东.省际对口支援长效运行机制研究［J］.铜陵职业技术学院学报，2014，13（03）.

［184］周理瑞，花中东.省际间对口支援公共资金运行机制问题分析［J］.长春理工大学学报（社会科学版），2014，27（09）.

［185］周平.论中国边疆政治及边疆政治研究［J］.思想战线，2014，40（01）.

［186］周晓丽，马晓东.协作治理模式：从"对口支援"到"协作发展"［J］.南京社会科学，2012（09）.

［187］朱光磊，张传彬.系统性完善与培育府际伙伴关系——关于"对口支援"制度的初步研究［J］.江苏行政学院学报，2011（02）.

［188］东西扶贫协作"闽宁模式"的成功经验［EB/OL］.http：//topic.nxnews.net/2015/2015fj/fjx/201511/t20151106_3500259.html.

［189］急孝感所需，尽重庆所能，全力以赴完成好对口支援任务［N］.重庆日报，2020-02-20.

［190］重庆对口支援湖北孝感新冠肺炎防治工作［N］.重庆日报，2020-02-11.

［191］Oates, W.E..Fiscal Federalism.Harcourt Brace Jovanovich，1972.

［192］Ronald, L., Watts, R.L.& Hobson, P..Fiscal Federalism in Germany.https：//www.queensu.ca/iigr/sites/webpublish.queensu.ca.iigrwww/files/files/WorkingPapers/watts/WattsFiscalFederalismGermany2000.pdf，2010.

后 记

大疫三年终过往,历史开启新篇章。正值小满时节,《中国政府预算改革发展年度报告2022:聚焦对口支援:横向转移支付》即将问世。

我们团队动议专题研究对口支援问题始自2018年。其重要动因是学习习近平总书记"应着力构建中国特色哲学社会科学学科体系、学术体系、话语体系"的重要讲话和指示精神。2016年5月17日,习近平总书记主持召开哲学社会科学工作座谈会并发表重要讲话时强调,"坚持和发展中国特色社会主义,必须高度重视哲学社会科学,结合中国特色社会主义伟大实践,加快构建中国特色哲学社会科学。""要按照立足中国、借鉴国外,挖掘历史、把握当代,关怀人类、面向未来的思路,着力构建中国特色哲学社会科学,在指导思想、学科体系、学术体系、话语体系等方面充分体现中国特色、中国风格、中国气派。"[①]这一重要讲话为我国新时期财政学研究提供了根本思想遵循。我们学习之后深感财政学研究应该在面向世界、关照时代、借鉴经验的同时,更加注重立足中国、把握规律、关注问题,一方面,要更加注重中国财政学基本理论问题的研究,更加注重深入系统研究中国特色财政制度的性质特征、发展脉络和内在逻辑,探讨其与经济政治制度和历史文化背景间的内在关系,客观分析制度体系的发展趋势及现有问题,研判制度优化方向及路径;另一方面,要及时将研究成果转化为教学资源,融入育人过程。基于如上认识,我们在承担马克思主义理论研究和建设工程重点教材《公共财政概论》(11JZDMG090)编写和山东省社会科学重大委托项目"中国特色政府预算管理制度研究"(19AWTJ01)的过程中,深感对口支援作为我国政府间财政经济政治关系的一项重要政策或制度安排,实践丰富多彩,形式多种多样,作用不断增强,但学理性研究不够,在财政学理论体系和教材内容体系中仍为空白,加强研究实为必要,也很紧迫。

---

① 习近平.在哲学社会科学工作座谈会上的讲话[EB/OL].(2016-05-17).新华网.

随后我们从对口支援的基本理论和典型案例入手做了一些研究,形成了阶段性成果。一方面,我们认为,"中国现阶段应用广泛、形式多样的对口支援是中国式横向转移支付,具有突出的中国特征,具体表现为内容和目的的多元性、基于中国政治体制的政治动员性和公共治理的阶段性。实践中,对口支援表现为同级政府间、降级次政府间、降多级次政府间以及纵横交织等模式,这些模式虽在分配资源的力度、速度、广度和集成度等方面存在较大差异,但各有侧重,适用不同的场景和领域。从中国实际出发,对口支援横向转移支付应定位为'纵向转移支付的有益补充'。"① 另一方面,2020年初,武汉及湖北地区突发新冠疫情,严重威胁人民身体健康和生命安全,中央迅速启动联防联控机制,集中全国优质医疗资源对口支援湖北地区。我们迅速对这一对口支援典型案例进行研究,认为"中国抗击新冠疫情对口支援是在中央政府宏观调控下进行的地区间资源配置,具有横向转移支付性质,具体表现出相当广泛的支援主体特征、以人力支援为主的资源要素特征和呈现网格结构的资源配置特征。基于公共经济学视角,抗击新冠疫情对口支援是在救治急需与资源有限矛盾、中国之治的制度优势和文化基因优势三者共同驱动下得以发生。通过直接或间接人力物力财力支持,抗击新冠疫情对口支援充分实现资源配置效应、社会稳定效应和持续发展效应。"② 我指导的硕士研究生也选择了对口支援问题为研究对象,撰写了"我国应急性对口支援的机制与效应分析——以抗击COVID-19疫情的对口支援为例"的学位论文。这些初步研究为形成专题年度研究报告框架起到了探路作用。

本书内容按照基本理论—实践发展—国际比较—前瞻研究的逻辑安排。基本理论部分,着重研究阐释对口支援作为一种中国式政府间横向转移支付的性质特征、运行机制、表现形态和多重效应,并分析对口支援的政治经济制度基础和历史文化基础。实践发展部分,首先进行整体研究,认真梳理了我国对口支援历史发展的四个阶段(初步探索期、制度确立期、巩固拓展期和全面深化期),总结了对口支援的五大趋势(政策体系法制化、执行主体多元化、形式多样化、内容多维化、组织实施精细化)。其次分两类进行典型案例分析:一类是精选对口援藏、对口援疆、闽宁模式等案例,对战略性长期性持续性对口支援进行案例剖析;另一类则精选汶川地震灾后重建、武汉及湖北地区新冠疫情、郑州防汛抗洪抢险救灾等案例,对局部性应急性阶段性对口支援进行案例分析。国际比较部分,介绍了德国横向转移支付制度,并分析了中德横向转移支付制度的共性和区别。最后部分,针对实践发展部分的趋势分析中存在的问题,着眼于完善法律法

---

① 参见石绍宾、樊丽明,对口支援:一种中国式横向转移支付,《财政研究》2020年第1期。
② 参见史晓琴、樊丽明、石绍宾:中国抗击新冠肺炎疫情中对口支援何以发生——公共经济学视角的分析,《财政研究》2020年第8期。

规体系、充实拓展主体内容和形式、完善组织保障机制等方面，就完善我国对口支援横向转移支付制度的方向和策略进行了探讨。

本书是问题导向、经济学管理学与社会文化史学多学科交叉、学者合力研究的成果。樊丽明、石绍宾设计本书写作大纲。写作具体分工为：汤玉刚，第一章；石绍宾，第二章、第四章、第十章；李一花，第三章；王加华，第五章；孙超，第六章；史晓琴、孙文平，第七章；许祯、孙超，第八章；孔培嘉，第九章。研究生刘艺杰、刘金萍、邓棋文、程凯月、张秋莹、钟烨、赵敬可等帮助收集部分资料。樊丽明、石绍宾负责总纂书稿。

非常感谢中国财经出版传媒集团总经理、中国财政经济出版社社长许正明，中国财政经济出版社副总编辑高进水一直以来对《中国政府预算改革发展年度报告》系列出版工作的指导支持，感谢财政分社社长张晓彪、责任编辑闫娟的专业服务。衷心感谢山东省委宣传部领导的关心支持，山东省社科基金重大委托项目"中国政府预算治理理论与制度体系研究（23AWTJ04）"助力了本书的研究出版。真诚感谢学界业界同仁朋友多年的关心鼓励。你们的支持鼓励让我们动力满满，不断前行！

樊丽明

2023 年 5 月 28 日